[古希腊]
狄奥多罗斯 著
席代岳 译

第五卷

希腊史纲

文化发展出版社
Cultural Development Press

目 录

第五卷

第二十一章

残　卷

1 　　睿智之士能够规避所有的恶行,只有贪婪在于期待获得利益,煽动人们不讲信义和公正,须知这是人类所有重大罪孽的根源。由于丧失正义的行为影响深远,不仅是一介平民就是伟大的国王,也会给他们带来祸害和不幸。

　　安蒂哥努斯王从基层崛起,进而拥有高阶的职位,在世之时成为权势最盛的国王,不能满足于命运女神赐给的福分,亲手将不守信义的作为带进所有其他的王国,最后丧失拥有的疆域和自己的性命。

　　托勒密、塞琉卡斯和黎西玛克斯联合起来对抗安蒂哥努斯王(前301年);他们的同仇敌忾不是彼此之间怀有善意,完全出于他们对后者的畏惧;他们团结起来采取行动进行激烈的斗争。

安蒂哥努斯和黎西玛克斯的战象在战场上面遭遇,他们的勇气和体能真是旗鼓相当。

[很多年之前①,某位迦勒底人去见安蒂哥努斯,预先告知不能让塞琉卡斯逃出他的掌心,否则带来的结局是整个亚洲成为对方的囊中物,他本人也会在与塞琉卡斯的会战当中丧失性命。这件事使他深受触动,对方享有的声望使他受到影响。事实上他们在这方面有很大的名气,曾经对亚历山大提出警告,如果他进入巴比伦就会带来不幸即死亡。正如亚历山大的案例一样,根据迦勒底人的陈述,有关塞琉卡斯的预言完全应验无误。至于这方面我们在适当的时期会做更详尽的叙述。]

亚洲之王安蒂哥努斯要对四个同心协力的国王发起战争,四位对手就是埃及国王拉古斯之子托勒密、巴比伦国王塞琉卡斯、色雷斯国王黎西玛克斯和马其顿国王安蒂佩特之子卡桑德。他在会战当中阵亡于向他投掷的标枪,遗体运出战场举行合乎皇家尊荣的葬礼。安蒂哥努斯之子德米特流斯②赶往西里西亚去与他的母亲斯特拉托尼斯(Stratonice)会合,带着所有的财物航向塞浦路斯的萨拉密斯,这座城市现在还是他的领地。

塞琉卡斯在瓜分安蒂哥努斯的王国以后,率领军队前往腓尼基,按照他们原来协议的事项③,想尽办法要去接收内叙利亚(Coele Syria)。托勒密现在占领整个区域以内的城市,公开谴责与他还是朋友的塞琉卡斯,因为后者分配给自己的地盘,目前已经属于托勒密所有;除此以外,

① 参阅本书第十九章第 55 节,发生的时间是前 316 年。
② 这位是德米特流斯一世波利奥西底,普鲁塔克《希腊罗马名人传》第二十一篇第一章"德米特流斯"第 30 节,对他的行动有不同的记载,说他战败以后赶往雅典。
③ 这份协议提出的条件引起争议,参阅波利比乌斯《历史》第 5 卷第 67 节。

托勒密指控三位国王，虽然他加入对付安蒂哥努斯的战争，成为打败对手的伙伴，却没有将征服的地区分给他一份。塞琉卡斯针对这方面的指责提出答辩，只有在战场获得胜利才有资格处理战利品①，也是最合理的方式；要是谈到内叙利亚的问题，他基于彼此的友情目前不会介入，那些选择侵占的手段夺取别人财物的朋友，他会考虑使用最适合的方式对待他们。

然而，塞琉卡斯并不想长期逗留在安蒂哥尼亚（Antigoneia）②，就将它夷为平地，所有的居民迁移到他所建立的城市，就是用他的名字命名的塞琉西亚（Seleuceia）（前300年）。我们对于这方面的事项，会在适当的时期就细部的情况做详尽的叙述。

任何人迫切想要知道来自希腊的移民在这个地区建立的殖民地③，可以阅读地理学家斯特拉波·弗勒冈（Phlegon）以及西西里的狄奥多罗斯所写的著作。

2 马其顿国王卡桑德从陆地和海上对科孚发起围攻（前299年），正在城市将破的紧急关头，西西里国王阿加萨克利率领军队前来解救，整个马其顿舰队被他纵火陷入烈焰之中。

双方激起高昂的士气和奋发的精神，马其顿人尽全力抢救他们的船只，这时希裔西西里人满怀信心，不仅要让迦太基人和意大利的蛮族承认他们是胜利者，还要使自己在希腊的竞技场中成为马其顿人不相上下的对手，虽然后者在亚洲和欧洲持矛纵马所向无敌。

---

① 事实上，托勒密并没有参加这次会战。

② 这是奥龙特斯河畔的安蒂果尼亚，史家在前面提到塞琉西亚，误以为就是安蒂果尼亚。

③ 这个殖民地是指叙利亚的安提阿，参阅斯特拉波《地理学》749—750c。

要是阿加萨克利在他的军队登陆以后,立即对近在手边的敌人发起攻击,就可以很容易歼灭马其顿的人马;由于他对截获的消息无法辨别清楚,加上手下的士兵还是惊惶不已,就在所有的部队上岸以后,马上搭起一座战胜纪念牌坊,他感到心满意足;这样做正好验证一句谚语:"战争总是不断出差错"。军事行动始终是误判和受骗大行其道。

3 阿加萨克利从科孚铩羽而归,与留在后方的军队会合,得知他在离开叙拉古这段时间,黎古里亚人和伊楚里亚人向他的儿子阿加萨克斯①索饷,竟然叛变发生暴动,他将这些佣兵全部处死,数目不少于两千人。大屠杀使得他与布鲁提亚人的关系变得疏远,阿加萨克利处心积虑要占领一个名叫伊塞(Ethae)②的城市(前298年)。不过,蛮族集结一支实力强大的部队,利用夜色昏暗对他发起出乎意料的攻击,使得他损失四千人马,最后只有返回叙拉古。

4 阿加萨克利率领水师渡海航向意大利(前295年)。他的计划是向克罗顿前进实施围攻,却派信差去见克罗顿的僭主和朋友的麦内迪穆斯(Menedemus),要求他不必紧张以免产生误会,说他这样大张旗鼓摆出皇家的排场,为了护送他的女儿拉纳莎(Lanassa)到伊庇鲁斯去成亲③;他用计谋让克罗顿当局松弛所有的防务。他发起入侵的行动,在两

① 有的手抄本提到这个名字是阿查加朱斯。阿加萨克利有两个儿子阿查加朱斯和赫拉克莱德,前307年都在阿非利加被杀,参阅本书第二十章第69节。阿加萨克斯可能是他第三个儿子,来自第一次的婚姻。还有学者认为这一位就是阿加萨克斯之子阿查加朱斯,亦即阿加萨克利的孙子。

② 这个城市的位置不详,有人认为它的名字来自尼伊朱斯(Neaethus)河,参阅斯特拉波《地理学》262c。

③ 阿加萨克利的女儿是伊庇鲁斯国王皮洛斯的妻子,科孚是这次婚事的嫁妆,参阅普鲁塔克《希腊罗马名人传》第11篇第1章"皮洛斯"第9节。

个海面之间构筑木墙将城市围得水泄不通,发挥抛石机的威力打击守备的工事,用挖掘地道的方式使得最大的建筑物①倒塌成为一堆瓦砾。克罗顿的市民看到强大的阵容感到胆战心惊,只有打开城门愿意俯首称臣,于是他的军队冲了进去,开始洗劫财物,屠杀男性的居民。阿加萨克利与邻近的蛮族缔结同盟,供应私掠船可以分享获得的战利品。他在克罗顿留下驻防军然后回航叙拉古。

5 雅典史家迪卢斯(Diyllus)撰写一部世界史有二十四卷,普拉提亚的索昂(Psaon)完成这部著作的续篇有三十卷②。

6 根据杜瑞斯的记载,费比乌斯在他的执政官任内,罗马与伊楚里亚人、高卢人、萨姆奈人以及他们的盟邦作战(前295年),杀死对手多达十万人③。

杜瑞斯、狄奥多罗斯和笛欧提到同样的情况④:萨姆奈人、伊楚里亚人和其他的民族与罗马人爆发战争,罗马执政官迪修斯是托奎都斯(Torquatus)⑤的同僚,前者在作战中阵亡,那一天被他杀死的敌人就有十万之众。

---

① 这座建筑物是高耸的塔楼。

② 雅典史家迪卢斯的《历史》涵盖的年代是前357—前297年,参阅雅各比《希腊历史残卷》No.73;至于索昂的续篇除了这里提到,找不到其他的数据。

③ 这是指前295年的森蒂隆(Sentinum)会战,利瓦伊提到敌人的损失是25000人,两位执政官是奎因都斯·费比乌斯·麦克西穆斯·鲁利阿努斯(Q.Fabius Maximus Rullianus)和巴布留斯·迪修斯·穆斯(P.Decius Mus).

④ 大家都提到科德鲁斯(Codrus)建立的功勋,他在这次会战中,牺牲自己拯救国家,参阅莱克格斯《控诉李奥克拉底》(*Against Leocrates*)第84—87节。

⑤ 托奎都斯是前295年的执政官,会与他的父亲混淆不清,后者是前340年的执政官,一场与拉丁人的会战发生在维瑟里斯(Veseris),领军出战阵亡。

7 安蒂佩特①谋杀亲生之母在于怀疑她褊袒自己的兄弟。

亚历山大是安蒂佩特的兄弟,遭到德米特流斯王的谋害(前 294 年),因为后者受到召唤给予援手,乘机将亚历山大除去。他②不愿有人分享统治的权力,所以害死亚历山大的兄弟即安蒂佩特这位弑母者。

8 阿加萨克利集结一支大军有三万名步卒和三千名骑兵,渡海前往意大利(前 294 年)。他将水师交付深受信任的司蒂坡(Stilpo),给予的命令是要蹂躏布鲁提亚的国土;就在司蒂坡沿着海岸大肆抢劫财物的时候,遭遇一次强烈的暴风雨丧失大多数船只。阿加萨克利围攻希波尼姆(Hipponium)运用抛射石块的机具压制守军很快夺取城市。布鲁提亚人在畏惧之余,派出使者前来议和。阿加萨克利获得六百名人质,留下一支负责占领的部队,然后返回叙拉古。布鲁提亚人违背誓约,全体出动前去攻打留下的士兵,屠杀殆尽以后救出所有的人质,免予阿加萨克利的专制统治获得自由。

9 有些人经常在公众场合诋毁德米特流斯王,并且对所有的事务都抱着唱反调的态度,于是德米特流斯将他们全部逮捕起来,最后没有受到任何伤害就将他们放走,他的说法是谅解要比惩罚好得多③。

---

① 这位是卡桑德和提萨洛妮丝之子安蒂佩特一世。卡桑德和他的长子菲利浦五世在前 298 年逝世以后,提萨洛妮丝的安排是将马其顿王国划分为二,分别由两个儿子安蒂佩特和亚历山大统治,参阅普鲁塔克《希腊罗马名人传》第 11 篇第 1 章"皮洛斯"第 6—7 节。

② 这个人应该是德米特流斯才对,事实上安蒂佩特是在前 287 年被他的岳父黎西玛克斯所杀,参阅贾士丁《菲利浦王朝史》第 16 卷第 2 节。

③ 戴奥吉尼斯·利久斯《知名哲学家小传》第 1 卷第 78 节,提到彼塔库斯用这句话,原谅他的仇敌诗人阿尔西乌斯。

10 军队大多数的领导人物面对局势的转变,顺从暴民的要求不必冒险径自反对。

11 色雷斯人俘虏国王的儿子阿加萨克利①以后,送给他礼物让他平安返家,一方面是考虑到有一天时运不佳可以找到庇护的所在,一方面是基于人道的行为希望黎西玛克斯将占领的地区还给他们。他们不再能在战争当中获得优势,几位最有权力的国王现在获得协议,他们为了巩固地盘彼此构成军事联盟。

12 黎西玛克斯的军队因为粮食缺乏②处于极其困难的情况(前292年),他的朋友劝他要尽可能拯救自己的性命,不要抱着在营地可以安然无恙的打算,他的答复是他不能为了个人的安全放弃军队和朋友,这样做没有荣誉可言,而且令人感到不齿。

色雷斯国王德罗米契底(Dromichaetes)想尽办法要让黎西玛克斯王受到欢迎,亲吻来人并且称呼他为"父亲",安排他和他的儿女居住在赫利斯(Helis)这座城市。

黎西玛克斯的军队放下武器以后,色雷斯人急忙集合起来大声喊叫,被俘的国王要带到他们中间给予应得的惩罚。他们认为群众分担会战的危险,对于如何处置俘虏有权进行讨论然后做出决定。德罗米契底公开表示反对处死国王,并且要他的士兵知道,保留他的性命可以让大家获得很多的好处。他说这位国王遭到处决以后,其他的国王就会篡夺黎西玛克斯遗留的权势,可能比起他们的前任更令人感到畏惧。从另一方面来看,如

---

① 这位阿加萨克利是黎西玛克斯的儿子,真正的情况不得而知。

② 黎西玛克斯在前292年渡过多瑙河要去征讨杰提人,等到深入敌境就会出现供应不足的情况。

果我们饶他一命,使得他欠我们很大的情分,对于色雷斯人抱着感激之心,以后不会冒着危险再来攻打原来属于我们的城堡。

群众全都同意他的策略,德罗米契底从这些囚犯当中找出黎西玛克斯的朋友,这些人长期以来追随在他的身边,领着他们去见被俘的君王。然后在向神明奉献牺牲以后,他们摆出盛宴招待黎西玛克斯和他的朋友,地位最显赫的色雷斯人在旁相陪。他准备两个卧榻用来接待黎西玛克斯和他的同伴,上面铺着皇家的呢绒都是掳获的战利品,他自己和朋友使用由麦秆编成的不值钱的草垫。他准备两种不同的餐点,摆在外国的贵宾面前是奢华的排场,各种佳肴美食装在银盘上面进食,色雷斯人使用廉价的餐具和家常的蔬菜和肉类。

最后,他将葡萄酒注入贵宾使用的金杯和银杯当中,他们的同胞遵从杰提人的习性,总是角质或木头的酒杯,等到酒过数巡以后,他在最大的牛角杯中倒满美酒,尊称黎西玛克斯为"父亲",请教后者究竟是马其顿人还是色雷斯人的宴会更适合款待国王。黎西玛克斯回答道:"当然是马其顿人的宴会"。他问道:"那么你为何舍弃舒适的生活和光荣的王国,竟然来到缺乏教养和生存艰困的人群当中,这片苦寒土地连谷物都无法生长?为何你一定要违背自然之道率领一支军队进入这样的地区,难道你不知道外来的人马根本无法在空无一物的旷野中生存?"

黎西玛克斯的回答是承认他没有认清情况才从事这次作战行动;而后他会像一个朋友尽量对色雷斯人给予帮助,须知他绝不是那种受恩不报的人。德罗米契底接受这番表达歉意的说话,等到黎西玛克斯答应将占领的地区还给他们以后,他为对方戴上一顶王冠,送他上路返回自己的家园。

13 我认为这是根据狄奥多罗斯的记载,提到有一位名叫泽摩迪吉斯都斯(Xermodigestus)的人,将他们的宝藏泄露给黎西玛克斯或其他的色雷斯国王知道,这个人如果论及他的阶级和地位,应该是皮欧尼亚国王奥多利昂(Audoleon)最信任的朋友(无法像神明那样将这些书全部朗诵一遍①,我对你只能这么说),他将埋在萨金久斯(Sargentius)河的宝藏泄露出来让色雷斯登基的国王知道,说是在俘虏的协助之下,他让河川的水流改道,好将大批财宝埋在河床下面,然后恢复原状再将所有的俘虏杀掉②。

14 德米特流斯王在底比斯第二次发生揭竿而起的行动(前291年)之后,率领军队对这座城市进行围攻作战,使用攻城机具破坏城墙,轮番的突击很快达成任务,仅仅处死十位要对起叛变负责的人士。

德米特流斯王陆续据有其他的城市,对于皮奥夏人的处置非常宽大,除了有十四个人要对这次的叛乱应负主要的责任外,其余市民受到的指控全部撤销。

在很多案例当中,一个人应该拒绝参加明知是失败结局的战斗,可以纵容大家的愤怒也要坚持自己的立场,有时候采取的权宜措施是双方达成协议,或者为了安全支付重大的代价,一般而论要认定原谅比报复能够发挥更大的效用。

---

① 这句话来自《伊利亚特》第12卷175—176行:其他的特洛伊人在各处城门发动猛攻,我无法像神明那样将战斗逐一的吟诵。

② 历史上很多类似的事件一再发生,可能是后者模仿前者,或是前者启示后者:哥德国王阿拉里克(Alaric)在前410年病故,他的族人派出大批俘虏,将流过康森提亚(Consentia)的布森提努斯(Busentinus)河改道,国王的坟墓建造在干涸的河道上面,墓内装满从罗马掠夺得来价值连城的战利品,然后再让水流经过原来的河道;所有从事此项工程的俘虏全部被杀死,阿拉里克埋葬的地方成为千古之谜。参阅吉朋《罗马帝国衰亡史》第31章第9节。

15 阿加萨克利派遣他的儿子阿加萨克利去见德米特流斯王,安排双方签署友好协议和缔结同盟关系。国王用盛大的排场欢迎来访的年轻人,让他穿上皇家的袍服,送给他名贵的礼物。他派一位名叫奥克西昔密斯(Oxythemis)的朋友,代表他回拜叙拉古的僭主,表面上要接受联盟的誓约,其实要窥伺和打探西西里的情势。

16 就在我们进行到目前要叙述的事务,由于阿加萨克利正好逝世的关系,我们提到的情况,可以说是的确都已发生,绝对不会虚假不实。

阿加萨克利王有很长一段时间与迦太基人保持和平的局面,现在准备加强水师的兵力;他的打算是再度运送一支军队到利比亚,同时用他的船只阻止腓尼基人从萨丁尼亚和西西里输出谷物。确实如此,上一次发生在利比亚的战争,迦太基能够控制海洋,使得他们的城市安然无恙,免予陷落敌手的危险。阿加萨克利王已经装备好两百艘船只,都是五层桨座和六层桨座的战舰。虽然已经万事俱备,基于下面提到的原因,还是无法按计划进行。

有一位生于塞吉斯塔的米侬(Menon),城邦被敌人占领以后成为俘虏①,由于他容貌的俊美成为国王的奴隶。过了一段时间以后,他受到国王的宠爱成为贴身的亲随,装成非常满足的样子;他的祖国蒙受的灾难和个人遭到的暴行,使得他对国王产生无法忘怀的敌意,想要抓住机会进行报复。现在国王的年事已高,就将部队进入战场的指挥大权交付给他深受信任的阿查加朱斯。他是当年阵亡于利比亚的阿查加朱斯留在西西里的儿子,也是阿加萨克利王的孙儿;富于男子汉的气概和大无畏的精神,远超

---

① 这件事发生在前 307 年,参阅本书第二十章第 71 节。

过家人对他的期许①。

这时阿查加朱斯率领军队扎营在伊特纳附近;国王的意愿是要培养他的儿子阿加萨克利成为王位的继承人,首先要这位年轻人出现在叙拉古,公开宣布将权力交到他的手里,然后派他前往军营。国王写了一封信给阿查加朱斯,命他将陆上的部队和水师交给接位的阿加萨克利。阿查加朱斯现在知道另外有人继承王国,决定使出阴谋的手法对付这两个人。他传话给塞吉斯塔人米侬,说服后者毒毙国王。等到年轻的阿加萨克利来到以后,借口在某个岛屿向神明奉献牺牲,邀请他前来参加宴会,灌醉以后趁着黑夜将他谋杀,尸首丢到大海后来被浪涛冲向海岸,某些人发觉以后辨识出身份,就将遗体运回叙拉古。

国王在晚餐以后总是用一束刚毛清洁牙齿,有一天饮完葡萄酒后提出要求,米侬给他一束浸泡在腐蚀性药剂之中的刚毛。国王不清楚为什么会出现这种情况,用力刷牙使得刚毛接触到牙齿的齿龈,开始的症状是持续的疼痛,日复一日变得更难忍受,接着牙齿四周出现无药可治的坏疽②。就在他躺在床上面临生命的终点(前289年)时,召集市民代表来到身边,公开抨击阿查加朱斯犯下弑亲的罪孽,呼吁民众要对他采取报复的行动,宣布他要还政于民,让城市拥有自治的权利。然而就在国王陷入回光返照之际,德米特流斯王派来的使者奥克西昔密斯,将阿加萨克利安置在火葬堆上,趁着他还有一口气举火将他活活烧死,奇特的报复使他身受荼毒无法发出一点声音③。阿加萨克利在他的统治期间,犯下无数各式各样的杀戮暴行,他对自己的人民极其残酷,对于神明毫无崇敬之心,这种死亡的方

---

① 与本节在结尾相类似的文字做一比较,可以看出这部分的叙述有很多字句脱落。
② 这种致命的疾病可能是口腔癌;贾士丁《菲利浦王朝史》第23卷第2节提到他的亡故,与本文的叙述大相径庭,也更为可信。
③ 这是一种惩罚用来显示赫菲斯托斯的震怒,本书第二十章第101节提及此事。

式适用于他邪恶的一生。

要是按照叙拉古的泰密乌斯,还有另外一位叙拉古人凯利阿斯(Callias),是二十八卷史书的作者,以及阿加萨克利的兄弟安坦德(Antander)这位史家[1],都说他在世上活了七十二岁,统治叙拉古长达二十八年。叙拉古重新恢复民选的政府,籍没阿加萨克利的财产,所有他为自己竖立的雕像全部推倒在地。米侬在谋害国王时已看到情势不妙就从叙拉古逃走,逗留在阿查加朱斯的营地。他一直吹嘘自己立下功劳,很高兴推翻这个王国;他杀死阿查加朱斯将整个营地控制在手里,对于大家表示善意赢得士兵的爱戴,决定对叙拉古发起战争,要为自己谋求统治的权力。

阿加萨克斯[2]在年纪很轻的时候,他的英勇和刚毅远非同侪所能相提并论。

17 这位后生小子[3]用尖锐的言辞,对于早期的史家出现的错误大肆抨击,表示自己极其重视发掘真相不会虚伪造假,然而他的历史著作当中只要提到阿加萨克利,绝大部分都是充满谎言的宣传,完全基于个人的敌意反对这位统治者。他被阿加萨克利赶出西西里,只要这位君主活在世上他就不可能返回故土,等到阿加萨克利逝世以后,当然会尽力加以诽谤和中伤。持平而论,这位国王的本质极其凶恶也是事实,史家增加很多资料都是出于自己的杜撰和编排,他将阿加萨克利的成就和功勋剥夺殆尽,只留下他的败北和缺失,不仅是国王应该负责的事,就是出于运

---

① 没有人见过安坦德的历史著作,参阅雅各比《希腊历史残卷》No.565。
② 这个名字引起很多的混淆,参阅本章注释7。
③ 这位后生小子是指陶罗米尼姆的泰密乌斯(前356—前260年);他的残余作品可以参阅雅各比《希腊历史残卷》No.566。波利比乌斯的《历史》几乎整个第12卷用来攻击泰密乌斯所犯的错误,特别是他对阿加萨克利的大肆吹捧。

道的乖张都逃不过严苛的非难,在他的眼中这个家伙可以说一无是处。一般人都同意国王是一位精明的谋略家,带着积极进取的精神和信心十足的勇气进入战场,然而泰密乌斯在他的著作当中,总是不断将阿加萨克利称为傻蛋和懦夫。

然而在所有那些拥有权势的人物当中,除了他还有谁能用很少的资源建立更大的王国?出身贫穷的家庭和卑微的双亲,他从小受到的抚养就是要成为一个工匠,后来全要靠着他的能力,不仅成为整个西西里的领主,甚至用武力征服大部分的意大利和利比亚。有人会对这位史家的冷漠感到不可思议,他的作品对叙拉古的人民所拥有的勇气始终赞不绝口,提到这位统治者却说他比所有人都更为胆小怕事。这些相互矛盾的证据很明显地表示,他完全放弃公正的历史所坚持的诚信原则,满足于个人的怨恨和争论。我们很难欣然接受这部历史著作的最后五卷,其中涵盖阿加萨克利一生的言行。

叙拉古的凯利阿斯①能够保持公正的立场,拿出负责的态度掌握指控应有的分寸。他曾经被阿加萨克利俘虏,后来用高价将他买走成为书写稗官野史的奴隶,身为真理之神的喉舌,从未停止对付钱的主人歌颂不实的赞誉。虽然阿加萨克利对神的失敬和对人的滥权,种种的过失和罪孽不在少数,这位史家却说他在虔诚和人道方面远胜其他人等。总之,阿加萨克利夺走市民的财物送给史家,要与所有的公道正义背道而驰,他除此以外还有什么可以回报,出名的编年史家用他的如椽大笔,将所有的美德授予难以盖棺论定的君王。毫无疑问,彼此交换好处是非常容易的事,作者的大力吹捧绝不会缺少来自皇家的贿赂。

---

① 有关凯利阿斯的著作可以参阅雅各比《希腊历史残卷》No.564。

18 叙拉古的市民大会选出希西提斯（Hicetas）担任将领，统率一支军队前去征讨米侬（前 289 年）。不久以后战争爆发，敌人尽可能避免采取行动，不愿在战场面对面分个高下。等到迦太基运用优势的兵力开始援助米侬，叙拉古当局被迫交给腓尼基四百个人质，用来中止敌对的行动，让流亡在外的放逐人士可以返国。然而佣兵在选举当中没有投票的权利，使得城市充满倾轧和内斗。叙拉古人和佣兵都要诉诸武力，这是经过长期的协商和对双方提出呼吁以后，长老会议要面对的唯一困难，须知终止动乱基于相应的情况，就是在规定的时间之内，佣兵必须变卖他们的产业离开西西里。等到有关的条件获得双方的批准，佣兵按照协议的事项告别叙拉古（前 288 年）；他们搭乘的船只到达海峡，墨撒纳（Messana）的民众把他们当成朋友和同盟给予欢迎。他们在市民的家中受到殷勤的接待，趁着黑夜杀死男主人，娶了留下的妻子，全城的财产都为他们据有。这些佣兵称呼战神阿瑞斯是玛默托斯（Mamertos）①，就将这座城市命名为玛默蒂纳（Mamertina）。

任何人要是不够资格出任护民官的职位②，在职的护民官就不会同意他从事选举和投票的活动（前 287 年）。

19 德米特流斯的王国面临最后的危机，有关叙述的结局以及当前的情势突然发生变化，使得这位妇女表现出了更为清晰的

---

① 有人认为战神的名字应该是马默斯（Mamers）而不是玛默托斯，如同罗马人的战神是马尔斯（Mars）；虽然他们自称是玛默廷人，并非真有玛默蒂纳这个城市，而是认为他们是战神马默斯的后裔，柴昔兹（Tzetzes）这位学者对此有详尽的解释。

② 本文经过订正，这句话的意思可以是"任何人要是不愿与人分享护民官的职位"。因为护民官的数目最少是 5 位，可以多至 10 位。这段文字与叙拉古的内讧没有关系，而是罗马的奎因都斯·贺廷休斯（Q. Hortensius）在前 287 年为此立法，用来保障平民的权益。

性格特质①。

20

德米特流斯在佩拉②受到警卫看管的时候（前285年以后），黎西玛克斯派出使者去见塞琉卡斯提出请求，就是他绝不能滥用权力释放德米特流斯，因为这个人拥有永无止息的野心，运用各种计谋对付所有的国王；甚至黎西玛克斯愿意付给他两千泰伦的代价，要他除去德米特流斯免得后患无穷。国王对于使者大肆谴责，无礼的要求不仅让他违背神圣的誓言，还会破坏因婚姻的结合形成的紧密关系③。他写信给当时留在米地亚的儿子安蒂阿克斯，对于如何处理德米特流斯一事，想听取这方面的意见。他原先的决定是要释放德米特流斯，摆出壮观的排场帮助后者重新登上宝座，他还是希望他的儿子能从这次义举当中获得共同的荣誉，特别是安蒂阿克斯娶了德米特流斯的女儿斯特拉托尼斯（Stratonice），婚后还为他生下子女。

21

一个人被他的敌人认为最难应付而且极其可怕，他的朋友却认为他平易近人而且友情坚定不移④。

你对奉承和谄媚的言语特别留心注意，即使你并不知道这是个人最大的优点，却能让你获得更好的教导，能够看清弥漫整个国家的不幸和灾难。

举凡在一生当中经常误入歧途或是在同样的情况中一再犯错，表示这

---

① 斐拉是安蒂佩特的女儿和德米特流斯·波利奥西底的妻子。德米特流斯在前287年失去马其顿，不久以后她自杀身亡。

② 这是叙利亚的阿帕米亚另外一个名字，参阅斯特拉波《地理学》752c，德米特流斯于前283年在该地逝世。

③ 塞琉卡斯娶德米特流斯的女儿斯特拉托尼斯为妻，生了一个儿子名叫安蒂阿克斯。

④ 从这段文章的前后文句来看，很像是描述皮洛斯留下的断简残篇，有一部分可能是皮洛斯和辛尼阿斯的对话，参阅普鲁塔克《希腊罗马名人传》第11篇第1章"皮洛斯"第13—14节。

个人缺乏深思熟虑的打算陷入混乱失调的困境。如果我们遭遇的失败愈多，那么我们该受的惩罚也愈重。

　　有些市民放纵他们的贪婪在于增加自己的财产，要为国家的不幸付出更大的代价。等到发现帮助同胞等于是在帮助自己以后，大家还能用不公正的方式对待这些人吗？我们要原谅那些在过去犯下错误的人，此后我们才能享受和平的生活。我们不能毫无例外就去惩处那些犯下过错的人，只有犯下错误还不能改进的家伙，才是应该惩处的对象。对人公正无须怒气大发，仁慈的行为较之惩戒收效更大。化敌为友，善莫大焉；举凡一般人陷入困境总是盼望获得朋友的援手①。

　　外来的士兵一旦穷途末路习惯上先要抢劫友人的财物。国王的贪婪要是与生俱来不能革除，根本无法保有一座城市。人类的贪婪要是与生俱来不能革除，根本无法合作完成事业。

　　傲慢的排场和暴虐的借口只能放在本乡本土，任何人进入一座城市要想保有自由人的身份，必须遵守该地的法律。

　　一个人继承家世和财富的同时也要将高尚的声名一并接受。最可耻的事莫过于拥有阿基里斯之子皮洛斯的姓氏，表现的行为却像瑟西底（Thersites）②。

　　一个人拥有更为响亮的声名，就会更加感激那些让他拥有这些好运的人。只要他能获得荣誉与善意就不去做那些狗屁倒灶的事情。

　　正人君子为了自己的安全需要会从别人的错误当中寻找经验。

　　一个人不能说是对外人要比对亲友更为仁慈，更不能说是痛恨敌人要胜过对同生共死战友的忠诚。

----

　　① 这句话还有一层完全相反的含义："举凡一般人陷入困境总是朋友要受到拖累。"
　　② 这是雅典演说家迪玛德斯对马其顿国王菲利浦的谴责之词，参阅本书第十六章第87节。

第二十二章

残　卷

1 伊庇鲁斯的人民发挥传统的侠义精神,他们不仅为自己的国家而战,还为他们的朋友和盟邦。

罗马的护民官迪修斯为了防备皮洛斯王的入侵,奉命前来保护雷朱姆(前280年),结果他杀死城市的男子,强占他们的妻子和财富。这些士兵都是康帕尼亚人,行为如同玛默廷人,他们曾经杀死墨撒纳的男子。后来分配受害人的财产发生不公正的现象,迪修斯被赶出雷朱姆,手下那些康帕尼亚人将他放逐。玛默廷人前来给予援手还有抢劫的钱财,使他成为将领。有一次他的眼睛感到很不舒服,召来第一流的医生前来看诊,他为了报复家乡所受的蹂躏,就将泡沫甲虫制成的软膏涂满迪修斯发炎的双眼,使他丧失视力成为瞎子,然后医生赶紧逃出墨撒纳①。

罗马当局派一支驻防军到雷朱姆。护民官迪修斯的先世来自康帕尼亚,他本人极其贪婪而且胆大包天,仿效玛默廷人违纪犯法的恶行。墨撒纳的人民把玛默廷人当成朋友给予周到的接待,他们抓住机会控制城市,杀死每个家庭的男子,强娶失去丈夫的寡妇,霸占受害人的产业。迪修斯和手下的康帕尼亚人虽然接奉罗马的派令,前来保护雷朱姆的居民,却拿玛默廷人的暴行当成效法的榜样;他们屠杀市民,瓜分他们的财产,占领城市当成战争赢得的奖赏。迪修斯担任驻防军的指挥官,民众的财产被他兑换为可以带走的金钱,由于他分配掠夺物违背公正的原则,与他犯下同样罪行的伙伴康帕尼亚人,非常愤怒地将他赶出雷朱姆等于施以放逐的处分。不过,这些丧尽天良的恶徒还是难逃报应,迪修斯患下很严重的眼炎,召来名望最高的医生,谁知他要为自己的国家报仇,涂上泡沫甲虫制成的软膏,迪修斯因而丧失视力,医生为了安全逃出墨撒纳。

2 整个西西里都是僭主当道:诸如叙拉古的希西提斯、阿克拉加斯的芬特阿斯(Phintias)、陶罗米尼姆的坦达瑞昂(Tyndarion),以及其他较小的城市。芬特阿斯和希西提斯之间爆发战争,就在海布列乌斯(Hyblaeus)②附近开始会战,希西提斯成为赢家;两军的战况非常激烈,烧杀掳掠使得整个地区化为一片焦土。希西提斯为获得胜利感到扬扬得意,接着他与迦太基人发生冲突,靠近特里阿斯(Terias)河的会战被对手击败,

---

① 哈利卡纳苏斯的狄奥尼修斯对这个故事有很长的叙述,增加很多不同的情节,参阅他的《罗马古代史》第 20 卷第 4—5 节,以及波利比乌斯《历史》第 1 卷第 7 节。狄奥尼修斯提到罗马执政官法布瑞修斯对墨撒纳派遣驻防军,只是不知道他出任执政官是在前 282 年还是前 278 年。

② 或许是海米纽斯(Hyrminius)河在海布拉·赫里亚(Hybla Heraea)地区的上游部分。

损失很多人马。芬特阿斯建立一座靠近海边的城市,命名用上自己的名字,然后将杰拉的城墙和房屋全部推倒,居民搬迁到芬特阿斯,新建一道城墙还有宽阔的市场以及祭祀神明的庙宇。

他给别人的印象如同一个嗜血的谋杀犯,所有归顺他的城市对他极其厌恶,要将派来的驻防军赶走,首先高举起义的旗帜就是阿捷里姆①的人民。

芬特阿斯运用武力统治所属的城市,很多有钱人被他处死,无法无天的行为让所有的臣民对他痛恨不已;局势的发展已濒临叛乱的边缘,他马上收敛傲慢的态度表现谦恭的模样,仁慈的施政获得大家的拥戴。

3 马其顿国王托勒密②的年纪很轻(前 280 年),对于战争和用兵没有经验,性格急躁而且冲动,行事不知审慎何况毫无先见之明。像是部队因故迟延未到,朋友劝他等待片刻,他根本不予理会。

结果托勒密王遇害(前 279 年),马其顿的军队全部被高卢人歼灭。

4 高卢人在这个时期(前 279—前 276 年)入侵马其顿,他们的国土受到敌人的蹂躏;这时有很多人出来争夺王位,只是据有很短时间遭到罢黜。其中一位是默利杰③,身为拉古斯的儿子和托勒密的兄弟,登上宝座不过几天就被赶下台来。安蒂佩特④的统治仅仅四十五天而已。接

---

① 狄奥多罗斯只要有机会就对自己的家乡歌功颂德一番。

② 这位是托勒密·西劳努斯(Ptolemy Ceraunus),托勒密一世索特尔和优里迪丝的儿子;他获得军队的拥戴在前 280 年登基成为马其顿国王,前 279 年被害身亡。

③ 如果本文正确无误,那么默利杰应该是托勒密·西劳努斯的叔父,优西拜乌斯(Eusebius)认为他是托勒密一世的兄弟。

④ 这位是安蒂佩特·伊特西阿斯(Antipater Etesias),卡桑德的侄儿。

着按照次序是索斯昔尼斯(Sosthenes)①、托勒密②和亚历山大③,最后是伊庇鲁斯的皮洛斯。要是依据狄奥多罗斯的说法,全部加起来也只有三年。

5 阿波罗多鲁斯④的目标是要成为一位僭主(前 278 年),认为要靠一个秘密的组织维护他的安全,邀请他的朋友一个年轻小伙子参加祭典,然后将来人杀死当成奉献给神明的牺牲品,让这些阴谋分子吃他的肉,拿他的血与酒混在一起要他们喝下去。

这位阿波罗多鲁斯招募一些高卢人为他服务,供应他们所需的武器和装备,等到送给他们礼物以后发现有些人是忠心耿耿的狱卒,成为最好使用的爪牙和工具,因为他们非常残忍,那些令人发指的惩罚都交给他们执行。他籍没豪门和地主的产业,聚集很大一笔财富。他增加士兵的薪饷,让贫民分享好处,使自己成为主人拥有一支所向无敌的部队。他变得残忍和贪婪,从市民那里搜刮大量钱财,他对很多男士以及不少的妇女施加痛苦的酷刑,逼使每个人都要交出他们的金银财宝。有一位名叫凯利奉(Calliphon)的希裔西西里人,成为他实施专制统治的向导和老师,因为这个人过去在西西里很多僭主的宫廷里面服务,已经累积很多的经验和手法。

6 "卡德密的大捷"(前 280 年)是经常使用的谚语⑤。表示的意义是胜者会遭遇不幸,战败的一方不会有危险,因为他们的疆域广

---

① 索斯昔尼斯是马其顿人,很可能是黎西玛克斯手下的将领,他拒绝部下的黄袍加身,情愿担任军队的指挥官。

② 这位托勒密可能是黎西玛克斯的儿子。

③ 这位亚历山大可能是黎西玛克斯另外一个儿子,优西拜乌斯为了易于辨识称他为阿里迪乌斯(Arridaeus)。

④ 阿波罗多鲁斯是在卡桑德里亚发起一场无产阶级革命的领导人物,前 276 年被安蒂哥努斯·哥纳塔斯敉平。

⑤ 《苏达辞书》用来表示"得不偿失"的胜利,会战得胜一方的损失较敌军为大。

阔有更大的空间可以东山再起。

那些追随皮洛斯王渡海①的伊庇鲁斯人，很多已经在作战当中阵亡，等到一位朋友问他现在要如何进行会战，他回答道："我与罗马人进行的会战如果只赢得一次胜利，那些与我渡海来到此地的人马当中，就不会只留下这么少的士兵。"他讲了老实话，所有的胜利都是如同谚语所说"卡德密的大捷"；敌人虽然吃了败仗但是他们不会士气低落，因为他们的国土是这样的广大，胜利者遭受通常出在战败一方的损伤和灾难。

辛尼阿斯（Cineas）是一位说服力很强的外交家，皮洛斯派他担任使者去与罗马人进行协商，赠送值钱的礼物给有力的人士。他们都不愿接受对方的好处，全都给他同样的回答，因为他现在的身份还是敌人，密切的交往方式非常不适合；不过，等到双方签署和平条约，他成为罗马人民的朋友，他们再也不会受到谴责的情况下，很高兴接受他的礼物②。

7 芬特阿斯是阿克拉加斯的僭主，兴建一座与他同名的城市，从睡梦中得知会在何种情况下死亡：他正在野外打猎，一头野猪向他冲过来，锐利的獠牙刺穿他的身体，使得他当场毙命③。

希西提斯统治叙拉古已有九年，玛米乌斯（Mameus）之子锡侬（Thoenon）从他的手里夺去权力（前279年）。

---

① 是指渡海进入意大利。这次会战发生在赫拉克利附近，皮洛斯为了庆祝他的胜利，派人到多多纳向神明奉献还愿祭品。

② 大家对于这件事发生的时间有不同的意见，还有就是辛尼阿斯到罗马，负起单一的任务或是两种不同的任务。

③ 有些在芬特阿斯铸造的钱币，反面是一头野猪的图案，正面是阿特米斯或者河神阿克拉加斯的头像。

等到锡侬和索斯特拉都斯(Sostratus)①继承希西提斯的职位,他们再度邀请皮洛斯前往西西里。

玛默廷人用背叛的手法谋害墨撒纳的男子,然后与迦太基缔结同盟关系,决定参加他们的阵营,想要阻止皮洛斯渡海来到西西里。陶罗米尼姆的僭主坦达瑞昂(Tyndarion)支持皮洛斯的行动,会让后者的部队进入他的城市。

迦太基已经成为罗马的盟邦,让五百名士兵②登上他们的船只,越过大海航向雷朱姆(前279/前278年);他们对于城市发起袭击,后来虽然停止围攻的行动,还是把聚集起来制造船只的木材纵火烧掉;他们继续防卫海峡,严密监视不让皮洛斯有渡海的任何意图。

就在索斯特拉都斯统治叙拉古的时候,锡侬控制位于大港的"小岛"③。他们两人共有一万名士兵,彼此之间爆发战事,等到双方打得精疲力竭,全都派遣使者去见皮洛斯。

8 皮洛斯在意大利进行的作战行动已有两年又四个月(前278年)。就在他准备扬帆出海的时候,迦太基从陆地和海上对叙拉古发起围攻;他们还用一百艘船封锁"大港",陆地上面他们派出五万人马直接对城墙展开攻击。叙拉古被迦太基人围得水泄不通,所属的地区都受到敌人的蹂躏。因此,叙拉古的人民为了战事打得山穷水尽,把希望寄托在皮洛斯的身上,他的妻子拉纳莎是阿加萨克利的女儿,她为皮洛斯生了一个儿

---

① 锡侬后来被皮洛斯处死,参阅普鲁塔克《希腊罗马名人传》第11篇第1章"皮洛斯"第23节。索斯特拉都斯可能是本书第十九章第3节那位索斯特拉都斯的孙子,后面这位索斯特拉都斯的名字又称为索西斯特拉都斯。

② 这些人可能是罗马军团的士兵,迦太基与罗马签订的条约是用来对付皮洛斯,时间是在前279年,参阅波利比乌斯《历史》第3卷第25节。

③ 这个小岛是奥特基亚(Ortygia)。

子名叫亚历山大；他们几乎不断派使者去催驾，走了一批接着又去一批。他将部队、战象和作战机具开始装上船只，要从塔伦屯发航，在第十天停靠洛克里。从那里他的船队进入海峡，渡海来到西西里最后抵达陶罗米尼姆。

陶罗米尼姆（Tauromenia）的君王坦达瑞昂成为他的盟友，从他那里获得一些援军，接着向卡塔纳航行。当地的居民用隆重的仪式欢迎他的莅临，奉上金冠表示敬意，他让步兵下船。他们经由陆路向叙拉古前进，舰队排出会战的队形在海上随行。就在他们快要接近叙拉古的时候，迦太基人已经派出三十艘船从事其他的任务，不敢以剩余的船只与敌人发起会战。皮洛斯一路上未见敌踪平安抵达叙拉古，接受锡侬将"小岛"双手奉上，城市的其余部分也在市民和索西斯特拉都斯（前面提到这个人是索斯特拉都斯）的坚持之下，全部交给他来处理。皮洛斯完成锡侬和索西斯特拉都斯的调解工作，叙拉古人之间恢复原来融洽的情况，使得他借着和平的来到能够赢得民心的归向。

国王接收城市里面的武器装备和各式各样作战机具；他在叙拉古获得的船只是一百二十艘装着甲板的大船，二十艘没有甲板的小船，以及皇家使用的"专舰"①；要是将他带来的船只包括在内，整个舰队已经达到两百艘这样庞大的规模。就在他忙着处理这些事务的时候，李昂蒂尼的统治者赫拉克莱德派遣的特使前来觐见，说是奉命要将城市和堡垒交给国王，另外还有四千名步卒和五百名骑兵。很多其他的使臣也都来到叙拉古，他们要奉上城市并且说是要与皮洛斯通力合作。他用殷勤的态度接受他们的要求，然后吩咐他们回到各自的国家，现在希望能赢得利比亚的归顺。

科林斯的海港名字叫作李契姆（Lecnaeum）。

---

① "专舰"的原名是 enneres 或称为"九级船"，可能的含义是 9 个人操作一支很长的划桨，而不是有 9 排划桨。

9 高卢国王布伦努斯（Brennus）率领十五万名配备长盾的步兵，以及一万名骑兵，加上一大批随营人员，不计其数的小贩，总共有两千辆大车，对马其顿发起入侵行动（前279年），双方即将进行一场会战。因为缺乏足够的实力，这场冲突会损失很多人马，后来他向希腊前进，要去洗劫颁布神谶的德尔斐①。这场会战的规模极其庞大，损失的战士数以万计②，仅仅布伦努斯本人先后三次受伤。给他带来很大的痛苦的是自己将要亡故，于是集合手下的人员交代后事，要他们把他和所有的伤员全部杀死，烧掉他们的车辆，在没有沉重负担的情况下才有机会安全返回故乡；同时他劝大家推举西考流斯（Cichorius）③成为国王。然后饮下大量未掺水的葡萄酒，拔出佩剑自裁身亡。西考流斯为他举行葬礼，杀死受伤的士兵加上寒冷和饥饿的受害者，损失的总数将近两万人；带着其余的人员顺着原来的路线开始返家的行程。希腊人在困难的地形发起攻击，切断后卫与本队的联系，抢走所有的辎重和行李。前往色摩匹雷的路途当中，食物很难获得，只有放弃两万多人让他们自生自灭。最后要经过达达尼亚人（Dardani）的国土，所有的人伤亡殆尽，没有一个人能够返回家园。

高卢国王布伦努斯进入一个庙宇，发现里面没有黄金或白银制作的奉献品，等到他只看到石头或木材制成的雕像，嘲笑这些人④竟然相信神明具备人类的形体，所以才用不值钱的材料制作神像。

就在高卢部落大举入侵的时候，德尔斐的居民看到即将迫近的危险，他们请求神明指点迷津，是否应该将财富、妇人和儿女从神庙搬到邻近守备更为森严的城市。阿波罗女祭司对德尔斐的市民提出答复，上苍指示他

---

① 这段文字有残缺和脱落，叙述的内容经过考据有不同的说法。
② 正确的数字可能是50000人或60000人。
③ 或者是阿西考流斯（Acichorius），参阅鲍萨尼阿斯《希腊风土志》第10卷第22—23节。
④ 是指希腊人。

们要留在神庙里面,那里有奉献品和其他各种适合祭祀众神的器具;神明和在一起的"白处女"会保护所有的人。这个神圣的地区有两座极其古老的庙宇,一座供奉普罗尼亚(Pronaia)的阿西娜,另外一座是狩猎女神阿特米斯;从神谶得知这两位女神就是"白处女"①。

10 皮洛斯在处理完毕叙拉古和李昂蒂尼的事务(前278—前276年)以后,率领军队前往阿克拉加斯。他正在赶路之际,英纳派来的人向他报告,说是他们已经驱逐迦太基的驻防军,拒绝芬提阿斯前来统治他们,情愿将城市交给皮洛斯成为他的盟邦。皮洛斯带着军队,抵达阿克拉加斯从索西斯特拉都斯的手里接收城市和军队,一共有八千名步卒和八百名骑兵,全都经过挑选,各方面一点都不输伊庇鲁斯的劲旅。他还得到索西斯特拉都斯统治的三十座城市。然后他带着攻城机具和大批投射武器返回叙拉古。他进军前去攻打归顺迦太基的地区,兵力是三万名步卒和一千五百名骑兵②还有战象。

他旗开得胜攻下有迦太基驻防军的赫拉克利,接着就是阿佐尼斯(Azones)。塞利努斯的市民大会改变立场要投效国王的阵营,陆续是哈利赛伊(Halicyae)、塞吉斯塔和其他很多城市。虽然埃里克斯(Eryx)的迦太基驻防军颇具实力,加上天然形势险要很不容易用突击的方式夺取,皮洛斯还是下定决心发起围攻,克服所有的困难加以占领。他带着所有的机具前来对付坚固的城墙,激烈的战斗持续很长一段时间,国王想要赢得更高的声名能与赫拉克勒斯比个高下③,亲自领导对城墙的攻击;他的作战发挥

① "白处女"如同使人目盲的暴风雪,希腊人乘势对高卢人发起大获成功的攻击。

② 普鲁塔克《希腊罗马名人传》第11篇第1章"皮洛斯"第22节,提到的数字是2500人。

③ 普鲁塔克提到皮洛斯对赫拉克勒斯立下誓言,获得他赐予的好运和发挥英勇的精神,只要攻下城市,就要向伟大的神明奉献牺牲,举办各种表演活动,用来彰显他的荣耀和恩典。

古代英雄的气势,杀死蜂拥而上的迦太基人,等到国王的"亲随"加入这场激战,使得他一鼓作气夺取整座城市。

他留下一支驻防军,向着守备极其森严的埃伊夏(Iaetia)进军,夺取以后会对潘诺穆斯(Panormus)的攻击据有地形之利。埃伊夏的人民一致接受他的招降,他立即前去攻打潘诺穆斯,这座城市拥有全西西里最优良的海港,所以才会得到当前的名字①。他还是用强攻的方式占领这个要地,等到坚固的碉堡赫克提(Herctae)到手以后,现在除了利列宾姆以外,他推翻迦太基帝国在西西里的统治,自己成为整座岛屿的主人。迦太基人在摩提伊(Motye)被僭主狄奥尼修斯攻占②以后,他们建立利列宾姆用来收容摩提伊幸存的民众,让他们有一个栖身的地方。

就在皮洛斯准备围攻这座城市的时候,迦太基当局派出一支实力相当坚强的军队,离开利比亚赶赴利列宾姆,目前海洋仍旧在他们的控制之下,运来大批谷物以及不计其数的机具和投射武器。城市的大部分地区都被海面围绕③,通向陆地的外围兴建高耸的城墙,塔楼的间隔保持很近的距离,挖掘一道很深的宽壕。他们派出特使去见国王,讨论双方的停战以及讲和,不仅希望达成协议甚至愿意支付巨额的费用。虽然国王拒绝接受金钱,同意来使的说辞,承认利列宾姆属于迦太基所有。这时国王的"亲随"参加会议还有各城市派来的代表,他们请求国王在任何情况下,不能同意蛮族拥有一个可以攻击西西里的跳板,应该尽全力将腓尼基的势力赶出这座岛屿,要让海洋成为双方的国境线。

国王立即靠近城墙设置营地,开始部署接替的兵力,保持连续不断的

---

① 潘诺穆斯这个名字是由"全部"和"海港"两个单字组成。虽然使用希腊人的称呼,自古以来这个城市除了皮洛斯统治很短时间,始终都在腓尼基人和迦太基人手里,直到前254年被罗马占领。现在这个城市的名字是巴勒摩,成为西西里的首府。

② 发生在前397年;有关的情况参阅本书第十四章第47及后续各节。

③ 这座城市位于一个海岬上面。

攻势。迦太基有众多的作战人员和大量的武器装备,用来防守城市已是绰绰有余,还能供应无数各式各样的弩炮,有的发射沉重的标枪和投矢,有的抛掷巨大的石块和弹丸,要想全部装设在城墙上面已经没有足够的空间。各种类型的投射武器向着攻击者投掷,他的手下有很多人阵亡,伤者更是难以计数,皮洛斯处于不利的态势。国王开始建造更加强而有力的攻城机具,同时要挖地道使得城墙倒塌。迦太基还是持续抵抗,地层都是岩石,挖掘坑道已经失效,经过两个月的围攻,皮洛斯无法用武力攻占,最后只有解围而去。他决定建立一支战力强大的舰队,等到获得海上霸权,就能运送部队在利比亚登陆,他现在一心一意地在做这方面的打算。

11 皮洛斯赢得著名的胜利(前 274 年),将高卢的长盾和其他最名贵的战利品奉献给埃托尼斯的阿西娜神庙,盾牌上面刻有如下的铭文:

> 这些悬挂的盾牌来自勇敢的高卢佣兵,摩洛西亚的皮洛斯歼灭安蒂哥努斯手下的蛮族以后,将这些掳获物当成礼品呈送给埃托尼亚(Itonis)的阿西娜。从而证实伊阿库斯的后裔子孙仍如往昔是英勇的战士①。

想起过去他们②做出如此令人发指的邪恶行为,当然要对这些罪犯给予应有的惩罚。

---

① 《帕拉廷诗集》第 6 卷第 130 节的颂词是出自李奥尼达斯的手笔。阿西娜在埃托尼斯的圣地位于菲里和拉立沙之间。安蒂哥努斯·哥纳塔斯雇用高卢人担任佣兵,获得胜利的地方没有记载的数据。

② 这些人是指皮洛斯的高卢佣兵,有关的情况看下面的叙述。

12 皮洛斯对马其顿皇室的所在地埃吉伊（Aegeae）①大肆洗劫，就将手下的高卢人留在该地。他们得知某些信息，根据古老的习惯大量财富当成殉葬品，随着死者埋藏在皇家墓地。于是他们挖开皇陵破坏坟墓，瓜分出土在地下的财宝，死者的尸骸任意抛弃散落各地。皮洛斯受到大家的咒骂，只是他无法惩处这些蛮族，因为需要他们在战场上面为他效力。

13 玛默廷人定居在墨撒纳以后权势日益增长，他们让派出的军队全部轻装，对于受到攻击的墨撒纳，火速赶去给予救援②。海罗撤离敌人的区域，一轮猛攻之下夺取迈立（Mylae），获得一千五百名士兵加入他的阵营。接着前进去攻占其他的据点，来到位于森托里帕和阿捷里姆之间的阿美西隆（Ameselum）。虽然阿美西隆的防务坚固和守备森严，他在占领以后将这座堡垒全部破坏无遗，撤销对驻防军成员提出的指控，因为他要将这些人编入自己的部队。将所有的土地分给森托里帕和阿捷里姆的民众。处理完这些事务以后，他率领一支实力强大的军队前去攻打玛默廷人。哈立萨（Halaesa）立即开城投降，阿巴西隆（Abacaenum）和坦达瑞斯（Tyndaris）的居民热烈欢迎他的来临，他成为这些城市的领主，将玛默廷人赶到一个狭小的地区。他在西西里海这一边获得靠近墨撒纳的城市陶罗米尼姆，面对第勒尼安海的城市是坦达瑞斯。

他对墨撒纳地区发起入侵行动（前 269 年），沿着洛伊塔努斯（Loitanus）

---

① 常见的称呼是埃吉（Aegae）。过去的名字是埃笛莎（Edessa），早期是马其顿的首都，从前 400 年开始处于佩拉的政治阴影之下，仍旧在地区占有重要的位置。

② 海罗的部队在赛阿摩索鲁斯（Cyamosorus）河附近的森托里帕被玛默廷人打败，才有火速前往的救援，参阅波利比乌斯《历史》第 1 卷第 9 节。

河①开设营地,拥有兵力是一万名步卒和一千五百名骑兵。玛默廷人面对来敌的队伍是八千名步卒和四部骑兵;他们的将领是西奥斯(Cios)。西奥斯将肠卜官全部找来检视内脏,等到奉献牺牲以后,他问他们会战产生的结局。他们的回答是神明已有确切的表示,就是他会在敌人的营地里面过夜,他听到以后非常高兴,认为他会将国王的所有物据为己有。他马上展开部队打算渡过河流。海罗的营地里面有两百多位墨撒纳的流亡人士,作战奋不顾身享有很高的声名,海罗将这些人召集起来,还加上四百名精选的士兵,命令他们绕过附近一个名叫苏拉克斯(Thorax)的高地,迂回到战线的后方去攻打敌人。他自己展开军队的部署要在正面与敌军接战。骑兵部队的交锋就在溪流的旁边,就在同一时候步兵奉到国王的命令要占领靠近河流的小丘,居高临下可以获得地形之利;然而有段时间的会战处于势均力敌的状态。

等到那些精锐的先锋绕过高地以后,对于玛默廷人发起出乎意料的打击,进行毫无困难的杀戮,因为他们是生力军,敌人久战以后已经疲惫不堪,玛默廷人处于被包围攻击之下只有赶快逃走。叙拉古的军队乘胜攻击,打得对方一败涂地。玛默廷人的将领西奥斯还在负隅顽抗,因为多处受伤体力不支跌落地面丧失知觉,最后被敌人活捉。他在一息尚存的情况下被送到国王的帐幕,于是将他交给医生治疗。这时证实肠卜官的预言非常灵验,他会整夜留在敌人的营地。再者,国王关怀西奥斯的伤势,希望他恢复健康。这时从战场带来一些马匹送到国王那里,西奥斯看到其中一匹马是他儿子的坐骑,认为这个年轻人已经被杀。过度的悲痛导致伤口缝线破裂,使得他一命归西,要为儿子的不幸付出更大的代价。

---

① 虽然不知这条河流的详细位置,可能就是波利比乌斯在《历史》第1卷第9节提到的隆加努斯(Longanus)河。举凡海罗的平生事迹很多并不准确,这次会战可能发生在前269年或前264年。

玛默廷人得到他们的将领西奥斯丧生以及全军覆灭的噩耗,他们决定投降求得国王的饶恕。命运女神不让玛默廷人落到国破家亡的下场,因为迦太基的将领正好停泊在黎帕拉岛。等到他听到这个出乎意料的消息,赶紧前来觐见国王,表面上是向他道贺,其实是用欺骗的手法让海罗上当。国王相信腓尼基不会空穴来风,于是对玛默廷人迟迟没有采取行动。汉尼拔接着前往墨撒纳,发现玛默廷人正要将城市交出去,他出面劝阻给予的借口是提供帮助,就将四组士兵送进城市。玛默廷人战败以后陷入绝望的处境,运用下面叙述的方法确保了城邦的安全。海罗不敌腓尼基人的谋略,只有放弃没有希望的围攻返回叙拉古,这一次的远征还是获得辉煌的成就①。

　　迦太基人和海罗在前者被赶出墨撒纳以后举行一次会议(前264年),双方签署同盟条约,同意对墨撒纳进行联合攻击②。

---

　　① 这些都是海罗在隆加努斯河会战获胜,返回叙拉古以及登基成为国王以后出现的情况,参阅波利比乌斯《历史》第1卷第9节。
　　② 这段文字有很多残缺和脱落,大致可以保持原来的意思,参阅波利比乌斯《历史》第1卷第11节。

第二十三章
残　卷

1 西西里在所有的岛屿当中拥有最崇高的地
位,对于帝国的成长做出最伟大的贡献。

汉尼拔之子汉诺来到西西里(前 264 年),在利列
宾姆集结兵力向着梭卢斯(Solus)进军;他把陆上部
队留在靠近城市的营地,这时他自己赶到阿克拉加斯
加强城堡的守备力量,说服那些对迦太基人表示友善
的市民成为他们的盟邦。他再回到营地,海罗派来的
使者要与他讨论有共同利益的事项;除非罗马人愿意
尽快离开西西里①,否则他们会联合起来对罗马发起

---

① 从这方面叙述罗马人来到西西里,有关的详情并不清楚;很可能是一位名叫盖尤
斯·克劳狄斯(C.Claudius)的军事护民官,奉执政官的命令率领一支兵力不强的部队前往墨
撒纳,参阅佐纳拉斯(Zonaras)《历史摘要》(*The Extracts of History*)第 8 卷第 8 节。

战争。双方率领军队来到墨撒纳,海罗的营地设在卡尔西斯山,迦太基的陆上部队选择的地方是优尼斯(Eunes)①,他们的水师夺取称为庇洛瑞阿斯(Pelorias)的海岬;始终让墨撒纳处于受到围攻的情况。

等到罗马得知西西里的局势有了变化,阿庇斯·克劳狄斯是在任的执政官之一,奉命率领实力强大的军队直接前往雷朱姆。他派遣使者去见海罗和迦太基的将领,讨论解围有关的问题。此外他保证承诺公开表示他不会对海罗发起战争。海罗的答复是玛默廷人的入侵行动,使得卡玛瑞纳和杰拉的疆域备受蹂躏,用非常邪恶的方式将墨撒纳据为己有,所以他们基于正义的诉求才会发起围攻作战;如果罗马还是老调重弹认为自己基于诚信的原则,那就不应该保护谋财害命的凶手,表示他们极其藐视这方面的美德;要是他们从事大规模的战争,也只有那些不信神的人才办得到,会让全人类都知道他们常用的同情,对于拥有优势的借口就会造成危害,其实他们对西西里垂涎不已一直有染指之心。

2 腓尼基人和罗马人打了一场海战;考虑到而后还有规模更大的战争,他们②派使者去见罗马的执政官,讨论双方达成协议缔结友谊关系。双方经过充分的讨论发生激烈的争辩:腓尼基人认为这件事有蹊跷之处,迦太基现在控制海洋,罗马的军队怎么敢渡海来到西西里;看来显然是事出有因,如果他们不能维持朋友关系,罗马人甚至连在海中洗手都会害怕。罗马人③就劝迦太基人对于涉及战争的问题不必教他们如何做,他们还非常肯定地表示,罗马虽然是学生通常都会胜过老师。可以举例来

---

① 波利比乌斯《历史》第 1 卷第 11 节,提到这个地方是叙尼斯(Synes)。

② 是指迦太基人。这场海战只是一次小规模的冲突,克劳狄斯损失几艘三层桨座战船,参阅笛欧·卡休斯《罗马史》第 11 卷第 43 节,以及佐纳拉斯《历史摘要》第 8 卷第 8 节。

③ 这个人的名字叫作克索(Kaeso),参阅笛欧·卡休斯《罗马史》第 11 卷第 43 节。

说,他们在古代使用长方形的盾牌①,伊楚里亚人排成方阵队形使用青铜制成的圆盾,迫得他们采用同样的武器,结果能够击败对方。

还有就是其他的民族②采用罗马人现在使用的盾牌,同时编组百人队进行战斗,其实这两种也是他们模仿别人,还是能够制服那些仿效他们采用更好作战方式的对手。他们从希腊人那里学会围攻作战的技术,知道使用战争的机具破坏城墙,迫得那些以老师自居的城市只有低头服输。现在要是迦太基人逼迫他们学习海战,很快可以看到罗马人是青出于蓝而胜于蓝。

罗马人作战最早使用长方形盾牌,后来看到伊楚里亚人的圆形盾牌是青铜制作,他们仿效的结果是征服伊楚里亚。

3 就在执政官渡海来到墨撒纳以后,海罗认为迦太基当局出卖他,所以才让罗马人安全越过海峡,逼得他赶紧逃回叙拉古。不过,迦太基在会战中被对方打败,接着执政官围攻爱奇特拉(Echetla),损失很多士兵以后撤回墨撒纳。

4 两位执政官③全都来到西西里(前263年),先将哈德拉奴姆(Hadranum)围得水泄不通,接着一轮猛攻之下夺取。他们围攻森托瑞帕把营地设在青铜城门附近,哈立萨的市民大会派出的使者到达;其他的城市同样感到畏惧,表示愿意签订和平协议,将他们的生命财产交到罗马人的手里。归顺的城市有六十七个。罗马的军队增加这些城市派

---

① 罗马士兵使用的长方形盾牌,长约120厘米,宽约75厘米,木材制成外面覆盖帆布或皮革。早在前340年以前使用较小的椭圆形盾牌。

② 是指萨姆奈人,参阅阿昔尼乌斯《知识的盛宴》第6卷273f。

③ 两位执政官是指马可斯·奥塔西留斯·克拉苏(M.Otacilius Crassus)和马可斯·华勒流斯·马克西穆斯·梅萨拉(M.Valerius Maximus Messala)。

来的士兵以后,向着叙拉古前进要去围攻海罗。这时海罗得知叙拉古的民众对他不满,派出使者去见两位执政官商议解决的办法,罗马始终认为只有迦太基是他们唯一的敌人,获得他们的同意双方签署十五年和平条约:罗马接受对方支付战争费用十五万德拉克马①;海罗在归还战俘以后继续担任叙拉古的统治者,仍旧拥有阿克里(Acrae)、李昂蒂尼、麦加拉、赫洛隆(Helorum)、尼伊屯(Neetum)和陶罗米尼姆这些城市。就在处理这些事务的时候,汉尼拔率领水师抵达赛克夫尼亚(Xiphonia),打算对国王施以援手,等到得知当面的情况,只有马上离开。

虽然罗马的军队对马西拉(Macella)和哈德拉侬(Hadranon)的村庄②进行很多天的围攻,最后还是无功而返。

5 塞吉斯塔最早归顺迦太基,后来改变立场投靠罗马(前263年或前262年)。哈利赛伊加以仿效采取类似的方式,埃拉鲁斯(Ilarus)、泰瑞都斯(Tyrittus)和阿斯西卢斯(Ascelus)这几座城市,都是他们③经过围攻以后才夺取的。坦达瑞斯当局看到这些城市放弃抵抗,紧张之余想要开城投降。腓尼基人怀疑他们别有用心,就将城中的领导阶层当成人质带到利列宾姆,运走他们的粮食、酒和所有的财产。

6 喜剧家斐勒蒙(Philemon)④一生写出九十七部剧本,享有九十九岁的高寿(前262年)。

---

① 波利比乌斯《历史》第1卷第16节,提到支付的款项是100泰伦。
② 这里的村庄与上面提到的哈德拉奴姆有所区分。
③ 是指罗马人,这三个市镇的位置不详。
④ 斐勒蒙出生于叙拉古,后来获得雅典的市民权,成为米南德的对手,在这一年亡故。

7 西西里的城邦与罗马人联合起来，对阿克拉加斯发动围攻作战，挖掘壕沟和建立围栏，他们的兵力共有十万人。腓尼基人经过长时间的抵抗，最后还是将这座城市交到罗马人手里。

8 就在阿克拉加斯受到围攻期间，年长的汉诺将一支大军从利比亚运到西西里，共有五万名步卒、六千名骑兵和六十头战象。阿克拉加斯的史家菲利努斯[1]对这方面的事迹有详尽的记载。汉诺率领所有的部队从利列宾姆开拔抵达赫拉克利，这时有个人前来见他，说是要他们出卖赫贝苏斯(Herbessus)[2]，让他兵不血刃获得这座城市。汉诺与对方打了两次会战[3]，损失三千名步卒和两百名骑兵，还有四千人成为俘虏；八头战象被杀，三十三头受伤失去作战能力。

汉诺在英提拉(Entella)这座城市采用极其高明的策略除去不稳的分子[4]和公开身份的敌人(前 261 年)。

9 经过六个月的围攻以后他们成为阿克拉加斯的主人(前 262/261 年)，全城的居民被当成奴隶带走，数量多达两万五千人[5]。罗马遭受的损失是三万名步卒和一千五百名骑兵。迦太基当局剥夺汉诺的市民权，施以六千金币的罚金，派哈米尔卡到西西里取代指挥官的职位。罗

---

① 有关菲利努斯的生平事迹参阅雅各比《希腊历史残卷》No.174，以及波利比乌斯《历史》第 1 卷第 14—15 节对他的批评，阿克拉加斯的围攻参阅波利比乌斯《历史》第 1 卷第 17—19 节。

② 赫贝苏斯是罗马最主要的补给基地，参阅波利比乌斯《历史》第 1 卷第 18 节。

③ 参阅波利比乌斯《历史》第 1 卷第 19 节，汉诺在第一次会战占到上风。

④ 他的军队有 4000 名高卢佣兵，稍有不当就会引起叛变；弗隆蒂努斯《兵略》第 3 卷第 16 节提到处理这件事的始末。

⑤ 佐纳拉斯《历史摘要》第 8 卷第 8 节，提到全城的市民被当成奴隶拍卖。有关阿克拉加斯在早期的面积、人口和财富，参阅本书第十三章第 84 节。

马的军队围攻迈蒂斯特拉都斯（Mytistratus），制造很多攻城机具，经过七个月的努力，损失很多人马，最后一无所获只有退兵。哈米尔卡与罗马大军在瑟米（Thermae）相遇，双方发起会战（前 260 年），迦太基获胜杀死对方六千人①，几乎到达敌军全部被歼的程度。罗马人占领马札林（Mazarin）②这个要塞，所有的人民被当成奴隶出售。

哈米尔卡得到叛徒的帮忙，再度拥有卡玛瑞纳，不过数天以前他用同样的手法让自己成为英纳的主人。为了加强德里帕隆（Drepanum）的防务以及兴建另一座城市，他将埃里克斯的居民迁移到那两个地方，除了建有庙宇的区域，埃里克斯全城被他拆除一空。罗马的军队第三次围攻迈蒂斯特拉都斯（前 258 年），夺取以后将城市夷为平地，幸存的居民成为征服者的战利品。他们继续进军卡玛瑞纳，他③就在附近开设营地，还是无法攻占，后来他派人向海罗要求提供各种机具，夺取城市将大部分居民出售为奴。

没过多久，他得到叛徒的内应占领英纳；城市的驻防军部分被杀，其他的成员打发到盟邦那里能够留住性命。然后他进军西塔纳（Sittana）④用突击的方式夺取。然后他在此地以及其他城市设置驻防军，继续向着卡米库斯（Camicus）前进，这是一个属于阿克拉加斯的城堡。坚固的要塞同样为叛徒出卖，一支驻防军已经配置在该地。这个时候的赫贝苏斯遭到弃守。哈利库斯（Halycus）河仍旧相对于其他最为遥远。

---

① 波利比乌斯《历史》第 1 卷第 24 节提到被杀有 4000 人，还说迦太基人打败盟军而不是罗马的军队，因为两者的营地处于分离的情况。
② 或许是位于塞利努斯地区的马札拉（Mazara）。
③ 主词由多数突然变成单数，究竟是指两位执政官之中哪一位，还是不得而知。
④ 或许与希帕纳（Hippana）是同一个城市，参阅波利比乌斯《历史》第 1 卷第 24 节。

10 迦太基的将领汉尼拔在海战中吃了败仗①（前260年），害怕因为败北受到元老院的惩处，运用计谋使能安然无恙。他派一个朋友返回迦太基，给他一一交代清楚要他见机而作。这个人抵达城市就去元老院拜会，说是奉汉尼拔的命令前来请求给予指示，现在他的舰队有两百艘船，是否应该对罗马那支拥有一百艘船的舰队发起会战的行动。在场人员大声喊叫表示同意，催促他立即出战。他说道："一点都不错，汉尼拔基于这个缘故才展开战斗，只是最后我们被敌人打败。看来你们的指导也是如此，所以他不应该受到责备。"汉尼拔知道他的同胞习惯在发生事故以后处决他们的将领，因此他预判对他的控诉马上要进行。上一次会战他们已经面对指控要为发生的损失负起责任，他们急切期盼能用这次海战恢复已经受损的声誉。

11 迦太基人只要失败（前256年）就会导致精神和意志的崩溃，对任何民族而言都是很难想象的事②。举例来说，他们可以趁着敌人将船只拖到岸上的时候，很容易毁灭对方的水师部队，然而这时他们甚至没有想到要将敌人击退。罗马人有三十艘船③因为受到暴风雨的袭击，既没有完成会战准备也没有编成密集队形，要想捕获这些船只、人员和所有的物品，很可能没有任何危险，这时他们只是袖手旁观不予理会。他们真能到达下面的平原④，与敌人在对等的条件之下发起会战，所有的

---

① 罗马在迈立（Mylae）赢得第一场著名的海战，执政官杜伊留斯为了纪念这次大捷，在罗马广场兴建纪功圆柱。

② 前256年的夏天，迦太基人在西西里的南海岸，距离伊克诺穆斯角不远的海面，发生一次海战，被对方打得溃不成军。

③ 船只的数目让人感到可疑。波利比乌斯《历史》第1卷第29节，提到罗马的军队在执政官马可斯·阿蒂留斯·雷高拉斯指挥之下，对阿非利加发起入侵行动。

④ 亚代斯（Adys）会战因为迦太基人的部署不当，不能发挥战象和骑兵的作战能力，参阅波利比乌斯《历史》第1卷第30节。

军队能从各方面展开行动,就很容易战胜敌军。由于他们只专注一件事情,就是那座小山可以提供安全的保障,或者由于他格外的谨慎或不愿承认自己没有经验,竟然让大好的机会从他们的手里溜走,反而使他们遭到惨败。

12 迦太基的人民已经陷入极其沮丧的状态,元老院派出三位地位显赫的市民担任使者,去见阿蒂留斯(Atilius)讨论和平协议。哈米尔卡之子汉诺精通这方面的事务,成为最具权威的人士,在他提到面对这种情况应该有适当的处理方式以后,他规劝执政官对待他们要温和体贴,这样做对于罗马最为有利。不过,阿蒂留斯对于他的成功感到欣喜若狂,根本不理会人的命运经常会盛衰枯荣的变化无常,他交代严苛的条件就性质和内容而言,所谓的和平只比成为奴隶要稍好一点①。看到使者对于这些条件表示不满,他说他们应该感到高兴才对,理由是他们没有反抗的能力,无论是在陆地还是在海上都不能保护城邦的自由权利,何况他已经让步,他们应该将条件当成礼物般接受。汉诺和同伴不断用坦诚的言辞向他提供意见,他非常无礼地威胁他们,命令他们要尽快离开,还说勇士应该成为征服者,要不然只有屈从那些更有权势的人。执政官竟然有这样失格的行为,足证他没有遵守城邦的传统习俗,更无法保护自己不受上天施与的因果报应,没过多久就为自己的傲慢遭到应得的惩处。

13 人类一旦面临不断的灾难,心中就会想起要获得神明的恩惠和抚慰,如果一直处在胜利和成功之中,他们藐视神明当成神话和传说,然而他们只要失败就会很快变换到虔诚的本性。特别是对迦太

① 笛欧·卡休斯《罗马史》第11卷第43节,说是雷高拉斯开出这些条件,参阅波利比乌斯《历史》第1卷第31节。

基人而言,沉重的恐惧现在已经笼罩在他们的头顶,正要寻找忽略很多年的牺牲,要对神明增加更多的尊荣和敬意。

14 斯巴达的詹第帕斯(Xanthippus)①一直在劝这些将领进军前去攻打敌人(前255年)。他说他之所以这样做,不是为了让自己免予陷入危险的处境,所以才要说服大家激起很大的意愿;而是他们知道他有信心,认为只要采取行动就会赢得胜利。他还加以补充,说他会领导这一次的攻击,为了展现他的勇敢,要站在战线上面最危险的前列。

詹第帕斯在整个会战期间,骑着马前前后后不停奔跑,制止逃走的步兵,要他们转身回去继续战斗。听到有人说一些讽刺的话,意思是他骑在马背上面,催促别人投身危险的战斗是很容易的工作,他立刻跳下马将坐骑交给一位仆从,自己开始在队列之间步行,要求他手下的士兵不能被敌人打败,更不能造成全军覆灭的后果②。

15 我们认为领导者奉行的政策不论好坏,历史著作要在适当的时机给予公正的评论。真要责备他们犯下的错误,其他人还是会在不自觉的情况下做出无法挽回的决定,赞扬高贵的行为就会在很多人的心中激起效仿和模仿的意念。说句公道话,还有哪一位能不谴责阿蒂留斯的愚昧和傲慢?他没有能力运用权宜的方式忍受成功极其沉重的负担,就这样他丧失名扬四海的声誉,给自己的城邦带来可怕的灾难。虽然他的谈和可以给罗马带来有利的条件,如同迦太基受到的伤害和羞辱,此外他能赢得的声名在于大家记得他的仁慈和理性,他并没有这样做,对于

---

① 詹第帕斯是一位希腊佣兵,受到招募为迦太基服务,参阅波利比乌斯《历史》第1卷第32—34节。

② 迦太基人应该感激詹第帕斯,在他的指挥之下罗马军队溃败,雷高拉斯成为俘虏。

不幸的战败者是如此的傲慢,提出的条件是如此的冷酷和苛刻,使得神明都会激起表达正义感的怒气,特别是他那极其严厉的态度逼得战败的敌军转过身去继续抵抗。

迦太基人对于目前发生的情况应该感谢阿蒂留斯才对,战败以后的求和受拒对于安全感到绝望,愤怒的情绪使得整个局面产生重大的转变,他们用高昂的士气和英勇的精神投入战斗,当面的敌军溃败之余几乎损失殆尽。罗马遭到如此惨痛的打击,虽然他们的军队过去在陆上的作战无往不利,在全世界拥有赫赫的威名,现在即使有很好的机会还是不敢与敌人发起会战。从记载的史料得知,造成的结果是使得战争延长最久的时间,双方的冲突引起一系列的海上战役,罗马和盟邦损失大量的船只以及不少于十万的人员,包括海难带来的伤亡;还要消耗巨额的金钱,用来装备一支包括很多艘船只的水师,以及从现在开始延续十五年之久的战争。实在说发生重大的灾难,主要原因都是人谋不臧。(罗马的执政官阿蒂留斯率领一支大军渡海来到利比亚,他们在开始就赢得胜利,迦太基的军队被打得大败而逃,占领很多城市和堡垒。后来斯巴达的将领也是佣兵的詹第帕斯从希腊来到,帮助迦太基人在主力的会战中击败罗马的部队,让对方到溃不成军的程度。接着发生的海战使得罗马的水师损失很多船只和人员,死亡的数量到达十万之众。)他丧失尊贵的地位要接受羞辱和来自各方的谴责,个人的不幸带来的教训是大权在握的时候必须有先见之明,唯有谦和的言行才会为自己预留地步;让他感到最难过的地方,是在他陷入绝境以后不会获得别人的谅解和同情,他被逼得要忍受那些命运乖戾的人表示的无礼和傲慢,还要受到轻蔑和藐视的待遇。从另一方面来看,詹第帕斯凭着个人极其卓越的能力,不仅将迦太基人从绝望的处境拯救出来,还使整个战争发生难以置信的逆转。

他对于那些各方面都占优势的人有办法挫折他们的锐气,同时他的成就是如此的伟大，使得他能够让失败甚至面临毁灭的人，有理由用不屑的眼光注视他们的敌手。结果使得他的盛名传播远方遍及整个世界，所有的人对他的能力佩服得五体投地；说起来真是不可思议，迦太基不过增加一个帮手而已，却让整个局势发生重大的变化，原来他们处于劣势受到围攻，现在反过来让他们的敌手陷入绝境。这个人的勇敢使得他们能让在陆地和海洋占上风的敌人，要在一个小城寻找庇护，在那里等待成为战败的俘虏。这位将领凭着对当地的了解和实战的经验，克服那些极其艰巨的困难，看来也不会让人感到惊奇。因为智力使得所有事物容易了解，处理起来不会产生阻碍，须知办事的方法在于技巧远胜于蛮力。

如同身体是灵魂的仆从，庞大的军队听命于领导者的智能。

对于元老院的权宜之计应该保持密切的注意，就能克服所有的困难。

16 罗马将领马可斯·阿蒂留斯·雷高拉斯成为西西里人的俘虏①，直到落入万劫不复的命运。他们用利刃割去他的眼睑，让他的眼睛始终保持在张开的情况。然后将他关在一间极其狭小的木屋里面，他们用刺棒使得一头野象发狂，就会将他用象鼻拖出来，整个身体被撕得四分五裂。伟大的将领在报复的愤怒驱使之下，受到最残酷的折磨，总算咽下最后一口气。斯巴达人詹第帕斯同样死在西西里人的手里。利列宾姆的对面有一座西西里人的城市，那里的居民和罗马之间发生战争，延续的时间达二十四年之久。

西西里人在很多次的会战中吃了败仗，愿意奉献城市接受罗马的统治。罗马人对于他们的归顺并不领情，命令西西里人空手离开不能带走任何物品。詹第帕斯带着一百名士兵（按照不同的权威说法，或是单身一人

① 柴昔兹认为在本节当中所有的西西里人都要改为迦太基人，只有狄奥多罗斯是西西里人而不是迦太基人。

或是五十名士兵）从斯巴达来到此地，接着走向仍然受到包围的西西里人，他们的交谈得到通事的协助，最后鼓舞他们的勇气反抗敌人。他与罗马的军队发生冲突引起会战，西西里人在协力之下将对手打得溃不成军。他提供战果丰硕的服务，接受适合于一个邪恶的民族所给的报酬。这批卑鄙的坏蛋将他安排在一艘漏水的船只上面，沉没亚得里亚海风涛险恶的水域，完全是他们对这位英雄和他的能力起了嫉妒之心①。狄奥多罗斯这位西西里人，记载他和雷高拉斯的事迹。

17
菲利斯都斯（Philistus）②是当代的历史学家。

18
罗马的水师③越过海洋前往利比亚（前 255 年），遭遇迦太基的舰队引起一场海战；前者赢得胜利掳获迦太基的船只有二十四艘，将前一次陆上会战滞留的部队接到船上，他们回航西西里。在靠近卡玛瑞纳的海岸发生极其惨痛的海难，损失三百四十艘战船，还有骑兵部队的运输船和其他船只三百艘。人员和动物的尸体以及沉船的破片，散布在卡玛瑞纳远到佩契努斯（Pachynus）一带的海面。海罗收容幸存的人员，对待他们非常友善，供应衣服、食物和其他生活必需品，安排他们安全到达墨撒纳。

---

① 波利比乌斯《历史》第 1 卷第 36 节，提到詹第帕斯在战争结束以后立即返回斯巴达，证明他有很高的智慧而且通情达理，特别是卓越的功勋和伟大的建树，会引起强烈的嫉妒和恶毒的中伤，特别是外籍人士更难逃避各种打压，只有归国返乡是上策。
② 叙拉古的菲利斯都斯（死于前 356 年）写出一部《西西里史》，参阅雅各比《希腊历史残卷》No.556。有的学者认为他的名字是菲利努斯，参阅本章第 8 节和注释 12。
③ 本章第 18—21 节的叙述并未按照节次的先后，只是整个内容与波利比乌斯《历史》第 1 卷第 36—40 节的记载大同小异。

就在罗马受到海难的严重打击以后,迦太基的将领迦萨洛(Carthalo)围攻阿克拉加斯(前254年),夺取城市,开始纵火焚毁,城墙全部拆除一空。留得性命的居民在奥林匹斯主神宙斯的圣地获得庇护①。罗马当局经历这次海难又构建一支舰队,拥有两百五十艘船只,开始进军西法利迪姆(Cephaloedium),获得该地在于叛徒的出卖。他们继续前往德里帕纳(Drepana)将城市围困起来,救援的迦萨洛遭到驱赶以后航向潘诺穆斯。整个舰队停泊在靠近城墙的海港,所有的部队下船,用一道栅栏和一条壕沟将城市围得水泄不通;四周的乡间都是浓密的树林一直抵达城门附近,工事和壕沟从一个海面延伸到另一个海面。

罗马的军队发起持续的突击,运用攻城机具破坏城墙,占领城市的外围部分就有很多居民被杀,其余人员逃到古老的城区寻找避难的地方,派出使者去见执政官,要求保证让他们留住性命。达成协议每个人支付两迈纳赎金就可以自由离开,罗马人接收整座城市以后,按照这个价格有一万四千居民获得释放。除此以外还有一万三千人,连同从每个家庭搜刮的财物,全部当成战利品出售。埃伊夏的居民赶走惊慌不已的驻防军,将城市交给罗马的官员。梭卢斯、佩特拉、伊纳塔罗斯(Enattaros)②和坦达瑞斯全部比照办理。执政官在潘诺穆斯配置一支驻防军,然后回到墨撒纳。

19 罗马的水师在翌年(前253年)再度航向利比亚,受到迦太基留在本土的船只阻挡,他们只有转向对着潘诺穆斯前进。他们从该地起航返回罗马,途中受到暴风雨的袭击又一次遭遇海难,损失一百五十艘战船以及所有运输的人员和物资,除此以外还有战利品。瑟米有位负责看管城门的人成为罗马军队的俘虏,他传话给指挥官如果释放他,

---

① 有关这座庙宇的情况可以参阅本书第十三章第82节。

② 这个城市的位置不详,很可能是名字抄写发生错误。

就会在夜间打开城门放他们进城。指挥官答应将他放走，双方约好时间他会派来一千士兵。这支部队的首领是一位知名的人物，按时来到城门口，他在进入的时候命令看管人关闭城门，不允许再放一个人入城，因为他们打算将全城的财富据为己有，不让别人分一杯羹。结果这些人的退路被切断，全部被杀，这就是贪婪的下场。

20 罗马人遇到另一次机会，能够同时据有瑟米和黎帕拉（前252/前251年）。虽然罗马人用四万名步卒和一千骑兵围攻赫克提这个城堡，最后还是无法取胜。

21 迦太基的将领哈斯德巴因为不愿出战受到民众的咒骂，率领军队通过塞利努斯附近地形崎岖的国度来到潘诺穆斯（前251/前250年）。他带着手下渡过面前的河流，靠近城墙开设营地，没有建立栅栏也不挖掘壕沟，因为他认为这样做无关紧要。这种情况之下使得商贾带来大量葡萄酒，凯尔特人喝醉以后完全丧失秩序，在营地里面大声吵闹不休，罗马的执政官西昔留斯（Caecilius）①出兵对他们发起攻击。他赢得胜利还掳获对方六十头战象送到罗马，市民看到以后全都啧啧称奇。

22 迦太基人哈米尔卡的绰号叫作巴卡（Barca），他的儿子叫做汉尼拔，大家公认这两位是迦太基最伟大的将领，不仅超越他们的祖先就是后来的世代都找不到对手，他们建立的功勋使得城邦拥有极大的权势。

---

① 卢契乌斯·西昔留斯·梅提拉斯（L.Caecilius Metellus）是前251年的执政官，次年成为卸任执政官头衔的总督，因为战功彪炳在罗马举行凯旋式。

第二十四章
残 卷

1 　迦太基的将领把塞利努斯夷为平地,居民全部迁移到利列宾姆。罗马的舰队拥有两百四十艘战船、六十艘轻型船只以及大量各种型式的运输船,扬帆航向潘诺穆斯然后是利列宾姆,接着发起围攻作战①。他们在陆地上面为了包围城市,从右边的海岸挖一道壕沟到左边的海岸,还建造各式各样的弩炮、攻城撞车、有盖的棚架和披屋,他们用十五艘轻型船只装满石块,沉在航道的进口用来阻塞海港。罗马的总兵力多达十一万人,这时被围的守军是七千名步卒和七百名骑兵。围攻期间来自迦太基的援军有

---

① 有关围攻作战的细节叙述可以参阅波利比乌斯《历史》第 1 卷第 41—48 节。

四千人马加上充分供应的粮食,埃德赫巴(Adherbal)和手下的部队再度鼓起勇气,完成这个光荣的任务①。

　　罗马人看到敌人的部队可以长驱直入,再度用石块和突堤堵塞海港的出口,架起巨大的木栏和沉下很多铁锚②使得航道无法使用。等到刮起强烈的风暴,狂涛巨浪将这一切破坏无遗。罗马人建造抛掷石块的机具,这时迦太基人在内侧兴建另外一道城墙。围攻的一方将六十肘尺宽和四十肘尺深的护城壕全部填满。双方在向海一面的城墙发起战斗,他们安排人员埋伏在城市的正面,等到守备兵力全部集中到向海这一边,埋伏的人员架起云梯,准备攀登上去占领第一道城墙。迦太基的将领获得这方面的情报,马上对他们发起攻击,很多伏兵在这个地方被杀,逼得幸存的人员向后逃走。还能借助强风的帮助对罗马人的攻城机具实施纵火,他们的披屋、抛石器、攻城撞车和有盖的棚架全部化为灰烬。

　　发现骑兵部队在这个狭小的空间根本派不上用场,迦太基的将领把他们派到德里帕纳,在那里可以发挥很大的作用。罗马人受到机具焚毁、粮食短缺和发生瘟疫的打击,已经落到毫无希望的困境,他们和盟军只能食用肉类,容易引起疾病的感染,几天之内造成大量人员死亡。为此他们甚至准备要放弃围攻,叙拉古的国王海罗供应大量谷物,勉励他们鼓起勇气继续原来的行动。

　　年度开始新当选的执政官任职(前249年),罗马当局将指挥权交给阿庇斯之子克劳狄斯③,他是两位执政官之一。他在接下指挥军队的权责以后,采用前任的办法再度封锁港口,大海还是将这些设施打得粉碎。不过,

----

　　① 　按照波利比乌斯《历史》第1卷第44节的记载,救援部队共有10000人,全部在汉尼拔的指挥之下;埃德赫巴是负责整个地区的将领,后来他前往德里帕纳(Drepana)。
　　② 　这些铁锚可能是巨大的木块浮在海面用来停泊船只。
　　③ 　这位是巴布留斯·克劳狄斯·普尔泽(L.Claudius Pulcher)。前249年另外一位执政官是卢契乌斯·朱纽斯·普拉斯(L.Iunius Pullus)。

克劳狄斯有强烈的企图心，两百一十艘船只整备到最佳情况，向着德里帕纳发航要与迦太基的将领进行海战。他战败损失一百一十七艘船以及两万人。这段时期再也找不到另外还有一场激战可以带来更光荣的胜利。我的意思是不仅仅对迦太基人，就所有的人而言都是一场无与伦比的大捷。更不可思议的事在于迦太基人参加这场大规模的会战，以及带着十艘船没有一位士兵被杀就是伤者也寥寥无几①。

这场战事完毕以后，他派分遣舰队指挥官汉尼拔率领三十艘船前往潘诺穆斯，大肆洗劫一番再将属于罗马人的谷物运到德里帕纳。然后再从德里帕纳将其他可用的物资带往利列宾姆，充分供应各种生活必需品给被围的民众。出任将领的迦萨洛从迦太基率领七十艘战船以及同样数量的粮食运输船抵达利列宾姆。他们同时②攻击罗马的水师，对方有很多艘战船遭到击沉，锚泊的船舶拖上海岸就有五艘。后来听到罗马的舰队已经从叙拉古发航，他说服其他的指挥官率领舰队当中情况最佳的一百二十艘船出海。

等到两支舰队在杰拉的外海彼此已进入视线之内，罗马的将领大吃一惊，为了避战进入芬特阿斯停泊，他们将满载粮食和舰队剩余人员的船只留下来，置于陆上部队的保护之下，迦太基的水师不断进逼，双方发生一次激烈的战斗。最后迦太基人让对方的五十艘大型运输船不能行驶，落到他们手里，十七艘战船沉到海底，还有十三艘船身破裂无法作战。然后迦太基的军队到达哈利库斯河，就让受伤人员有一段休养的时期。另外一位执政官对发生的事故一无所知，带着三十六艘战船和相当数目的运输船从墨撒纳出海。绕过佩契努斯角在芬蒂阿斯停泊，得知发生的情况感到非常惊惶。

① 波利比乌斯《历史》第1卷第49—51节叙述这场海上会战，没有提到参加作战的船只数目，看来两个舰队的实力不相上下，接战以后罗马有93艘船只连带水手被迦太基人掳获。

② 波利比乌斯《历史》第1卷第53节提到希米卡（Himicon）在陆上发起攻势，同时卡萨洛开始攻击船只。

后来，迦太基人出动整个舰队前来攻打，执政官发现事态的严重，将十三艘无法作战的船只烧毁，想要回航叙拉古，认为海罗会保障他们的安全。快要在卡玛瑞纳的外海被敌人赶上，他航向陆地寻找庇护，到达的海岸到处都是礁石和浅滩。就在风暴正在加强威力的时候，迦太基的水师绕过佩契努斯角锚泊在比较平静的地方，罗马人却遭到巨大的危险，丧失所有的运输和战船，一百零五艘船只当中只有两艘安然无恙，大部分人员惨遭淹毙①。

朱纽斯带着两艘战船和幸存的人员，经由海上来到设营在利列宾姆正在围攻的军队；他在那里发起一次夜间突击夺取埃里克斯；他还加强伊吉萨卢斯（Aeguithallus）[现在的名字是阿西卢姆（Acellum）] 的防务，留下一支有八百人马的驻防军。迦萨洛得知埃里克斯和近郊被敌人占领，他在夜间率领一支军队，经由海上的路线前去攻击伊吉萨卢斯的驻防军，夺回守备坚固的要塞。这次作战非常顺利，很多敌人被杀，逼得其余人员逃回埃里克斯，当地的守备部队有三千人马②。第一次海战，罗马的损失是三万五千人，还有不少士兵成为俘虏。

2 迦太基的将领想要焚毁对方的攻城机具（前250年），选出三百位最贪财而且最大胆的士兵，只有具备这种性格的人才有强烈的动机而且视死如归③。一般而论，只有最勇敢的战士才会在发起突击和攀登城墙的时候被杀，他们一鼓作气冲进最危险的地方，通常很少有机会获得生力军的支持。

---

① 有关这两次海难事件，与波利比乌斯《历史》第1卷第53—54节的记载，只有很少的差异，后来还提到埃里克斯的占领。

② 这是指罗马在埃里克斯的驻防军。

③ 参阅本章第1节罗马人的攻城机具遭到焚毁，波利比乌斯《历史》第1卷第45节提到指挥官希米卡承诺的奖赏。

3 克劳狄斯来到西西里①(前249年)就在利列宾姆接收归他指挥的部队,召开大会对于刚刚交出军权的两位执政官大肆辱骂,指控他们疏忽战时应尽的职责,终日酗酒过着放荡和奢侈的生活,从整个作战过程来看,他们发动围攻却比遭到围困的敌人更像一群受害者。克劳狄斯的性格极其冲动而且情绪不稳,事务的处理经常像是近乎神志不清的模样。首先他犯下类似的错误,虽然他指责前任的领导能力,同样要在海港构建突堤和障碍;他行事粗暴毫无智慧可言,比起前面两位更是大有不如,无法从别人犯下的错误中汲取经验,非要先去试探吞下失败的苦果才能获得教训。他自奉廉洁正直所以治军极严,对于从罗马市民中征召的士兵,运用传统的惩罚②毫无恻隐之心,就是盟军犯错都用鞭笞重责;特别是他出身显赫、家世高贵,祖先在罗马享有崇高的声名,因而从小受宠养成傲慢的习性,总是摆出拒人千里之外的神色。

4 等到发现快要被敌军赶上,他③为了个人的安全向海岸逃走,即使海难令人感到恐惧总不如会战带来更大的危险。

5 哈米尔卡甚至在出任将领之前(前247年),高贵脱俗的气质和积极进取的精神已经是众所周知,等到他接替指挥的职责,热心追求荣誉和极其藐视危险使得他无忝所生。

---

① 参阅本章第1节。

② 波利比乌斯《历史》第6卷第37—38节提到罗马的军法极其严苛;举凡部队出现重大过失,诸如谋叛哗变、不听节制、违抗命令等,会处以"十一之刑";就是掣签抽出十分之一的人员,要其余未中签人员排成夹道,用棍棒将受罚者击毙。内战时期经常实施这种令人闻之战栗的刑罚,像是前49年的尤利乌斯·恺撒、前39年的杜米久斯·卡维努斯和前34年的屋大维,处乱世唯有用重典才能维持军纪。

③ 执政官朱纽斯·普拉斯。

大家公认他的智慧无人能及,特别是作战的胆识和指挥的能力更是超越所有的市民同胞,荷马的两句诗是他最好的写照①:

他是高贵和伟大的国王,
及纵横沙场的无敌勇士。

6 隆冈(Longon)②附近有一个名叫伊塔利姆(Italium)的堡垒,属于卡塔纳所有。迦太基人巴卡想要攻击这个地方。

7 将领不愿任何人知道他的计划;他认为要是将他的构想告诉任何一位朋友,很可能让敌人从逃兵那里得知这方面的情报,参加行动的人要冒很大的危险,要是士兵先知道就会产生怯懦退避之心。

8 巴卡在夜间出航到达海岸让部队下船,他领导大家一路攀登向埃里克斯前进(前244年),距离是三十斯塔德。他占领城市③后大开杀戒。幸存的居民迁移到德里帕纳。

9 无论在任何情况之下,严明的纪律都会带来丰硕的成果。虽然哈米尔卡已经下令士兵不得抢劫,浮多斯托(Vodostor)④不服从命令的结果,会使他的手下遭到重大的伤亡。所以对军纪的要求是极其重要的

---

① 荷马《伊利亚特》第3卷第179行。汉尼拔的父亲哈米尔卡·巴卡在前247年出任将领。

② 拜占庭的斯提芳努斯(Stephanus)的著作提到西西里有一个名叫隆冈尼(Longone)的城市,所在的位置不详。

③ 埃里克斯这个城市与附近一座山岭相连,罗马人将驻防军部署在埃里克斯山(Mt. Eryx)的顶端和山脚,参阅波利比乌斯《历史》第1卷第58节。

④ 可能与本章第12节的波多斯托(Bodostor)是同一个人。

工作,特别是步兵要冒损失殆尽的危险,会使过去创造的伟大成就付诸东流,骑兵的数目不过两百名,不仅本身安然无恙还能为别人提供安全的保障。

哈米尔卡派人到埃里克斯安排领回阵亡人员尸体给予埋葬的事宜(前243年),执政官方达纽斯(Fundanius)①告诉来使,说他们要是真的明白道理,就知道这不是死者而是活着的人需要停战协议,获得时间恢复他们的战力。执政官在给予傲慢的答复以后,很快遭受严重的损失,可以明显得知他的狂妄自大难免报应临头。

等到方达纽斯派遣传令官安排死者的埋葬,巴卡给予的答复与对方原来的拒绝大相径庭,他说战争是活人的事,现在是为死者进行协商,所以答应罗马人提出的要求。

10 汉诺②有积极进取的企图心,要赢得声名,如何处理一支怠惰的军队最为重要,他要借着这次远征行动加强各方面的训练,还要在敌人的地区获得所需的作战资源和粮食,能够减轻城邦的负担,他在同个时期完成很多事务,用来增进祖国的荣誉和利益。

汉诺非要逼得赫卡托姆披卢斯(Hecatompylus)的守军放下武器投降不可,城市的长者手执橄榄树枝前来乞求,要对他们大发慈悲。将领非常在意崇高的声名希望仁慈的行为获得神明的垂爱,他要他们交出三千名人质,整个城市和公私的财物都不会受到侵犯,后来感恩的民众送给他金冠和更高的礼遇。这里的居民对他的士兵招待非常殷勤,供应非常充分,饮食非常丰富,让大家有宾至如归的感觉。

---

① 这位是盖尤斯·方达纽斯·方杜卢斯(L.Fundanius Fundulus)。

② 这一位汉诺在"佣兵战争"获得很高的声望,参阅本书第二十五章第2—6节和波利比乌斯《历史》第1卷第73节,他不是本书第11节提到的汉诺。赫卡托姆披卢斯位于利比亚(参阅本书第四章第18节),波利比乌斯《历史》第1卷第73节叙述这次作战的来龙去脉,至于发生的时间不得而知。

11

执政官卢塔久斯(Lutatius)①率领三百艘战船,七百艘运输船和商船,总计有一千艘船航向西西里(前 241 年),来到埃里克斯人在海边的贸易站附近下锚停泊。汉诺的舰队有两百五十艘战船以及很多货船②,从迦太基扬帆出海来到海拉(Hiera)岛。他继续向着埃里克斯进发,罗马的水师前来迎敌,双方发起一场极其激烈的海战。迦太基的损失是一百一十七艘船,其中二十艘连带船上所有的人员落到敌人手中(罗马这边的损失是八十艘船,三十艘沉没,五十艘受到局部的破坏),迦太基的舰队根据菲利努斯的记载③,有六千人成为俘虏,另外有一份资料说是四千零四十人。其余的船只得到顺风吹送逃回迦太基。

双方的将领所建立的功勋和面临的危险,使得他们能够达到大无畏精神的最高境界。发生最不可思议的事件正巧让最勇敢的人遇到。他们的船只沉没以后,有些远较对手更为勇敢的人成为俘虏,不是他们技不如人或是缺乏斗志,而是他们被"需要"无可抗拒的力量所制服。他们失去船只所有的人都没有立足点,大海将他们送到敌人的手里,这时一个人又能如何表现他的英勇?

12

有几位年轻人的母亲对丈夫④的死一直痛苦不堪,认为他的亡故是受到恶意的疏忽,所以要她的儿子虐待那些成为囚犯的

---

① 盖尤斯·卢塔久斯·卡图拉斯(L.LutatiusCatulus)是前 242 年的执政官。这是一次决定性的海战发生在伊格特斯(Aegates)群岛附近,时间是前 241 年 3 月,参阅波利比乌斯《历史》第 1 卷第 60—61 节。

② 本文经过订正,这一句或许是"三百艘货船"。

③ 参阅本书第二十三章第 8 节及注释 12。波利比乌斯提到的数字是将近 10000 人,桑克蒂斯(Sanctis)修正为"6000 名迦太基人,盟军士兵 4040 人。"

④ 她的丈夫是执政官马可斯·阿蒂留斯·雷高拉斯。这些残卷的年代都难以确定,从它编排的位置来看应该是在前 247 年之前,须知雷高拉斯前 256 年出任执政官,率领军队入侵阿非利加;有关这个故事的源起可以参阅贺拉斯《颂歌集》第 3 卷第 5 首。

战俘。他们被关在极其狭小的房间里面,空间的缺乏使得他们要扭曲身体如同盘旋起来的蛇。后来,五天不给食物使得波多斯托因绝望和饥饿而丧命。不过哈米尔卡的求生意志非常坚定,抱着不屈不挠的毅力支持下去。虽然他不断向这个妇女恳求,流着眼泪说他一直关怀她的丈夫,这时她完全丧失人性没有一点仁慈的感情,将哈米尔卡和波多斯托的尸体关在一起有五天之久,虽然她同意给他一点食物,目的是让哈米尔卡①在恶劣的环境接受更长时间的折磨。

最后发现再多的哀求还是无法获得对方的同情,他开始大声呼唤色尼奥斯(Xenios)②的宙斯,神明注视人间的事务可以证实他没有获得应有的回报,反而遭到令人发指的惩罚已超过人类可以忍受的极限。他之所以没有丧失性命,可能是神明对他起了怜悯之心,或者偶然的机会给他带来意料之外的救助。就在他垂危之际,尸体发生的恶臭以及他受到非法虐待的情况,家中的奴隶详尽告诉外面的民众。大家感到愤怒就将这件事报告护民官。残酷的行为在任何情况之下只要泄露出去都会引起大众的震惊,行政官员召来阿蒂留斯的后裔,提到法庭很可以用重大的罪行对他们起诉,主要理由是他们让罗马的名誉扫地;最后提出威胁要是没有妥当照顾这些战俘,就会对他们施以应得的惩处。阿蒂留斯的儿子严词谴责他们的母亲,火化波多斯托的尸体将骨灰送给他的家属,释放哈米尔卡让他脱离可怕的灾难。

13 罗马的使者与杰斯康(Gesco)③一起去见巴卡(前241年),读到协议的条款,后者在开始的时候不发一语,当他听到他们要

---

① 这位哈米尔卡是何人无法查证。
② 色尼奥斯意为"异乡人的保护神"。
③ 杰斯康是在战争快要结束的时候,负责指挥在利列宾姆的迦太基部队,参阅波利比乌斯《历史》第1卷第66节。

放下兵器而且将逃兵交到对方的手里,无法忍受命令他们立即离开。巴卡说他准备战死也不会像一个懦夫做出可耻的行为;他还知道命运女神的信任会发生变化,对于那些失败已成定局而能坚持下去的人,他开始给予支持和爱护直到出现完全不同的结果,阿蒂留斯的案例已经强烈展现,命运从盛而衰带来出乎意料的逆转是何其快速。

14 罗马与迦太基的战争延续二十四年(前 264—前 241 年)之久,利列宾姆的围攻行动就有十年,最后双方得到和平。

第二十五章

残　卷

1 哲学家伊壁鸠鲁在他的名著《主要教条》当中宣称,正直的生活平静无事不起涟漪,不义的时代会掀起万丈波涛。这个简短的句子包含真正的智慧,须知能够矫正罪恶的权力还是操之在人。违背公理正义是万恶之首,不仅对一般的市民带来最大的不幸和灾难,就是城邦、人民和国王都会在劫难逃。

2 迦太基的人民在西西里冒险犯难进行艰苦的奋斗(前241—前238年),他们与罗马的战事延续二十四年之久,由于对佣兵犯下错误所引起的战争①,使得他经历前所未有的重大灾难。他们雇用外来的部队在拖欠应付的报酬以后运用欺骗的手段,使得他们几乎丧失在西西里建立的帝国,连带远在本土的首都。佣兵受到卑劣行为的迫害引起突然的叛变,将迦太基的人民带进痛苦的深渊。

一直都是伊比利亚人、凯尔特人、巴利阿瑞德群岛的岛民、利比亚人、腓尼基人、黎古里亚人和混血的希腊奴隶在迦太基的军队服务;就是他们引起各地的叛乱活动。

3 迦太基当局派遣传令官去见叛徒,协议送还死者的尸体②。司潘狄斯(Spondius)和其他的首领人物,摆出毫不通融的野蛮姿态,不仅拒绝给予埋葬的要求,还禁止他们再派一位传令官前来商量任何事务,威胁用同样的惩罚施加在来人身上③。他们还发布命令从此以后的俘虏只要是迦太基的市民,都会受到磔刑带来的苦楚,至于那些身为腓尼基的盟友,捕获以后会砍去双手,再将这些残废的人员送返迦太基。司潘狄斯和其他叛军的首领,使用残酷和暴虐的手段,对于巴卡一直强调的宽大策略,已经从根基上面加以推翻。虽然哈米尔卡对于他们的行为感到极其焦虑,逼得他不再对俘虏有仁慈的待遇,对举凡落到他手上的敌人施以同样的报复。运用酷刑的方式是将捕获的叛军丢给战象,这种可怕的惩罚是将他们活活践踏得血肉横飞。

希波(Hippo)和乌提卡的居民升起反叛的旗帜,他们将驻防军的成员

---

① 可以称为"不能休战的战争"。波利比乌斯《历史》第 1 卷第 65—68 节,对这场混战有完整的叙述,狄奥多罗斯全部引用。

② 波利比乌斯《历史》第 1 卷第 80—82 节,提到叛军对他们的恩主杰斯康,先施以令人发指的酷刑然后处死,连带 700 多个俘虏遭到杀害,还详细叙述整个事件的来龙去脉。波利比乌斯认为叛军的首领名字叫作司平狄斯(Spendius)。

③ 经过波利比乌斯证实,要让传令官接受施加在杰斯康身上的酷刑。因为传令官都会遭到杀害,双方完全断绝接触的渠道,所以称为"不能休战的战争"。

从城墙上面,头朝下抛掷下去摔死,尸首摆满一地用来示众;等到派出的使者从迦太基前来处理,他们对埋葬的行动用武力加以阻止。

4 叛军面临的情况是粮食的缺乏,使得围攻者处于被围者的位置①。

他们的勇气与敌人相比可以说是难分上下,不利的条件在于叛军的首领缺乏用兵作战的经验。须知后者是一群没有经验的外行,甚至都是士兵出身只会做一些没有道理可说的例行工作,这样可以看出富于实战经验的将领,所作的判断和下达的决心就会获得很大的利益。

5 他们因为邪恶的行为受到更高权力施加的报应和天谴。

哈米尔卡对司潘狄斯施以磔刑,后来马索(Matho)俘虏汉尼拔以后,用同一个十字架将他钉死在上面。看来命运女神的目的是要让违反人性的罪犯,轮流获得成功和失败。

两个城市②不能运用谈判的方式获得解决的办法,开始的杀戮已经不给自己留下怜悯或宽恕的退路。中庸之道最大的好处让我们的行为免予越过应有尺度,即使犯下错误更应如此。

6 迦太基的佣兵部队撤离西西里以后,因为下述的理由发生叛变。

他们要求对在西西里失去的马匹和丧生的战友给予更高的赔偿,他们进行的战争已有四年又四个月③。他们受到哈米尔卡·巴卡的屠杀,

---

① 这是指叛军对迦太基进行的围攻作战。本章的文字从第 4 节直到第 8 节,全部来自波利比乌斯《历史》第 1 卷第 84—88 节,有的地方几乎一字不改照抄。

② "佣兵战争"以后迦太基人征讨利比亚全境,只有希波和乌提卡不愿投降。

③ 波利比乌斯《历史》第 1 卷第 88 节说是 3 年零 4 个月。利瓦伊《罗马史》第 21 卷第 2 节认定"整整 5 年"。

这位将领在西西里对罗马人进行英勇的战斗。

7 这个岛屿①获得响亮的声名在于出产丰硕的谷物,等到后来迦太基的权势蒸蒸日上,他们垂涎不已终于克服万难能够拥有,我们会在适当的章节再对相关的事务做详尽的说明。

8 绰号巴卡的哈米尔卡对他的城邦有卓越的贡献,无论是在西西里与罗马之间的战争,还是在利比亚出现的情况,佣兵和利比亚人的叛变以及他们对迦太基的围攻。他在这两次战争中都有伟大的成就,对于相关事务的处理都非常审慎,能从所有的市民同胞那里得到异口同声的赞誉。不过,等到利比亚战争结束以后,他在低层的庶民当中组成一个政治团体,从而获得的利益和来自战争的掠夺,使得他聚积大量的财富。不过,发觉他的成功会带来更高的权势,就尽量运用煽动的手法,得到大多数民众的支持和纵容,并且将征服伊比里亚地区的军事指挥权交到他的手里(前 237 年),运用的范围和时间都没有限制②。

9 凯尔特人③的数量超过迦太基人很多倍都不止,加上他们过人的胆识和莽撞的行为,变得愈来愈骄纵而且傲慢,这种态度在整个

---

① 这个岛屿是萨丁尼亚。公元前 240 年迦太基在这个岛上的佣兵发生叛变,两年以后罗马逼使迦太基割让萨丁尼亚。

② 本书的手抄本说是"哈米尔卡负责指挥整个利比亚的作战行动",而且阿庇安《罗马史:西班牙战争》第 4 节,提到"利比亚战争"以后,哈米尔卡让自己担任将领,协同汉诺前去镇压努米底亚人的叛变。然而波利比乌斯《历史》第 2 卷第 1 节,说是"佣兵战争"以后,迦太基人再度控制阿非利加的局势,立即指派哈米尔卡率领一支大军前往西班牙。由于狄奥多罗斯完全引用波利比乌斯的数据,所以在第 10 节说是哈米尔卡派遣哈斯德鲁巴返国,参加对努米底亚人的战争,使得两种不同的叙述能有所交代。

③ 这里和下节提到的塞尔特可能是塞尔特布里亚人,对于不善于作战的塔提苏斯人而言,这些凯尔特人是他们的佣兵。

作战期间都受到敌人的轻视,成为他们最主要的弱点;巴卡和手下的弟兄要用勇敢和经验弥补兵力的劣势。拟定的计划得到一致的肯定和普遍的认同,然而命运女神超越他们的希望,能够掌握事件发展的过程,出乎意料带来幸运的结果,给予的承诺像是不可能而且充满危险。

10 哈米尔卡在迦太基负起指挥的重责大任,要增加帝国的版图,海上的范围远到赫拉克勒斯之柱、盖迪拉(Gadeira)①和大洋。盖迪拉这座城市是腓尼基的殖民地,位于人类居住世界最遥远的界限,面对无穷无尽的海洋有一个可供停泊的地方。哈米尔卡对伊比里亚人、塔提苏斯人(Tartessians)和凯尔特人发起战争,这些蛮族接受伊斯脱拉久斯(Istolatius)与其兄弟的领导,哈米尔卡将对方的人马打得溃不成军,被杀的人员包括两兄弟和其他杰出的首领在内;他接受三千名幸存者的投诚,将他们编进自己的军队。

英多底(Indortes)接着征集一支军队有五万之众,就在双方接战之前他已经逃走,在一个小山上面寻找庇护;在那里被哈米尔卡围得水泄不通,他在夜色的掩护之下再度脱逃,他的部队被打得四分五裂,英多底自己都成为俘虏,他先被剜去双眼然后接受酷刑,最后钉死在十字架上;其余的俘虏超过一万人都被哈米尔卡释放。哈米尔卡拿出外交的手腕获得很多城市的归顺,还有一些逼得使用武力。这时努米底亚人发生叛变反对迦太基的统治,哈斯德鲁巴是他的女婿,奉派回国参加对叛军发起的战争,对方有八千人被杀,成为俘虏有两千人,其余的努米底亚人过着奴役的生活,要像以往一样支付贡金②。

伊比里亚全境很多城市都在哈米尔卡的治理之下,他兴建一个规模很

---

① 就是现在的卡地兹(Cadiz)。

② 本文经过订正,这一句或许是"他们降服并且愿意支付贡金"。

大的城市，就据有的位置将它命名为阿克拉·琉卡（Acra Lueca）①。哈米尔卡在赫利卡（Helica）②这个城市的前面设置营地，进行围攻作战（前229/前228年），让大部分的军队和战象进入在阿克拉·琉卡的冬营，其余的部队在后面跟随。不过，奥瑞西人（Orissi）③的国王前来援救被围的城市，假装要建立友谊和缔结同盟，谋略大获成功打败哈米尔卡使他溃不成军。哈米尔卡在战斗的过程当中，想出办法要救出儿子和朋友的性命，行军的途中转到另外一条道路；他在被国王赶上的时候，从马背上面跌进一条大河，与坐骑都在洪流里面淹毙，他的儿子汉尼拔和哈斯德鲁巴④都能安全抵达阿克拉·琉卡。

虽然哈米尔卡逝世在我们这个时代之前已经有很多年，历史就是一篇墓志铭，会给他适当的评价和赞誉。

11 哈斯德鲁巴从而得知善意较之武力能够发挥更大的效用，所以他宁愿和平而不是战争。

整座城市迫切需要知道真正的信息，各式各样的谣言到处传播让人心慌意乱，大家都陷入焦虑和紧张之中⑤。

12 哈米尔卡的女婿哈斯德鲁巴很快知道亲人已经罹难，立即撤收营地赶回阿克拉·琉卡；这时他还带着一百多头战象。军

---

① 阿克拉·琉卡意为"白色的堡垒"，就是现在的亚利坎提（Alicante）。
② 或许称为伊利西（Ilici），这个地方就是现在的艾尔尺（Elche），位于亚利坎提的西南方不过数千米。
③ 奥瑞西人可能就是斯特拉波提过的欧里塔尼人（Oretani）。
④ 哈米尔卡有一个儿子和一个女婿名字都叫哈斯德鲁巴。
⑤ 这是叙述公元前225年罗马面临"高卢战争"即将来临的情况，参阅下面的第13节以及波利比乌斯《历史》第2卷第23节。

队和迦太基人用欢呼承认他是将领,接着编成一支大军有五万名精练的步卒和六千名骑兵,还有两百头战象。他首先对奥瑞西人的国王开战,杀光所有应对哈米尔卡溃败负责的部队。他们的十二个城市以及伊比里亚所有的城市都落到他的手中。等到他娶一个伊比里亚君王的女儿为妻,伊比里亚所有的民族拥护他出任将领,授予他不受限制的权力。他在海岸地区兴建一个名叫新迦太基(New Carthage)的城市;后来,为了胜过哈米尔卡,他又为另一个城市奠基。他率领一支大军进入战场,拥有六万名步卒和八千名骑兵以及两百头战象。一个家用奴隶想要谋害他,就在拥有指挥大权九年以后被杀。

13

凯尔特人和高卢人集结一支部队有二十万人马,发起入侵行动,在与罗马的首度接战就获得胜利(前225年)。他们在第二次的攻击中打败敌人,甚至杀死一位罗马执政官①。这时罗马的总兵力是七十万名步卒和七万名骑兵,虽然吃了两次败仗,在第三次会战中赢得决定性的胜利。他们杀死四万名蛮族,其余都成为俘虏,担任主将的君王用佩剑自刎身亡,位阶较次的君王成为俘虏。立下功勋的伊米留斯②拥有卸任执政官的头衔出任总督,领军讨伐高卢人和凯尔特人的疆域,夺取很多城市和要塞,将大批战利品送回罗马。

---

① 这一位执政官是盖尤斯·阿蒂留斯·雷高拉斯。波利比乌斯《历史》第2卷第23—31节,对于"高卢战争"有完整而详尽的叙述。雷高拉斯的阵亡和高卢人的战败,都发生在同一场会战,地方是伊楚里亚的特拉蒙(Telamon)。波利比乌斯提到罗马有庞大的人力资源,罗马人和盟邦可以服役的及龄壮丁,共计超过700000名步兵和70000名骑兵,出现在征召名册的罗马人和康帕尼亚人共有250000名步兵和23000名骑兵。

② 卢契乌斯·伊米留斯·帕普斯(L. Aemilius Papus)是前225年另一位执政官,也是雷高拉斯的同僚。波利比乌斯《历史》第2卷第31节特别提到他入侵波伊人(Boii)的领土,以及在罗马举行的凯旋式,证明他是执政官并非拥有卸任执政官的头衔出任总督。

14　叙拉古国王海罗大力鼎助罗马,塞尔特战争期间运送粮食解救燃眉之急,等到战争结束以后还支持巨额的经费。

15　哈斯德鲁巴被害(前 221 年)以后迦太基的军队没有人指挥,他们推选哈米尔卡的长子汉尼拔担任将领。札康萨(Zacantha)①的人民在他们的城市被汉尼拔围攻(前 219 年)以后,就将神圣的物品聚集起来,还有家中的金银财宝和妇女的头面饰物,加上铜和铅熔化以后混合起来,使得金和银成为无用之物;他们列阵进击发起英勇的战斗,直到全部被杀也给对方带来重大的伤亡。城里的妇女杀死自己的子女然后上吊身亡。因此,汉尼拔在攻占城市以后毫无所获。罗马当局对汉尼拔种种不法行为极其愤怒,派人用威胁的手段要求他放下武器投降,受到拒绝引起"汉尼拔战争"。

16　罗马的使节团来到迦太基的元老院议事厅(前 218 年),年长的首席代表向在座的议员展示所穿长袍的衣褶,说是他的怀中带来和平与战争,会把迦太基人想要的留下来。迦太基的最高行政长官②就问对方,就罗马的立场他认为怎么做最好,首席代表回答道:"我会把战争送给你们。"大多数的迦太基议员高声叫喊他们接受。

17　维克托米拉(Voctomela)的民众在武力的威胁之下要交出他们的城市(前 218/前 217 年),急忙赶回家中要与妻子儿女享受

---

①　就是后来的萨冈屯(Saguntum)。波利比乌斯《历史》第 3 卷第 17 节,提到汉尼拔经过 8 个月的围攻,夺取以后获得大量战利品和众多的俘虏。利瓦伊《罗马史》第 21 卷第 14—15 节叙述这场战事,能够综合两者的说法。

②　suffete 这个单字可以译成"国王",波利比乌斯《历史》第 3 卷第 33 节提到这个字如同罗马的"执政官",译者为了区别起见,称为"最高行政长官"。

临终的天伦之乐。实在说,那些注定要死的不幸可怜虫,除了流着眼泪与亲人做最后的别离拥抱,还能从他的灾祸当中获得轻松自在或是感受亲情的快乐?大多数人会在自己的家中纵火,让烈焰吞噬所有的财物,等于在炉灶上面为家人建起坟墓。还有一些人会鼓起勇气先将家人杀死然后自我了断,认为这样做总比丧生在残暴敌人的手里要好得多①。

18 德米特流斯之子安蒂哥努斯②指定为他③的监护人以后,统治马其顿的时间是十二年,而根据狄奥多罗斯的说法是九年(前229—前221年)。

19 根据狄奥多罗斯、笛欧和哈利卡纳苏斯的狄奥尼修斯对这方面的记载,都认为哈米尔卡之子汉尼拔是西西里人的将领④。这位哈米尔卡在征服整个伊比里亚以后,当地土著的叛变导致他遇害身亡。在这种不利的情况之下,他命令全军尽快向后逃命,他的两个儿子分别是十五岁的汉尼拔和十二岁的哈斯德鲁巴,紧紧抱住他要与他死在一起,他拿出皮鞭将他们赶走,要他们与其他人一样避开敌人的追杀;然后取下所戴的头盔,让伊比里亚人认出他是哈米尔卡本人。所有的伊比里亚人向他发起冲锋,如同他们是获得缓刑和逃过惩罚的亡命之徒。哈米尔卡看到他的军队已经安然无恙,马上转过身抗拒伊比里亚人对他的攻击,等到

---

① 这里的维克托米拉与黎古里亚的维克吐穆立(Victumulae)可能是同一个地方,而且这一段的文字应该放在残卷第二十六章才对。利瓦伊《罗马史》第 21 卷第 57 节提到维克吐穆立的占领是在前 218 年的冬季,特里比亚(Trebia)会战以后不久的事。

② 这位是安蒂哥努斯·多森(Antigonus Doson),他是"仁君"德米特流斯的儿子。

③ 这位是德米特流斯二世的幼子,就是后来的菲利浦五世。

④ 柴昔兹认为这里提到的西西里人应该是迦太基人才对。

他们从四面八方对他施加压力，他用马刺驱策坐骑冲进伊伯（Iber）河①的水流当中，如同他加快速度避开敌人对他投掷的标枪；虽然他惨遭淹毙，伊比里亚人一直找不到尸首，那是因为被激流冲走的关系。他的儿子汉尼拔是个英雄人物，目前在哈米尔卡的女婿手下服务，要为父亲的死亡报仇，率领军队蹂躏整个伊比里亚地区。

这时留在奥索尼亚（Ausonia）的罗马军队克服艰辛终于打败西西里人，为他们订下严格的规定，甚至没有人可以保有一把佩剑。年方二十五岁的汉尼拔对元老院和当局不满，带着一百多位个性冲动而又积极进取的年轻人，生活在盗匪纵横的伊比里亚，在那里不断扩大组织的规模和势力。他们的数目迅速增加到一万多人，虽然在这里聚集没有薪饷或奖金，最后还是成为一支强大的军队，拥有无数坚毅的勇士，很快让罗马当局得知将要面对的情势。他们全部列队参加陆地和海上的战争，消灭的土著多达七十七万余人。希裔西西里人恳求汉尼拔停止杀戮，免得整个民族遭到根绝。

他不让希裔西西里人在那里高谈阔论或者说些恫吓的话，更不愿坐待前面提到的罗马人对他发起攻击，他向着意大利前进要超越阿尔卑斯山。通过这道天险非常困难，要从岩层的悬崖开辟一条道路，花了六个月才与罗马的军队相遇。在几场会战中杀死大量敌人，他在等待他的兄弟哈斯德鲁巴，并且负起警戒的任务，因为后者率领一支大军正在靠近，要晚十五天越过阿尔卑斯山。罗马的将领打听到两兄弟处于分离的情况，暗中加以攻击杀死哈斯德鲁巴②，砍下他的头颅派人丢在汉尼拔的面前。他举行葬礼

---

① 这条河流不可能是厄波罗（Ebro）河，或许是塔柏（Taber）河或特里普斯（Tereps）河，就是现在的塞古拉（Segura）河［或者它的支流塔拉发（Tarafa）河］，靠近伊利西。

② 哈斯德鲁巴入侵意大利和战死在沙场发生在公元前208年。按照传统的说法他受到召唤进入意大利是在前215年，参阅《剑桥古代史》第6卷第60节。

哀悼心爱的兄弟,接着部署军队在坎尼(Cannae)与罗马的大军接战,对方的将领是包拉斯和特伦久斯。

坎尼是一个平原,位于阿普利亚,戴奥米德在那里建立名叫阿金瑞帕(Argyrippa)①的城市,希腊语的称呼是亚哥斯·希皮昂(Argos Hippeion)。这一个平原属于道尼亚人(Daunians)所有,接着是伊阿披基亚人和萨伦提亚人(Sallentians),现在据有这个地方的民族大家称为卡拉布里亚人(Calabrians);坎尼正好位于卡拉布里亚和伦巴底之间的边界,就会爆发一次重大的会战。双方正在交锋之际发生一场强烈的地震,山脉发生移位和断裂,有的地方从天上坠落很大的石块,陷入激战之中的勇士对于天象的异常毫无所知②。

最后很多罗马人阵亡在沙场,汉尼拔把指挥官和其他知名之士的指环送到西西里,数量之多要用配克或蒲式耳来计算。罗马的贵妇人成群在城市的庙宇里面哭泣,用自己的头发当成抹布将神像清理干净;后来,罗马的国土上面缺少成年男子,她们甚至将奴隶或蛮族当成配偶,他们的族群才能维持下去没有完全绝灭。这个时候罗马所有的人马几乎丧失殆尽,很多天等于是门户大开无人防守,老年人坐在城门的前面,哀悼这场最悲惨的灾难,询问从旁边走过的人是否有人活着返回城市。

虽然罗马陷入不幸的困境,汉尼拔没有掌握机会将首都夷为平地,他的行动过于迟缓,那是胜利使他沉醉于醇酒美人的生活,使得罗马有足够的时间再征召人员编成一支大军。他曾经三次要攻击罗马都受到阻碍以致功败垂成,就像晴朗的夏日突然风云变色,展望他的前途是一片黑暗。

---

① 古老的预言说罗马在"戴奥米德平原"被敌人打败,所以才出现这个戴奥米德建立的城市,参阅佑纳拉斯《历史摘要》第9卷第1节。

② 笛欧叙述特拉西米尼(Trasimene)会战提到天象的剧变,柴昔兹像是借用这种征兆,参阅佐纳拉斯《历史摘要》第8卷第25节。

后来汉尼拔认为他受到希裔西西里人的嫉妒和仇恨,在得不到援助之下缺乏粮食,身为高贵的征服者现在要被饥馑征服,罗马的西庇阿打得他大败而逃①,同时会给希裔西西里人带来可怕的毁灭。他在俾西尼亚一个名叫利比撒(Libyssa)的地方被人毒毙,虽然他认为自己会死在故乡的土地上面,因为汉尼拔求得的神谶上面写着:"利比亚②乃汉尼拔埋骨之地。"

---

① 本文经过订正,这一句的意思可能是"罗马的西庇阿使得他放逐异国"。
② 利比亚这个字就希腊文的形容词而论,它的形式与俾西尼亚这个小镇完全一样。当然这种说法如果不是巧合就是附会之词。

第二十六章
残　卷

1 诗人或史家都应该是驾驭文字的高手,才能在各方面满足读者的要求;一个人即使完美无缺到达最高的标准,还是不可能赢得举世的赞誉,听不到非难的声音。举例而言,菲迪阿斯(Pheidias)①制作象牙浮雕极其精巧享有盛名,普拉克色特勒斯(Praxiteles)②的大理石雕像对于形象的惟妙惟肖独

---

① 菲迪阿斯(前490—前430年)是雅典雕塑家,获得千古不朽大师的声名,在于两座巨大的黄金和象牙制作的雕塑作品,帕台农神庙的阿西娜像和奥林匹亚的宙斯像,除此以外他还是一个伟大的建筑师,负责雅典卫城整建的总规划。

② 普拉克色特勒斯(前370—前330年)是雅典雕塑家,他的作品无论是青铜像或大理石像,都对后世产生重大的影响,他曾经为名妓弗里妮(Phryne)制作一尊黄金雕家,奉献给德尔斐的阿波罗神庙引起克拉底的大肆抨击。

步天下,阿皮勒斯(Appeles)①和帕拉休斯(Parrhasius)②对于彩色的运用将绘画艺术发挥到极致。这些人的作品获得如此崇高的成就,凭着他们的技巧想要在各方面都能免予吹毛求疵的指责,那也是无能为力的事。诸如古往今来诗人当中有谁比荷马的名望更高?举世的演说家有谁比笛摩昔尼斯更能滔滔雄辩?还有谁比亚里斯泰德和梭伦更为高尚正直?然而他们的声誉和才华还是受到批评,生涯当中任何展现的差错就会引起攻讦。他们是人类的一分子,即使在各自的专业有超凡入圣的成就,须知脆弱的人性难免在很多方面发生缺失。还有一些卑鄙的家伙毫无事功和建树可言,他们的打算是用咒骂别人赢得良好的声名,愚蠢的方式在于尽力于琐碎的事务,这样的做法当然会让人感到惊讶。

我认为有的民族对人类社会为害甚烈也是理所当然的事,如同严霜和冰雪会摧毁刚刚生长的作物。的确如此,像是雪地极其炫目的白色使人丧失视力,眼睛看到的物品都会模糊不清。有些人既不愿也不能让自己去做引起注意的事情,对于别人的成就存心给予轻视和诋毁。有识之士必须奖励那些尽最大努力赢得成就的人,对他们优异的表现给予赞扬,不要犯常见的过失,对于任何并不起眼的表现,都抱着唱反调的态度在那里大肆吹毛求疵。事实的确如此,有些人只能尽其所能去说很多不入耳的坏话。

2 汉尼拔是一个天生的战士,从小就在战争的环境当中成长,花了很多年的光阴在沙场陪伴伟大的领导人物,擅长用兵之道始终奋斗不息。他拥有天赋的智慧和过人的才华,长年从事战阵的演练,培养指

---

① 阿皮勒斯是公元前4世纪初期希腊名气最高的艺术家,成为马其顿国王菲利浦二世和亚历山大大帝的宫廷画家,特别提到他为亚历山大画出手执雷电的肖像,掌握到独特的神韵,只是面容稍嫌黝黑。

② 帕拉休斯(前430—前390年)是出生于以弗所的肖像画家,后来长居雅典,说他画出的帖修斯有如不食人间烟火的神仙,运用的笔触极其细致精巧。

挥的能力,抱着很大的希望走向成功的道路。

3 汉尼拔(前217年)为了反制罗马的狄克推多费比乌斯①极其高明的策略,一再向他挑衅,使得双方能在会战当中决一胜负。然而他始终按兵不动,罗马的民众开始不满最高统帅的消极无为,为了谴责他的怯懦竟然将他称为汉尼拔的"跟班"②。费比乌斯用冷静沉着的态度忍受各方对他的侮辱。

他在获得经验和扩充实力以后,如同一个优秀的运动员经过长期的训练,现在要下场进行比赛③。

一旦米努修斯(Minucius)④败在汉尼拔手里,事后检讨大家认为这是他误失战机和缺乏经验所致;费比乌斯如同一位兵法家,凭着他的智慧和能力,坚持审慎的作风以全军为上策。

4 佩林苏斯的明诺多都斯(Menodotus)编撰十五卷的《希腊史》;伊利斯的索西卢斯(Soylus)写出七卷的《汉尼拔传》⑤。

---

① 奎因都斯·费比乌斯·麦克西穆斯(Q.Fabius Maximus)受到推选成为狄克推多,是罗马的大军在特拉西米尼会战遭到惨败之后,他的策略是"全军为上",不与敌人决战,借着时间的拖延和持久,消耗和磨损汉尼拔的斗志和实力;用丰裕的资源来打击缺乏给养的对手,用优势的兵力来对付人数有限的敌军。这种迟滞作战开始引起猜疑和指责,罗马的市民把他的狄克推多(Dictator)改为"拖延者"(Cunctator),等到他的谋略奏效以后赢得大家的赞许。

② 可以说他是汉尼拔的"冬烘老师",只会跟在旁边摇摆尾,慢条斯理迈着方步,参阅普鲁塔克《希腊罗马名人传》第5篇第2章"费比乌斯·麦克西穆斯"第5节。

③ 这是《苏达辞书》对费比乌斯的评述。

④ 马可斯·米努修斯·鲁弗斯(M.Minucius Rufus),开始受到费比乌斯的指派成为骑士团团长,后来与费比乌斯共同担任狄克推多。他的大胆出击落入汉尼拔的陷阱,面临溃败的局势获得费比乌斯的救援,才能转危为安返回营地;这次作战的经过可以参阅波利比乌斯《历史》第3卷第104—105节。

⑤ 有关明诺多都斯的事迹和作品,可以参阅雅各比《希腊历史残卷》No.82;有关索西卢斯的情况参阅《希腊历史残卷》No.87。

5 罗马的军团拥有五千人马①。

6 大家都会高举成功的旗帜,为了利益加入攻打失败者的行列。命运和气数的变化无常是天经地义的事,我们的立场和态势会很快随之发生逆转。

7 艾托利亚的将领多瑞玛克斯(Dorimachus)②犯下亵渎神圣的罪行,他抢劫多多纳这个颁布神谶的圣地(前 219 年),除了内殿能够幸免予难,整个寺庙在纵火以后陷入烈焰之中。

8 一场强烈的地震摧毁整个罗得岛,叙拉古的海罗赠送六泰伦的银两用来重建倒塌的城墙,此外还有很多只装满银币的陶瓮;他们派遣运输谷物的船只前去供应所需的粮食,不收取任何费用③。

_____

① 布匿战争的军团区分为三部分,即青年军(hastati)、壮年军(principes)和老年军(triarii),三条战线构成一个纵深部署的方阵,青年军在前,壮年军其次,老年军在后。每一条战线有 10 个连(manipuli),青年军和壮年军的连为 120 人,老年军的连为 60 人。一个支队(cohort)包括每种部队各一个连,加上 120 名轻步兵共 420 人,10 个支队组成一个军团共有 4200 人。要是配属骑兵部队可以达到 5000 人。

② 垂考尼姆(Trichonium)的多瑞玛克斯和史科帕斯(Scopas),煽动希腊的城邦对马其顿发起"联盟战争"(前 220—前 217 年),他们加入艾托利亚同盟(Aetolian league)对抗马其顿的菲利浦五世和亚该亚同盟(Achaean League)。有关他对多多纳的洗劫,可以参阅波利比乌斯《历史》第 4 卷第 67 节。

③ 按照波利比乌斯《历史》第 5 卷第 88 节的记载,海罗和杰洛送的礼物价值 100 泰伦。这次强烈地震发生在前 227 年或前 226 年,罗得岛著名的巨人像因而倒塌。

9 目前(前 217 年)在帖沙利称为菲利浦波里斯(Philippopolis)①的城市,以往的名字叫作弗昔奥蒂斯的底比斯(Phthiotic Thebes)。

10 背叛罗马的问题带进卡普亚的市民大会(前 216 年),采取行动之前先要经过一番争辩,当局允许一位名叫潘西卢斯·鲍库斯(Pancylus Paucus)②的市民发表高见。他因为畏惧汉尼拔完全丧失理智,竟然向他的市民同胞发誓要实话实说。他说要是罗马人还有百分之一的机会,他不会去投靠迦太基人;目前敌人的优势变得众所周知,危险已经来到城门的外面,他们面临困境必须做出最好的打算免得玉石俱焚。听到这种论调,所有的市民同意加入迦太基的阵营。

11 汉尼拔的军队在康帕尼亚(前 216 年/前 215 年)用贪婪的手段获取大量财富以后,整个生活方式发生重大的改变。奢华的住处和柔软的卧榻,洗浴使用名贵的香膏,饮食都是佳肴美酒,养成浪费和虚荣的风气,他们的体力和习于忍受危险的能耐开始衰退,无论是身体和精神变得懦弱以至于缺乏男子汉气概。人类的本性是一旦渴望安逸而奢华的生活,再也不愿尝试艰辛的工作和粗粝的食物③。

---

① 菲利浦五世在联盟战争期间占领这个城市(前 217 年),由于马其顿人的迁入定居所以得到新的名字,参阅波利比乌斯《历史》第 5 卷第 99—100 节。

② 利瓦伊《罗马史》第 23 卷第 2 节提到这个人的名字是佩库维乌斯·卡拉维乌斯(Pacuvius Calavius),当时他的职位是卡普亚的行政长官。

③ 参阅利瓦伊《罗马史》第 23 卷第 18 节,事实上从此刻到他在前 203 年返回迦太基,留在意大利的时间还有 13 年之久,始终处于补给缺乏和兵源不足的局面,所以这段文字的叙述没有多大的意义。

12 这些城市①不停地改变立场和尽力挣扎,就像墙头草一样随着公众意见的分量左右摇摆。甚至就是朋友之间的情谊,在动乱的环境当中也会发生快速的变化。正人君子的德行有时还能赢得敌人的尊敬和钦佩。很多妇人、未出嫁的少女和生为自由人的男童,因为缺乏食物逼得要随着卡普亚的军队一起行动(前212年)。战争逼得生活在太平岁月的善良民众落入万劫不复的悲惨处境②。

13 汉尼拔在接收布鲁提姆的城市(前216/前215年)以后,继续扩大蹂躏的地区,后来占领克罗顿以及入侵朱雷姆。他率领军队从欧洲的西部以及赫拉克勒斯之柱的附近出发,原来属于罗马人的疆域除了罗马和那不勒斯这两座城市以外,全部落到迦太基人的手中,他发动的战争已将遥远的克罗顿包括在内③。

14 汉尼拔对罗马人的酷虐和失信,特别是他们的傲慢和无礼大肆抨击以后,为了惩罚罗马元老院,就将所有议员的儿子和亲戚挑出来,全部处以死刑。

他对罗马人怀有很深的敌意,就从战俘当中选出适合的人经过配对进行决斗。他迫使兄弟对兄弟,父亲对儿子以及亲戚对亲戚非要骨肉相残不可。这样一来正好使得大家痛恨腓尼基极其野蛮的残酷,赞

---

① 这些都是意大利的城市,坎尼会战的惨败和卡普亚的背弃之后,罗马要陷入众叛亲离的困境。

② 这段文字放在本章第17节的前面比较适合,参阅阿庇安《罗马史:汉尼拔战争》第36节,以及利瓦伊《罗马史》第25卷第13节。

③ 西庇阿在利比亚的节节获胜,使得迦太基当局召回在意大利作战的汉尼拔和玛果(Mago),公元前203年6月23日在休战条约的保护之下,汉尼拔的军队在克罗顿上船,数目是15000人到20000人。

誉罗马人的虔诚以及忍受如此悲惨的处境。虽然他们遭到火刑的烤问、棍棒的痛打和残酷的鞭笞,没有一个人愿意对亲人施加暴力,大家在酷刑的折磨之下鼓舞高贵的牺牲精神,宁死也不愿犯下弑亲的罪行①。

15 西西里的统治者杰洛和海罗在叙拉古逝世(前215年),接位的海罗尼穆斯还是十多岁的小伙子②,王国缺乏有能力的领导人物。这位年轻人的周围都是谄媚奉承之徒,引导他偏离正道,走上专制和暴虐的歧途,享受奢侈和淫荡的生活。他犯下强奸妇女的罪行,处死坦诚直谏的朋友,籍没很多市民的产业,送给那些博取好感的无耻小人。等到他的扈从人员出现这些行为,首先就会引起民众的愤恨,接着发生叛逆阴谋的活动,最后是报应降落在邪恶统治者的头上。

海罗尼穆斯亡故(前214年)以后,叙拉古人召开市民大会,通过提案处决僭主整个家族,不论男女老幼无一赦免,就是要将他们连根铲除③。

---

① 这一节的文字在叙述坎尼会战被俘的罗马人极其凄惨的命运,主要的成因是罗马元老院拒绝支付赎金,所以汉尼拔才会痛下毒手,参阅阿庇安《罗马史:汉尼拔战争》第28节和利瓦伊《罗马史》第22卷第58—61节。

② 海罗亡故于前215年初夏,几个月以后他的儿子杰洛逝世。海罗尼穆斯是杰洛的儿子,也是皮洛斯的外孙,这个时候他只有15岁,在位仅仅13个月。波利比乌斯《历史》第7卷第7节,并没有为他开脱所有的过失,只是他的罪行被过分夸大。

③ 波利比乌斯《历史》第7卷第8节,提到海罗的善行和长寿,说他在不止一个场合表示要丢掉权力,受到市民的阻止只能作罢;他给希裔西西里人带来很大的福利,在各方面赢得他们的爱戴,身后为自己留下美好的声名;何以在逝世不到两年的时间,他的家族遭到如此惨痛的下场?

16 玛果（Mago）派人将森普罗纽斯（Sempronius）①的尸体送给汉尼拔（前 212 年），士兵看到以后大声叫嚣，为了报复要予以锉骨扬灰。汉尼拔向大家表示无须对没有生命的遗骸发泄怒气，避免心性不定的命运女神对这种行为表示不满，死者的英勇加以赞誉有时会让他受到感动，于是他为阵亡的英雄举行盛大的葬礼，拣拾遗骨加以妥善的处理，然后送到罗马的营地。

17 罗马元老院得到消息，卡普亚被双重的木墙围得水泄不通，他们不再坚持绝不变更的敌对政策，甚至城市现在已经（即将？）被汉尼拔占领，受到双方的亲情极其紧密的影响，他们反而通过议案颁布赦令，所有的康帕尼亚人只要在指定的日期之前，给予通知要改变他们的立场，可以获得赦免不会追究应负的刑责。不过，康帕尼亚人表示无法接受元老院的好意，因为他们不愿自欺欺人，从汉尼拔那里接受帮助以后，只有赦令的无效才会让他们感到懊恼②。

18 ［一个人会对大师的智慧感到不可思议，不仅与这里提到的发明有关，还有其他更为重要的创见和构想，声誉已经广布整个人类居住的世界，等我们来到阿基米德（Archimedes）的时代，会给予更详尽和明确的记载。］

---

① 提比流斯·森普罗纽斯·格拉齐（Ti.Sempronius Gracchus）是前 215 年和前 213 年的执政官，死于前 212 年，这时他在坎尼会战以后，指挥由征召奴隶组成的两个军团，参阅波利比乌斯《历史》第 8 卷第 35 节，以及利瓦伊《罗马史》第 25 卷第 16—17 节。玛果是汉尼拔的兄弟。

② 公元前 215 年汉尼拔获得卡普亚，意大利的南部地区大部分在他控制之下，就应该组成一支攻城纵队，前去夺取罗马；等到前 211 年弗尔维斯（Fulvius）光复卡普亚，这时汉尼拔渡过安尼奥（Anio）河，来到罗马的柯林尼门（Colline Gate）前，只是故作姿态而已，晚了 5 年不能发生任何效用。

阿基米德生于叙拉古,是当代声名响亮、学问渊博的工程师和数学家,这个时候(前212年)他的年纪很大了,已有七十五岁。他建造很多极其奥妙的机具,有次他运用一组三个滑轮的装置,仅仅靠着左手的力量就能举起装载五万斗粮食的货船。就在罗马将领马塞拉斯①从陆地和海上对叙拉古发起攻击的时候,这位科学家开始用大型铁爪将敌人的平底船抓住,吊起来到达城墙的高度,突然放掉连人员带船只全部落到海面摔得粉碎。马塞拉斯将平底船向后撤到铁爪不及之处,老人要为叙拉古人举起大如车辆的石块,抛掷出去将平底船击沉。

等到马塞拉斯将所有船只移开到弓箭射程以外的距离,老人发明一种六边形的反射镜装置,然后在适当的距离放置四边形的镜子,金属平面和很小的铰链都可以调整,不论夏季或冬天都能在正午聚集阳光,使得反射的光线全部集中在平底船的船只,虽然在箭矢飞行的距离之外,还是能够产生可怕的高温,引起燃烧让目标化为灰烬。这位老人用他的发明打败马塞拉斯②。再者,他在叙拉古经常用多里斯的方言做出表示:"只要给我一个支点,就能用杠杆撬起整个地球。"

等到叙拉古如同狄奥多罗斯的记载被叛徒出卖给马塞拉斯,或是依据笛欧提到的情节,说是市民在夜间为阿特米斯举行祭典使得罗马人乘虚而入,整座城市落在他们手里。阿基米德正在弯腰全神贯注演算数学图形的时候,有位罗马士兵来到他的家中将他像俘虏一样押走,阿基米德感觉有

---

① 马可斯·克劳狄斯·马塞拉斯(M.Claudius Marcellus)是罗马名将,第二次布匿战争与汉尼拔对阵,英勇善战激起全军的斗志,获得"罗马之剑"的全称,曾经5次出任执政官,前211年攻占叙拉古,前208年遭到伏击战死沙场。

② 马塞拉斯攻城失利以后说道:"我们不能与精通几何学的布莱阿里斯(Briareus)作战,他只要出手我们的船只就会遭殃,片刻之间发射成簇的标枪对付攻城部队,难道他真比神话当中这位百手巨人更加厉害?"毫无疑问,其他的守军不过是阿基米德手里的棋子,靠着他一个人的头脑来主宰一切,别的武器可以置之不理,只要运用他的机具,就可以打败敌人保卫城邦的安全。

人在拉他,受到干扰就对他说道:"朋友,不要妨碍我的工作!"这时来人继续抓住他不放,阿基米德转过头发觉是一个罗马人,大声叫道:"很快就好,这是我要完成的机具,不要急!老兄!"这位士兵听到以后非常生气,拔剑当场杀死这个身体衰弱的老人。马塞拉斯得知他的丧命感到哀伤,就与城市的贵族和所有的罗马人,为他举行盛大的葬礼,使他能够长眠在家族的墓园①。谋害阿基米德的士兵被逮捕以后受到斩首的惩罚,我对这种说法总是将信将疑。笛欧和狄奥多罗斯对整个事件有详尽的记载。

19 史家狄奥多罗斯拿叙拉古与奥龙特斯河畔的安提阿做一比较,他说叙拉古是"四城之都"②。

20 叙拉古陷落(前212年)以后,居民向马塞拉斯提出恳求给予饶恕,他下令举凡具备市民身份的自由人,可以得到他的赦免,只是他们的财产被当成战利品全部运走③。

　　叙拉古人丧失财产没有能力购买粮食,同意成为奴隶(前211年),出售以后可以从主人那里获得食物。命运女神将远超过其他损失的不幸,强加在战败

---

　　① 阿基米德生前对亲人和朋友提出要求,死后要将一个"**球体外接圆柱体**"的图形刻在他的墓碑上面,因为他算出两者的体积和表面积之比都是2∶3。西塞罗在西西里担任财务官的时候,发现这件纪念物,拿给叙拉古人看,大家都不知道是怎么一回事。这位数学家死于罗马建城543年即前211年,到西塞罗在罗马建城679年出任财务官,136年的时光转瞬而过,文字和图形还留在墓碑上面,叙拉古的学术地位已经终结。

　　② 这个城市分为4个部分,就是称为"小岛"的奥特吉亚、尼阿波里斯(Neapolis)、阿克拉迪纳(Achradina)和泰契(Tyche)。斯特拉波却说叙拉古在古代是"五都之城"(Pentapolis)。

　　③ 利瓦伊《罗马史》第25卷第25节提到马塞拉斯在前212年只夺取部分城市,要到次年才全部占领。

的叙拉古人身上,能够拥有自由却要志愿选择奴隶这是多么悲惨的灾难①。

21 西庇阿②释放人质(前 209/前 208 年)的宽大和善行,证明他的武德所能发挥的效能,如同他单枪匹马可以胜过众多的国君。

22 塞尔特布里亚人英狄贝利斯(Indibeles)③获得西庇阿宽大为怀的处置(前 206 年),后来抓住适当的机会又燃起战火。这些不知好歹的恶棍经常反复生变,忘恩负义,最后的结局是树敌过多自取灭亡。

23 迦太基当局在利比亚战争(Libyan War)④结束以后,对于努米底亚的密卡塔尼(Micatani)部族大肆报复,所有捕获的人员施以磔刑,无论老幼妇孺全不放过。结果使得他们的后裔子孙念念不忘祖先身受的荼毒,成为迦太基人极其凶狠和无比顽强的仇敌。

---

① 希裔西西里人怀恨在心,所以在前 210 年又与马塞拉斯发起战争,参阅利瓦伊《罗马史》第 26 卷第 29—30 节。

② 巴布留斯·高乃留斯·西庇阿(P. Cornelius Scipio)就是伟大的西庇阿·阿非利加努斯,他奉命指挥西班牙的作战,当时只有 25 岁。这里提到的人质都是押解给迦太基当局的西班牙人,西庇阿在前 209 年攻占新迦太基以后全部释放。西庇阿运用外交手腕赢得很多当地君主的归顺,他们都认为他拥有国王的身份和地位,罗马的将领对这种极其忌讳的事只能加以严拒,参阅波利比乌斯《历史》第 10 卷第 40 节。

③ 英狄贝利斯是伊列吉蒂人(Ilergeti)的酋长,这个部落位于厄波罗河的北部地区,他和他的兄弟曼多纽斯(Mandonius)在西庇阿夺取新迦太基以后投效罗马的阵营。有关他的叛变参阅波利比乌斯《历史》第 11 卷第 31—33 节,在这里他的名字是安多巴勒斯(Andobales)。

④ 这就是"佣兵战争",参阅本书第二十五章第 2—6 节。

24 　哈斯德鲁巴有高超的能力能够在历史上留下响亮的声名。他的父亲哈密卡绰号巴卡是那个时代的名将,西西里战争当中他是唯一经常打败罗马人的领导者,后来结束利比亚的内战①,最早率领一支军队横越西班牙。哈斯德鲁巴在这方面证明自己不仅青出于蓝而且胜于蓝。大家认为在迦太基的将领当中,他是仅次于他的兄长汉尼拔的第二号人物;因此汉尼拔要他留在西班牙指挥所有的军队。他在整个西班牙地区进行很多次会战,每当遭到失败的打击就会重新组成他的部队,站稳脚跟坚定面对一再重复出现的危险。就在他被迫退往内陆地区,靠着他极其杰出的领导风格,还能维持一支颇具实力的军队,出乎大家的预料,克服万难进入意大利境内②(前 207 年)。

　　要是哈斯德鲁巴够得到命运女神的帮助,大家认为罗马不可能同时用战争应付他和汉尼拔的入侵行动。出于这个原因,我们不能基于他的成就来评估他的能力,应该用他的目标和行动来肯定他的才华。这方面的性质是在人的控制之下,至于他们采取的行动所产生的结果掌握在命运女神的手里。

---

　　① 　这里所说的内战就是"利比亚战争"或"佣兵战争",波利比乌斯在《历史》一书中,总是用"内战"这个希腊单字来表示。

　　② 　哈斯德鲁巴是汉尼拔的二弟,前 207 年率领 3 万人马越过阿尔卑斯山,增援汉尼拔在意大利的作战,双方未能会师,米陶鲁斯(Metaurus)会战被执政官尼罗打败,哈斯德鲁巴战死,使得整个态势发生转变,从此主动权操在罗马人手中。

第二十七章
残　卷

1 斯巴达的暴君那比斯（Nabis）①处死末代国王莱克格斯之子庇洛普斯（Pelops），那个时候（前207年）后者还是一个孩童。这是未雨绸缪的预防措施，免得他在年轻的时代受到高贵家世的鼓舞，有一天要恢复祖国的自由权利。那比斯选出最有成就的拉斯地蒙人将他们全部处死，从各地招募最卑劣的家伙前来守卫他的疆域。结果是抢劫寺庙的强徒、窃贼、纵横各地的海盗以及判处死刑的罪犯，从四面八方投奔斯巴达，那比斯靠着邪恶的行为才能成为

_____

① 公元前207年马查尼达斯（Machanidas）在曼蒂尼逝世以后，那比斯过了一段时间才能获得斯巴达的控制。他出身皇室提出激进的改革，使得他的崛起极其迅速。虽然史家对他有恶意的批评，主要源于波利比乌斯《历史》第13卷第6—8节，须知他拥有非常坚强的民意基础。

人所共知的残暴君主,认为只有这些人才会为他卖命,让他受到最严密的保护。

斯巴达的暴君那比斯发明很多酷刑①用来惩处市民,始终相信只有贬低自己的国家才能提升个人的地位。一个恶汉拥有权力就无法忍受这种好运竟然会消失。

2 他在担任祭司长(前205年)以后,基于宗教的职责再也不能离开罗马②。

根据狄奥多罗斯的记载,西庇阿让西西里的贵族阶层做出选择,是他们自己加入他在利比亚的远征行动,抑或将他们的马匹和奴隶交给他手下的士兵③。

3 克里特人用七艘船组成一支海盗队伍,开始从事杀人越货的勾当,这种行动使得在海上从事通商贸易的人感到惊惧,罗得人对于无法无天的罪行极其反感,发动战争对付克里特人。

4 普勒米纽斯(Pleminius)奉到西庇阿的指派出任洛克瑞的总督④,这个邪恶的坏蛋打开帕西丰尼的金库将所有的财富席卷一空。

---

① 包括恶名昭彰的"阿皮迦模型"(Image of Apega)(使用他妻子的名字),这种残酷的刑具如同中世纪的"铁女架",参阅波利比乌斯《历史》第13卷第7节。

② 这位是巴布留斯·黎西纽斯·克拉苏(P.Licinius Crassus),前205年当选执政官成为西庇阿的同僚,使得西庇阿能够远离罗马,长年在外负起军队指挥的责任。根据利瓦伊的说法,祭司长受到的限制是不能离开意大利,事实上克拉苏拥有布鲁提姆这个地区,将之当成他统治的行省。

③ 参阅利瓦伊《罗马史》第29卷第1节。

④ 这座城市原来在迦太基人的控制之下,普勒米纽斯奉到西庇阿的命令将它攻占,有关的细节可以参阅利瓦伊《罗马史》第29卷第8—9和16—22节。

洛克瑞人对于亵渎神圣的行动感到深恶痛绝,请求罗马人立下誓言给予保护。再者,两位军事护民官对于这种冒犯之举感到震惊。他们的行为并没有激起民众的愤怒,反倒是两位护民官犯下大错,在于收受抢劫带来的贿赂在先,后来又对普勒米纽斯提起控诉。他们很快报应临头,上苍施以罪有应得的惩罚。据说帕西丰尼的神庙在意大利享有很高的声誉,长久以后这片土地的民众将它视为神圣不可侵犯的圣地。想起当年的皮洛斯率领部队从西西里来到洛克瑞,士兵要他支付所欠的薪饷,由于他陷入山穷水尽的困境,被迫只有打金库的主意,据说在他再度出海航行的时候,突然发生暴风雨使得整个舰队遭到海难。皮洛斯在敬畏和恐惧之余想要获得神明的体谅,只有展延下去直到归还取去的金额,才敢离开洛克瑞。

现在言归正传,两位军事护民官用维护正义作为借口,如同洛克瑞人的保护者挺身而出,开始大肆抨击普勒米纽斯并且威胁要带他归案受审。咒骂愈来愈激烈,最后变成拳脚相向,将他打倒在地还咬去他的耳朵和鼻子,撕裂他的嘴唇。普勒米纽斯逮捕这两位军事护民官,施以酷刑再将他们杀死。神庙遭到抢劫使得罗马元老院基于宗教的迷信产生强烈的惊惧,再者,西庇阿在政坛的敌手找到机会对他施加打击,指控普勒米纽斯的不法完全是他授意的。

元老院派出一位市政官和两位护民官前去查案(前204年),只要他们发现亵渎神圣的罪行事先获得西庇阿的批准,立即将他带回罗马接受审讯;如果查无此事,他们可以同意他将军队运到利比亚。就在办案人员还在路途,西庇阿召来普勒米纽斯立即关进监牢,自己仍旧忙于部队训练的工作。护民官对这件事的处理之快感到惊讶,极力赞誉他的决断和公正①。普勒米纽斯被押回罗马以后,元老院将他收监拘留,结果瘐死狱中;

_____

① 一般的批评是西庇阿的处理方式不像一个罗马人应有的做法,放纵的行为会使军纪松弛,参阅利瓦伊《罗马史》第29卷第19节。

元老院籍没他的财产,用公家的经费弥补偷自神庙的钱财尚有不足的款项,全数奉献给女神,同时颁布敕令洛克瑞人免予赔偿的责任,任何一位士兵拥有属于帕西斯(Phersis)①的财物,如果不愿归还就会受到死刑的惩处。

有关普勒米纽斯的弊端经过处理以后,他们在元老院通过议案用来对洛克瑞人表达善意,其实正是这些人偷去大多数的还愿奉献物品②,现在得知报应已经落在军事护民官和普勒米纽斯的头上,感到迷信的恐惧使得他们有朝一日会成为受害的牺牲者。一个人自认在暗处做了不法的事,他的罪行能够瞒过所有的人,竟然还会接受这样的惩罚。这些人处在心神不安的状态,愿意放弃抢走的财物,请求神明平息他们的怒气。

5 适当的场合和情况之下说出的谎言,有时会产生很大的效用③。

6 叙费克斯(Syphax)④和其他人员都是枷锁在身,押解到西庇阿的面前,他在一瞥之下想起这位国君过去的荣华富贵,对比目前阶下囚的身份,情不自禁地流出眼泪(前203年)。不过片刻工夫,他决定还是保持宽大为怀的态度,即使在一帆风顺的景况下仍然不改初衷。他下令解开叙费克斯的枷锁,让这位国君回到自己的帐篷,可以保持原有的随护

---

① 帕西斯是当地的神明,或许就是谷物女神德米特的女儿帕西丰尼(Persephone)。

② 大部分希腊人都对洛克瑞人怀有很大的反感,认为这个地区的民众都是骗子和小偷。所以一般用语说是"要像对克洛瑞人那样对他表示善意",意思是说"失去的东西就是他偷的"。

③ 这是说叙费克斯请求罗马人在利比亚给予援助,西庇阿犯下的错误是不让部队知道此事,参阅利瓦伊《罗马史》第29卷第24节。

④ 叙费克斯是马西赛利亚人(Masaesyli)的国王,这个部族位于努米底亚的西部。虽然他早期非常厌恶迦太基,后来双方还是建立联盟关系,成为罗马最顽强的敌手。

和仆从。虽然身为俘虏却能免予囚禁①，他对待叙费克斯非常礼遇，经常受邀成为宴会的贵宾。

身为国王的叙费克斯虽然是一位俘虏，西庇阿除去他身上的锁链，对待他非常仁慈②。他感到个人的敌意要维持下去必须靠着战争的胜利，等到成为俘虏的命运落在国君身上，这时才知道作为一个平民并没有什么不好。似乎如同神圣的尼米西斯(Nemesis)一直注意人类的生命，很快记起有些人虽然虚弱不堪，竟能免予死亡带来的威胁。西庇阿从敌人陷入绝境感受到畏惧和恐慌，他的心中充满对不幸者的同情，还有谁不愿对这个人加以赞誉？事实上这样做没有错，举凡在战斗中畏惧敌手的人，通常会对失败者保持怜悯之心。西庇阿用谦和的态度对待叙费克斯，当然会赢得对方的感激。

7 索丰巴(Sophonba)③最早是马西尼撒(Masinissa)的妻子，后来叙费克斯成为她的夫君，等到后者被囚禁再度与马西尼撒结合；这位妇女有艳丽的容貌，具备非凡的气质，天赋的本领是拥有难以抗拒的魅力，让入幕之宾乐于为她效劳。她是迦太基政权的拥护者，每天在丈夫前面不停地游说规劝，尽一切手段要他反叛罗马，因为她愿意为自己的城邦做出最大的牺牲。叙费克斯明了当前的问题，就将这位妇女的情况一五一十告诉西庇阿，要求为他提供保护。由于他所说的话与利留斯(Laelius)的劝告相符，西庇阿下令将她带到他的面前，这时马西尼撒想要为她讲情，受

---

① 罗马人的 liberacustodia"免予囚禁"是指犯人或俘虏，经过市民出面愿意负起责任，可以保释在外或立誓以后释放，但是行动还是受到限制。

② 公元前 203 年科塔会战以及叙费克斯被俘以后，迦太基请求谈和，西庇阿获得元老院授权，提出条件，迦太基人愿意接受。

③ 她是哈斯德鲁巴·吉斯哥的女儿，有的记载称她为索丰尼巴或索丰西尼萨。佐纳拉斯《历史摘要》第 9 卷第 11 节提到她许配马西尼撒，因为政治的原因嫁给叙费克斯，利瓦伊暗示她首次遇到马西尼撒，是她成为俘虏留在色塔的时候。有关她的亡故参阅利瓦伊《罗马史》第 30 卷第 13 节。

到很严厉的指责。使得马西尼撒只能审慎处理，派人前去将她接过来，亲自前往安置她的帐篷，交给妻子致命的毒药，强迫她喝了下去。

8 西庇阿对马西尼撒的无心之失①感到同情，愿意与他缔结同盟，此后一直保持稳固的关系。

9 汉尼拔将所有的盟军集合起来，告诉他们说是当局要求他渡海返回利比亚，任何人的动向如何都能获得他的允许。有些人的选择是追随汉尼拔的行动；不过，对于那些仍旧要留在意大利的人，他用军队将他们围在中间，首先吩咐士兵将愿意做奴隶的人带走，然后将其余的两万人全部杀死，还有三千匹战马和不计其数的驮兽②。

10 四千名骑兵在叙费克斯战败以后投靠马西尼撒，现在又变节要来依附汉尼拔。汉尼拔对这种行为极其恼怒，命令他的军队将他们包围起来全部射杀，留下的马匹分配给自己的士兵③。

11 迦太基深受缺粮之苦，市民在不满之余废除和平条约④，煽动群众前去攻击敌人的船只，要让装载谷物的运输船进入港口。

---

① 利瓦伊《罗马史》第30卷第15节，叙述西庇阿费很大力气安抚马西尼撒冲动的个性。这个时候的马西尼撒正是30多岁的年龄，对罗马保持忠诚的友谊，与迦太基有不共戴天之仇，直到他在前149年过世为止。他是马西赛利亚人或努米底亚东部的国王，相邻的叙费克斯与他是世代相传的仇敌。

② 参阅利瓦伊《罗马史》第30卷第20节和阿庇安《罗马史：汉尼拔战争》第59节。看来这场大屠杀是杜撰的情节，至少是过于夸张的故事。

③ 参阅阿庇安《罗马史：布匿战争》第33节。

④ 公元前203年秋季西庇阿指示双方应该签订和平协议，迦太基人愿意接受。和约的条款获得罗马当局的批准，汉尼拔返回阿非利加，接着玛哥比照办理。后来迦太基违反条约的规定，攻击停泊在突尼斯湾的罗马运输船，这是双方重新发起敌对行动的信号。

虽然元老院禁止他们违背双方的协议,没有人加以理会,他们说道:"空言不能充饥。"

犯下罪行还能装出义正词严的模样。

12 西庇阿派到迦太基的使节团①,遭到暴民的威胁要全部处死。有识之士给予援手派出三层桨座战船护送他们返国。暴民的领导人物说服水师提督②,护送的战船回航以后,在海上攻击使节团将他们杀害。发起攻击以后使节团的船只赶紧靠岸避难,能够安全回到西庇阿的营地。神明很快对存心犯罪的人施展他的大能。迦太基派到罗马的使节团在回程受到暴风雨的吹袭,来到同样的地方遇到在此停泊的罗马舰队;他们被带到西庇阿的面前,大家发出叫嚣要对破坏誓约的人进行报复。不过,西庇阿当众宣布不能犯下他们指控迦太基人的罪名。因此这些人受到释放,安全返回迦太基,他们对于罗马人的虔诚和公正感到不可思议。

13 我认为最困难的工作是说服大家要有高贵的行为,发挥语言的功用乐于拥有奇特的能力建议类似的利益,甚至给采用这些意见的人带来损害亦在所不计③。

14 只是为了一时的怒气大发,出兵前去讨伐那些不幸的可怜虫,这样做即使能用武力征服世界,看来也不是很光彩的事;就是

---

① 这是攻击船只以后需要对突发的事件采取补救措施,参阅波利比乌斯《历史》第15卷第1—2节以及阿庇安《罗马史:布匿战争》第34—35节。

② 哈斯德鲁巴的舰队这时停泊在乌提卡附近,参阅波利比乌斯《历史》第15卷第2节。

③ 这里和下面的摘要很像来自罗马元老院的发言记录,其中有一部分可能是迦太基使者的言辞。可以与本书第十三章第20及后续各节,叙拉古当局就处置雅典战俘进行的辩论做一比较。

处在幸福和繁荣之中，还是不要对于自负和傲慢抱着强烈的仇恨心理，因为有些人的所作所为受到我们的责备，然而我们后来还是做出同样的事。征服者对于一帆风顺的好运应该表现谦和的态度，获得的成功才会感到真正的光荣。前面提到的人所共有的特点，在于他们的作为值得戴上桂冠无须感到羞愧，有些人如同嫉妒的恶犬竟然忘怀必死的生命，玷污成功带来的荣誉。将求饶的人杀死在脚前不能算是伟大的壮举，歼灭已经战败的敌军谈不上盖世的功勋。我们认为对于所有命运乖戾的人士而言，获得安全的庇护是仅有的特权，如果征服者违背人道的关怀连这一点都置之不理，即使是无心之失也会使得他们声名狼藉。

15 仁慈比起报复能够带来更多的好处，善意的款待较之野蛮的暴虐，对于战败的敌人可以发挥更大的成效。一个人处于无往不利的顺境，更要提防尼米西斯正在暗中对你虎视眈眈伺机下手。

人类的事务无论好坏对错无法处于恒常的稳定状态，命运女神的着眼要让万事万物保持不断的变化。因此我们要将过分的自负放在一边，得益于其他人的不幸使得生命的保障更加安全；一个人处于逐渐走向逆境就会考虑人生的际遇和变化，不朽的赞誉通常会授予那些随遇而安的人，他们带着感激的心情接受命中注定的结局。甚至就是不共戴天的仇人发现自己受到对方的宽恕，都会因为仁慈的行为产生转变，等到他看见这一切完全是自己的错误，最后就会捐弃前嫌化敌为友。

16 有识之士必须了解他的友谊可以长存，他的敌意只是暂时的情况。这样可以保证产生的结果是知交满天下，至于那些背道而驰的人只有屈指可数的朋友。任何人对于自己的同胞拥有的优势在于行使权威，远不如他所表现的长处在于仁慈和克制。鉴于征服会带来恐惧，使得征服者成为痛恨的目标，只要对失败的一方产生善意，就会对帝国的稳定产生巩固的作用。随之而来是我们对城邦未来的战事感到更加关切，对于自愿归附我们的人就要更加注意，不能采取过于粗暴和无法挽回的行动。任何人要是屈服于惨重的灾害和无法抗拒的不幸，即使彼此之间没有个人的关系，都会引起大家的同情；那些因为好运连连而狂妄自大的家伙，都会引起大家的憎恶，即使他们是盟友还是无法消除恨意。我认为每个人不要重蹈覆辙，就是让他分享不幸带来的苦恼，却吝于让他拥有成功的好处。

17 一个名声响亮的城市对于受害者深表同情，这个民族①一贯主张的理念已经蔓延到整个世界。须知提到赞誉高贵的行为很难获得一致的认同，举凡对战败者赶尽杀绝的人会得到齐声的谴责。

处于洪福齐天的顺境不知谦冲自牧，最后神明都会让他尝到各种恶果。

任何人在好运连连之际不知表示出适度的谦虚，而后面对的情况会愈来愈恶化。受到警告会陷入绝望的处境，可以看出我们这样做是逼迫这些人要展现大无畏的勇气。何以如此，即使是最怯懦的野兽被逼到角落，也会从事难以置信的负隅顽抗，通常只要有一条出路就会转过身体赶快逃走；迦太基人的习性也是如此，只要安全能够达成某种希望就会放弃抵抗，一旦受到压迫到无路可退的地步，就会站出来面对所有的危险发起会战行动。如果不论逃走或战斗都没有活路，那么光荣战死总比羞辱送命要好得多。

生命当中充满无法预料的意外情况。因此处于时运不佳的困境，人们

---

① 应该是指罗马人，遣词用字很想保持不偏不倚的态度，有的地方还是表露出高人一等的神色。

应该冒险犯难更要积极进取。等到前途平顺不起风波，当然不必非要暴虎冯河。

一个人能够胜任控制异族的工作，当然不愿将军队的指挥权力交到外人的手里。

18 就我个人的看法，不幸和犯错之间有很大的差异，我们对此两者有不同的处理方式，如同对大家提出睿智的忠告。举例来说，一个人只是粗心大意没有犯下大错，获得同情能够找到庇护，像这样可以扩大范围涉及所有的不幸者。在另一方面，一个人要是罪孽深重，或是他有暴力和残酷的行为，到达他们所说"无法用言语表达"的程度，就会逼使他整个超出人类感情的范围。要说一个人平素行事残酷暴虐，一旦他受到打击陷入困境就会获得同情，或者一个人滥用权力毫无恻隐之心，等到失败反而获得别人的宽容和庇护，这些几乎都是不可能的事。因此他对两者所用的法律就局外人而言应以公正为主。

一个人以整个民族的名义非要对共同的敌人进行报复，通常被看成公众的恩主。如同过去那些人消灭非常危险的野兽，赢得的赞誉在于他们的贡献要为大家挺身而斗，现在有人能够抑制迦太基民族的野蛮和残忍，使得他们的行为合乎人性的要求，经由大家的同意可以获得最高的声望。

我们只要抱着胜利的希望就可以英勇面对危险，任何人如果预先知道他会被敌人打败，为了保护生命的安全就会逃走避开战争。

第二十八章

残　卷

1

艾托利亚的狄西阿克斯（Dicaearchus）是一位有勇无谋的冒险图利者，马其顿国王菲利浦①交给他二十艘船，要他从事海盗的行为（前204年）。菲利浦还命令他要在各岛屿征收贡金，支持克里特人前去攻打罗得岛②。狄西阿克斯服从所有的指示，掠夺海上的通商航运，出兵袭击岛屿，用暴虐的手段搜刮钱财③。

---

①　这是菲利浦五世（前238—前179年），德米特流斯二世和菲昔娅的儿子，在位期间前221—前179年。

②　参阅本书第二十七章第3节。

③　波利比乌斯在《历史》第18卷第54节，提到狄西阿克斯登陆以后，到处杀人越货无恶不作。有的学者认为这一次的远征行动是在前205或前204年。狄西阿克斯于前196年在亚历山德拉被亚里斯托米尼斯处死。

2 塔伦屯的赫拉克莱德(Heracleides)①是一位无耻至极的小人,私下对深受马其顿国王菲利浦器重的朋友进行恶意和不实的指控。菲利浦听信浮言而且本身不正,谋杀国务会议五名主要成员,从此以后他面对的情势开始恶化,加上他从事毫无必要的战争,几乎要在罗马人的手里断送他的王国。没有一个朋友敢说出心中的话,害怕他那乖戾的脾气,更不会指责国王的愚蠢和错误。他亲自领军对达达尼亚人发起远征作战,虽然对方并没有做激怒他的事,但还是在一次决定性的会战中打败他们,有一万多人遭到屠杀。

3 马其顿国王菲利浦除了侵略成性的野心,无往不利的顺境使他极其傲慢,他的朋友没有经过公正的审判就被处死,年代久远的坟墓都遭到挖掘,许多寺庙都被夷为平地。安蒂阿克斯②计划抢劫伊利迈斯(Elymais)供奉宙斯的圣地,带给他很多灾难,一大群人随着他死于非命。这两位君主虽然确信自己拥有天下无敌的军队,然而一次会战③产生的结果,发现自己被迫要听从其他人的命令。最后他们归咎主要的原因在于不幸的命运落在他们的身上,同时他们都接受宽容的待遇,对于战胜者谦和的态度表示极其感激。如果他们的行动要遵循已经规划的图谋,可以看出这是上苍在引导他们的帝国。罗马无论目前或是而后都要从事正义的战争,用一丝不苟的态度遵守

① 参阅下面第 9 节和波利比乌斯《历史》第 13 卷第 4 节。

② 安蒂阿克斯三世(前 242—前 187 年)拥有大帝的称号,塞琉卡斯二世的幼子,他的兄长塞琉卡斯三世于前 223 年逝世后,他继位成为塞琉西亚王国的统治者,在位期间前 223—前 187 年。有关伊利迈斯发生的事件参阅本书第二十九章第 15 节。

③ 这是指菲利浦五世在前 197 年的赛诺西菲立(Cynoscephalae)会战,以及安蒂阿克斯大帝在前 189 年的马格尼西亚(Magnesia)会战。这部分的文字,可以参阅波利比乌斯《历史》第 15 卷第 20 节,提到两位国王在前 203 年缔结不存好意的联盟,想要瓜分托勒密的王国。

誓言和条约的规定,所以他们的所作所为才能获得神明的支持和保佑。

4 我们注意到那些恶意违背私人契约的市民,就会触犯法律,要接受惩处,至于这些国王不守信义荼毒生灵,当然会遭到上苍的报应和天谴。举凡奉行民主体制的城邦,所有的市民只要处理人际关系和行为,通常用法律的条文当成仲裁者和调停人,如同神明据有权威的地位成为人类的法官;那些重视德行的君子因为他们的作为获得奖励,犯下贪婪和罪恶的坏蛋很快会受到应得的惩罚。

5 马其顿国王菲利浦需要获得粮食,迫使他进军前去掠夺阿塔卢斯的疆域,甚至直抵帕加姆的城门(前201年)。他将城市四周供奉神明的圣地全部夷为平地,就连装点得富丽堂皇的尼西弗里姆(Nicephorium)也受到严重的破坏,有一座神庙拥有精美的雕塑受到世人的赞誉,还是难逃他的毒手。事实上他无法找到阿塔卢斯的踪迹,不能与这个对手在战场决一胜负,因而脾气大发迁怒于寺庙①。

6 马可斯·伊米留斯向着阿布杜斯航行,要与菲利浦见面(前200年),将元老院的决定有关缔结同盟的问题告诉对方②;菲利浦的答复是罗马唯有遵守双方的协议是正确的处理方式,如果他们不守信用将这一切践踏在脚下,他会请求神明出面为他们违背正义的侵犯行为做证,

---

① 波利比乌斯《历史》第16卷第1节,提到尼西弗里姆奉献给"胜利缔造者"阿西娜作为她的圣地,带有这种头衔的图像出现在阿塔卢斯王朝的钱币上面。

② 马可斯·伊米留斯·雷比达(M.Aemilius Lepidus)的任务明显带有公开的敌意,事实上就是宣战,罗马元老院的最后通牒已经由尼卡诺尔(Nicanor)送给菲利浦五世,参阅波利比乌斯《历史》第16卷第34节。

自己要尽最大能力反抗他们的攻击。

7 菲利浦抵达雅典在赛诺萨吉斯（Cynosarges）开设营地，放火将学院烧掉，拆除墓碑破坏坟地，甚至祭祀神明的圣地都受到侵犯①。为了发泄他的怒气，不要说是雅典就连神明他都不放在眼里，他现在惹起人类对他的痛恨带来长期的辱骂，还让他很快陷入困境遭到神明的惩罚。虽然是他毫无审慎之心，所以遭遇彻底的失败，由于罗马人的克制使他受到宽大为怀的处置。

8 菲利浦提到他的手下已经丧失斗志，特别指出他采取措施多方鼓舞士气，还是毫无成效，须知一支胜利的军队不应该有这些缺点；那些在会战当中阵亡的人，要是获得失败的结局，那么致命的伤口是大是小已经毫无差别②。

举凡身为统治者的卑劣性格会影响他们的下属沾染同样的恶习。

9 菲利浦知道他与赫拉克莱德的友谊使得大多数马其顿人为之恼怒不已，所以加强警卫给予严密的保护③。赫拉克莱德是塔伦屯的土著，这个人极其邪恶，菲利浦受到他的影响从一个品德高洁的国王，变成残酷而又无法无天的暴君，受到所有马其顿人和希腊人的憎恨和厌恶。

---

① 穿越雅典的迪庇隆门（Gate of Dipylon）在西拉米库斯（Cerameicus）的郊外有几处著名的墓地，从这里出土很多阿提卡的艺术精品，包括大量陪葬物。

② 利瓦伊《罗马史》第 31 卷第 24 节提到他们发生第一次的接战以后，菲利浦看到罗马人使用"西班牙长剑"，才说出这番激励士气的话。

③ 参阅利瓦伊《罗马史》第 32 卷第 5 节。

10 伊庇鲁斯的使者前来调停菲利浦和弗拉米尼努斯①之间的冲突(前 198 年),弗拉米尼努斯坚持菲利浦必须完全撤离希腊,要让所有的城邦免予驻防军的制压,获得独立自主的权利,由于他违背誓言和不守信用所造成的损害,必须提供让人感到满意的赔偿。菲利浦的回答是他必须确保继承自父亲的所有权,从他自己获胜赢得的城市,同意撤走留在该地的驻防军,至于损害的问题应该交付仲裁。弗拉米尼努斯对这方面的答复是不需要进行调解,菲利浦必须出面为受到侵犯的对象达成协议;再者他更应接受来自元老院的命令,要让整个希腊获得自由绝非局部地区而已。菲利浦加以反驳道:"只要你能在战争中将我打败,难道还有哪些苛刻的条件不能施加在我的身上?"说完以后带着怒气匆匆离开。

11 就在亚细亚国王安蒂阿克斯正在重建黎西玛奇亚②这个城市的时候(前 196 年),弗拉米尼努斯派遣的代表团已经抵达,他们来到政务会议的前面提出要求,安蒂阿克斯应该从原来属于托勒密或菲利浦的城市,撤离他的人员和军队,同时他们表示对当前的局势感到惊讶,安蒂阿克斯究竟为了达成哪种目标,非得集结他的军队和水师?如果不是要对罗马发起战争,为何有越过海峡进入欧洲的打算?安蒂阿克斯用强硬的口气加以答辩,说他过去对有关意大利的事务从未进行干预,现在罗马竟然对亚细亚感兴趣,所以对这方面表示无法接受;为了安置黎西玛奇亚

---

① 提图斯·奎因久斯·弗拉米尼努斯(T.Quintius Flaminius)是前 198 年罗马执政官。狄奥多罗斯、笛欧和佐纳拉斯的原文都用弗拉米纽斯(Flaminius)这个名字,波利比乌斯的称呼是提图斯·奎因久斯。须知弗拉米尼努斯家族和弗拉米纽斯家族的性质完全不同,前者是平民而后者是贵族,盖尤斯·弗拉米纽斯是罗马执政官,特拉西米尼斯会战中战败被杀,这个人反而是平民出身。有关菲利浦和弗拉米尼努斯在奥斯(Aous)会面的详情,参阅利瓦伊《罗马史》第 32 卷第 10 节。

② 这座城市位于色雷斯,有关这次使者谒见的情况参阅波利比乌斯《历史》第 18 卷第 50—52 节。

的居民,他不会对罗马和其他城邦做出违背正义的事;因为他与托勒密有亲戚关系,所以在他心中一直想要避免发生任何争执,特别是他把女儿嫁给托勒密为妻。经过这次交换意见以后,罗马人感到事已至此,多言无益只有离开。

12 汉尼拔在全世界享有如雷贯耳的声名,无论到达哪一座城市,当地的有识之士极其渴望与他见面①。

13 那比斯和弗拉米尼努斯为了缔结和约②,派遣使者前往罗马(前195/前194年),他们与当局讨论包括在训令当中的事项,元老院同意批准双方的协议,撤回留在希腊的驻防军和部队。弗拉米尼努斯(Aristomenes)获得问题已经解决的信息,召集全希腊的领导人物前来开会③,一再强调罗马对希腊的城邦有卓越的贡献。他支持那比斯提出的解决方案加以辩护,特别指出罗马就所拥有的权势尽力而为,完全符合罗马人民公开宣布的政策,就是希腊所有的居民现在完全自由,不再有驻防军带来的压制,更重要的是他们根据自己的法律进行统治。为了回报授予的善意他要求希腊所有的城邦,将他们当中成为奴隶的意大利人④找出来,三十天内将这些人全数遣返。交代的事项都能如期完成。

---

① 本节叙述汉尼拔逃出迦太基前去投奔安蒂阿克斯三世,可以明显看出很多文字已经丧失,参阅利瓦伊《罗马史》第33卷第48—49节。

② 参阅利瓦伊《罗马史》第34卷第22—41节,提到发生在前195年为时短暂的斯巴达战争,弗拉米尼努斯和希腊盟邦击败那比斯的军队。

③ 这是第二次的泛希腊会议前194年的春天在科林斯召开,参阅利瓦伊《罗马史》第34卷第48—50节。

④ 这些都是汉尼拔在意大利作战的俘虏,数量极其庞大,当成奴隶卖到各地。

14 埃及国王托勒密①过了一段时间才获得大家的认可,亚里斯托米尼斯受到指派成为国王的监护人,他在各个领域都是一位能力高强的行政官员。托勒密起初对他的尊敬如同亲生父亲,借助他的经验和判断给予全面的指导。后来,廷臣的谄媚和奉承使得托勒密腐化,开始堕落,国王痛恨亚里斯托米尼斯坦诚无私的谏言,最后逼他饮下毒胡萝卜汁终结自己的生命。托勒密日益增长的残酷行为和好胜心理,不再是国王应有的权责而是暴君刻意的放纵,使得埃及人民对他极其仇视,几乎让他失去整个王国。

15 元老院有一次同意接见希腊的使者(前194年),用充满友情的言辞表示欢迎,因为他们急着要对安蒂阿克斯发起战争,当然希望获得希腊城邦给予的支持。他们告诉菲利浦的使者,只要菲利浦保持忠诚不移的立场,元老院愿意免除他们支付赔偿的费用,送回他的儿子德米特流斯②。元老院为了应付安蒂阿克斯派来的使者,特别设立一个有十位议员的委员会,听取国王对他们提出的指控以及相关的事项。

会议召开之后首席使者明尼帕斯(Menippus)发表谈话,提及他来到的目的是要巩固安蒂阿克斯和罗马之间的友谊,加强彼此的同盟关系。不过,他说国王对某些情况感到很奇怪,罗马当局为何命令他不得干预欧洲的事务,否认他对某些城市的主权要求,不得征收应该归他所有的贡金:双方基于坚实的友谊和平等的立场,正在进行协商的时候,提出这种要求真

---

① 这位是托勒密五世伊庇法尼斯(Ptolemy V Epiphanes),统治期间前203—前181年。基于政治的因素在前197年宣布他已经成年,虽然这时他的年龄不过12岁,著名的罗塞塔石碑(Rosetta Stone)就是为了庆祝他的登基而建。有关亚里斯托米尼斯的情况参阅波利比乌斯《历史》第15卷第31节,确实的死亡日期不得而知。

② 德米特流斯是在赛诺西菲立会战以后,被作为人质送到罗马,有关这一节的文字可以参阅利瓦伊《罗马史》第34卷第57—59节。

是无前例可援;他们这种方式就像解决一场战争以后的征服者,才会表现出专横的姿态;然而国王在黎西玛奇亚派遣使者,事先已经对他就这些事务有非常明确的指示;安蒂阿克斯从未与罗马处于战争状态,如果他们希望与他缔结友谊协议,国王愿意乐观其成。

弗拉米尼努斯的答复是在他们的前面有两条路可走,元老院允许国王选择其中之一:如果他能够对欧洲保持置身事外的态度,那么罗马不会干预亚洲的事务;不过,如果他不愿遵循明哲保身的政策,他就会知道罗马要去帮助那些受到奴役的友邦。使臣回答他们在任何条件下都不会同意这种处理方式,因为对方已经损害到王室的权威,元老院在次日向希腊人公开宣布,只要安蒂阿克斯涉及任何与欧洲相关的事务,罗马会尽全力让亚洲的希腊人获得自由。就在希腊各城邦的来使对此大加赞誉以后,国王的使者向元老院提出要求,基于事态的严重会使双方要冒极大的危险,希望他们不要立刻采取行动,让国王有时间进行充分的考虑,他们也会很审慎评估这个重大事件,所能产生的影响和可能的结局。

第二十九章
残　卷

1 迪利姆(Delium)是祭祀神明的圣地,离卡尔西斯没有多远①。国王发起对付罗马的战争(前 192 年),受到希腊人的诽谤安上亵渎神圣的罪名,这时弗拉米尼努斯正在科林斯,呼吁所有的人士和上天的神明出面为他做证,国王挑起战火展开入侵的行动。

2 安蒂阿克斯在德米特瑞阿斯(Demetrias)进入冬营(前 191 年)。他已经超过五十岁,忽

---

① 安蒂阿克斯三世的士兵在这个奉献给阿波罗的圣地,发起突击消灭罗马一个 500 人的部队,参阅利瓦伊《罗马史》第 35 卷第 50—51 节。赛诺西菲立会战的胜利者提图斯·奎因久斯·弗拉米尼努斯是委员会成员之一,奉派来到希腊打击伊托利亚人的影响力,要与希腊的城邦缔结同盟对付安蒂阿克斯。

略战争的准备工作,现在又爱上一位美丽的少女,时间消磨在举行婚礼方面,安排场面壮观的集会和庆典①。这种行为不仅断丧自己的体能和智力,更会败坏军队的士气和纪律。实在说,他在部队度过整个冬天无所事事的闲散生活,由于无法忍受饥渴和种种困难艰辛,只要供应稍有欠缺就会让他们萎靡不振②。结果,有些人生病拖累整个单位,还有人在行军中落伍在后跟进,使得整个军队如同一群乌合之众。

3 安蒂阿克斯王得知帖沙利的城市投向罗马的阵营(前191年),亚洲的部队姗姗来迟,身为盟友的艾托利亚人行事怠慢,总是找借口推卸责任,使得他苦恼不堪,须知他现在完全依仗与艾托利亚的联盟关系。特别是他的战争准备工作不足,任何人只要建议展开行动,都会使他勃然大怒;不过,汉尼拔持相反的意见,因为安蒂阿克斯现在名满天下,就将所有的希望寄托在他身上。虽然过去安蒂阿克斯对汉尼拔抱着猜忌之心加以提防,现在却把后者当成最受信任的朋友,所有的事务都听从汉尼拔的劝告③。

4 艾托利亚当局派出一位使者前来商议和平的条件,元老院做出决定是对方必须将自己交给罗马自行处置④,或者立即支付罗马一千泰伦的银两。使者鉴于极其严苛的条件拒绝接受提出的要求,从而艾托利亚人引起全面的惊慌,发现他们已经面临巨大的危险;由于他们对国王

---

① 这位新娘是卡尔西斯人克里奥普托勒穆斯(Cleoptolemus)的女儿,婚礼要在卡尔西斯举行,安蒂阿克斯要从帖利沙的德米特瑞阿斯赶来此地。
② 本文经过订正,这一段特别提到他们无法忍受长途行军的辛劳。
③ 参阅利瓦伊《罗马史》第36卷第13—15节。
④ 这就是无条件投降。

的支持不遗余力，所以会陷入毫无希望的困境，没有办法全身而退①。

5 安蒂阿克斯遭到失败的打击②变得不再自负，决定从欧洲撤军（前190年），集中全力用来防守亚洲。他命令黎西玛奇亚（Lysimacheia）的居民放弃城市，要为他们在亚洲的乡镇安排栖身的家园。大家一致认为这是非常愚蠢的计划，没有经过一场激战就将形势险要的城市送给敌人，因为这个地方可以阻止对方将欧洲的兵力转用到亚洲。事件的结局完全不出所料，西庇阿③发现城市受到遗弃，等到占领以后充实人口，使他能够获得深受各方感激的重大成就。

6 战时需要供应充分的经费，如同众所周知的谚语，金钱是成功的亲姐妹④，只要饷多粮足就不会缺少善于作战的人员。可以举例说明，最近迦太基人使得罗马面临灾难的边缘，并不是一支市民组成的军队能在几场重大的会战赢得胜利，完全靠着他有数量众多的佣兵为他卖命。大批外借人员组成的部队，雇用以后会在各方面获得很大的好处，对于敌军而言他们的战力强大很难抗拒，雇主的招募只要用很少的费用，这些人参加会战为他争利益，这时从市民当中征召的士兵，即使过去获得胜

---

① 安蒂阿克斯在色摩匹雷被罗马的军队打败，不仅赶紧逃离战场，还立即上船航往亚细亚；执政官孟纽斯·阿西留斯（Manius Acilius）发起入侵行动，包围一部分艾托利亚人，菲利浦五世同意讨伐其他人员，使得艾托利亚人面临全部绝灭的危险。有关使者前往罗马的情况，参阅波利比乌斯《历史》第21卷第2节。

② 公元前190年9月安蒂阿克斯在迈昂尼苏斯（Myonnessus）海战失败，从此丧失对海洋的控制。

③ 卢契乌斯·高乃留斯·西庇阿（L.Cornelius Scipio）是前190年的执政官，他的兄弟巴布留斯·西庇阿·阿非利加努名义上是他的副将，其实是由后者负责整个作战行动。有关黎西玛奇亚的放弃，参阅利瓦伊《罗马史》第37卷第31节。

④ 这句话另外一个含义即"金钱是战争的根源"。由于安蒂阿克斯的财源丰富而且兵多将广，这番话用来激励他对罗马发起战争，参阅利瓦伊《罗马史》第35卷第17—18节。

利,很快要面对的敌手是一支生力军。况且提到市民组成的军队,一旦战败就是重大的灾难,至于佣兵则不然,即使他们遭到很多次的失利,只要能够负担所需的费用,始终可以让雇主维持完整无缺的队伍。不过,罗马人没有雇用佣兵的习惯,何况他们缺乏足够的财源。

将领对士兵的统御一方面是运用属下的指挥官,一方面是运用手里掌握的金钱。

安蒂阿克斯由于他的愚行很快遭到报应,不幸的打击使他的损失极其惨重,再也没有获得成功的机会。

7 安蒂阿克斯得知罗马的军队渡过海峡来到亚洲,指派拜占庭的赫拉克莱德去见执政官进行谈和的工作①,愿意支付对方一半的战争费用,放弃兰普萨库斯、西麦那和亚历山德拉②这几个城市,表示愿意为发动战争负起应尽的责任。事实上位于亚洲的希腊城市,早就派遣使者前往罗马,恳求元老院给予援助,让他们能够独立自主。

8 巴布留斯·西庇阿(Publius Scipio)是罗马元老院的资深议员,安蒂阿克斯不要赎金归还他的儿子(后者停留在优卑亚期间被捕成为俘虏③),同时还奉送大笔金钱,只要在双方议和之际给予支持。西庇阿的答复是他非常感激国王遣返他的儿子,除此以外不需要给予"大量馈赠";不过,为了回报对方的仁慈,他劝告安蒂阿克斯不要与罗马人兵戎相见,否则就会成为奉献给战神的牺牲品。不过,安蒂阿克斯发现罗马人的严苛已

---

① 有关这部分和下面的摘要,所用的资料来自波利比乌斯《历史》第 21 卷第 13—15 节和利瓦伊《罗马史》第 37 卷第 34—36 节。

② 这座城市是亚历山德拉·特罗阿斯(Alexandria Troas)。

③ 他成为俘虏的地方和发生的情况有不同的说法,参阅利瓦伊《罗马史》第 37 卷第 34 节。

到丧失理性的地步,对于西庇阿提出违反个人意愿的建议只有置之不理。

　　安蒂阿克斯眼见命运女神的反复无常感到极其惊讶,认为释放西庇阿的儿子可以获得很大的好处,因而让这位俘虏换上华服装点一新,再将他送到罗马军队的营地①。

9 　　安蒂阿克斯②在绝望之余只有放弃孤注一掷的作战行动(前189年),派遣一位使者去见罗马执政官,请求原谅他所犯错误,为了谈和不惜接受任何条件。执政官遵循罗马传统以公正为导向的政策,他的兄弟巴布留斯的恳求让他深受感动,同意下述条件始能缔结和平协议:国王为了向罗马表示善意和尊敬,必须撤离欧洲以及退过陶鲁斯山脉一线③,放弃的地区包括所有的城市和国家在内;他必须交出所有的战象和战船,支付这次战争所需的费用估计为一万五千优卑亚泰伦;他必须交出迦太基人汉尼拔、艾托利亚人苏阿斯以及其他人等,还有罗马当局指定的二十名人质。安蒂阿克斯期望和平接受所有的条件,以结束双方的战斗。

10 　　就在安蒂阿克斯战败之前,艾托利亚派遣的使者来到罗马元老院,根本不提自己的缺失,只是详尽说明他们能对罗马提供的服务④。这时有些议员站起来询问使者,艾托利亚人是否愿意将他们自

---

　　① 国王这时候在昔阿提拉(Thyateira),西庇阿患病留在伊里亚(Elaea),参阅利瓦伊《罗马史》第37卷第37节。

　　② 安蒂阿克斯从前212—前206年发起连年的征战,他的军队甚至到达印度,可以说是无往不利,前204年返回安提阿获得“大帝”的尊号,晚年落到这样的困境,给人带来无限的感慨。

　　③ 留下亚细亚的西部和北部地区,越过陶鲁斯山脉到亚细亚的东部和南部。

　　④ 利瓦伊《罗马史》第37卷第49节提到这件事是在前189年,那是马格尼西亚会战之后,却在会战的消息抵达罗马之前。或许狄奥多罗斯先交代安蒂阿克斯的情况,接着才叙述伊托利亚人的事务。

己交到罗马人民的手里。使者对这个问题没有给予答复,元老院认为艾托利亚人仍旧将所有的希望托付在安蒂阿克斯身上,使得来人无法达成任务只有空手返回希腊。

11 安蒂阿克斯战败以后,亚洲的城市和属地派出使者前往罗马络绎于途,有的要求给予独立自主,有的表示他们在共同对付安蒂阿克斯的战争当中曾经提供卓越的贡献,要求能从罗马那里获得应有的回报。元老院暗示他们的盼望非常合理,公开宣布派出一个十人使节团前往亚洲,要与战地的将领共同解决所有的事务。希腊各城邦派来的使者立即返国,十人使节团首次集会询问西庇阿和伊米留斯的意见①,做出决定并且同意越过陶鲁斯山脉这一边的区域以及掳获的战象,应该属于攸门尼斯所有;除了卡里亚和吕西亚还要加上罗得岛的领地以外,过去向攸门尼斯支付贡金的城市,现在全都成为攸门尼斯的属地②,安蒂阿克斯不得在这个地区征收贡金,免除大家应该负的责任。

12 盖拉夏人(Galatians)派遣的使者前来觐见卸任执政官格耐乌斯·曼留斯(Gneaeus Manlius)③,请求终结双方的敌对行动,给予的答复是他要签署和平条约的对象,限于那些以个人身份前来见他的国王。

---

① 这部分文字有的地方可疑而且可能经过删节。如果西庇阿和伊米留斯受到询问应该是在返回罗马以后的事。这里提到的伊米留斯可能是卢契乌斯·伊米留斯·雷吉拉斯(L.Aemilius Regillus),迈昂尼苏斯海战的胜利者;卢契乌斯·西庇阿和伊米留斯都获得举行凯旋式的荣誉,利瓦伊《罗马史》第 37 卷第 58—59 节。有关亚洲各地的城邦派遣使者前往罗马,参阅波利比乌斯《历史》第 21 卷第 18—24 节。

② 这里提到的攸门尼斯应该是阿塔卢斯才对,参阅波利比乌斯《历史》第 21 卷第 45 节。

③ 格耐乌斯·曼留斯是前 189 年的执政官,接替卢契乌斯·西庇阿在亚洲的指挥权。有关盖拉夏人的处理,参阅利瓦伊《罗马史》第 38 卷第 40 节。

13 曼留斯进军黎卡奥尼亚(Lycaonia),接受安蒂阿克斯送来的谷物,这是按照和约的规定每年应该支付一千泰伦的款额,包括粮食在内①。

14 当时(前187年)以卸任法务官头衔出任总督的马可斯·弗流斯(Marcus Furius)②损害黎古里亚人的联盟关系,接受适当的惩处。他对其中的西诺曼尼人(Cenomani)表面上装出朋友的模样,接着对他们提出毫无道理的控诉,从而剥夺他们携带武器的权利。执政官③明了真相以后,将武器归还西诺曼尼人,对马可斯施以罚锾的处分。

15 安蒂阿克斯的经费不足给他带来很大的压力,听到伊利迈斯的毕尔(Bel)神庙有丰富的奉献品,储存大量金银,决定用掠夺的方式将它据为己有。他进军伊利迈斯指控居民对他怀有敌意,纵兵洗劫神庙将所有财物搜刮一空;虽然他当时能够免予这方面的困难,很快遭到上苍给予的报应④。

16 菲利浦谴责帖沙利人忘恩负义(前185年),接受罗马给他们的好处,在意想不到的情况下获得自由,竟然开始谩骂原来的主人。他还说这些人根本没有看清当前的情势,须知马其顿有如旭日东升

① 格耐乌斯·曼留斯在签订和平协议之前,已经收到支付的款项就有2500泰伦;他在阿帕米亚的会议结束以后开始向北进军。这里提到他的兄弟卢契乌斯·曼留斯奉派前往叙利亚,要求安蒂阿克斯履行誓言支付每年应付的贡金。

② 这位是马可斯·弗流斯·克拉西庇斯(M.Furius Crassipes),下面有的地方写成弗尔维斯(Fulvius)。

③ 马可斯·伊米留斯·雷比达(M.Aemilius Lepidus)是前187年的执政官。

④ 参阅本书第二十八章第3节。

的太阳。这番话让听到的人感到菲利浦的打算是要用战争对付罗马,委员会①闻言大为震怒,颁布敕令不让菲利浦在马其顿拥有任何一座城市。

17 亚该亚联盟(Achaean league)召开大会,讨论有关伯罗奔尼撒的事务②,罗马使者发表谈话,他们提到元老院对于拆除拉斯地蒙的城防工事感到不悦,亚该亚联盟采取这样的行动是为了控制斯巴达,同时逼使他们加入联盟。其次是攸门尼斯的使者表示意见,说是为他们带来价值二十泰伦的重礼,国王送给参加联盟大会的每一位成员。不过,联盟认为这是收买的行为,所以拒绝接受金钱的贿赂。还有塞琉卡斯③派来的使者,提出建议要求亚该亚的城邦应该与安蒂阿克斯王重新缔结联盟关系。大会通过提案愿意签订协议,接受他赠送的礼物。

18 亚该亚联盟的将领斐洛波门(Philopoemen)④,无论是智力水平、军事才华和操守德行都令人望尘莫及,经历长期的从政毫无非议之处。他一再担任将领的职位,引导城邦走向正确的方向有四十年之久。他负责亚该亚联邦对外的战争,奉行的政策要对所有的希腊人保持友善的态度,还能靠着军队的力量赢得罗马人的尊敬。只有等到他面对军

---

① 这一节的文字很多地方已经删去。菲利浦五世一直抱怨不已,所以不愿遵守和约的规定,罗马派来一个三人委员会,希望能解决这方面的问题,他们在田佩(Tempe)举行听证会。有关菲利浦的讲话,参阅利瓦伊《罗马史》第39卷第26节。

② 这部分的文字直接来自波利比乌斯《历史》第22卷第7—9节。

③ 塞琉卡斯四世斐洛佩托继位为王是在前187年,波利比乌斯在《历史》第23卷第9节提到他的衰亡在于水师的溃败。

④ 斐洛波门(前252—前182年)是麦加洛波里斯的将领和政治家,赢得多次会战的胜利,组成亚该亚联盟,使得希腊有实力抗拒罗马拥有的优势。波利比乌斯《历史》第23卷第12—14节,对于斐洛波门、汉尼拔和西庇阿·阿菲利加努斯的相继死亡,给予最高的赞誉和颂扬。西庇阿亡故于前184年,汉尼拔自杀于前183年,而斐洛波门被害于前182年。

事生涯最后的关头,才发现命运女神对他何其残酷。他在过世以后受到上苍的眷爱,获得如同授予神明的头衔,可以补偿伴随死亡带来的不幸。所有的亚该亚人举行会议通过敕令给他带来身后的尊荣,出生的城市为他建立一个祭坛,每年为他奉献牺牲,把他的功勋谱成赞美曲要年轻人高声歌唱[①]。

19 汉尼拔的战略素养和战术技巧以及打败敌军所建立的功勋,使他在迦太基的历史当中也是首屈一指的显赫人物,他的部队在任何时间从未表示不满或者经历兵变;反而能够靠着他先见之明的智慧,即使手下的人员来自不同的地域,操着口音相异的语言,但还能保持和谐的关系和合作的精神。一支由外借佣兵所组成的军队,经常会为微不足道的诱因倒向敌方的阵营,在他指挥之下没有人敢做出这种行动。他虽然维持人数众多的军队,从来不会匮乏金钱和粮食。最特殊之处在于为他效劳的外借人士,比起在他手下服役的市民同胞,对他的拥戴和爱护更是不遗余力。须知他对军队有良好的统御和掌握,当然会获得优异的战果。

他拥有全世界最强的武装力量从事战争,蹂躏意大利整个地区有十七年之久,参加的会战可以说是所向无敌。在很多重大的作战行动当中他打败世界的统治者,还要给敌人带来极其惨重的伤亡,对于任何胆敢与他在战场对阵交锋的将领,产生很大的打击以至于要退避三舍。他占领的很多城市有些被他付之一炬,虽然意大利有众多的人口,他却让对方知道已经缺乏可以出战的役男。他可以保证用廉价的成本完成举世闻名的功勋,率领的部队是由来自各方的佣兵和外借人士所组成;虽然他的敌手享有共同

① 公元前146年罗马将科林斯夷为平地,迫使亚该亚联盟解散,有一位罗马显贵公开指控斐洛波门,建议将他的纪念物全部拆除,这已经是他死后37年的事。此案在十人委员会经过辩论,波利比乌斯做出详尽的答复,最后裁定控诉无效。

语言的优势,对于他的精明和担任将领的能力,以及他所发起的攻势,还是无法有效加以阻止。所有人都可以从他那里获得教训,就是指挥官之于军队如同心灵之于肉体,要为建立的成就负起责任。

20 西庇阿这时还是一个年轻人,妥当处理西班牙的事务令人感到惊讶,征服久居该地的迦太基人;罗马陷入极端险恶的处境是他出兵援救得以转危为安。

他运用高明的谋略逼使所向无敌的汉尼拔从意大利撤军,达成不战而屈人之兵的目标。最后他以大胆的战术作为在决定性的会战击败汉尼拔,迫使迦太基当局屈膝接受他的和平条件。

21 西庇阿建立盖世的功勋,比起城邦获得的尊荣更能发挥无远勿届的影响力。例如某次他受到一位官员的指控,应该判处罪不可赦的死刑①,轮到他表达意见的时候,他只说罗马人不该投票反对那个让原告享有自由发言权利的人。在场的民众听到这番话都感到羞愧立刻离开,原告被大家遗弃只得面无人色返回家中。另外有次他在元老院参加会议,提出经费的要求,但是财务官拒绝打开金库,西庇阿夺走钥匙自己动手把钱搬走,同时还感谢财务官已经尽到严密看管的责任。

还有一次元老院有些议员提出要求,他应该就维持部队接受的经费,拿出账目让元老院明了开支的情况,他承认有账簿但是拒绝提供,理由是他与别人有同样的立场不愿接受详细的审查。这时提案的原告强行索取,他派人要他的兄弟带着账簿进入元老院会议厅,当场撕成碎片再交给指控

———————

① 从这部分的文字来看,完全是附会和杜撰的情节,无法找到任何来源,更不可能有任何官员,敢对西庇阿做出如此不近人情的指控。

者。然后他转向其他的议员，质问他们对于三千泰伦已经花完的经费为何还要支用的账目，至于他们从安蒂阿克斯那里收到一万零五百泰伦①，却对这笔巨款的运用不闻不问，甚至都不想一想他们何以在片刻工夫，能够成为西班牙、利比亚和亚洲的主人。他的话简短扼要。坦诚而又权威的发言让指控者和所有的议员噤若寒蝉。

22 西米勒提（Cemeletae）这座城市成为盗匪和亡命之徒的渊薮，等于向罗马的权威提出挑战。他们派遣使者去见弗尔维斯（前182年），对于那些被他们杀害的人，送上一份名单，要求每位死者应由当局付出一袭斗篷、一把短剑和一匹坐骑，作为他们应得的奖品；受到拒绝，他们威胁要对罗马发起战争，不达目的绝不中止。弗尔维斯②吩咐来人可以省点力气，不等他们发起远征就会前去攻打他们的城市。为了表示不是空口说大话，他马上撤收营地，跟在使者的后面进军前去攻打蛮族。

23 一位廷臣问托勒密王③为何放弃合法属他所有的内叙利亚，给予的回答是他会注意这件事。有位朋友一直问他，在哪里可以找到足够的经费用来支付作战所需，国王指着周围的朋友说道："这些都

---

① 波利比乌斯《历史》第23卷第14节，提到的金额是15000泰伦，这是对整个战争的赔偿费用。元老院发生这件事是在前187年，这与两位佩蒂留斯家族的成员对西庇阿起的攻击有很大的关系，参阅利瓦伊《罗马史》第38卷第50—55节。

② 奎因都斯·弗尔维斯（是前179年的执政官）以卸任法务官的头衔，前182年派到远西班牙（Hither Spain）这个行省提任总督，一直留到前180年。提到这件事故可以参阅阿庇安《罗马史：西班牙战争》第42节，只是这座城市的名字是康普勒迦（Complega）。

③ 这位是托勒密五世伊庇法尼斯。内叙利亚从前200年就在塞琉卡斯王朝的统治之下。圣杰罗姆（St.Jerome）从波菲流斯（Porphyrius）那里听到这个故事，还添油加醋一番说是那些害怕家产充公的人，他们把国王囚禁起来。

是我的钱袋,还有脚可以行走。"

24 亚洲的国君如同派遣的使者来到罗马,阿塔卢斯①和身边的侍从都受到热烈的欢迎:他们按照最高规格在护卫队伍的伴同下进入城市,接受各种贵重的礼物,给予殷勤的接待和周到的安排。东方的君王与罗马建立稳固的友谊,各方面都会顺从元老院的指示,所有前去王国访问的罗马人都受到宾至如归的伺候,他们慷慨,所以才会获得应得的回报。因此元老院接见全体使节,为了取悦攸门尼斯,对他的事务表示极其关切,特别由元老院的议员组成一个代表团,花费很大的力气要解决他与法纳西斯(Pharnaces)之间的冲突。

25 法纳西斯的将领李奥克瑞都斯(Leocritus)发起不断的攻击,最后逼使防守泰乌斯(Tius)②的佣兵只有开城投降,根据双方的协议,在警卫的护送之下可以安全离开。这些佣兵过去曾经冒犯法纳西斯,所以李奥克瑞都斯奉到命令,不惜违背誓言要在他们离城以后,全部用标枪射杀不使一人漏网。

26 塞琉卡斯率领一支颇具规模的军队,打算越过陶鲁斯山脉前去支持法纳西斯③;他的父亲曾经与罗马签署协议,有关的条款禁止。

---

① 阿塔卢斯二世在前159年继承他的兄长攸门尼斯二世成为帕加姆的国王,后来在他幼弟的陪同之下访问罗马,参阅波利比乌斯《历史》第24卷第5节。帕加姆和潘达斯的法纳西斯之间发生的战争从前183年延续到前179年。

② 泰乌斯是个小市镇,位于黑海的海滨,帕加姆新近从俾西尼亚手中夺取,因为这个地方是阿塔卢斯家族的发源地。发生目前这件事故的时间已经不得而知。

③ 因为法纳西斯承诺要付给他500泰伦的报酬。

27 谋杀德米特流斯犯下十恶不赦大罪的凶手,他们逃不掉上天给予的报应和惩罚。在另一方面,捏造不实指控的原告①,离开罗马以后很快与国王发生争执,还是难逃杀身之祸。菲利浦杀害两位品德高尚的儿子,犯下邪恶的罪行,在他的晚年受到梦魇的纠缠,自觉有罪落入恐惧的折磨,几乎永无宁日。他虽然又多活了两年,陷身沉重的忧郁之中还是难逃一死。最后,帕修斯这位集各种罪孽于一身的始作俑者,在被罗马大军打败以后逃到萨摩色雷斯,虽然他犯下杀害亲生兄弟的兽行,还要恳求纯洁之神②对他施加保护。

28 出任法务官的提比流斯·格拉齐作战极其英勇③,年轻的时候无论是武德和智慧比起同侪都要高人一等。他的指挥能力受到大家的赞扬,认为他有远大光明的前途,使得他的声名显赫在当代的人士当中有如鹤立鸡群。

29 后来成为首席元老的执政官伊米留斯④,高贵的出身而且长得英俊潇洒,天赋的智力更是出类拔萃。他在城邦担任各种要职,一辈子受到大家的赞扬,由于为城邦谋取福利,亡故以后获得更为响亮的声名。

---

① 两位原告是指阿皮勒斯(Apelles)和斐洛克利(Philocles)。参阅利瓦伊《罗马史》第40卷第20节。菲利浦五世死于前179年。

② 这是萨摩色雷斯(Samothrace)供奉的"主神",可能与当地膜拜的卡比瑞(Cabiri)是同一位神祇。帕修斯在前168年逃离皮德纳在这个岛屿寻找庇护。

③ 这位格拉齐有一个著名的儿子后来是罗马的护民官,他在前180年出任法务官,翌年以卸任法务官的头衔成为"远西班牙"行省的总督,接替弗尔维斯的军事指挥职责,前去征讨塞尔特布里亚人。

④ 这位可能是马可斯·伊米留斯·雷比达,前180年担任祭司长,前179年以后成为监察官,波利比乌斯《历史》第16卷第34节特别提到他玉树临风是当代的美男子。

30 帕修斯效法他的父亲拥有相同的政治目标①,派遣使者前往罗马要求重新签订同盟条约(前179年),巩固双方的友谊关系。元老院了解当前的情况,将计就计赞同对方的意见,使得狡猾的骗徒成为上当的受害者。

31 我们最关心的事莫过于日益减低对外的恐惧,只要武力保持强大就会用温和的态度对待战败的敌人。例如,等到苏阿斯(Thoas)被押解到罗马②,一切都在元老院的掌握之下,他们摆出宽宏大量的姿态,撤除所有对他指控的罪名。

32 安蒂阿克斯③继位成为国王(前175年),异想天开的行为与别的君主大相径庭。首先他经常不告知廷臣溜出皇宫,带着一二名随员在城市里面到处乱逛。其次他认为纡尊降贵接近一般百姓是感到骄傲的事,那些前来游历的外国人当中,即使是最低贱的人物他一样与他们饮酒言欢。只要听到年轻人在天色尚早的时候聚集起来,他总是突然现身在跳舞作乐的派对当中,甚至还带着一位横笛手和其他的乐师,落在平民眼里大为惊奇,有的人把他当成贵宾享受快乐的时光,有的人心生畏惧以至于瞠目结舌。最后,他脱去皇家的衣物只是胡乱穿着一袭长袍,看起来如同罗马那些参与选举的候选人,忙着向市民打招呼,一一与大家

---

① 狄奥多罗斯采用波利比乌斯《历史》第22卷第18节的说法,认为菲利浦五世坚持的政策就是进行第三次马其顿战争。有关派遣使者前往罗马,参阅利瓦伊《罗马史》第40卷第58节。

② 这是安蒂阿克斯三世的处理方式,参阅本章第10节。

③ 这位是安蒂阿克斯四世伊庇法尼斯,他在前175年击败其他的继承人成为塞琉卡斯王朝的国王。有关他的描述来自波利比乌斯《历史》第26卷第1节的记载,可以参阅本书第三十一卷第16节。

致意拥抱，恳求他们投自己一票，好让他能够当选市政官或是护民官。就在当选以后坐在象牙的交椅上面，参与普通的民事案件摆出罗马人常见的派头，倾听两边进行激烈的辩论。他用专注而且热情的态度做出上面这些事情，所有那些有教养的人士都感到极其困扰，有人认定他的言行过于天真，有人认为这是极度的愚蠢，有人却说他陷入疯狂之中。

33

帖沙利效法艾托利亚取消平民的债务（前173年），使得每一座城市都爆发内讧，产生极大的混乱和骚动。元老院认为帕修斯陷身其中无法幸免，通知他的使者要撤销对他的控诉，就是他将色雷斯的阿布禄波里斯赶出王国，认为这件事帕修斯必须负责①。

34

帕修斯的使者哈帕拉斯对此不置一词。元老院后来让攸门尼斯享有使用象牙交椅的尊荣，还同意给他其他的好处和礼遇，然后要他打道返回亚洲②。

后来发生谋害攸门尼斯未遂的事件③，谣言传到帕加姆说他已经亡故，阿塔卢斯在匆忙之中就与寡后结婚登上宝座。然而攸门尼斯无恙归来受到兄弟热烈的欢迎，他对"鸠占鹊巢"的事实毫不在意，双方的手足之情更胜于往昔。

---

① 阿布禄波里斯的放逐成为重大的事件，它的来龙去脉可以参阅波利比乌斯《历史》第22卷第18节。

② 因为攸门尼斯二世在罗马元老院公开指责帕修斯的罪行，参阅利瓦伊《罗马史》第42卷第11—14节。

③ 攸门尼斯二世从罗马返回帕加姆的途中，在德尔斐发生意外事件，参阅利瓦伊《罗马史》第42卷第15—16节。

第三十章
残　卷

1 　　罗马的信差在元老院提出报告（前 171 年），
说他们不动刀兵靠着计谋制服帕修斯，有些
议员提出动议给予奖励和赞许。年老的长者对此感
到遗憾，认为罗马的军队不应效法腓尼基人，胜过敌
人在于狡诈而非英勇①。

2 　　就在元老院向帕修斯宣战的同一天，虽然他
们还是接见对方的使者，只是对来人的陈述
不给予任何响应。此外，元老院命令执政官要在市民

---

① 　参阅利瓦伊《罗马史》第 42 卷第 42 节。当时发生一个插曲，说是奎因都斯·马修斯·菲利帕斯（Q.Marcius Philippus）为了给罗马争取准备的时间，力劝帕修斯再派使者前往元老院进行商议。

大会发表严正的告示,吩咐使者和所有马其顿人当天离开罗马,停留在意大利的时间不得超过三十天①。

3 埃及国王托勒密确认他的祖先拥有内叙利亚,着手庞大的战争准备工作用来支持他对领土的主张(前 170 年),希望这场不义的战争随着时间的过去,能用相同的条件恢复失去的疆域。安蒂阿克斯得知此事派遣使者前往罗马,要他们在元老院做证,托勒密发起的战争没有任何道理可言。不过,托勒密同样派出使者在元老院为他的行为提出辩护,提到内叙利亚原来是埃及王国的领地,安蒂阿克斯用违背正义的手段据为己有。他还给他们指示要与罗马重建双方的友谊关系,试着让对方能与帕修斯谈和②。

4 色雷斯国王科特斯(Cotys)指挥作战英勇过人,对于事情的判断极其明快正确,负责尽职是值得信赖的朋友。他的自制能力和周详思考非常人所及,最关紧要之处是能免予色雷斯民族陷入邪恶的习性③。

5 帕修斯用围攻方式夺取一个名叫查尔斯特隆(Chalestrum)④的小镇,下令处决所有的居民。大约有五百人带着武器逃到一个坚固的据点,提出要求给予安全通行的保证,帕修斯同意饶恕他们的性命,经过协议是要放下武器。他们接受提出的条件,不知马其顿人出于下级的独断

---

① 参阅波利比乌斯《历史》第 27 卷第 6 节和利瓦伊《罗马史》第 42 卷第 48 节。
② 参阅波利比乌斯《历史》第 27 卷第 19 节和 28 卷第 1 节,这两位是刚成年的埃及国王托勒密六世斐洛米托和塞琉卡斯王朝的安蒂阿克斯四世伊庇法尼斯。
③ 奥德瑞西亚(Odrysaea)国王科特斯是支持帕修斯不遗余力的盟友。
④ 这个城镇的位置不详,可能是在色雷斯或达达尼亚。

专行,抑或受到国王的指使,违背答应的保证将他们全部杀死。

6 伊庇鲁斯的查罗普斯(Charops)①在罗马与菲利浦的战争期间,投效弗拉米尼努斯担任向导,带领大军经由一条小径,出乎敌人意料越过山脉的天险,使得罗马人能够控制这条重要的隘道,赢得最终的胜利。后来罗马人为了感激他的功劳,就让他的孙子年轻的查罗普斯在罗马接受教育,与当时很多显赫的人物建立深厚的友谊。不过这个家伙是名誉扫地的恶棍和投机分子,他在罗马人面前肆意诋毁伊庇鲁斯那些地位显赫的人物,对他们提出不实的指控,想要将他们一网打尽,使得自己能够成为整个伊庇鲁斯的统治者。产生的结果是他们②派人前往马其顿(前170年)进行商议,要把伊庇鲁斯交给帕修斯。

7 执政官贺斯蒂留斯(Hostilius)③从罗马来到伊庇鲁斯,狄奥多都斯(Theodotus)和斐洛斯特拉都斯(Philostratus)是帕修斯手下最主要的党羽,暗中计划要将他出卖给国王。就在他们急着联络帕修斯的时候,贺斯蒂留斯发现情势有变产生疑惧之心,在黑夜的掩护之下赶紧离开,帕修斯到达的时间过迟,丧失俘虏对手的机会。

8 攸门尼斯围攻阿布德拉期间,无法一举夺取城市。皮同(Python)在阿布拉德人当中拥有显赫的声名,现在率领两百名自己的奴隶和释放奴,防守一个重要的据点。于是攸门尼斯暗中派人去见皮同,给予

---

① 这件事发生的时间应该是前198年。

② 这些是个性温和的西法卢斯(Cephalus)领导下的伊庇鲁斯人。

③ 奥卢斯·贺斯蒂留斯·曼西努斯(A.Hostilius Mancinus)是前170年的执政官,发生这件事故可以参阅波利比乌斯《历史》第27卷第16节。

承诺获得对方大力鼎助,使得他安全通过守备严密的城墙,整座城市落到他的手里。身为叛徒的皮同虽然获得丰硕的报酬,但城邦残破的影像始终留在脑海之中,使得他的余生充满痛苦和悔恨①。

9 安德罗尼库斯(Andronicus)杀害塞琉卡斯的儿子(前 169 年),接着是他本人惨遭处决,犯下邪恶和可怕的罪行,就会落到与被害者相同的命运②。握有权势的君主会以牺牲朋友作为代价,拯救自己脱离危险的困境。

10 元老院对于那个时刻的需要加以审慎的评估和特别的注意,就将赐予的恩惠和所做的改变,紧紧掌握在手里丝毫不肯放松。等到帕修斯延长战争使得双方形成对峙的僵局,无意中证明自己拥有无与伦比的势力,会给很多希腊人带来更大的希望。元老院对希腊的城邦不断修正慷慨的行动,努力除去与政策背道而驰的影响,面对每一种情况都能获得大众的支持。有哪一位投身政坛渴望获得领导权的人物能对元老院的作为不予赞扬? 有哪一位通晓全局的史家能对元老院的睿智和英明可以略而不提? 我们大可以说罗马能够主宰全人类的伟大成就,在于拥有极其高明的政策和谋略。

可以证实观察的结果在于各方面经由协力合作获得的进步,在于对某些事项的默许和纵容以及对某些报道的充耳不闻,却要对盲目暴怒的冲动及时加以制止,或者将有关城邦的尊严和权力暂时放在一旁,要去讨好那

---

① 法务官卢契乌斯·贺廷休斯(L. Hortensius)参加阿布德拉的攻占,他由于处理不当受到元老院的谴责,参阅利瓦伊《罗马史》第 43 卷第 4 节。

② 这一位是塞琉卡斯四世的儿子,也是安蒂阿克斯四世的兄弟,他的名字叫作欧尼阿斯(Onias),担任祭司长的职位。

些层次较低的阶级,为未来的成就先行铺设平坦的大道。这些改进的事项可以指出在个人方面是无比的优秀,在体制方面是深思熟虑和卓越的现实主义,在城邦方面是武德和智慧。罗马元老院在这段时期的一切作为,对于所有献身帝国奋斗不息的人员而言,成为可以遵行的规范和可以效仿的楷模,凭着想象在那种环境之下何以需要处理所有的困难。

11 帕修斯派出使者去见伊利里亚国王金久斯(Gentius)①以及当地最有权势的酋长(前170年),提出建议要他们加入同心合力的行动。金久斯给予承诺他们愿意与罗马开战,只是缺少所需的金钱,帕修斯再度派人与对方协商,对于费用的问题置若罔闻。得到同样的回答,他第三度与对方讨论细节的问题,虽然他知道金久斯的心意却没有明确的答复,仅仅表示如果他们一切按计划进行,他会让对方在这方面感到满意。

这个守财奴还是不愿预支所需款项,再度派遣使者去见金久斯,对于亟须解决的金钱问题还是一字不提,暗示他对重大事件的期待以及必然达成所望的目标。我们认为一个人会有这样的行为,如果不是愚昧到了极点就已经陷入彻底疯狂的地步。他们要从事最重要的任务而且已经面临最危险的关头,竟然不愿运用自己的权力解决金钱的需要,忽略获得援军这个最主要因素。阿明塔斯之子菲利浦的确是一位精通政治手腕的大师,处于这种情况经常将钱财视为粪土,不仅如此,他的给予必然要较提出的需求为多,特别是对叛徒和盟友更是一掷千金。虽然他只能算是欧洲的国王,死后留下的实力使得他的继承人亚历山大,可以征服人类居住世界的大部分地区。

---

① 对于金久斯和帕修斯之间的来往商议,波利比乌斯《历史》第28卷第8—9节有详尽的记载;帕修斯丧失大好机会以及产生的结局,参阅利瓦伊《罗马史》第44卷第23—25节。

马其顿国王是庞大财富的拥有者,他的祖先和他自己经过多少年努力的累积,毫无意愿用它发挥最大的作用,结果使得他失去可以助他获胜的盟友,后来让征服他的罗马人发了大财。所有的人都明确认定他唯一的选择是慷慨和豪爽,运用银弹攻势让许多的国君和民族都成为他的盟友。实际上或许我们乐于得知他没有这样做,否则就会有更多的希腊人与他一样同尝失败的苦果,再不然成为这个世界的主人,赢得超越一切的权势和无远勿届的影响力。

12 虽然命运女神给帕修斯①大好机会可以歼灭罗马的军队(前169年),他却逗留在马其顿的迪姆(Dium)周边地区;他没有展开积极的行动,怯懦的性格使他忽略更重要的处理方式,其实只要发出呐喊以及吹响号角,就能让敌人的军队全部成为俘虏,他们已经包围在悬崖和峡谷之中变得插翅难逃。他竟如此轻率大意,马其顿人在山脊线安营设寨,缺乏足够的警戒也没有派遣巡逻。

这时在迪姆的帕修斯正在忙着梳洗身体的时候,一位侍卫闯进浴室,向他报告敌人要来攻打他们。国王听到以后不知所措,急忙从浴池当中跳出来,发狂一样擂打自己的胸膛大声喊叫:"老天爷!难道你连下达会战命令的时间都不给,就要在极其羞辱的情况下将我们交给敌人?"

13 帕修斯目前毫无斗志认为他已经丧失一切希望,派遣财务官奈康(Nicon)②前往费库斯(Phacus),奉到的命令是将该地管

①　有关本节以下一节的文字,主要来源是波利比乌斯《历史》一书,只是这方面的记载都已遗漏或脱落。

②　利瓦伊《罗马史》第44卷第10节将这个人称为尼西阿斯(Nicias),认为后续的事务都由他负责处理。

理金库的人员和存放的钱财全部投进海中,同时要他的侍卫安德罗尼库斯赶到提萨洛尼卡,立即纵火烧掉造船厂和所有的船只。安德罗尼库斯远比他的主人更识大体,到达提萨洛尼卡没有执行命令从而使得罗马的军队赢得一次收获极其丰硕的胜利。

帕修斯还在迪姆推倒镀金的雕像,然后带着所有的民众包括妇女和儿童在内,迁移到皮德纳。这个行动可以说是极大的错误。

14 罗马的命运发生转变迫使战胜者大败而逃。其实只有陷入拼命的绝境才会激发奋斗的勇气,处于毫无希望的情况有时会产生出乎意料,获得变不可能为可能的结果①。

15 赛多尼亚(Cydonia)②的人民采取非常残酷的行动,与希腊人的习性可以说是大相径庭。和平时期他们被视为可以信任的朋友,竟然攻占阿波罗尼亚这座城市,杀死所有的男子和年轻人,妇女和儿童被他们分配到个别的家庭,然后将整座城市据为己有。

16 虽然安蒂阿克斯现在处于稳赢不输的局面,正在屠杀战败的埃及人;他带着嘲笑的口吻要求手下活捉他们,不要肆意处决。长久以来他靠着精明干练能有很好的收获,攻占佩卢西姆以后宽宏大量的处理方式,给他带来很大的好处,整个埃及很快成为他的囊中物。

---

① 发生在安蒂哥尼亚附近一次小规模的接战,马其顿人首次赢得胜利。
② 这个城市位于克里特岛,参阅波利比乌斯《历史》第 28 卷第 14 节。

17 年轻的托勒密王①纵容手下的大臣，像是身为宦官的优里乌斯（Eulaeus）和叙利亚人黎尼乌斯（Lenaeus），竭尽各种方法和手段去敛财图利，皇家的库房里面堆满金银和各种财富。这些走狗的行径让人叹为观止，但只能维持很短的时间，这也没有什么可怪之处，抑或其中一位阉人刚刚放下梳子和香水瓶，不去服侍阿芙罗狄忒要与阿瑞斯比武分个高低，或者他是出生在内叙利亚的奴隶，只不过珠串正从他的手里掉落地下，就敢为叙利亚一肩负起战争的责任，虽然安蒂阿克斯（四世）就军队的实力和拥有的资源而言并不亚于任何人。还有就是这个人对于用兵和会战毫无经验，甚至还缺乏思考周密的顾问或能力高强的将领，竟然进行如此重大的任务。他们很可能因为这种过于愚蠢的做法，很快会遭到应有的惩罚，滥权妄为的结果是给王国带来彻底的绝灭。

我们强调这些以及类似事件的目的，是要对成功和失败的原因提供更为精确的评估，所以一方面要赞誉处理事务极其卓越的人，一方面要谴责犯下重大错误的人，坚持的原则是这些人在世上的生活和行动，无论对或错以及好或坏都要如实记录下来，让读者看了以后在心中留下深刻的印象，尽力满足为善去恶的要求。同时我们要尽最大的努力使得这本历史著作对于所有的人都能发挥教育和启示的效能，如果我们仅仅叙述海上的会战、军事的行动和立法的过程，那么比起虚构情节的小说同样没有多大的好处。

18 托勒密的摄政召开一次全民大会，提出保证要尽快结束战争。他们至少在这方面没有犯下错误，很快停战连带自己的生命

---

① 这位是托勒密七世尼欧斯·斐洛佩特（Ptolemy VII Neos Philopator），托勒密六世和克里奥佩特拉二世的儿子，前145年仅17岁登基成为国王，翌年被害。

宣告终止。这几位摄政没有经验所以心怀过高的希望，不仅要得到叙利亚就连安蒂阿克斯的全部疆域都不放过。他们要携带金库当中大部分的财富，都是他们花很多时间聚积起来，包括餐具间的金杯和各种银器。宫殿里面有很多卧榻都要包扎起来运走，大多数都有银质的踏脚，甚至还有几张是用黄金制作，此外要加上大量的衣物、首饰和珠宝。他们宣称他们拿走这些财富当成最有用的工具，会让对方很快将城市和堡垒交到他们手里。不过，真正的结局却大不相同，他们带回的财富成为导致灭亡的工具。

19 我们为了坚持原则，不能对托勒密羞辱的逃走略而不提。他并没有面临立即的危险，敌军尚在很大一段距离以外，事实上他没有做任何努力立即放弃对治权和领土的主张，这样看来似乎他的性格过于优柔寡断，完全缺乏男子汉气概，这方面可以归罪于自然女神。然而女神提出足够的反驳之词用来指控他在先前的行动，可以证实国王处于兵力与敌人分庭抗礼之下，是否应该坚定拒止的决心抑或采取积极的行动，对于他那可耻的怯懦和避战的行动，逼得我们要让宦官和托勒密四周关系密切的人负责，由于他从小生长在奢华和女性围绕的环境当中，整个的人格和习性都受到损害和扭曲①。

20 安蒂阿克斯能够表现一个政治家的风范，除了他在佩卢西姆运用谋略为人诟病以外，已经将皇家的尊严发挥得淋漓尽致②。

安蒂阿克斯运用一些令人感到可疑的策略，才能将佩卢西姆据为己

---

① 引用波利比乌斯《历史》第 28 卷第 21 节叙述的情节。

② 安蒂阿克斯四世伊庇法尼斯在前 170—前 168 年，曾经三次入侵埃及，就是第六次叙利亚战争，都因为罗马的干预被迫撤军。

有。虽然所有战争行为可以自外于法律和公正的人道标准，还是有一些近乎法律的规范应该遵守：例如不得片面撕毁停战协议；不得处死居中协调的传令官；一个人将自己置于优势敌手的保护之下，不得施加惩处或报复。至于这些和类似的事项大家可以很公正地说，安蒂阿克斯在签订停战协议以后发起攻占的行动，就像可恶的讼棍只是就法律的条款在舞文弄墨，这些已与社会生活密不可分。他说他会基于亲戚的情分①赦免这个年轻的小伙子，运用欺骗的方式赢得对方的信任，最后却给托勒密带来完全的毁灭。

21

帕修斯得知高卢一支精选的劲旅已经渡过多瑙河要加入他的阵营（前168年），高兴之余派出信差前往密迪斯（Maedice）地区，催促他们加快速度前来会合。高卢的领导人物愿意驰援，提出要求给他们定额的薪俸约为五百泰伦。帕修斯在开始的时候答应支付出兵的报酬，后来因为个性的悭吝不愿履行原来的协议。高卢人再度退回自己的地盘②。

22

罗马的伊米留斯接收军队的指挥权力，集合手下的人马发表演说鼓舞高昂的士气③。他这时大约六十岁，早年建立的功勋使他在都城拥有首屈一指的声望。他在这场战争开始运用很多奇特的策略，极具创见成为开先河的人物，所以能打败马其顿的大军在于他的精明和胆识。

---

① 安蒂阿克斯四世是托勒密六世的舅父。有关两人的亲情，参阅圣杰罗姆《书信集》第11封第21节。

② 参阅利瓦伊《罗马史》第44卷第26—27节。

③ 是指当选执政官的卢契乌斯·伊米留斯·包拉斯（L. Aemilius Paullus）。他的演说全文，参阅利瓦伊《罗马史》第44卷第34节。

23 帕修斯为了诱使更多的手下人马参加他的逃亡行列,愿意与他一起扬帆出海①,就在大家的面前放置价值六十泰伦的珍藏,答应分给他们带走。等到他们经由海上的航行来到伽勒普苏斯（Galepsus),他宣称那些被大家拿去的东西,都是亚历山大东征获得的战利品,他无法负担失去的责任,要求大家立即将这些珍贵物品还给他,承诺以后会给予全额的补偿。

帕修斯让手下归还拿走的珍藏以后,欺骗当事人没有给予应得的报酬,这是他贪婪和悭吝最明确的证据,此外还有其他的恶行都会一一呈现,一个人的心智受到蒙蔽。其实他最大的败笔在于忽略利害关系,一味强求为个人聚集财富,甚至未来的展望已经是穷途末路,所有的行为就外人看来像是完全失去理性。马其顿当然会败在罗马手里,唯一让人感到惊奇的地方,是在这样一位国王的领导之下还能坚持四年。

亚历山大与帕修斯的气质并不尽相同。前者拥有伟大的心灵和渴望的目标,经过锲而不舍的努力,最后赢得一个庞大的帝国;后者的小气贪财到凯尔特人不能为他所用,这是他一贯的典型做法,使得声威远播的王朝难逃覆灭的命运。

大流士在第一次会战结束以后,向亚历山大提出谈和的条件,放弃帝国部分的领土,给予四千泰伦的赔款以及将女儿嫁给他为妻,最后接到的答复是"天无二日,地无二君"②。

――――――――

① 帕修斯在皮德纳会战遭到惨败以后,逃离战场第3天来到安斐波里斯,找来追随的士兵都是贪财的克里特人,虽然古老的谚语说克里特人都是骗子,这位国王的伎俩让这些人都自叹不如,参阅普鲁塔克《希腊罗马名人传》第7篇第2章"伊米留斯·包拉斯"第23节。

② 这部分的情节参阅本书第十七章第54节。

24 帕修斯兵败逃走以后，伊米留斯开始搜寻在战场失踪的幼子巴布留斯·阿非利加努斯①。虽然后者的亲生之父是伊米留斯，已经由西庇阿家族收养，成为汉尼拔的征服者老西庇阿的孙子，小伙子只有十七岁；他在年轻的时候就参加几次重大的会战，深谙为将用兵之道而且经验丰富，后来建立的功勋较之他的祖父毫不逊色。等到他安全回到营地，笼罩在执政官头顶的乌云立即驱散，西庇阿对这个年轻人不仅情同父子，因为收养的关系彼此产生深厚的友谊。

25 执政官伊米留斯带着帕修斯参加会议，让他坐在自己的旁边，在这种场合温语给予安慰和保证。然后伊米留斯向会议的成员讲话，训勉大家特别是年轻人注意当前的景象，要把帕修斯的命运看在眼里，让他们不要再大肆吹嘘自己的丰功伟业，更不要对任何人怀着傲慢和毒恶的念头，无须经常自以为是带有主观的成见，认为自己无论是私人生活或公共事务方面，总是洪福齐天带来最伟大的成就。在这一切当中最重要的事，莫过于他要时时思考运道的逆转和变迁，要将人类必死的宿命牢记在心。他说："愚蠢和睿智在这方面有所不同，前者从自己的不幸获得教训，后者从别人的不幸吸取经验。"

他的谈话表达怜悯和谦卑的心情，让人以为是他们而不是他们的对手吃了败仗②。

---

① 有关巴布留斯·阿非利加努斯幼年的情况，参阅本书第三十一章第26—27节，以及波利比乌斯《历史》第31卷第26—27节。他在这个时候只有17岁，参加了皮德纳会战，参阅普鲁塔克《希腊罗马名人传》第7篇第2章"伊米留斯·包拉斯"第22节。

② 伊米留斯在德尔斐看到一个大理石基座，计划是要将帕修斯的黄金雕像竖立在上面，他即刻下令用自己的雕像取代；波利比乌斯《历史》第30卷第10节和利瓦伊《罗马史》第45卷第28节，对于伊米留斯的自大和傲慢都有记载。

伊米留斯对待帕修斯非常礼遇,让他与大家一起用餐,同意他参加会议,等于向所有人表示他会严厉对付与他对抗的军队,却会体谅一位战败的敌人①。要是其他人都受到他的影响表现同样的态度,使得帝国在他们的治理之下受到所有民族的拥戴,那么这个广大的罗马世界和它的统治者,不会长期以来引起大家的反感。

26 罗得岛的使者认为他们前来是为了进行协商,提出大家接受的解决方案,因为战争只会给大家带来伤害②。

---

① 这两句话来自维吉尔《埃涅伊德》第 6 卷第 853 行。
② 参阅波利比乌斯《历史》第 29 卷第 19 节和利瓦伊《罗马史》第 45 卷第 3 节。罗马人认为在最后一刻提出的斡旋,只是用来帮助帕修斯争取时间的手段。

第三十一章
残　卷

1 安蒂阿克斯在开始就为进行大规模的军事准备找到借口(前 169/前 168 年),强调他无意登上埃及的宝座,仅有的动机是要帮助身为长子的托勒密①,保住合法继承的王位。这种说法不能让人相信;恰恰相反,他的构想是利用调停两位年轻人的争执,使得他的涉入像是为了表达善意,最后的打算是征服埃及无须动用武力。命运女神要让他的表白接受考验,戳穿他那让人难以置信的幌子,从而透露的情况是他与其他君王没有什么差别,坚持的重点

---

① 这位是托勒密六世斐洛米托。他在第六次叙利亚战争中成为安蒂阿克斯·伊庇法尼斯的俘虏以后,亚历山德拉的市民拥戴他的兄弟托勒密·优儿吉底(Ptolemy Euergetes)绰号菲斯康(Physcon)成为国王。两兄弟很快达成和解,大约有 5 年时间成为埃及的共同统治者。有关这部分的文字可以参阅波利比乌斯《历史》第 29 卷第 26 节。

是为了获得利益可以不择手段。

2 罗马的军队即将来到(前 168 年),安蒂阿克斯在一段距离以外就向对方打招呼,伸出双手表示欢迎之意。不过,波披留斯(Popillius)①准备的文件上面记载元老院的敕令,交给安蒂阿克斯并且命令他仔细阅读。他所以对国王表示友善的举动视若无睹,那是他在分清敌友之前不能与对方握手。国王在读完文件以后,说他就有关的事项要询问朋友的意见,波披留斯听到这种说法,立即的反应是做出极其无礼和傲慢的行动。他的手中正好有一根葡萄枝的手杖,就用它绕着安蒂阿克斯画一条线,要求后者在这个圈子里面提出答复。国王对于发生这种情况感到震惊不已,罗马拥有庞大的实力也让他极其敬畏,发现自己处于毫无希望而且进退两难的困境,经过一番考虑说他全部遵照罗马的指示办理。这时波披留斯和他的同僚拉着他的手,用诚挚的态度向他致意。敕令的要旨是他必须立即中止对托勒密的战争。国王根据指令从埃及撤军,罗马的优势所以逼得他让步在于得知马其顿已经灭亡的信息。实在说,他要是不明了当前发生的情况,就会接受个人意志的主导,不会听从罗马的敕令。

3 某位睿智的长者曾经说过,原谅胜于报复②。事实上我们赞同那些运用权力极其审慎的人,然而有些家伙对落到手上的敌人立即

---

①　盖尤斯·波披留斯·利纳斯(C.Popillius Laenas)奉到元老院的派遣,前往埃及结束连年的战争。他在亚历山德拉的郊区伊琉西斯(Eleusis)遇到安蒂阿克斯。参阅波利比乌斯《历史》第 29 卷第 2 节。

②　参阅本书第二十一章第 9 节注释 17。这里的文字可能出自加图(Cato)的演说,他发表的言论是要为罗得岛进行辩护,参阅奥卢斯·杰留斯(Aulus Gellius)《阿提卡之夜》(*Attic Nights*)第 6 卷第 3 节。

给予惩处，我们对于诉诸直觉的行为非常反感。大家可以看到前面那一类的人，他们的心中存有善意，经常做一些让别人感激的事，对于命运女神突如其来的打击早有万全的准备。不过，对于后者那些过分自大的人而言，态势一旦发生逆转，不仅会遭到无情的报复，而且不会引起别人的怜悯和同情。一个人要是拒绝用人道的精神对待别人，等到他自己一旦失足跌倒，同样会在别人的权力之下备受摧毁。然而很多人用残酷的手段对他们的仇敌施加报复，明知不该表现出骄傲的样子以免引起非议，他们还是照做不误。

我们对于那些落到我们的权力之下苟且偷生的人，还要施加无法补救的灾难和打击，这样做又有什么光彩，还能谈得上伟大吗？我们处于顺境产生如此傲慢的言行举止，就会玷污正直的声名，过早表示我们不配获得好运，试问这样一来胜利又有什么利益可言？高贵的行为确实可以为个人带来荣誉，坚持自己的雄心壮志就能获得最大的报酬。所有的人都知道实情以及他们最早宣示的原则能够产生的效益，令人感到惊讶的地方，就是他们对于自己的裁决竟然不愿背书加以支持。

我认为最适当的方式是人类要运用智慧，特别是在获得胜利到达权势巅峰的时刻，一定要切记造化的作弄和人事的无常；虽然他们靠着骁勇善战征服敌人，出于谨慎的缘故他们对命运的受害者要表示同情。任何人都可以运用他的恻隐之心增大影响力，尤其是那些可以代表帝国的首脑人物。他们只要一旦丧失原来拥有的实力，就不会坚持自己的理想，成为一个事事妥协愿意合作的人，在各方面提供周到的服务。

罗马人能将这些原则牢记在心。他们就像政治家一样深思熟虑，举凡被他们击败的人还能受到施与的恩惠，因而对他们怀着长久的感激，还能从其他民族那里得到受之无愧的赞誉。

4 命运女神要让罗马获得洪福齐天的好处,在他的细心照顾之下所有的行动无往不利(很多人认为他们能够妥善运用胜利的成果发挥更大的功效),这比用武力征服敌人更为容易。就事实来看这种说法完全不对,战场上面英勇战斗的人不知多少,功成名就却能慈悲为怀的人真是寥寥无几。

5 罗得岛的使者①就在这个时候来到罗马(前 167 年),市民认为伊米留斯与帕修斯作战期间,他们同情国王的处境,不忠于彼此之间的友谊关系,使者特别用辩解之词加以澄清。使节团费尽力气还是无法达成目标,使得他们在意气消沉之余,只有流着眼泪提出陈情。护民官安东纽斯(Antonius)引导他们来到元老院,斐洛弗朗(Philophron)代表使节团开始发言,接着是阿斯提米德(Astymedes)。他们讲话的重点在于恳求罗马当局的谅解和宽恕,最后的结语是向大家告别要返回罗得岛,这样做是为了探听元老院的答复。虽然他们因为过去冒犯罗马受到严厉的谴责,不会有悲惨的灾难降临城邦的身上,使得他们免予恐惧如释重负。

罗得岛的使者来到罗马,澄清当局过去发表反对罗马军队入侵希腊的传闻。等到他们接受极其冷淡的款待大家感到心慌意乱;这时有一位法务官②召集市民大会,向民众大声疾呼要对罗得岛宣战。他们害怕自己的国家遭到彻底的毁灭,悲痛之余只有穿起丧服,恳求他们的朋友不要再像律师或证人那样帮他们说话,而是流着眼泪向他们哀诉,不要对罗得岛采取致命的行动。有一位护民官引导他们来到元老院,甚至还将在讲坛上面呼吁战争的法务官推下台来让使者发表谈话。只有在讲了很多乞求原谅的

---

① 狄奥多罗斯的叙述主要依据波利比乌斯《历史》第 30 卷第 4 节,还能保存几种不同的版本。

② 这位是侨民法务官马可斯·朱温久斯·萨尔纳(M.Iuventius thalna)。

话以后才得到答复,虽然他们为了这特定的指控受到严厉的谴责,总算让他们免予玉石俱焚的结局。

这些人尽其所能提出申诉和乞求,结语当中说出一段告别的话,这样做是为了使元老院做出最后的决定,得到的答复使得他们不再有国破家亡的畏惧。

他们①认为已经避开出现在眼前的恐惧,不过,还是免不了要忍受令人厌恶的事,通常那些参与重大行动的人,很少考虑他们也会时运不济。

6 罗马人当中那些最为显赫的人物,相互之间为了荣誉有激烈的竞争,产生的作用就是举凡与人民有关的重大事件,都能获得极其圆满的解决。至于其他城邦的人民,彼此存着猜忌和嫉妒之心,只有罗马人会称赞自己的同胞。正面效益得到的结果使得罗马人为了提升公共福利,互不相让非要争个高低不可,所以才有伟大的建树和光荣的成就;这时还有一些人为了浪得虚名,甚至阻挠彼此的计划,使得国家深受其害。

7 大约在这个时候(前 167/前 166 年),从各地派来的使者抵达罗马,为了恭贺罗马的军队赢得重大的胜利。元老院给予殷勤的接待和适当的照应,对于提出的要求都有满意的答复,然后送他们返回自己的城邦。

8 较早的时候,罗马打败当代最强势的君王安蒂阿克斯和菲利浦(前 167 年),为了防止他们有报复的行动,不仅让他们保有原来的王国,甚至把他们当成交往密切的朋友。目前的情况是他们一再与帕修

---

① 是指罗得岛的人民,这种说法显然来自波利比乌斯《历史》第 30 卷第 5 节,并非出于使者之口。

斯发生冲突,使得他们面临很大的危险,现在总算征服马其顿王国,处理的方式与大家的臆测完全相反,他们让占领的城市享有自由权利。不仅没有人预料会出现这种后果,甚至马其顿人自己也不抱任何希望,在他们的意识当中,已经对罗马做出很多极其严重的冒犯行动了。其实他们已经忘记早年发生的过失,总认为对后来的恶意没有用来辩护的理由,可以获得对方的同情或谅解。

不过,罗马元老院没有怀着怨恨之心,对他们还是宽宏大量,从而可以察知若干事件的真相,例如,帕修斯对他们亏欠甚多,应该心存感激,由于他违背盟约,是发动不义战争的侵略者,罗马对他仍旧给予支持,等到他成为俘虏以后,没有将他关进监牢,可以获得"免予看管"的礼遇,使得他受到的惩罚较之所犯的罪行要轻微得多。公正的处理方式是要马其顿的人民成为奴隶,现在得到赦免获得自由,他们是如此宽大而且行动快速,不等战败者提出陈情就给予最大的恩惠。伊利里亚人只要降服就获得自治的权利,很难相信这个任性的蛮族没有受到任何定罪的判决,而且罗马人民率先主动采取各项措施,使得对方感受到他们的善行,免得在权势日增的情况下,产生过分的自信给对方带来羞辱。

元老院决定马其顿和伊利里亚拥有全面的自由,他们赋税的额度是过去付给国王的半数。

帕修斯缺乏正当理由而且违背双方的协议就对罗马发起战争,罗马的执政官马可斯·伊米留斯①是一位高明的将领,帕修斯战败成为俘虏,还对后者免予监禁以示优容。伊米留斯让人感到惊讶之处,举凡马其顿和伊利里亚那些被他占领的城市全都获得自由,虽然罗马在与帕修斯的战争期间,一再面对丧权辱国的危险,更早的时候还打败过他的父亲菲利浦和安

---

① 拜占庭编年史家辛西卢斯(Syncellus)认为这个人是卢契乌斯·伊米留斯·包拉斯。

蒂阿克斯大帝,还让他们保有自己的王国,同享与罗马的友谊。由于马其顿不负责任的行为所带来的结果,一旦他们落到罗马人的手里,认为没有资格与帕修斯一样可以免予惩处。元老院对待他们反而宽宏大量,给予自由而不是进行奴役统治。罗马当局用同样的方式处理伊利里亚,他们的国王杰蒂昂(Getion)①成为俘虏。他们接受自由这个高贵的礼物以后,罗马人要求他们赋税的额度只是付给国王的半数。

罗马元老院派出一个十人委员会前往马其顿,以及一个五人小组到伊利里亚,他们与马可斯·伊米留斯开会商议,对于马其顿的主要城市德米特瑞阿斯②,同意拆除高大雄伟的城墙,要让安斐洛契亚(Amphilochia)脱离伊托利亚的统治,同时将马其顿的显赫人士聚集起来举行一次会议:重申他们的自由权利,宣布要撤回派往各地的驻防军。此外,不让他们从金矿和银矿获得的收益成为年度的岁入,一方面保护当地居民不受成为奴工的压迫,一方面阻止有心人士运用财富控制马其顿进而煽起革命的行动。

他们把马其顿的疆域划分为四个行政区:第一个行政区包括的区域位于尼斯都斯(Nestus)河和斯特里蒙(Strymon)河之间,所有的堡垒东边到尼斯都斯河[阿布德拉、玛罗尼亚(Maroneia)和伊努斯(Aenus)除外],西边的堡垒到斯特里蒙河,贝萨蒂卡(Bisaltica)的全部还要加上赫拉克利·辛迪卡(Heracleia Sintica);第二个行政区的东边以斯特里蒙河为界,西边抵达阿克西乌斯(Axius)河,所有包括在内的土地;第三个行政区是西到佩尼乌斯(Peneius)河,北边以柏侬(Bernon)山脉③为界,加上皮欧尼亚部分地区,包括主要的城市埃笛莎和贝里亚;第四个行政区的领地要越过柏侬山

---

① 应该是金久斯(Gentius)才对。

② 德米特瑞阿斯原来是在马格尼西亚,自从前196年开始成为马其顿的领土。或许已经恢复早期的情况。

③ 利瓦伊提过波拉(Bora)山脉,位于贝里亚(Beroea)和埃迪莎(Edessa)的北边,可能就是柏缪斯(Bermius)山脉。

脉,向着伊庇鲁斯和伊利里亚的辖区延伸。这四个行政区的首府分别是安斐波里斯(Amphipolis)、提萨洛尼卡、佩拉和佩拉果尼亚(Pelagonia)①;设置四个总督负责收税。军队部署在马其顿的边疆地区,用来防范带有敌意的邻近部落。

伊米留斯为参加会议的人员安排盛大的庆典和宴会,将这次战争期间找到的宝藏和财富全部运到罗马,等到他带着手下的将领抵达以后,奉到元老院的指示进入都城举行凯旋式。首先是阿尼修斯(Anicius),接着是舰队指挥官屋大维乌斯(Octavius)各举行一天,身为主将的伊米留斯的凯旋式前后共有三天②。第一天的队伍③是一千两百辆大车装载精美浮雕的白色盾牌,还有一千两百辆大车装满青铜盾牌,接着是三百辆堆积长矛、标枪和弓箭的大车;如同参加会战一样,喇叭手吹着号角在前面带着队伍前进。还有很多大车装载各式各样的武器,八百名衣甲鲜明的重装步兵乘坐在车辕上面。第二天的游行行列④展示一千泰伦的钱币,两千两百泰伦的银两,无数制作精美的酒杯,五百辆大车装载神明和名人的各种雕像,大量黄金的盾牌和奉献的匾额。第三天的凯旋式最前面是一百二十头经过挑选的白色公牛,载运的黄金要用两百两十员挑夫,一个重达十泰伦的金碗上面镶嵌宝石,各种的金器价值不赀而且美不胜收,两千根长达三肘尺的

---

① 很多学者认为它与赫拉克利·林西斯蒂斯(Haracleia Lyncestis)是同一个地方;还有人提到赫拉克利·林西斯蒂斯靠近比托莱(Bitolj),佩拉果尼亚的位置在更为东北的摩里荷伏(Morihovo)地区。

② 这部分的记载发生错误,根据现存的资料,得知伊米留斯举行凯旋式的时间是11月28—30日,屋大维乌斯是在12月1日;阿尼修斯征讨金久斯和伊利里亚人大获全胜,翌年2月举行凯旋式;参阅利瓦伊《罗马史》第45卷第40—43节。

③ 普鲁塔克《希腊罗马名人传》第7篇第2章"伊米留斯·包拉斯"第32节,提到第一天好像没有什么看头,都是从敌人那边获得的雕塑、图画和巨大的神像,一共要用250辆战车来装载。

④ 普鲁塔克提到第二天的游行,有很多大车装满马其顿人精美和名贵的武器装备,都是黄铜和钢铁制品,加上本章所提到的大批钱币和金银器具。

象牙，一辆用象牙为材料造成的战车装饰黄金和宝石，一匹盛装的战马使用的辔头和嚼口都镶着珠宝，其余的马具都由黄金制成，一个黄金的卧榻铺上绣花的被罩，还有黄金的肩舆安置腥红的坐垫。接着出现马其顿不幸的国王帕修斯，带着两个儿子和一个女儿，还有两百五十名手下的官员，四百个花圈用来代表城市和君主，最后是伊米留斯站立在一辆光彩耀目的战车上面。

伊米留斯虽然全神贯注军国大事，对于琐碎杂务还是躬亲检视，举行宴会的准备周到，让受到款待的人士有宾至如归的感觉①。根据他的说法是"治大国如烹小鲜"，迎宾待客和用兵作战都是同一番道理，一个是要使敌人甘拜下风，一个是要朋友称心如意。

9 马其顿的末代国王帕修斯与罗马的关系向来都很融洽，只是一再征集大军发动战争，最后被伊米留斯击败成为俘虏，军事的胜利使主将获得举行盛大凯旋式的殊荣。帕修斯的命运极其不幸，所遭遇的痛苦有如小说的情节，即使如此他还要苟且偷生。早在元老院对他做出惩罚的决定之前，一位侨民法务官将他和他的儿女关进阿尔巴的监狱②，这是一个很深的地牢，面积狭小③而且黑暗，空气浑浊不堪，里面关的都是定罪服刑的囚犯，特别在那个时候数量大增，很多人囚禁在如此拥挤的空间，不幸的可怜虫从外观看起来就像一群野兽，他们的食物和污秽的粪便混合起来，可怕的恶臭弥漫在囚犯之间几乎没有任何人可以忍受。帕修斯留在地

---

① 这是指他为了庆祝皮德纳大捷，就在安斐波里斯举办大规模的表演和竞赛，向神明奉献祭品和牺牲，大摆宴席招待各方人士。参阅波利比乌斯《历史》第30卷第14节，以及普鲁塔克《希腊罗马名人传》第7篇第2章《伊米留斯》第28节。

② 监狱位于意大利中部的阿尔巴·福森斯(Alba Fucens)。这里还关着其他著名的囚犯，像是努米底亚的叙费克斯和阿维尼人(Arverni)国王毕图伊都斯(Bituitus)。

③ 这个地牢的面积只能摆9张卧榻。

牢的七天当中,处于极其恶劣的困境甚至要从最卑微的贱民处寻求救助,因为他们的食物是监狱的口粮。虽然他们遭到与他同样的不幸,还是愿意将分配他们的糊口之物与他分享。一把可以用来自杀的佩剑已经扔给他,悬梁的圈套准备妥当任他使用。

不过,有些人即使厄运临头,甚至他们所受的苦难可以让死亡成为当然之理,认为最甜美的事莫过于活在世上。最后他一定会为生存必需品的匮乏丧失性命,元老院的领导人物马可斯·伊米留斯①,如果不能坚持他奉行的原则,就连罗马人视为法治基础的公正,都被他们置之度外不加理会;因此非常愤怒告诫元老院,即使他们对人毫无畏惧之心,至少也要尊敬尼米西斯,那群恶犬会用傲慢的态度滥用拥有的权力。这番话使得帕修斯受到适当的监禁,由于元老院的仁慈为怀,让他保有徒然无益的希望,最后的结局只是延续原先的不幸。他苟延残喘又多活了两年,得罪一位出身蛮族的禁卒,一直不让他入睡的情况直到气绝身亡。

10 就在马其顿王国的权势登峰造极的时期,费勒隆的德米特流斯②在《论命运》(*On fortune*)一文中,发表受到神祇启示的声明,对于未来提出非常灵验的预言,他说道:"你只要考虑过去五十年出现的局面,根本不要理会年代久远的情况,就会知道命运女神的作为,令人感到不可思议而且难以理解。五十年以前,如果不是神明预先告知未来的事物,难道你会想到波斯人或波斯的国王,马其顿人或马其顿的国王?甚至

----

① 马可斯·伊米留斯·雷比达从前 179 年开始就是元老院首席元老,普鲁塔克《希腊罗马名人传》第 7 篇第 2 章《伊米留斯·包拉斯》第 37 节,提到伊米留斯要改善帕修斯所处的情况。

② 费勒隆的德米特流斯(前 350—前 238 年)是雅典哲学家、教育家和政治家,倾向马其顿被控叛国,后来在卡桑德的支持之下,掌握军政大权达 10 年之久,等到德米特流斯一世解救雅典,他逃到皮奥夏,最后被放逐埃及直到逝世;有关他的作品参阅雅各比《希腊历史残卷》No.228。

那个时候波斯几乎是整个人类居住世界的主人,你能相信波斯的名字已经不再存在,况且那个时候没有人知道马其顿这个名字,你能相信现在已经统治全世界？虽然如此,命运女神运用无法预料的作为影响我们的人生,用变动不居的行径让我们的盘算落空,用出乎意料和不可思议的事件显示他的权力,目前我的看法要指出同样的寓意,想当年命运女神让马其顿人坐上波斯的宝座,享有巨大的尊荣和财富,现在他要改变心意让另外一个民族取而代之。"那个时期我们关心的预言都已经实现可以说是非常灵验。因此我认为我的责任是要对这种情形做出适当的评论,记得德米特流斯的陈述会对人类提供更多的启示。他早在一百五十年以前就预告会有什么事情发生。

11 伊米留斯的两个儿子突然逝世[①],所有的民众都感到哀伤,他这时召集市民大会,为他在战时的行动提出辩护,最后用下面的言辞结束他对大家的演讲。他说在看到太阳从东方升起的时候,开始将他的军队从意大利运到希腊,经过海上的航行到第九时辰,所有的船只没有损失一位人员,安全停泊在科孚的港口;到了第四天他在德尔斐向神明献祭,再过五天他抵达马其顿接下军队的指挥权;然后花了十五天强行通过佩特拉,发起会战击败帕修斯。总之,虽然国王向罗马的挑战已经进入第四个年头,他征服整个马其顿就在前面提到的天数之内。他说甚至就是这个时候,对于完全出乎意料的胜利觉得无比的惊奇,没过多久他俘虏国王和他的子女,夺取皇家的金库,对于一帆风顺的运道更是感到不可思议。

等到带着获得的财富和他的士兵,安全而又迅速渡过海洋来到意大利,整个远征行动能够顺利结束,完全超过他的期待,真是令人感到不可思

---

① 他两个年幼的儿子一个夭折于伊米留斯举行凯旋式前5天,一个亡故于凯旋式之后第3天,参阅普鲁塔克《希腊罗马名人传》第7篇第2章"伊米留斯·包拉斯"第35—36节。

议。所有人都为他的成功感到喜悦欢欣,同声祝贺他有洪福齐天的运道,然而最关紧要之处是他在等待命中注定而又无法逃避的灾祸,因而恳求神明不要将横逆带来的不幸用任何方式施加在整座城邦,如果天意是要大家受到苦难,那么他情愿落在自己身上由他一人承担。因此他的两个儿子遭到不幸,就在他痛不欲生的时候,城邦和他关切的事物都能安然无恙,命运女神用报应和恶意施加在他的身上,使得所有市民都能逃过这番浩劫。如同他所说那样,伟大的精神深受大家的赞誉,他的损失使得世人对他倍感同情。

12 帕加姆国王攸门尼斯在帕修斯战败以后(前168—前166年),他的气数经历巨大而又出乎意料的变迁①。因为他确认城邦的统治已经打下坚实的基础,那个对他敌意最深的王国完全瓦解,然而他在这个时候要面对最具威胁的危险。命运女神要推翻看起来很稳固的制度,甚至他对一个人伸出援手,再度运用修改现况调整失去的平衡,从而使得他的成功记录遭到毁损。

13 野蛮的高卢大军列阵作战,将领完成追击返回营地,就将俘虏集中起来,对他们施加惨无人道的迫害行动。容貌英俊正在青春年华的俘虏,头上戴着花冠,被他拿来当成奉献给神明的牺牲,很难想象上苍竟会接受这样血腥的祭品;剩余的人员全部遭到射杀,即使其中有很多人与他相识,相互之间的交往非常殷勤,还是没有人因为双方的友谊产生同情和怜悯。提到这方面的反应也没有什么可怪之处,他们感受到未

①　帕加姆国王攸门尼斯二世索特尔,他的唆使引起罗马和马其顿之间第三次马其顿战争(前171—前168年),罗马当局怀疑他与帕修斯暗中勾结,对他极其不满;加上高卢人前168—前166年的入侵行动,使得情况更加复杂。

曾预料的成功所带来的兴奋,野蛮的习性使得他们要用令人发指的行为,赞扬他们拥有无往不利的运道。

14 攸门尼斯招募一支佣兵部队,不仅支付他们应有的薪饷,还让有些人获得满意的礼物,提出的承诺让大家雀跃不已,使得他们充满感激给予善意的回报;他的做法可以说是与帕修斯大相径庭。对于帕修斯而言,虽然有两万名高卢人前来加入他的阵营,要对罗马发起战争,由于他小气无比不愿花钱消灾,使得强大的盟军离他而去①。攸门尼斯即使谈不上极其富裕,招募外借部队用名贵的礼物使得有能力的人愿意为他服务。帕修斯采用的策略缺乏皇家的气概全部落空,表现出无知和卑劣的悭吝习性,他将财富看成来自全国的战利品,要加以严密的保管和防护;攸门尼斯认为所有事物都无法与胜利相提并论,不仅从极其危险的处境拯救自己的王国,还能征服高卢人拥有的疆域。

15 罗马的将领在东方获得一连串的胜利(前167年),俾西尼亚国王普禄西阿斯(Prusias)②亲自向元老院祝贺致敬,这个人的卑鄙无耻不可以略过不提。正人君子的德行广加赞誉,很多后续的世代受到引导要努力达成同样的目标;等到龌龊小人的怯懦不断受到谴责,走向罪恶的道路还能回头是岸的人不在少数。因此,历史使用坦诚的言语主要的着眼点在于促进社会的进步。

普禄西阿斯完全丧失皇家的尊严,一生的行径在于不断用卑劣的手段,谄媚和奉承比他更具权势的人物。例如,有一次罗马的使者前来拜访,他没有戴上王冠穿起紫袍摆出皇家的排场,只是刮光所有的胡须,身上的

---

① 参阅本书第三十章第19节。
② 有关普禄西阿斯的叙述,完全依据波利比乌斯《历史》第30卷第18节。

衣着是白色的便帽、一袭长袍和罗马的凉鞋,他在欢迎使者致辞的时候,竟然宣称自己刚刚获得释放成为罗马的自由人。这种妄自菲薄的矮化真是令人难以想象。

他在早期的行为更能表现同样的情绪,像是他来到元老院会议厅的前面正要引导他入内的时候,站在进口面对议员,为了表示敬意双手俯地亲吻门槛,同时用下面的话问候在座的人士:"各位,你们都是封神的救主",摇尾乞怜的神情真是不堪入目。他在元老院发表演说还是保持很低的姿态,那种曲意逢迎的样子,已经到不适合记录下来的程度。他的谈话使得元老院感到不以为然,对普禄西阿斯产生不利的印象,给予的答复竟让他的奉承全部落空。罗马期望他们征服的敌人英勇善战而且士气高昂,否则他们的胜利就没有光彩可言。

16 称为佩托萨拉皮斯(Petosarapis)的狄奥尼修斯是托勒密的"朋友",打算要为自己赢得全局的控制,所以给王国带来很大的危险①。他对宫廷当中每个成员都能发挥最大的影响力,在他的埃及同胞当中没有一个人能够像他一样胜任战场的用兵和指挥,于是对两位国王的年轻和缺乏经验抱着藐视的态度。借口他受到年长君王亲口托付要让亲人血溅五步,接着在市民当中散布传闻,说是阴谋对付年轻的托勒密,身为长兄不顾手足之情暗中策划执行。群众很快在教练场聚集起来,大家充满同情和怜悯,准备杀死兄长将王国托付给幼弟治理,动乱的信息传入宫廷,国王召来他的兄弟流着眼泪郑重声明他的无辜,求他不要相信一个企图篡夺王位的人,认为他们两人太年轻容易受人摆布;不过,身为兄长仍旧感到

———————
① 这方面的叙述找不到任何佐证数据和其他的记载,发生在斐洛米托和优儿吉底联合统治那段时间(前169—前164年)。伊琉西斯在亚历山德拉的东边,就是前168年安蒂阿克斯受到罗马人羞辱被迫撤军的地方。

怀疑和忧虑,为防万一还是催促他的幼弟从他的手里接受冠冕和统治的权力。年轻的幼弟立刻澄清立场不让他的兄长有任何猜忌之处,他们两人穿上皇家的袍服,走出宫廷出现在群众前面,让大家明了两兄弟的融洽和谐。

狄奥尼修斯在图谋失败以后,赶紧将自己安置在国王的权力无法到达的地方,派出信差去见准备叛变的士兵,说服这些叛徒分享达成愿望带来的好处;然后撤到伊琉西斯,欢迎下定决心拥护革命行动的人士,这一帮造反闹事的士兵聚集起来超过四千多人。国王进军前去攻打他们赢得胜利,有些人在战场遭到杀害,迫使余众向后逃走;狄奥尼修斯在逼不得已之下,赤裸身体游过湍急的河流,撤退到内陆地区,在那里想要掀起大规模的叛乱活动,这个人的行动积极,在埃及拥有民意的支持,很多人投奔到他的阵营又能扩大声势。

17 安蒂阿克斯某些规划和行动符合国王的身份和地位,深受众人的推崇和赞誉,有的地方是那样的吝啬和俗气看起来没有品位。例如,他为了举办节庆赛会①,首先是采用迥异于其他国君的策略。别的国家要增强兵力和财富,因为罗马拥有很大的优势,尽可能隐瞒自己的情况不要引起对方的注意。不过,他的做法完全背道而驰,邀请全世界最显赫的人物前来参加他的庆典,将他的首都装点得花团锦簇,像是让整个王国在众人的面前亮相,认为没有任何地方值得忧虑。

安蒂阿克斯举办极其浪费的赛会和排场惊人的庆典,远胜所有过去的对手。然而他自己参与相关的活动,表现出寒酸的模样让人感到难为情。例如,他骑着一匹衰老的驽马走在游行队伍的旁边,命令那些停下来的人

① 他要与伊米留斯比个高下(参阅本章第8—9节),就在安提阿附近的达芬尼(Daphne)举行盛大的庆会。达芬尼是月桂女神又称这个地方是"月桂树林",吉朋《罗马帝国衰亡史》第23章第7节,整节的篇幅用来描述这个世界上最美的胜地。

继续前进,依据情况的需要交代一些人去处理突然发生的问题;如果他的头上不是戴着王冠,几乎没有人相信他就是国王,看他的外表还达不到作为下属官员的水平。他站在门口亲自引导宾客进入酒会,妥善安排彼此的座位,指示仆从伺候他们的饮食,他会带着很好的心情与大家寒暄;有时候自己坐下来与他们谈话,有时候歪着身体躺在他们的身边;然后把酒杯放在旁边或者一口把汤喝掉,起身到别的卧榻去交谈,他走遍全场接受大家的敬酒,或是停下来与演艺人员开开玩笑。等到欢宴进行很久的时候,大部分的宾客准备离开,他突然进入会场,全身穿得很暖和的样子,旁边带着成列的哑剧演员。音乐在他的暗示之下开始演奏,这时他没有穿鞋,竟然赤裸双脚,一边打闹一边与伶人跳起舞来。通常会引起一阵欢乐的嘲笑,使得当时的场面变得窘迫不安,所有的人全都急急忙忙地告辞。

其实每一位出席节庆的人都会有这样的体认,只要大家乐于见到过度奢华的费用,表演节目和游行队伍的安排和运作几乎无懈可击,庞大的场面让人感到不可思议,对于国王和这个国家就会赞誉不已;不过,要是他的注意力集中在国王身上以及他那让人无法领教的行为,几乎不敢相信一个人的性格,竟然可以如此极端的崇高和低俗。

18 就在这次的赛会结束以后,格拉齐①派出使者抵达王国进行调查。国王与他们的谈话非常友善,结果是他们暗示这件阴谋与他无关,特别是他在埃及受到挫折以后,找不到任何证据说他在掩饰之下,仍旧对罗马充满敌意。不过,他真正的意图并不像表面那样毫无芥蒂,恰恰相反他对罗马极其不满。

———————

① 这位是提比流斯·森普罗纽斯·格拉齐(Ti.Sempronius Gracchus),派出使节团访问帕加姆、卡帕多西亚、罗得岛和叙利亚。参阅波利比乌斯《历史》第30卷第27节。

19 安蒂阿克斯建立使用自己名字命名的城市(前185年)以后，亚美尼亚国王阿塔克西斯(Artaxes)①与他断绝双方的关系，同时集结一支阵容浩大的军队。这个时期的安蒂阿克斯拥有的实力，使得他在其他国王当中找不到势均力敌的对手，进军前去征讨阿塔克西斯赢得胜利，后者只有归顺成为他的属国。

20 蒂巴德(Thebaid)②仍旧有另外的动乱发生，揭竿而起的呼声在民众之间响起。埃及国王托勒密出动部队前去镇压，很快将蒂巴德其余地区置于控制之下。这个被人称为潘隆波里斯(Panonpolis)的城市位于古老的土堤上面，接近路线受到地形的限制，可以确保安全赢得很高的名气;聚集的叛军大部分行动从这里发起。托勒密观察到埃及人的负隅顽抗以及这个地方的易守难攻，着手将它围得水泄不通断绝所有的外援，最后克服所有的困难夺取城市，处决叛军的主谋人物以后班师返回亚历山德拉。

21 大约在同一时候有很多使者抵达(前164年)，元老院对于阿塔卢斯带来的代表团，为了表示优容尽早进行协商。罗马当局对攻门尼斯起了猜忌之心，双方的书信使得事件败露，得知他与帕修斯签订盟约共同对付罗马。有很多来自亚细亚的使者对他提出同样的指控，尤其是普禄西阿斯王和高卢人别有用心，阿塔卢斯和他的同伴竭尽所能逐项加以驳斥，澄清所有毁谤之词，带着罗马给予

---

① 狄奥多罗斯在本书其他地方，将他的名字写成阿塔克赛阿斯(Artaxias)。
② 这一次的叛变发生在前165年，与前面本章第16节提到的佩托萨拉皮斯没有关系，只是显示那个时期的社会处于动乱不安的状态。

的好处返回国土。不过,元老院并非对攸门尼斯毫无防范,指派盖尤斯①前去查明情况。

22 遭到放逐的托勒密要从陆上步行前往罗马(前 164/前 163 年),塞琉卡斯之子德米特流斯②与他相识,对他陷入如此难堪的困境感到震惊不已,本着豪爽慷慨的性格立即为他准备皇家的服饰和冠冕,还有一匹价值不赀的坐骑配有黄金制作的马具,然后带着家人前去迎接埃及的废王。他们在距离城市两百斯塔德的地方相遇,给予友善的问候和祝福,劝他摆出皇家的排场合乎自己的身份进入罗马,这样他才不会被对方视为无足轻重的人物。托勒密非常感激对他的关切和热诚,但是不愿接受提供的物品,要求德米特流斯停留在后面的市镇,只让阿基亚斯(Archias)③和其他人陪同他前往罗马。

埃及国王托勒密被他的兄弟赶出王国,来到罗马的时候就像一个平民身穿褴褛的衣服,身边只有一个宦官和三名奴隶做伴。还在路途上面先查出地志学家德米特流斯④的地址,找到后者与他住在一起,因为他在亚历山德拉停留期间受到国王的款待,双方成为知己之交,罗马的房租很高,只有住在狭小而且破烂的顶楼小室。从这个观点来看,是否使得他相信群众认为这件事有很好的下场,甚至比一般人有更佳的运气值得羡慕?其实,

---

① 这位是盖尤斯·苏尔庇修斯·盖拉斯(C.Sulpicius Galus),他所奉的任务和作为参阅波利比乌斯《历史》第 31 卷第 6 节。

② 这是后来的德米特流斯一世索尔特(在位期间前 162—前 150 年),被他的父亲塞琉卡斯四世斐洛佩特送到罗马担任人质。他是埃及国王托勒密六世斐洛米托的表兄弟;后来托勒密六世遭到他兄弟菲斯康的迫害,逃离埃及前往罗马向元老院提出申诉。

③ 这位阿基亚斯可能后来成为埃及派到塞浦路斯的总督,他要将这个岛屿出卖给德米特流斯,参阅波利比乌斯《历史》第 33 卷第 5 节。

④ 华勒流斯·麦克西穆斯《言行录》(Memorable Doings and Sayings)第 5 卷第 1 节,证实托勒密的房东是一位亚历山德拉的画家,德米特流斯可能是一位风景画家并非一位作家。

很少有人能够经历这样的情况,命运的改变是如此重大和深刻,成败的逆转竟然完全出乎意料。很难找到值得一提的成因或理由,使得他从拥有富可敌国的地位,现在要过普通市民清寒朴实的生活,他指挥数以千计的人马都是出身自由人的市民,突然发生一场海难只给他留下三个奴仆,看来这些都是个人的气数使然。

23

《历史文集》(*Historical Libraries*)的作者波利比乌斯和狄奥多罗斯,提到他①不仅在犹大取缔当地的神明(前163年),后来贪婪的欲火发作何其炽热,想要掠夺伊利迈斯(Elymais)富甲天下的阿特米斯神庙。受到寺庙的守卫和邻近的民众大力阻挠,幽灵的现身带来的恐惧使他发疯,最后患病身亡;他们提到他企图侵犯阿特米斯神庙才会落到这种下场。

24

安蒂佩特受到酷刑丧生以后,他们强行带走城市的郡守阿斯克勒皮阿斯,后者当众大声宣布泰摩修斯是这场悲剧的始作俑者,是他激怒年轻的国君对他的兄弟施以不公不义和亵渎神圣的报复。群众逐渐清楚这是他们的领导者运用欺诈的伎俩,开始对不幸的受害者感到同情和怜悯。泰摩修斯和手下的帮凶在惊慌之余,停止对其他的被告施以酷刑,然后私下将他们杀害②。

---

① 叙利亚国王安蒂阿克斯四世伊庇法尼斯。

② 这里所指"年轻的国君"和"他的兄弟"是绰号菲斯康的托勒密八世优儿吉底和托勒密六世斐洛米托。安蒂佩特是何许人不详。泰摩修斯或许是斐洛米托在前170年派往罗马的使者,不可能与本章第40节接受奥罗夫尼斯巨款的泰摩修斯是同一人士,因为后者在前158年还活在世上,参阅波利比乌斯《历史》第32卷第10节。

25 泰摩修斯遭到暗杀以后民众国王对待兄弟的方式极其可耻，在亚历山德拉受到大家的憎恨，他的皇家侍从全部遭到撤除，派人前往塞浦路斯召回年长的托勒密。

26 卡帕多西亚的国王声称他们的家世可以上溯到波斯的居鲁士，矢言他们的祖先是杀死玛古斯（Magus）①的七位波斯人之一。据说居鲁士的父亲康贝西斯有一位名叫阿托莎（Atossa）的亲姊妹。阿托莎嫁给卡帕多西亚国王法纳西斯，生下一个儿子名叫盖拉斯（Gallus）；接下来盖拉斯有子斯默迪斯（Smerdis）、斯默迪斯有子阿塔姆尼斯（Artamenes）、阿塔姆尼斯有子安纳法斯（Anaphas）②；安纳法斯是声名显赫的勇士，七位波斯人就有他的名字。

安纳法斯建立功勋成为卡帕多西亚的省长，获得特权可以不向波斯人缴纳贡金。他过世以后由一个同名的儿子接位。后者亡故留下两个儿子达塔密斯（Datames）和亚里姆尼乌斯（Arimnaeus），达塔密斯这时登上卡帕多西亚王国的宝座，无论是对外的战争和对内的统治，都能善尽国王的职责赢得各方的赞誉。他与波斯人作战英勇杀敌阵亡在沙场。王国传给他的儿子亚里阿姆尼斯（Ariamnes）③，后者的儿子是亚里阿拉则斯（Ariarathes）和荷洛菲尼斯（Holophernes）；亚里阿姆尼斯的统治长达五十年，死后没有留下值得记载的成就。

王位传给他的长子亚里阿拉则斯一世。据说他对自己的兄弟极其友

---

① 应该是斯默迪斯（Smerdis）才对，这个人在前522年篡夺波斯的王位，参阅希罗多德《历史》第3卷第61及后续各节。

② 希罗多德提到"7个波斯人"没有安纳法斯这个名字，只是帖西阿斯《波斯史》第14节，提到欧诺法斯（Onophas）在"7个波斯人"当中列为首位，很可能就是希罗多德《历史》第3卷第70节那位欧塔尼斯（Otanes）。

③ 后来这个家族就用亚里阿拉姆尼斯（Ariaramnes）作为族名，钱币上面可以看到这个称号。后面提到荷洛菲尼斯可能是奥罗夫尼斯（Orophernes）之误。

爱,擢升他到最为显赫的位置;因此他奉派前去帮助波斯进行对埃及的战争,波斯国王渥克斯(Ochus)①为了奖励他的英勇,在他返国的时候赐给他最高的荣誉;他在家中过世留下两个儿子亚里阿拉则斯和阿里西斯(Aryses)。由于他的兄长卡帕多西亚国王没有合法的后裔,收养弟弟的儿子亚里阿拉则斯。大约在这个时候,马其顿的亚历山大击败大流士以后绝灭波斯王国,然后是亚历山大的崩殂;这段时期帕迪卡斯拥有最高的军政大权,指派攸门尼斯②担任卡帕多西亚的军事总督。

亚里阿拉则斯一世战败阵亡在沙场③(前 322 年),卡帕多西亚和邻近地区全部落到马其顿人手里。亚里阿拉则斯二世是先王的儿子,认为目前他处于毫无希望的局面,率领少数追随者退往亚美尼亚。不久以后,攸门尼斯和帕卡迪斯相继亡故④,安蒂哥努斯和塞琉卡斯彼此争战不已,他从亚美尼亚国王阿多阿底(Ardoates)获得一支军队,杀死马其顿的将领阿明塔斯,立即驱逐马其顿人光复原有的国土。三个儿子当中长子亚里阿姆尼斯继承王国;他用联姻的方式与安蒂阿克斯[称为瑟奥斯(Theos)]缔结同盟(前 255 年),因为他让长子亚里阿拉则斯三世娶安蒂阿克斯的女儿斯特拉托尼斯(Stratonice)为妻。

亚里阿拉则斯二世极其溺爱他的子女,将王冠放置在儿子的头上成为

---

① 这位是阿塔泽尔西兹三世渥克斯(在位期间前 358—前 338 年)。他在前 351 年和前 343 年与埃及发生两次战争。

② 这位是卡狄亚的攸门尼斯,曾经担任菲利浦二世和亚历山大大帝的秘书。

③ 狄奥多罗斯在本书第十八章第 16 节,提到亚里阿拉则斯被帕迪卡斯俘虏以后施以刺刑。卡狄亚的海罗尼穆斯说他活到 82 岁得以寿终正寝,参阅雅各比《希腊历史残卷》No. 154 之 4。

④ 帕迪卡斯亡故于前 321 年,攸门尼斯被害于前 316 年;有的学者认为阿明塔斯的战败在更后面的前 260 年,因为相隔的年代久远,所以彼此之间没有什么关系。

共治的同僚,两人享有完全相等的君主特权①。父亲逝世以后亚里阿拉则斯三世成为大权独揽的统治者(前220年),等到自己告别人间将王国留给仍旧是婴儿的亚里阿拉则斯四世。他按照以往的方式,与安蒂阿克斯大帝②的女儿结婚,她的名字叫作安蒂阿契斯(Antiochis),是一位任性妄为的女人。由于自己不能怀孕,运用欺骗的手法让毫无意愿的丈夫,接受两位义子亚里阿拉则斯和荷洛菲尼斯。过了一段时间她竟然恢复生育的机能,出乎意料得到两个女儿和一个名为米塞瑞达底的儿子。这时她让自己的丈夫了解真实的情况,安排年长的义子到罗马③给予优渥的年金,年幼的义子到爱奥尼亚,使得合法的儿子继承王国不至于发生任何争议。

据说在他成年以后将名字改为亚里阿拉则斯④,接受希腊的教育方式,具备很多优点赢得各方的赞誉。他是一个很孝顺的儿子,父亲宠爱他甚至愿意禅位让他登上宝座,这时他宣称只要双亲仍旧活在世上,就无法接受这样的恩惠和地位。等到他的父亲最后撒手而去(前163年),亚里阿拉则斯五世继承王国过着向往的生活,特别是致力于哲学的研究,显示自己值得接受最高的敬意;使得长久不为人知的卡帕多西亚,这个时候在亚细亚成为文化重镇,国王重新与罗马签订盟约建立友谊⑤。居鲁士王朝的后裔子孙卡帕多西亚的统治保持长期安定的局面。

---

① 亚里阿拉则斯三世(在位期间前250—前220年)才是统治卡帕多西亚的首任国王,获得真正的独立是与安蒂阿克斯二世瑟奥斯(在位期间前261—前246年)缔结同盟以后的事。

② 这是安蒂阿克斯三世(在位期间前223—前187年),所以亚里阿拉则斯四世在玛格尼西亚会战支持他的岳父不遗余力,不过,安蒂阿克斯战败以后与罗马建立更紧密的联盟关系。

③ 利瓦伊《罗马史》第42卷第19节提到亚里阿拉则斯到达罗马是在前172年。

④ 这位是亚里阿拉则斯五世优西比斯·斐洛佩托(Ariarathes V Eusebes Philopator)(在位期间前163—前130年)。他是哲学家喀尼德的学生和好友,也是阿提卡各种艺术活动的赞助者。

⑤ 参阅波利比乌斯《历史》第31卷第3节。

卡帕多西亚的七位国王使得整个王朝延续一百六十年,开始的时间在狄奥多罗斯的著作中有详尽的记载①。

27 亚里阿拉则斯绰号斐洛佩特(Philopator)继承古老的王国,即位第一件事是为父亲举行极其隆重的葬礼。然后他尽力照顾朋友的利益,有的在宫廷拥有很高的权势,有的成为下属的官员,各方面的施政作为使得他成功赢得民众的支持和爱戴②。

28 亚里阿拉则斯要把得自米塞罗巴札尼斯(Mithrobuzanes)祖先遗留的疆域归还原主,亚美尼亚国王阿塔克赛阿斯(Artaxias)利欲熏心,派遣使者去见亚里阿拉则斯,催促他要与自己保持共同的看法,应该将留在他宫廷的年轻人立即处死,然后他们两人可以平分索菲尼(Sophene)③。亚里阿拉则斯对这种邪恶的伎俩嗤之以鼻,谴责使者提出的要求,写信给阿塔克赛阿斯拒绝残害无辜的行动。等到达成所望的结局,亚里阿拉则斯的声望高涨,米塞罗巴札尼斯对保护人的诚信和高贵的行为非常感激,能够继承他父亲留下来的王国。

29 康玛吉尼(Commagene)的总督托勒密乌斯(Ptolemaeus)对于叙利亚国王这个头衔,一直抱着觊觎之心,宣告独立,忙着处理相关的事务(前162年),要在不受外力干涉之下建立对内的控制,主要

---

　　① 卡帕多西亚王国最后一位国王亚里阿拉则斯八世,短暂的统治以后在前95年亡故,从而得知这个王朝开始于前255年。

　　② 亚里阿拉则斯继承王位和他对双亲的孝顺,参阅波利比乌斯《历史》第31卷第3和7节。

　　③ 这个地区位于幼发拉底河东岸正在卡帕多西亚和亚美尼亚之间。米塞罗巴札尼斯和另外一位王位继承人,分别获得亚里阿拉则斯和阿塔克赛阿斯的庇护,这件事情发生的时间不得而知,参阅波利比乌斯《历史》第31卷第16节。

凭借在于天然的形势有利于守备的工作。他对现况的未能开展感到无法满足，征召一支军队开始入侵梅利提尼（Melitene），这个地区属于卡帕多西亚在亚里阿拉则斯的统治之下，由于托勒密乌斯拥有高屋建瓴的地势，能够赢得头战的胜利。亚里阿拉则斯率领强大的部队，进军向他发起攻势，无法达成势均力敌的要求，只有退回自己的行省。

30 托勒密两兄弟都派出使者前往罗马（前161年）。元老院同意觐见和质询，等到听取两方的陈述以后，通过敕令要年长的托勒密所派的使者必须在五天之内离开意大利，结束双方的联盟关系，派出特使去见年幼的托勒密告知元老院对他的善意，以及对他的兄长所给予的训示①。

31 某些年轻人用一泰伦的高价购买出赛的牝马，一坛潘达斯的腌鱼愿意花三百阿提卡德拉克马，马可斯·波修斯·加图（Marcus Porcius Cato）是声誉很高的知名之士，他在市民大会发言，他们应该就目前的情况采取对策，不能让社会的风气继续恶化下去，须知参赛马匹的要价比农庄还高，一条鱼比一头牛还贵，会使市民和城邦变得愈来愈奢华和堕落②。

32 帕修斯的征服者伊米留斯有高尚的德行，深受市民的推崇，后来担任监察官，就在这个时候逝世（前160年）。亡故的信息

---

① 参阅波利比乌斯《历史》第31卷第20节。

② 参阅波利比乌斯《历史》第31卷第25节以及本书第三十七章第3节。从戴克里先的限价令，得知罗马在古代的时候海鱼的售价比肉类没有高多少；要是说一条鱼比一只牛还要值钱，这是豪门贵族的奢侈和饮宴的风气所造成，硕大的海鱼活着运到罗马，进食之前还要称它的重量，记录下来让宾客可以到处夸耀。

传遍四方,举行葬礼的日期即将来临,整座城市陷入悲伤之中,各阶层的人士聚集起来致哀,行政官员和元老院都将城邦的事务放在一边。还有就是罗马四周所有的市镇,全体居民倾巢而出来到都城,带着热烈的心情观看盛大的场面,对死者奉上最后的敬意。

狄奥多罗斯在他的著作中记载帕修斯的征服者伊米留斯的葬礼,提到整个的过程极其壮观,还加上下面这段文字:"罗马人的习俗是家世高贵和功勋彪炳的祖先过世以后,留下的画像不仅有栩栩如生的容貌,而且整个身体显示雄壮威武的气势。他们雇用伶人①经过长期的揣摩装扮死者生前的模样,还能表现出外观的特色,根据传统死者的每一位祖先都在丧礼的行列当中占有一席之地,观众从画像当中每个人的穿着的袍服和章纹,以及在'向监察官致敬'的游行队伍中所居的位置,可以辨别他的身份和在城邦所享有的尊荣。"

33 伊米留斯②与世长辞以后仍旧拥有与生前相同的崇高声誉。他从西班牙带回罗马的黄金,较之同时代的任何人为多,夺取马其顿极其庞大的财富,拥有不受限制的权力,然而他绝不伸手将金钱据为己有,以至于在他逝世以后,那两位过继给别人的儿子,他们虽然接受遗嘱成为继承人,却没有能力从个人的财产当中,支付守寡的母亲应该收回的嫁妆,就得出售一些不动产才能筹到所需的款项。提到廉洁正直即使希腊人当中最受推崇和赞美的亚里斯泰德和伊巴密浓达,与他相比实有不如。他们两人拒绝接受行贿者为了本身利益所赠送的财物,然而伊米留斯

---

① 或许是指"艺术家",札多克斯(Zadoks)《祖先的肖像绘画在罗马》(*Ancestral Portraiture in Rome*)第25节,提到用真人扮演死者,不是雕像或蜡制的面具。参阅波利比乌斯《历史》第6卷第53节。

② 这部分的残卷有关伊米留斯和西庇阿的评论,全部摘录波利比乌斯《历史》第31卷第22—30节,有的句子几乎原封不动地照抄过来。

有绝对的权力可以为所欲为,他还是洁身自爱一介不取。这种陈述就某些人而言几乎难以置信,因为他们已经熟知当代罗马人的贪婪而且虚伪不实,对于古代人士能够避开这方面的恶习,当然无法做出正确的判断。这个民族在我们的时代有极其强烈的习性,就是每个人的欲望和胃口变得愈来愈大。

刚刚使得大家将一位正人君子的形象牢记心头,现在我很想把那位后来灭亡努曼夏的西庇阿就他所受的训练做一个简短的介绍①;虽然他在年轻时候极其向往高贵的抱负,有些人并不了解,却对他在很多年以后的成功始终深信不疑。

我们在前面已经提过,巴布留斯·西庇阿就血统来说,是名将伊米留斯的儿子,后来送给西庇阿当养子,这位西庇阿的父亲是汉尼拔和迦太基的征服者,所以他的祖父绰号阿非利加努斯,是直到今天为止罗马最伟大的人物。出身如此显赫的世家和重要的氏族,西庇阿让自己够资格配得上祖先的声名。他从小就接受希腊语文的教育,十八岁开始致力于哲学的研究②,《历史》一书的作者麦加洛波里斯的波利比乌斯成为他的导师。后者陪伴他生活很长一段时间,可以证明他是履行武德的行家里手。他的节制、风度、慷慨和气质远胜与他年龄相若的同侪,就是那些经历更为丰富的人士,比较起来还是甘拜下风。少年时期他钻研哲学,后来发现这样做会使得心灵怠惰,无法成为维护家庭声誉的继承人。虽然如此,他正好在这个年纪就因为节制首先赢得很好的声誉。那个时代的年轻人对于任性而为的欢乐和放纵有强烈的倾向,像是有些人爱好娈童,还有人纵欲女色,或

---

① 这是巴布留斯·高乃留斯,西庇阿·伊米利阿努斯·阿非利加努斯·努曼蒂努斯 (P.Cornelius, Scipio Aemilianus Africanus Numantinus)(前185—前129年)。努曼夏的征服是在前133年。

② 狄奥多罗斯误解波利比乌斯在《历史》第31卷第24节所说的话,这里提到18岁是西庇阿与波利比乌斯首次交谈的年纪,因为他对有的地方感到困惑,所以要向对方请教。

者是各种音乐的演出和排场盛大的饮宴，一般来说，举凡奢华和浪费的项目都包括在内。罗马与帕修斯发生战事延续相当长的时间，他们很快喜爱希腊式的悠闲生活方式，获得的财富可以适当供应放纵和嗜好所需的费用。

34 西庇阿奉行迥然相异的生活方式，将个人的私欲视为洪水猛兽，非要加强心防极力抗拒不可，不过五年的工夫赢得"律己严正"和"治军刚毅"的声名，深受世人的敬重，可以发挥很大的作用产生极其广泛的成效。他具备与众不同的优点，在于对人的宽宏大量以及对财务的处理毫无私心。他的亲生之父伊米留斯所能达成的武德以及个人风格，成为最好的榜样和典范可以让他效仿，一般而言他在父亲的膝下接受身教和言教，所受的重大的影响给他带来无人所及的好处。偶发的意外事件给予相当程度的配合，提供机会让他有足够的金钱表现慷慨的个性，轻财重义的美德很快变得众所周知。

例如西庇阿大将的妻子伊米利娅（Aemilia）是帕修斯征服者伊米留斯的姊妹，亡故以后留下大批产业，依法由他继承。他处理这份遗产的方式首度证实他的原则，当时的环境是在他父亲过世之前，他的母亲帕皮里娅（Papiria）与她的丈夫分手已经有很长一段时间，离异使得她的财产不足以维持高水平的生活。不过，西庇阿养父的母亲逝世，使得他成为继承人，过去这个妇人离家参加所有的公众活动，她总是以华丽的排场出现，可以分享西庇阿大将在生活和运道方面所能获得的特权。他将那些价值无数泰伦的华丽衣服和首饰，全部交给自己的母亲，使得她能以最高阶级的贵妇姿态乘坐车辆，参加各种庆典活动。

这位年轻人的善意和慷慨特别是他对母亲的孝心，赢得整座城市的赞扬和喝彩，开始是在妇女中间成为动听的话题，接着就是男士也做出同样的表示。这种情况在任何城市都被看成一个光辉的典范，让人感到不可思议,特别是在罗马没有人会把自己的财产,拿出一部分做出随心所欲的处置。后来,西庇阿大将的几位女儿,结婚时陪嫁的嫁妆尚未支付完毕,还需要动用大笔费用,虽然罗马的法律规定有三年的期限,逐年付出三分之一,他要求账房立即一次付清所有的金额。

还有就是他的亲生之父伊米留斯过世以后,留下财产给过继别人的两个儿子就是他和费比乌斯①,西庇阿的高贵行为真是值得记载在史书上面,使能流传久远。看到自己的兄弟没有他那么多的财产,于是放弃自己所能继承的部分,价值超过六十泰伦,使得两兄弟在这方面可以平分秋色。社会各个阶层对这件事都有好评而且乐于见证手足之间的情分,接着他又做出惊人的壮举。费比乌斯想要在父亲的葬礼当中,为了纪念这位伟大的人物特别安排角斗士的表演②,开销极其庞大无法支付所有的费用,西庇阿从自己的荷包提供半数的金额。等到他的母亲逝世,他没有取回送给她的任何物品,反而将所有值钱的东西和她的财产转送给他的姊妹,虽然她们没有继承的权利。他在城市里面获得慷慨和善行的声名,要靠着从自己资产中付出的开销,大家看在眼里并非拿出多大的金额,主要在于赠送礼物的适时适切,以及表现称心如意的态度。

从另一方面来看,他获得"严于律己"的声名并不需要花费钱财;事实上,禁绝放纵的恶行会带来健康的身体和充沛的元气,延长寿命更能获得最大的补偿和奖励。英勇在世人当中特别被罗马人视为最重要的德行:他为此付出最大的精力得到完美的成果,尤其是当时所处的环境给他带来最

---

① 这位是奎因都斯·费比乌斯·麦克西穆斯·伊米利阿努斯(Q. Fabius Maximus Ae-milianus),他是伊米留斯·包拉斯的长子,后来由5次出任执政官的费比乌斯·麦克西穆斯收养。

② 这些都是葬礼表演的项目之一,还包括演出特伦斯(Terence)的《岳母大人》(Hecyra)和《两兄弟》(Adelphoe)等喜剧。

大的机会。马其顿的国王特别喜爱狩猎,西庇阿比起任何人都更胜一筹①。

35 罗马当局对德米特流斯的处理不当(前161年),不仅是其他的国王就连属下的省长,都认为他拥有的主权没有受到尊重。这些省长当中最杰出的人物要数泰玛克斯(Timarchus)。他的出生地是米勒都斯早就成为先王安蒂阿克斯②的朋友,当年在罗马负责执行一系列的任务,对于元老院造成严重的损害。他带来大量的金钱用来贿赂议员,特别对于财务情况不佳的人,送出贵重的礼物使得对方心怀感激或是加以诱惑。他运用这种方式使得为数众多的议员,提出和支持那些违背罗马政策和施政方针的议案,从而使得元老院的成员变得更加放荡和堕落;就这方面而言他的能力逊于他的兄弟赫拉克莱德一筹,须知赫拉克莱德对于这种服务拥有天赋的才华。面对当前的局势他来到罗马又要运用同样的伎俩,现在身为米地亚的省长,提出很多指控用来对付德米特流斯,说服元老院要颁布与他有关的敕令:"致泰玛克斯,因为成为他们的国王。"③受到这份文件的鼓舞,使得他在米地亚征召一支具有相当规模的军队;接着他与亚美尼亚国王阿塔克赛阿斯缔结盟约共同对付德米特流斯。再者,他展示让人印象深刻的部队,用来威吓邻近的民族,使得很多人接受他的统治,他进

---

① 波利比乌斯《历史》第31卷第29节花很大的篇幅用来叙述狩猎,特别是波利比乌斯本人喜爱这项活动,这里只是点到为止。

② 这位是安蒂阿克斯四世伊庇法尼斯,并非命运乖戾、在位只有一年的安蒂阿克斯五世优佩托(Antiochus V Eupator)。

③ 贝文(Bevan)《塞琉卡斯王朝》(*The House of Seleucus*)第2卷第194节,将这份敕令译为:"罗马对于泰玛克斯成为国王极其关切。"阿庇安《罗马史:叙利亚战争》第45节,提到安蒂阿克斯指派泰玛克斯为巴比伦的省长,赫拉克莱德是财务官。但是贝文认为泰玛克斯不是米地亚的省长而是东部行省的军事指挥官。

军前去攻打朱格玛(Zeugma)，可以明显看出他已控制整个王国①。

36 奥林匹亚 155 会期第 1 年(前 160 年)，亚里阿拉则斯派出的使者来到罗马，带来一顶价值一万金币的皇冠，让元老院知道国王对罗马人民有着深厚的友谊，他们的打算是放弃与德米特流斯通婚从而建立的联盟和友谊。这件事从格拉齐和委员会②同人的证词可知确凿无误，元老院接受"皇冠"，表示认同亚里阿拉则斯的立场，同时按照他们的习惯赠送对方贵重的礼物③。

37 大约在同一时候，德米特流斯的使者拜访元老院，他们同样带来价值一万金币的皇冠，铁链锁住应对谋害屋大维乌斯④一事负责的人士，全部押解来到罗马。议员有很长一段时间不知如何掌控当前的局势。最后他们接受皇冠作为和解的礼物，拒绝将伊索克拉底(Isocrates)和列普蒂尼斯(Leptines)关进监狱，就是两人的投降让罗马人获得莫大的光荣。

38 德米特流斯派遣的使者来到罗马，元老院给予措辞委婉和模棱两可的答复，只要国王行使权威能让当局感到满意，就会从他们那里获得善意的响应⑤。

---

① 这种说法很难让人相信。罗马只是承认他的地位并不见得要给予支持，他很快被德米特流斯击败以后处死。

② 这件任务的负责人是提比流斯·森普罗纽斯，格拉齐(Ti.Sempronius Gracchus)，德米特流斯战败逃出叙利亚以后，前 162 年奉到元老院的派遣前往东方。

③ 黄金令牌和象牙交椅，参阅波利比乌斯《历史》第 32 卷第 1 节。

④ 屋大维乌斯是副将之一，在前 163 年被派到叙利亚。谋害他的凶手是列普蒂尼斯。伊索克拉底是一个街头演说家，公开谴责这种邪恶的行为。有关使者在罗马受到的欢迎和接待，参阅波利比乌斯《历史》第 32 卷第 2—3 节。

⑤ 这段文字来自波利比乌斯《历史》第 32 卷第 3 节的记载。

39 　罗马制服帕修斯以后，对于战争当中加入马其顿阵营的人士，有的要加以抑制和打击，有的被迫搬迁来到罗马。伊庇鲁斯的查罗普斯(Charops)①凭着实力和声名，能够控制整个国家，他作为罗马的盟友，开始的时候对于人民犯下的罪过还能自圆其说，后来所有的举措变本加厉更加无法无天，等于在伊庇鲁斯进行各种破坏工作。他不断对富有的人士提出莫须有的指控，有些人遭到谋杀，其他人施以放逐的处分，他们的产业全被籍没，由于他敛财的对象是男士，然而他的母亲斐洛塔(Philota)(这个人天生残酷暴虐而且毫无法纪观念，只是受到性别的掩饰让人不知道她的底细)就向妇女下手；他将很多人强拉到市民大会指控他们对罗马不满。所有的案件下达的判决都是死刑。

40 　奥罗夫尼斯(Orophernes)将他的兄弟亚里阿拉则斯赶下宝座②(前158年)，无法用合理的方式处理事务，借口要帮助和服务人民诱使大家对他的支持。他用强迫捐献的伎俩筹措所需钱财的时候，很多市民被他判处死刑，他送给泰摩修斯的礼物价值五十泰伦，德米特流斯获得七十泰伦，与他原来同意支付的六百泰伦相差很多，现在给予的承诺是随时会再奉上四百泰伦。看到卡帕多西亚人普遍表示不满，他开始不择手段从各方面进行敛财的工作，特别是对那些地位显赫的人士，没收他们暗中隐匿的财富。他在大有斩获以后，就将四百泰伦存放在普里恩这座城市，用两边讨好的策略预防命运的变化，后来还是普里恩的市民赔偿这笔庞大的金额。

---

① 有关查罗普斯参阅本书第三十章第5节。现在这段文字来自波利比乌斯《历史》第32卷第5—6节，包括他访问罗马和逝世的情况(前160年)，这里提到他的母亲名叫斐洛蒂斯(Philotis)。
② 亚里阿拉则斯前往罗马寻求援助是在前158年的夏天，参阅波利比乌斯《历史》第32卷第10节，接着很快就受到放逐的处分。下面提到奥罗夫尼斯为了获得德米特流斯的支持，承诺给予1000泰伦的报酬。由于400泰伦存放在普里恩引起争论，参阅波利比乌斯《历史》第33卷第6节。

41 攸门尼斯①对亚里阿拉则斯的逊位感到哀伤,为了个人的原因极力阻止野心勃勃的德米特流斯,找来一个容貌英俊而且年龄与叙利亚前任国王安蒂阿克斯②相若的年轻人,由于这个人住在西麦那,所以力言他是安蒂阿克斯③的儿子;面容相像使得很多人认同此事。等他来到帕加姆以后,国王让他戴上冠冕摆出全副的皇家派头和排场,打发他去见一位名叫季诺法尼斯(Zenophanes)的西里西亚人。后者因为某种缘故与德米特流斯发生争执,面临极其困难的处境得到当时已是国王的攸门尼斯给予鼎力相助,当然他对德米特流斯非常厌恶,会听从攸门尼斯提出的要求。他在西里西亚一个小镇与年轻人见面,将传言散布到叙利亚全境,说是时机来到就会光复他父亲遗留给他的王国④。叙利亚的民众在先王统治之下,慷慨的行为使得大家蒙受他的恩泽,德米特流斯的严峻以及难以忍受的需求,当然会让全国人民感到强烈的反感。他们一心一意准备有所改变,对未来充满希望受到鼓舞,政府很快落到另外一位君王的手里,对待他们非常的温和而且体谅他们的处境。

42 奥罗夫尼斯的使者⑤在返国的航程当中(前157年),想要暗中谋害亚里阿拉则斯,结果反而被后者在科孚将他们逮捕,立即处决。奥罗夫尼斯的党徒在科林斯想要如法炮制,亚里阿拉则斯逃脱布

---

① 帕加姆国王攸门尼斯二世死于前159年,所以这位应该是阿塔卢斯二世才对。

② 是指安蒂阿克斯五世优佩托,在位时间前163—前162年,只有1年。

③ 是指安蒂阿克斯四世伊庇法尼斯。

④ 他就像亚历山大·巴拉斯(Alexander Balas)一样,的确在前150年继承德米特流斯留下的宝座。

⑤ 有关他们的使者前往罗马,参阅波利比乌斯《历史》第32卷第10节。罗马的答复是亚里阿拉则斯和奥罗夫尼斯这两兄弟要共同统治,参阅阿庇安《罗马史:叙利亚战争》第47节。

下的天罗地网抵达帕加姆,阿塔卢斯的宫廷给他安全的庇护。

43 年长的托勒密率领大军使他的弟弟①处于受到围攻的困境(前158/前157年),忍受生存必需品的匮乏到罗掘俱穷的程度,所以不敢置他于死地,一方面是善良的天性和亲情关系,一方面是畏惧罗马的干涉和掣肘。他同意给予人身安全的保证,签订协议让年轻的托勒密拥有科孚这个殖民地,每年接受固定数额的谷物。前面提过两位国王的关系,处于不通来往的对立而且非要拼个死活不可,现在出乎意料获得合于人道的解决方式。

44 奥罗夫尼斯的情况恶化,没有足够的金钱感到焦虑不已,很怕激起部下的叛乱行动。目前缺乏财源逼得要去抢夺位于亚里德尼(Ariadne)山下的宙斯神庙,据说这个圣地从古老的时代开始,已经拥有不可侵犯的特权,聚积令人难以置信的财富,等到他大肆洗劫以后可以支付拖欠已久的薪资。

45 俾西尼亚国王普禄西阿斯对阿塔卢斯发起突击失败以后,摧毁城墙外面一个名叫尼西弗里姆(Nicephorium)②的圣地,将位于该处的神庙掠夺一空(前156年)。他运走为许愿所奉献的雕像,还有神明的画像和极其著名的阿斯克勒庇斯神像,这是出于菲罗玛克斯(Phyromachus)之手的艺术精品;他连所有的神龛和祠堂全不放过。神明的天

---

① 年纪较轻的托勒密(菲斯康)仍旧拥有塞浦路斯不愿放手,被迫在拉佩朱斯(Lapithus)向斐洛米托投降,参阅波利比乌斯《历史》第39卷第7节。

② 参阅本书第二十八章第5节及注释7,有关这次作战的详情参阅波利比乌斯《历史》第32卷第15—16节。

谴很快让他惨遭重大的灾难，军队里痢疾流行，大部分士兵因病丧失性命，他的水师遭到同样的不幸，舰队在普罗潘提斯海突然遭到强烈的风暴，很多船只加上人员为大海吞噬，有些吹到岸边撞毁沉没。这是他亵渎神圣的天条得到的报应。

46 罗得人仗着他们的精明以及建立的威望，据说能从国王那里获得自愿奉上的贡金。他们对于在朝中掌权的人士，运用妙巧的谄媚和公开的诏书加以颂扬，这样做可以给予保证和非凡的先见之明，获得的好处和接受的捐赠较之国王的赏赐价值高多少倍都不止。例如他们从德米特流斯那里收到的礼物是二十万斗小麦和十万斗大麦，攸门尼斯在过世以后还欠他们三万斗谷物①；这位国王还答应要给他们盖一座大理石的剧院。罗得人能在他们的岛屿上面维持一个最有效能的政府，使得邻近的国君争着讨好他们，就会为他们带来很多的福利。

47 等到他被逼得尽全力从事战斗（前155年），就像伪币是用贱金属制造，让人看出他的底细，由于他个人的缺失使得战事扩大范围②。

48 罗得人的所作所为有的地方很像猎熊者，须知熊这种野兽的外表和力气非常吓人，但是猎人只要放出猎犬，虽然体形很小但是主动而且勇敢，很容易将它制服。因为熊的四只脚掌柔软而且多肉，

---

① 波利比乌斯《历史》第31卷第31节，特别提到不同意他们接受攸门尼斯偿还的280000斗谷物。
② 波利比乌斯《历史》第33卷第4节，提到罗得岛的将领亚里斯托克拉底，将战争带到克里特岛。

设置的陷阱要针对它的脚后跟,逼得它坐在那里不动,直到给予致命的一击,它们的运动缓慢而且举止非常的笨重,没有猎犬快捷和迅速。罗得人的海上战斗能力和拥有的优势受到举世的赞誉,等到出乎预料被一支小型舰队从四面八方包围起来,就会陷入极大的灾难之中①。

49 塞尔特布里亚有一个很小的城市名叫比吉达(Begeda)②,由于人口的增加非常快速,投票通过议案要扩大城市的范围(前153年)。罗马元老院对于他们的实力不断成长怀着猜忌之心,派出一个代表团要求他们按照双方签订的协议③,必须停止这种违规的行动,塞尔特布里亚人没有得到罗马的同意不能建立城市。有一位名叫开西鲁斯(Cacyrus)的长老给予答复,说是协议不许他们兴建城市,却没有禁止他们扩大古老的家园;他们不会兴建一个过去不在这里的城市,现在对已经存在的城市要加以整建,他们这样做不会违背双方的协议以及人类应该遵守的规定。他特别提到他们在各方面都会听命于罗马当局,任何时候需要他们的帮助,都会全心全意尽一个盟邦的本分,只是他们绝不会停止建设自己的城市。市民大会的成员一致赞同他的发言,使者回到罗马将他们的答复报告元老院。最后的裁决是废止双方签订的条约,开始发起敌对的行动。

---

① 详情并不清楚,这里的叙述应该与克里特岛的战事有关。

② 本文经过订正,这个城市的名字应该是塞吉达(Segeda)。有关塞尔特布里亚战争的详细情况,可以从阿庇安《罗马史:西班牙战争》第44节得知,这部分的叙述还是基于波利比乌斯提供的数据。

③ 这是提比流斯·森普罗纽斯·格拉齐早在一个世代之前缔结的和平条约(前179年)。

50 希腊只有唯一的机会可以决定战争的进退,塞尔特布里亚人
参加作战,甚至冬天来到都不会停止双方的行动,仅仅夜幕降
临会分开精力和体能尚未低落的勇士。有人称之为"怒火之战"可以牢记
心中,造成的印象比起任何东西都更为深刻。

51 再度发生全民的动乱,大家累积对德米特流斯的不满,威胁要让
他禅位下台。他的部队当中有位名叫安德瑞斯库斯(Andriscus)
的佣兵,无论是面貌和身材长得与帕修斯之子菲利浦非常相似,开始只有他的
朋友在打趣或嘲笑他的时候,把他称为"末代皇子",很快这种私下的传闻赢得
大众的信任。安德瑞斯库斯从这些谈话当中大胆加以暗示,不仅声称自己就是
帕修斯的儿子,还捏造一些有关他出生和抚养的虚构情节,甚至他还带着成群
的拥护者走向德米特流斯,提出呼吁要帮助他光复马其顿,支持他登上他父亲
留下的宝座。德米特流斯在开始就将他看成一个不成气候的怪物。民众聚集
起来很多政客发表意见,说他要不就支持安德瑞斯库斯的复国行动,如果他不
愿或是不能扮演国王的角色,要不他就辞职下台①。德米特流斯对于暴民激
烈的作风感到害怕,就在夜间逮捕安德瑞斯库斯,派人将他押解到罗马,就这
个人提出的主张向元老院送上一份详尽的报告。

52 塞尔特布里亚人赢得胜利以后,运用审慎的眼光看待未来的发
展,派遣使者去见执政官商议和平协议②。执政官对于维护罗马

---

① 本文经过订正,这句话的含义应该是"放弃安德瑞斯库斯让他自生自灭"。这件事
发生在安提阿,时间已经不得而知。安德瑞斯库斯的平生事迹在佐纳拉斯《历史摘要》第9
卷第18节有简要的记载,可以参阅本书三十二章第12及15—16节。
② 奎因都斯·弗尔维斯·诺比利奥(Q.Fulvius Nobilio)的战败是在公元前153年8月
23日,他们在翌年派出使者到罗马,要与执政官马可斯·克劳狄斯·马塞拉斯(M.Claudius
Marcellus)进行协商。马塞拉斯倾向于和平解决,远在西班牙的另外一位执政官,也就是诺
比利奥本人坚持主战的态度。

传统的威严和高傲，感到自己必须负起应尽的责任，给来使的答复是他们必须让罗马对他们有自由处置的权利，或者双方保持激昂的情绪继续进行战争。

53 狄奥多罗斯也将他们称为伊比利亚的露西塔尼亚人（Lusitanians）。他说法务官穆米乌斯（Mummius）率领一支军队前往伊比利亚（前 153 年），露西塔尼亚人集结兵力，趁着他在陆地进军的警戒欠周，出其不意将他击败在战场，大部分的军队遭到歼灭。等到伊比利亚的大捷变得众所周知，阿里瓦西人（Arevaci）①认为他们比伊比利亚人无论各方面都更占优势，所以对敌人产生藐视之心，人民在集会当中通过提案，要对罗马发起战争，这是产生后续行动的主要成因。

54 虽然罗得岛的民众激起热烈的情绪进行战争的准备工作，等到他们的冒险行动发生很多的差错，迫得他们只有着手较为奇特的打算，人们的长久时运不济就会丧失斗志。如同这些人发现他们遵照医生的处方，经过摄生术的调养病情没有好转，他们只有求助于奉献牺牲和求神占卜，还有一些人相信符咒和各种避邪物品的运用。突然间，罗得人所有的冒险行动都遭到失败，甚至要对那些平素不屑一顾的人请求给予援助，看在其他人的眼里，感到他们竟会如此荒谬不近情理②。

55 船只的装备多寡和体积大小并不会带来胜利，完全靠着战斗人员在甲板上面的英勇无畏和沉着应战。

---

① 这个民族居住在更为深远的塞尔特布里亚地区。有关卢契乌斯·穆米乌斯的战败，参阅阿庇安《罗马史：西班牙战争》第 56 节。
② 这部分的叙述来自波利比乌斯《历史》第 33 卷第 17 节的记载。

56 克里特人的船只停泊在夕弗诺斯(Siphnos),要对城市发起突击,运用恐吓和欺骗的伎俩获得允许,进入城内。他们立下神圣的誓约,不会亏待对方,然而克里特人的行为毫无诚信可言,他们将全城的人民出售为奴,洗劫所有的神庙,将奉献的财物当成战利品运回克里特。神明很快对他们犯罪的恶行施加惩罚,降临的天谴完全出乎大家的意料。他们对敌人拥有大型船只感到畏惧,被迫在夜间发航出海,突然遭到一阵强烈风暴的袭击,大部分人员丧生在惊涛骇浪之中,还有一些人在岩石海岸被撞得粉身碎骨,仅有少数人大难不死,那是因为他们对夕弗诺斯人没有背信和食言。

第三十二章
残　卷

1 迦太基人要对马西尼撒(Mesinissa)发动战争(前150年),考虑到会违背与罗马签订的条约①,派遣使者要让罗马当局知道发生的情况,得到的答复是如此模棱两可,使得迦太基人感到极其困扰。

2 有些人的目标是要获得其他人的疆域就得运用英勇和智慧,然而节制的作为和审慎的思考能够延伸更广的国土,对于恐惧置之不理或者毫

---

① 根据前201年双方签订的和约,迦太基没有获得罗马的同意,不能对外发起战争,阿非利加这个区域也包括在内。到了前151年的冬天,经过长期的酝酿,迦太基与努米底亚发生一次为时简短没有结果的战争。阿庇安《罗马史:布匿战争》第74节,提到两位使者前往罗马。

不在意,可以应付敌人的攻击确保自己的安全。证明这种论点应该经过仔细考虑,要在历史上寻找这方面的线索,古代的罗马创造面积广大的疆域就是最好的榜样。

3 迦太基的使者当众宣布,他们要惩罚负责与马西尼撒作战的人员①,有一位元老院的成员发言:"为何引起争执的人可以安然无恙,反倒是结束战争的人要施以惩处?"迦太基的使者无法给予诚实或言之有理的回答,只能保持沉默。他们的陈述使得罗马当局知道对方②已经尽力而为,所以元老院才用笨拙而且规避的方式,答复对方提出的要求。

4 阿明塔斯之子菲利浦是在马其顿遭到伊利里亚奴役的时候③,继位成为国王,运用武力加上自己是精明的指挥官,就从敌人手里夺回丧失的领土,他对于被征服者展现宽宏大量的胸襟,所以能在欧洲建立实力最强大的王国。像是他为了与雅典争夺希腊的霸权,就在一次著名的会战④中击溃对方,战败被杀暴尸战场的阵亡将士,他尽最大努力加以埋葬,同时他不要赎金释放俘虏让他们返回家园,数目超过两千多人。结果使得那些拿起武器为争夺领导权拼命的人,由于他对他们的仁慈,愿意承认他的权威超越希腊的城邦;他经过多年的奋斗和会战还是无法建立个人至高无上的地位,只有人道的行为让他的对手愿意拥护他出面领导整个希腊。

---

① 哈斯德鲁巴和迦萨洛,参阅阿庇安《罗马史:布匿战争》第74节。

② 这是指迦太基人。按照阿庇安的论点,罗马认为迦太基人"没有将事情交代清楚",他们必须"要让罗马当局感到满意"。使者请求详细说明,元老院的答复是"迦太基人的心里有数"。

③ 参阅本书第十六章第1节。

④ 这是前338年的奇罗尼亚会战,参阅本书第十六章第87节。

最后他运用恐怖的手段能够确保王国的长治久安,因为他将一个人口众多的城市奥林苏斯夷为平地。他的儿子亚历山大在攻占底比斯以后如法炮制,摧毁整座城市用来阻止雅典和斯巴达的叛乱,如果他不采用杀一儆百的手段,就会面对无法善了的局面。然而他在发起波斯战役的过程当中,对待战俘非常仁慈,亚洲人民愿意接受他的统治,英勇和宽厚做出同样的贡献。

提到更为近代的罗马人,他们勇往直前要建立称霸世界的帝国,靠着武力的所向无敌可以使美梦成真,然后用极其亲切的态度对待那些被他们征服的民族,看来可以扩大更为深远的影响力。不仅如此,他们对于听命顺从的城邦禁止采用残酷和报复的行动,他们不会像敌人那样去虐待对手,而是表现庇主和朋友应有的情谊。鉴于被征服者是过去的敌人,期望在闲聊中提到可怕的报复,征服者不让有任何民族比他们更为仁慈。他们让有些人登记成为市民同胞,同意有些人的通婚权利,有的让这些人恢复原来的独立,无论如何他们不会心怀过度严厉的怨恨。由于他们拥有超越一切的人道精神,因此国王、城市和整个民族都想达到罗马的标准。他们一旦真正统治整个人类居住的世界,就会用恐怖的手段并摧毁最著名的城市,肯定他们所拥有的权力。他们将科林斯夷为平地,他们要连根铲除马其顿的势力(可以拿帕修斯做例子),他们彻底毁灭迦太基,还有就是塞尔特布里亚人在努曼夏所建立的城市,还有更多的民族被他们用恐怖的手段加以威胁。

5 罗马当局总是按照惯例遵循公正的原则发起战争,有关这方面的事务不会造成无心之失或是仓促之间做出决定①。

---

① 波利比乌斯对罗马人怀有深厚的感情,这方面的言论参阅《历史》第 36 卷第 2 节。

6 　罗马元老院派出一支远征军前去攻打迦太基(前 149 年),等到传来的消息说是舰队在利列宾姆完成出海的准备,迦太基当局下令禁止敌对的行为,派遣代表团赶赴罗马①,将他们自己和整个国家交到罗马人手里,任凭对方处置。元老院接受他们的投降,给予的答复要正式通告迦太基,元老院允许他们保有法律、疆域、圣地、坟墓、自由和财产(只要提到迦太基这座城市,禁止说他们的打算要将它完全摧毁);迦太基人获得这些恩惠的条件是他们要提供三百名人质,应有的身份为议员的儿子,他们必须服从执政官的命令。

迦太基人认为他们要免予战争的危害,即使感到无限的悲痛也只有送出人质。然后罗马人抵达乌提卡②。迦太基再度派出使者,据以了解罗马对他们进一步的要求。执政官的最后通牒是放下武器投降,不得有欺骗的手段,就像罗马过去与哈斯德巴③作战所面临的情况;(罗马人)④从他们那里接收二十万件各式各样的武器以及两千门弩炮。因此罗马当局再度传话给迦太基人,吩咐他们选派一个由元老院年长议员组成的使节团,从而可以让他们得知最后的指示。迦太基派出三十位阶层最高的人士。资深的执政官马尼留斯(Manilius)⑤提到元老院已经下达敕令,他们必须放弃现在居住的城市,距离海洋约八十斯塔德⑥的位置兴建一座新城。使者对于这些指示只能用悲伤当成手段,恳求他们的同情和怜悯,所有的人都投身在地上,流着眼泪发出痛苦的哭声。市民大会激起热烈的情绪如同高涨

---

①　有关这部分的叙述参阅波利比乌斯《历史》第 36 卷第 2—6 节,以及阿庇安《罗马史:布匿战争》第 75 及后续各节。

②　乌提卡准备开城投降。

③　哈斯德鲁巴现在遭到放逐,正在编组军队要与城邦对抗。

④　运用的数据不完整,很多文字受到删节,使得这部分的叙述在压缩以后,前后无法衔接起来。

⑤　应该是马可斯·马尼留斯(Manilius),希腊文的名字变成密米留斯(Maemilius)。

⑥　大约是 10 罗马里(1 罗马里等于 0.91 英里或 1.45 千米)。

的浪潮。迦太基人经过一番挣扎从惊慌失措当中恢复过来,只有一个名叫布兰诺(Blanno)的人士,发表适合这情况的谈话,鼓起绝望的勇气,使用坦诚的言辞,所有听到的人都同情他们的境遇①。

罗马当局有坚定不移的决心要毁灭迦太基,命令使者直接赶回都城向市民报告他们接到的敕令②。有些使者考虑毫无希望返回家乡,只有尽其所能为个人找到可以安身立命的庇护,其他的使者选择回国这条路,完成为城邦带来致命后果的任务。群众聚集起来前去迎接他们的来到,使者低垂着头无法开口说一句话,只有高举双手向上苍乞求神明给予援助,他们前往市民大会会场,向吉罗西亚(Gerousia)③报告罗马要强制执行的命令。

7 西庇阿(他后来才得到阿非利加努斯的称号,当时仅是一位军事护民官)不像其他的护民官,因为其他的护民官对于誓约毫无诚信可言,他们为了达成目标会不择手段,只有西庇阿遵守对被围城市所做的承诺,任何人将自己交到他的手上都会受到诚信的待遇。出于这个原因以及公正的声名他在利比亚变得众所周知,除非西庇阿参加协议,否则没有人在受到围攻的情况下放弃自己的城市。

8 作战阵亡的罗马人④当中还有三位暴尸沙场,全军对这一次的损失感到极其悲痛,特别还有同伴的埋葬权利受到剥削。西庇阿获

---

① 他的演说在阿庇安《罗马史:布匿战争》第83—85节有完整的记录,阿庇安说他的名字是班诺(Banno)绰号泰吉拉斯(Tigillas)。

② 参阅阿庇安《罗马史:布匿战争》第86—91节,以及波利比乌斯《历史》第36卷第7节。

③ 迦太基的长老会议。波利比乌斯《历史》第10卷第18节,提到这个会议的功能与罗马元老院没有什么差别。

④ 这场会战发生在尼菲瑞斯(Nepheris)附近,阿庇安《罗马史:布匿战争》第102—104节,提到这三个罗马人都是军事护民官,嫉妒西庇阿,所以唆使执政官不要理会他的劝告。

得执政官的同意,他派人送一份书面的请求给哈斯德鲁巴①让死者获得安葬。哈斯德鲁巴接受请求,举行葬礼给予应有的尊荣,并且将遗骨送给执政官;西庇阿更加受到大家的尊敬,甚至对敌人都能发挥很大的影响力。

9 迦太基的妇女将她们的金饰捐献出来。现在他们的命运面临最后关头,一旦战败,所有的财产随之而去,只能靠着这份奉献品重建他们的安全。

10 [大家都知道科松(Cothon)是迦太基的港口。这个地方拥有几点有利之处,会在适当的时机给予详尽的介绍。]

11 他说迦太基的城墙高有四十肘尺,宽有二十四肘尺②。虽然如此,罗马的攻城机具以及他们的作战技术,超过迦太基的防卫能力,所以他们能够占领城市并且将它夷为平地。

12 [这里有份资料再度与他有关③]。有位年轻人名叫安德瑞斯库斯,自称是帕修斯的儿子,德米特流斯将他押解到罗马,元老院要他居住在意大利某个城市。过了一段时间,他逃走,乘船前往米勒都斯。他在停留期间杜撰一个与他身世有关的故事,用意在于表示他是帕修斯的儿子。他说他还是婴儿的时候就被送给克里特人抚养,后来克里特人交给他一份盖有印玺的文件,帕修斯在上面向他透露两处宝藏的位置,

---

① 迦太基当局决定抵抗罗马大军的攻击,立刻将哈斯德鲁巴从放逐中召回,指派他出任将领,参阅阿庇安《罗马史:布匿战争》第93节。

② 参阅阿庇安《罗马史:布匿战争》第95—96节,叙述城市的情况,包括它的防务和港口。

③ 这里提到安德瑞斯库斯的事迹,可以参阅波利比乌斯《历史》第36卷第10节。

一处位于安斐波里斯，放在一条航道的下面深度有十呎，全部藏金是一百五十泰伦的银两；另外一处有七十泰伦是在提萨洛尼卡，面对宫廷一座半圆形柱廊的中间。他的故事吸引很多人的注意，最后传到米勒都斯行政官员的耳中，他受到逮捕关进监牢。正好有几位使者前来访问城市，就向他们提到这件事还请教他们如何处理，他们用嘲笑的口吻劝行政官员放了这个家伙，让他到各处去混口饭吃。

他在获释以后还是继续扮演那一出华而不实的哑剧。他杜撰皇家出身的故事经过不断润饰，竟然连马其顿人都成为诈骗的对象，他有一个为他出力的从犯，马其顿人奈柯劳斯（Nicolaus）是演奏竖琴的乐师，从后者那里得知凯利帕（Callippa）这个妇人曾经是帕修斯王的侍妾，现在成为帕加姆人阿昔尼乌斯（Athenaeus）的妻子。他前去投靠这位女士，帕修斯的亲情当成浪漫的故事向她倾诉，让她支付旅行的费用，加上一套皇家的衣物和一顶冠冕，还有两个奴隶足够他的需要。他从凯利帕的口里打听到消息，说是色雷斯的酋长特里斯（Teres），娶了前任国王菲利浦①的女儿为妻。获得支持使他鼓起勇气前往色雷斯，途中在拜占庭稍作停留，发现可以接受很大的好处，拜占庭的市民经常出现愚蠢的行为，后来受到罗马当局的惩罚。

现在有更多的人聚集在他的身边，抵达色雷斯就去投奔特里斯的宫廷。特里斯为了礼遇起见，供应一百名士兵组成护卫的部队，还将冠冕戴在他的头上。特里斯将他介绍给其他的酋长，安德瑞斯库斯从他们那里接到另外一百多人马。这支队伍来到色雷斯酋长巴萨巴斯的宫廷，说服酋长参加远征的行动，保护他返回马其顿的家园，这时他用继承为理由力言他

---

① 这一位菲利浦是帕修斯的儿子，他就是安德瑞斯库斯冒充的对象。菲利浦并没有登上王位，成为俘虏死在意大利，只比他父亲多活了两年。

对马其顿的王位有合法的权利。他在战场被马其顿尼库斯①击败（前148年），这位冒牌的菲利浦在色雷斯得到庇护，最后他②在马其顿所有的城市都能占到上风。

13 利比亚的末代国王马西尼撒始终与罗马维持友善的关系，这位拥有各方面才华的君主，享有九十岁的高龄，亡故以后留下十个儿子，就将监护权托付给罗马当局（前149/前148年）。他是一个体能极为强韧的人，从孩童时期开始习惯各种难以忍受的动作：他能随时站着保持不动的姿态长达整天，或是从早到晚坐在那里只是忙着自己的事务；他可以骑马跑上一天一夜，就是再继续下去也不会感到头晕或任何不适。他的一生都保持健康的身体而且充满活力，虽然他将近九十岁，就在他过世的时候还留下一个四岁的儿子，这个小孩的身体非常强壮。马西尼撒非常用心照顾自己的产业，留给每个儿子一个农庄以及一万亩田地，上面盖着各式各样合用的建筑物。他是一位显赫的国王，拥有光辉的生涯，统治的时间长达六十年。

14 西庇阿在与费米阿斯（Phameas）会合以后就能拥有很大的成功希望，他说服后者连同手下的一千两百名骑兵脱离迦太基的阵营③。

---

① 奎因都斯·梅提拉斯·马其顿尼库斯（Q.Metellus Macedonicus）在巴布留斯·朱温久斯·萨尔纳（P.Iuventius Thalna）战败阵亡以后，前148年以法务官的头衔奉命来到马其顿，参阅佐纳拉斯《历史摘要》第9卷第28节。

② 应该是指梅拉斯·马其顿尼库斯。

③ 参阅阿庇安《罗马史：布匿战争》第107—108节。事件发生的时间是公元前149年冬天。

15 冒牌的菲利浦打败罗马人①赢得一次大捷(前 148 年),变得野蛮而且残酷像一个暴君视法律为无物。他对很多有钱的财主施以不实和恶毒的指控,处死以后籍没他们的财产,甚至连他的朋友都遭到谋害。他天生野蛮、嗜血和傲慢的性格,还要加上贪婪和极其卑劣的气质。

马可斯·波修斯·加图的精明和睿智广受众人的赞誉,有人向他问起西庇阿在利比亚的进展如何,他说道:"只有他保住敏锐的感觉,其他人如同飘忽的鬼魂。"再者,民众始终对这个人怀着宠爱之心,使得他成为执政官②。

西庇阿备受民众的拥戴和爱护,虽然他的年龄不能合乎法律的规定,他们还是尽最大努力授予他执政官的职位。

16 假冒的菲利浦指派特勒斯底(Telestes)担任将领。不过,罗马人给予的承诺使他受到诱惑,发生叛变,率领他的骑兵部队投向西昔留斯。菲利浦对他的行为极其愤慨,逮捕特勒斯底的妻子和儿女,就在他们身上发泄他的怒气。

17 命运女神为了达成所望目标使得整个情况变得混乱不堪,就会让敌对者的一方先建立联盟关系,然后让另一方也能如法炮制。

18 罗马执政官卡普纽斯(Calpurnius)③在接受某个市镇的投降以后,将他立下的誓言置之不理,整个市镇被他夷为平地。他的

---

① 应该是指他在前 149 年打败罗马法务官萨尔纳,不过后者的过世是在翌年。有关安德瑞斯库斯的行为参阅波利比乌斯《历史》第 36 卷第 17 节。

② 加图亡故于前 149 年,西庇阿在翌年当选执政官,参阅阿庇安《罗马史:布匿战争》。加图所说的话来自荷马《奥德赛》第 10 卷第 495 行。

③ 卢契乌斯·卡普纽斯·毕索·西索尼努斯(L.Calpurnius Piso Caesoninus)是前 148 年的执政官。有关他违背誓言和在利比亚的败北,参阅阿庇安《罗马史·布匿战争》第 110 节和佐纳拉斯《历史摘要》第 9 卷第 29 节。

不守信义对于他的事业极其不利,像是上天一直找他的麻烦,他采取的行动无法达成目标全部无疾而终。

19 普禄西阿斯的容貌令人厌恶,加上他过着舒适的生活变得毫无男子气概,因此俾西尼亚人对他极其憎恨①。

20 元老院派出一个委员会前往亚洲,要让奈柯米德(Nicomedes)和他的父亲普禄西阿斯之间的战争获得解决,选出的成员一位是黎西纽斯(Licinius),为痛风所苦,一位是曼西努斯(Mancinus),脑袋被屋瓦打破露出骨头,另一位是卢契乌斯(Lucius),这个人的身体麻痹。加图是元老院的首脑人物,极其精明睿智,因此他在元老院提起这件事说道:"我们派出一个没有脚、没有头和没有心的代表团。"真是一语道破用人的不当,成为街谈巷议的题材。

21 奈柯米德在会战中打败普禄西阿斯,夺取位于圣地的宙斯神庙以后将他的父亲处死。他成功登上俾西尼亚的宝座,犯下十恶不赦的弑亲罪行,获得最为显赫的高位。

22 迦太基人受到围攻的时候(前 147 年),哈斯德鲁巴派人邀请古卢萨(Gulussa)前来面谈。为了遵守将领②给予的指示,古

---

① 戴奥多鲁斯不顾事实,硬把普禄西阿斯发生在前 149 年的事件,叙述的时候竟然放在前 148 年之后。本章第 19—20 节的文字全部来自波利比乌斯《历史》第 36 卷第 14—15 节。第 20 节提到的使者是马可斯·黎西纽斯(M.Licinius)、奥卢斯·贺斯蒂留斯·曼西努斯(A. Hostilius Mancinus)和卢契乌斯·曼留斯·乌尔索(L.Manlius Vulso)。

② 这位是西庇阿。古卢萨[或称果洛西斯(Golosses)]是马西尼撒的儿子,主动要与罗马缔结联盟关系。

卢萨愿意提供哈斯德鲁巴一个避难所,加上他选出十个家庭,还有十泰伦钱财和一百名奴隶。哈斯德鲁巴的答复是整个国家陷入水深火热之中,上苍不愿见到他为自己的安全,将人民的痛苦置之度外。现在的他从言语上已经抹去英勇的形象,行为上暴露他是一个叛徒。虽然他的城市面临绝望的困境,他还要过奢华的生活,随时都要邀请宾客大摆宴席,用傲慢的态度奉上第二道菜肴。无数市民同胞正要饿死在饥馑之中,可以视为对他最大的侮辱,这时他仍然身穿紫袍和昂贵的毛料斗篷四处走动,如同城邦遭遇不幸他还能饮酒作乐。

23 迦太基陷落的时候(前 146 年),将领①忘记他那令人感到骄傲的英勇,或者他那表示崇高气节的谈话,抛弃投奔他们阵营的逃兵,打扮成一个战败求饶者的模样,迎接即将来到的西庇阿。他跪在地上紧紧抱住西庇阿的两个膝头,一边啜泣一边说讨好的话,让人听到就会同情他的遭遇。西庇阿劝他鼓起勇气不要害怕,开会的时候向坐在身边的朋友说道:"这个人只是暂时霉运临头,所以不愿接受为城市的安全提出最好的条件,这就是命运女神和他的权力所以会变动无常的关系,在无法预测的情况下他对人类所有的自负和虚矫,都会导致最后的崩塌和瓦解。"

24 迦太基受到士兵的纵火,全城毁灭在烈焰之中,西庇阿看到可怕的景象情不自禁地流下眼泪。他的导师波利比乌斯问他何以如此深受感动,他说道:"因为我一时想起命运女神的变幻莫测和事物的盛极而衰,或许有一天罗马会在人谋不臧的情况下遭到同样的下场。"他还

---

① 这位是哈斯德鲁巴。这里所指的"逃兵"是大约 900 名罗马人,连上哈斯德鲁巴和他的家人,固守在伊斯穆(Esmun)设防的寺庙拒不投降,等到哈斯德鲁巴变节,他的妻子将他们的儿子全部杀死,自己纵身烈焰之中。参阅波利比乌斯《历史》第 38 卷第 19—21 节。

朗诵荷马的诗句以发思古之幽情①：

> 神圣的特洛伊连带普瑞安和他子民，
>
> 总有一天遭到战火的毁灭命丧黄泉。

25 西庇阿在占领迦太基以后，就将收集的战利品陈列在使者的前面，这些人是从西西里来到此地，吩咐他们拣出过去属于城邦的东西，运回西西里使之物归原主。发现很多著名人物的画像和出于名家之手的雕塑，还有大量奉献给神明的金银制品。其中包括阿克拉加斯那座声名狼藉的铜牛：这是伯瑞劳斯为僭主费拉瑞斯制作的精品，首次试用这件刑具的时候丧失自己的性命，真可以说是请君入瓮自食苦果②。

26 希腊要是成为国破家亡的受害者，历史不会对征服者的行为都有详尽的记载。其实，要是希腊竟然陷入极端不幸的处境，无论是撰写或阅读这段历史，没有人不会掉下眼泪。我详述希腊的灾难连连，同样会感到痛苦万分，虽然我的作品可以当成永久保存的记录交给我们的后代子孙，同时也注意到从过去的事件获得的经验可以让大家提高警觉，特别是产生的结局对于改进自己的错误一定大有帮助。因此，批评和非难并不是直接对着史家而来，而是那些处理军国大事如此愚蠢的人。例如，并非士兵的怯懦畏战而是指挥官缺乏经验，使得亚该亚联盟解体到最后的灭亡。

---

① 引用荷马《伊利亚特》第 6 卷第 448—449 行。波利比乌斯是目击迦太基陷落的史家。

② 有关铜牛这件刑具，参阅本书第九章第 18—19 节和第十三章第 90 节。阿庇安《罗马史：布匿战争》第 133 节，提到战利品的处理情况。

大家认为同一时候可怕的灾难突然袭击迦太基人,然而希腊人遭遇的不幸从各方面来说较之他们更加严重。由于迦太基的完全毁灭,灾难带来的悲伤随之消失不见踪迹;要是就希腊的城邦而言,无论是他们的亲戚和朋友遭到屠杀和斩首,他们的城市遭到占领和掠夺,所有的民众遭到恶意的奴役,都可以找到很多目击证人,总之,双方都丧失自由和表达意见的权利,繁荣兴旺的幸福变为极度悲惨的痛苦。他们竟然如此轻率就对罗马发起战争,现在就要经历令人发指的灾难①。

狂热的亚该亚联盟陷入自我毁灭的处境虽然令人感到惊奇,从各方面看来是他们自食恶果遭到天谴。发生这些灾难应该归咎于将领,他们要负起责任。他们之中有些人欠下大笔借贷,准备用革命和战争取消欠债;还有很多债务人支持他们的行动,能够激起平民大众的响应②。其他的领导人物变得非常愚蠢只会召开毫无希望的会议。克瑞托劳斯(Critolaus)最重要的作为是他在群众当中激起革命的火花③。他运用地位所建立的威信,公开指控罗马人的高压行为和自私自利:他说他希望成为罗马的朋友,现在基于自由意志已经别无选择,只能把他们当成君主在那里高呼万岁。大会即将完全认同他的观点,如果表示自己都是市民,那么就不会缺少盟友;如果他们认为自己是奴隶,那么就不会没有主人;他的说话给人带来一种印象,就是国王和自由的城邦已经就军事联盟这个主题展开会谈。

他的演讲煽动暴民炽热的情绪,带领大家走向宣战之路,名义上是为了对付斯巴达,真正的目标却是罗马。须知经常出现的情况是恶行凌驾美德,声明只会压制哀求,最后带来毁灭不能达成减低冲突和获得安全的

---

① 希腊人的战败和迦太基的灭亡进行比较,参阅波利比乌斯《历史》第 38 卷第 1 节。

② 波利比乌斯认为亚该亚联盟采取的行动,发生在前 147 年的冬天。

③ 这是亚该亚联盟运用的策略。本节其他的叙述与联盟在科林斯召开大会有关,参阅波利比乌斯《历史》第 38 节第 12—13 节。

效果。

27 早期的诗人写出歌颂的词句：

科林斯是希腊最为璀璨的明星。

就是这个城市在随后的时代陷入惊慌失措的处境,现在则被征服者彻底绝灭。想当年科林斯已经衰败下去,就会引起大家的同情;甚至就在后来这段时期,他们看到城市被夷为平地,所有在场的人都受到感动,恻隐之心油然而生。

旅客来到此地虽然只能看到为数不多的遗迹,可以见证往日的繁华和光荣,却也会情不自禁地流出眼泪。即使在古老的时代,那不过是一百多年以后的事,盖尤斯·尤利乌斯·恺撒(丰功伟业使他获得封神的头衔)看到遗址以后就要重新兴建这座城市。

他们的意图被两种相反的情绪所掌握,安全的希望和毁灭的期待。

就是这个人和他那高标准的处理方式,使得他广受赞誉的慷慨在我们的历史留下记录。鉴于他的祖先利用这座城市极其冷酷无情,他的仁慈使得他们那种不近人情的严厉得以改善,靠的是谅解而不是惩罚。他的成就已经超凡入圣远胜过所有的祖先,有资格得到位阶最高的头衔①,基础在于建立勋业彪炳的功绩。总而言之,这个人有高贵的家世和地位,从事政治夺取最高的权力,参加战争发挥指挥的才华,一掷千金视钱财如粪土,广受大众的赞誉推崇,极度的慷慨在历史上留下盛名。况且他的言行举止是如此伟大,已经超越所有年代更早的罗马人。

---

① 这是指尤利乌斯·恺撒死后获得封神的尊荣,关键在于他的继承人奥古斯都已经成为罗马帝国大权独揽的统治者。

28 托勒密·斐洛米托进军叙利亚的打算是支持亚历山大(前146年),理由是双方的亲戚关系①。等到他发现这个人毫无勇气缺乏积极进取的精神,就将他的女儿克里奥帕特拉换个对象,许配给德米特流斯,借口是一场阴谋正在酝酿之中②,同时双方的婚姻誓约可以进而安排同盟协议的缔结。海拉克斯和戴奥多都斯对于亚历山大感到绝望,始终畏惧德米特流斯采取行动,因为他们对他的父亲犯下很大的错误,现在为了补救起见煽动安提阿的人民发起叛变,将托勒密接到城市里面,让他戴上王冠成为国王。他对登上安提阿的宝座并不热衷,倒是愿意把内叙利亚加入自己的版图,他与德米特流斯在暗中安排一个共同的计划,托勒密可以统治内叙利亚,德米特流斯得到祖先遗留的疆域。

29 亚历山大战败③(前145年)率领五百名手下逃到阿拉伯的阿比(Abae),向当地的酋长戴奥克利(Diocles)求得庇护,他在早年将那个还是婴儿的儿子安蒂阿克斯④安置在这里,由戴奥克利给予照顾。赫利阿德(Heliades)和卡休斯(Casius)是两位与亚历山大同甘共苦的官员,为了自己的安全进行暗中的协商,出于自愿要暗杀亚历山大。德米

---

① 塞琉卡斯王朝的篡夺者亚历山大·巴拉斯(统治时期前150—前145年),出兵帮助托勒密·斐洛米托,击败并且杀死德米特流斯一世索特尔,然后娶托勒密的女儿为妻。等到德米特流斯一世的儿子继承王位,就是德米特流斯二世尼卡托·瑟奥斯·费拉德法斯(Demetrius II Nicator Theos Philadelphus),对于亚历山大·拉巴斯的地位形成威胁。

② 参阅《圣经:旧约玛加伯上》(1 Maccabees)第11章第10节和约西法斯《犹太古代史》第13卷第103节。提到德米特流斯的入侵是在塞琉卡斯王朝第165年即前147年(这里提到的圣经是天主教的思高圣经,基督教的圣经认为旧约的玛加伯是伪经加以删除)。

③ 德米特流斯和托勒密的部队会师以后,在厄诺帕拉斯(Oenoparas)河与亚历山大·巴拉斯发起会战,时间是在公元前114年初夏。阿比的位置不详,应该是在叙利亚的北部。

④ 后来在戴奥多都斯·特里丰(篡夺的统治时期前142—前138年)的拥戴之下成为名义上的国王,称为安蒂阿克斯六世瑟奥斯·伊庇法尼斯·狄俄尼索斯(Antiochus VI Theos Epiphanes Dionysus)。

特流斯同意他们提出的条件,这两个人不仅成为国王的叛徒也是犯下谋杀罪行的凶手。因而亚历山大最后死在朋友手里。

30 亚历山大亡故之前发生非常奇特的事件,如果略而不提会让人感到遗憾,虽然这件事是如此不可思议,却也没有达到无法置信的程度。就在我们叙述这件事不久之前,亚历山大在西里西亚[这是阿波罗位于萨佩多流斯(Sarpedonius)的圣地①]求取神谶指点迷津,据说神明的答复是他在"合二为一"的地方要特别当心,开始的时候神谶很像谜语不解其意,等到国王亡故以后,大家才发觉是基于下面的成因。

阿拉伯的阿比住了一个人,名叫戴奥芳都斯(Diophantus),他的祖先是马其顿人。这个人娶当地的阿拉伯妇女为妻,给他生一个儿子用上自己的名字,还有一个女儿叫作赫拉伊斯(Herais)。他看着这个儿子在成年以前夭折,女儿到了及笄的年龄为她准备嫁妆,将她许配给名叫萨米阿德(Samiades)的男子。他与妻子婚后过了两年的生活离家远行。据说赫拉伊斯患了一种非常奇特的疾病,整个人变得难以置信的虚弱。一个很大的肿瘤出现在她腹部的下方,感染的部位变得愈来愈肿胀,同时并发高烧一直不退,医生怀疑她的子宫口发炎成为溃疡。他们进行的治疗是先要退烧,然而到了第七天,肿瘤的表面破裂,从她的鼠蹊突出一个男性生殖器官还附着睾丸。发生裂开的时候没有医生或其他人员在场,只有她的母亲和两位女佣人。这种特殊的形象看在眼里让她们极其惊愕,为了保护赫拉伊斯,对于发生的情况一个字都不提。

她经历重病开始复原,仍旧穿着女性的衣服,表现的行为如同有一位丈夫的年轻妻子。不过,可以设想那些私下得知这种奇特秘密的人,会认

---

① 这块圣地位于塞琉西亚。

为她是一个阴阳人，所以她才与丈夫有过去的生活，目前合乎自然的性交方式已经不适合身体的机能，她认为再与丈夫同房是一种同性恋的关系。这时她的情况还未透露出去，萨米阿德返家就要妻子陪伴也是当然之理。她现在要是出现在良人的面前感到羞愧，这样一来使得他极其恼怒。他一直要求对方要履行妻子的责任，这时她的父亲加以拒绝却很难说出理由。他们的意见不合很快引发争吵。结果使得萨米阿德为了得到自己的妻子，要对岳父提出诉讼，命运女神可以让她像一般人那样过着真实的生活，等到发生奇特的改变就会引起双方对簿公堂。

法官就座以后所有的文书都已齐备，双方在法庭展开辩论，陪审员就丈夫对妻子抑或父亲对女儿拥有支配权发生争执。等到院方认定妻子的责任是要服侍丈夫，她最后只有透露所有的实情。她鼓起勇气解除用来掩饰身份的衣服，把雄赳赳的气概展现在大家的眼前，对于任何人想要让她的良人去与男子姘居，这都是一篇措辞严厉的驳斥。所有在场的人士感到极其错愕，对于不可思议的情况真是大为惊奇。赫拉伊斯对于用原来的身份出现在公众场合感到难为情，将妇女的服饰改为年轻男子的装束；医生出来做证，提出论点是她的男性器官隐藏在女性器官的卵形组织之中，一层薄膜出乎异常将它覆盖起来，一条裂缝可以用来排泄尿液。结果他发现需要在穿孔的部位划出细痕，用来促进结瘢的愈合：这样就会让男性器官有端正的形状，大家对于运用这种治疗的方式获得的成果，给予信任和认可。

赫拉伊斯将名字改为戴奥芳都斯，从军在骑兵部队服役，参加作战追随国王退到阿比。过去无法了解的神谶，等到国王在阿比遭到刺杀，谜底清楚呈现出来，因为这个"合二为一"的人物出生在这个地方。他们还提到萨米阿德对违反自然的婚姻感到羞愧，只有抑制这方面的需求，让一个奴隶成为他的爱人，直到老年都陪伴在身边，在他的遗嘱当中指定戴奥芳都斯继承财产，一切安排妥当才告别人世。她生为妇女却能获得男子汉的勇气和声名，同时可以证明这个男子就坚定的意志而论不如一个妇人。

31 三十年以后伊庇道鲁斯这座城市，在类似条件之下发生性别的改变。这里有个名叫凯洛（Callo）的小孩自幼父母双亡，大家认为这个孤儿是个女童。她天生是个石女没有孔道，就在所谓大阴唇的旁边有一个小洞，可以用来排泄尿液。成年以后她成为一位市民的妻子。两人生活在一起有两年，由于她不能像妇女一样从事正常的性交，不得已只有顺从违背自然的方式。后来她的生殖器长出一个肿瘤变得非常疼痛，请来很多医生看诊。没有一个愿意负起治疗的责任，有位药商愿意出手一试，用刀切开红肿的部位，伸出一个男性的生殖器官，就是睾丸和没有马眼的阴茎。就在大家对这件很特殊的病症感到惊奇不已的时候，药商采取适当的疗程用来处理遗留的缺陷。首先，龟头上面开一个切口，连接尿道形成一个通路，插入一条银质管用来排泄尿液。然后在开出孔洞的部位划出细痕，结疤会使各部分愈合在一起。他在完成治疗手术以后要求支付双倍的诊金，说他接收一个女性病患，使得她成为健康的年轻男子。凯洛将梭杆和妇女用的工具放在一边，换穿男子的服装将名字改为凯隆（Callon）。有人说她改换身份之前是德米特的女祭司，因为她见证很多不该为男子看到的事，犯下亵渎神圣的罪行受到审判。

32 据说在那不勒斯和很多其他的地方，也会突然发生性别变换的案例，不是雄性和雌性的性征混合形成双性的类型，实际上不可能出于人类的惊愕和迷惑，而是自然女神经由身体发生局部的差错呈现虚假的印象。我们认为性别变换一事值得加以记载，不是为了娱乐读者而是扩大知识的范围促成社会的进步。因为有很多人将这种情况视为征兆或奇迹,陷入迷信的窠臼无法自拔,不仅给个人带来不利的影响,就连城市和国家都会深受其害①。据说在马西战争爆发的时候,有一个意大利人住在离罗马不远的地方,娶了一位如上所述的阴阳人;这件事让元老院知道以后,出于迷信的恐惧心理,听从伊楚里亚占卜官的证词,下令将这个不幸的妇女活活烧死。即使一个人具有与我们一样的性征,事实上他并不是一个怪物,由于我们对他的病情不了解,就会给他带来非常不适当的结局。不久以后在雅典出现同样的案子,根本无法得知这个人所受的痛苦,经过判决处以令人发指的火刑。

甚至还有荒诞不经的故事提到一种名叫鬣狗的动物,同时具备雄性和雌性的器官,连续很多年彼此轮流爬到对方的背上去交尾②。这种说法非常简单只是与事实不符。无论是雄性或是雌性都有各自的性征,可以很清楚地分辨出来,但是在提到的每种案例当中任何一个附属物,可以造成不实的印象或者欺骗漫不经心的观察者:雌性在它那个部位有一个附属肢体,外形类似雄性的器官;反过来说,雄性在外形上看来与女性相似的一种器官。所有的生物都会如此,各种怪物经常生出来也是事实,只是不会继续成长到达发育完成的程度。还有人提到这种治疗的方式,就会引起迷信的恐惧心理。

---

① 尤利乌斯·奥普西昆斯(Julius Obsequens)《惊讶录》记载很多诸如此类奇特的征兆和不可思议的传说。

② 伊利安《论动物的习性》(*On the Characteristics of Animals*)第 1 卷第 25 节出现这方面的记载,然而早在亚里士多德《动物史》(*Historia Animalium*)第 6 卷第 32 节,就认为这种情况并不存在。

第三十三章

残　卷

1 按照狄奥多罗斯的说法,露西塔尼亚人在开始的时候,由于缺少够资格的领导者,等到与罗马发生战争成为很容易捕获的猎物,后来发现维瑞阿朱斯(Viriathus)①给罗马人带来极其痛苦的重大损失,整个情况才有所改变。这位英雄人物是露西塔尼亚的土著,住处靠近海洋,从小放牧羊群是一个经验丰富的山地人;旷野的生活方式,必须配合天赋的体能条件,因为他有力气很长的手臂、健步如飞的双足,敏捷机警远胜其他的伊比里亚人。他已经习惯一种辟谷的摄生方式,只需少量的食物,可以忍受最低限度的睡

---

① 有关维瑞阿朱斯的性格和事迹参阅笛欧·卡休斯《罗马史》第 22 卷第 73 节,以及阿庇安《罗马史:西班牙战争》第 75 节。

眠,总而言之,所有的时间要生活在武力的威胁之下,不断与凶狠的野兽以及残暴的罪徒进行斗争,他使得自己在群众当中声名响亮,受到推举成为他们的首领,没过多久在他的四周聚集一帮掠夺者。

他在战场的胜利使他成为勇士,领导的能力能够赢得更高的权势。再者,他分配战利品,非常小心发给每个人应得的分量,对于特别英勇的人有额外的奖赏。他虽然是个山贼,过了相当长的时间宣称自己是酋长,开始举兵反抗罗马的统治,并且在很多次会战当中击败对方(前147年):诸如罗马将领维蒂留斯①率领的军队,被他彻底击溃连带将领本人成为俘虏,受到斩首示众的处决。

他赢得很多军事方面的成就,直到当局指派费比乌斯②负责对他进行征讨(前145/前144年)。此后他的时运欠佳陷入不利的局势。然而经过一番整顿,他赢得新的桂冠要以费比乌斯的败北作为代价(前140年),逼得他缔结不利于罗马人的协议。昔庇阿(Caepio)③受到推选指挥部队对抗维瑞阿朱斯(前140/前139年),废除双方同意的条约,从此维瑞阿朱斯一蹶不振,甚至想要签署停战协议,还是遭到彻底的溃败,最后被自己的亲戚暗杀。昔庇阿威胁接替指挥的陶塔穆斯(Tautamus)和所率领的军队,安排停战协议强迫对方接受,答应提供土地和城市让他们居住,过安定的生活。

露西塔尼亚的强盗头目维瑞阿朱斯分配掠夺物非常公平:他给予的报酬基于每个人的功绩,手下人员只要作战英勇有突出的表现,就会给予特别的奖励,举凡属于公众的钱财他可以做到一介不取。因之露西塔尼亚人

---

① 罗马法务官盖尤斯·维蒂留斯于前147年奉命镇压西班牙的动乱,军队在垂布拉(Tribula)附近遭到伏击造成溃败,参阅阿庇安《罗马史:西班牙战争》第61—63节。

② 这位可能是前145年的执政官奎因·费比乌斯·麦克西穆斯·伊米利阿努斯,下面提到142年的执政官是奎因都斯·费比乌斯·麦克西穆斯·塞维阿努斯(Q.Fabius Maximus Servilianus),参阅阿庇安《罗马史:西班牙战争》第67—69节。

③ 这位是前140年的执政官奎因都斯·塞维留斯·昔庇阿。参阅下面第21节和阿庇安《罗马史:西班牙战争》第70和74—75节。

全心全力追随他进入战场,推崇他是整个民族的庇主和救星。

2 罗马法务官普劳久斯(Plautius)①担任行省的总督(前146年),证明自己是一个不称职的领导者。他返国以后被举发他犯下的罪行,面对渎职的指控,受到放逐的处分,只有离开罗马。

3 叙利亚国王亚历山大的个性极其懦弱,无法胜任统治的工作,就将安提阿的行政事务交给海拉克斯和戴奥多都斯处理(前145年)。

4 德米特流斯在埃及的大权旁落以后只有赶紧离开(前145年),庆幸自己可以逃避所有的危险②。他的习性始终认为讨好民众会受人藐视,不断用自己的需要来增加民众的负担,已经堕落到专制和暴虐的地步,放纵自己做出各种无法无天的行为。不仅他要为自己的处理方式负责,就连统治王国的权臣③都摆脱不了关系。这个不信神的无赖是所有恶行的始作俑者,谄媚年轻的国王怂恿他做尽坏事。首先德米特流斯惩戒那些战时对他敌视的人,不是言辞温和的谴责,而是施加意想不到的报复。安提阿的市民对他的态度保持很平常的样子,他派出大批佣兵部队前去对

---

① 普劳久斯是前146年的罗马法务官,与维瑞阿朱斯接战遭到惨败,参阅阿庇安《罗马史:西班牙战争》第64节。

② 这里有三位自认对叙利亚的局部或全部拥有继承的权利,就是德米特流斯二世尼卡托、亚历山大·巴拉斯和托勒密六世斐洛米托。托勒密在厄诺帕拉斯会战受到重伤殒命,留下的王国引起他的儿子和他的兄弟菲斯康之间发生争执,在他死后埃及人要想夺取内叙利亚已经毫无希望。

③ 可能是一个克里特人名叫拉昔尼斯(Lasthenes),《圣经:旧约玛加伯上》第11章第31—32节和约西法斯《犹太古代史》第13卷第126—127节,提到这个人是国王的"亲戚"和"父执"。贝文《塞琉卡斯王朝》第2章第302节,说德米特流斯登基的时候只是一个15岁的青少年。

付他们,下令解除市民的武装;他们毫无选择只有交出兵器,然后公开将这些人处决,或者连带他们的妻子儿女全部杀死在家中;严重的动乱暴发以后遭到镇压,他纵火烧毁城市大部分地区①。

很多牵连在内的人员受到惩罚,他籍没富室的财产存放在皇家的金库里面。无数恐惧而又痛恨的安提阿人逃离城市,他们漂流在叙利亚全境,等待攻击国王的机会来到。德米特流斯成为人民的公敌,从未停止谋杀、放逐和掠夺,提到行事的冷酷和嗜血更胜过他的父亲。事实上他的父亲欠缺君王的公平正直,却有僭主的紊乱纲纪,对于他的臣民施加无法补救的灾难,这个家族的国王因为罪孽深重受到人民的痛恨,至于其他的统治者能够坚持正义获得大家的爱戴。每个皇室的君王都在伺机而动,叙利亚在任何时刻都有彼此的内斗和不断的战争,事实上民众非常欢迎改朝换代,新登基的国王为了获得他们的支持就会答应给他们好处。

5 这位戴奥多都斯又被人称为特里丰(Tryphon),国王的"朋友"当中享有很高的声誉,知道群众受到煽动他们对君王极其痛恨,开始背叛德米特流斯,立即发现很多人要加入他的阵营(也是最早受到征召?)。这些来自拉立沙的人员以英勇知名于世,得到的奖赏就是让这里成为他们的栖身之地(他们都是来自帖沙利地区的拉立沙移民),他们与塞琉卡斯·尼卡托(Seleucus Nicator)(一直在征战不已?)的皇室后裔结成皇家联盟,获得的荣誉是在骑兵队的位置居于前列。他还与阿拉伯酋长伊安布利克斯(Iamblichus)②结为盟友,亚历山大的儿子安蒂阿克斯[有人称他

---

① 这部分的记载参阅《圣经:旧约玛加伯上》第 11 章第 44—45 节和约西法斯《犹太古代史》第 13 卷第 135—142 节。

② 《圣经:旧约玛加伯上》第 11 章第 39 节称他为依玛谷(Imalkue),约西法斯《犹太古代史》第 13 卷第 131 节认为他的名字是马勒古(Malchus)。

伊庇法尼斯(Epiphanes)①]那时还是一个小孩,正好在伊安布利克斯的保护之下,后者就将王冠戴在安蒂阿克斯的头上,提供一些适合国王地位的随从人员,要让这个小孩登上父亲遗留的宝座。

他认为人民急于求变是当然之理,欢迎这个家族(难道是他的家族?)的国王施政合乎正道,不像现在的统治者只会贪赃枉法,他征召一群乌合之众围绕卡尔西斯开设营地,这个城市位于阿拉伯的边界,有能力供应一支军队进驻,安全可以获得保障;他运用这个基地说服邻近地区参加他的阵营,聚积战争所需的补给品。德米特流斯在开始的时候轻视他只是一个土匪,命令士兵前去将他逮捕,后来特里丰编成一支军队,出乎意料到达相当的规模,同时为自己的投机行为找到一个借口,要为这个小孩恢复失去的王国,德米特流斯决定派遣一位将领出兵前去讨伐。

6 阿拉杜斯的居民认为毁灭马拉朱斯(Marathus)这座城市的时机已经来到,命人暗中去见地区的统治者阿蒙纽斯(Ammonius)②,花费三百泰伦贿赂他出卖马拉朱斯。于是他派遣伊希多鲁斯(Isidorus)前往马拉朱斯,表面上为了其他的事务,实际上要夺取城市交给阿拉杜斯当局。马拉朱斯人对于命中注定的事已经无能为力,虽然知道阿拉杜斯人已经赢得国王的好感,决定不许国王派来的士兵进入城市,为了解决问题要恳求阿拉杜斯的帮助。他们立即选出十名德高望重的长者,派他们前往阿拉杜斯,手里拿着代表请求饶恕的树枝,携带城市里面最古老的偶像,希望用恳求坚定彼此的亲情,加上对神明的尊敬,使得阿拉杜斯人对他们的态

---

① 亚历山大·巴拉斯之子安蒂阿克斯六世伊庇法尼斯铸造第一个钱币是在塞琉卡斯王朝第167年,那是公元前145年秋天。

② 如果阿蒙纽斯是亚历山大·巴拉斯的行政官员,目前叙述的事件在时间上更要早一些,那么马拉朱斯的灭亡应该发生在德米特流斯和特里丰进行内战期间。

度能够完全改变。

使者遵奉所给的指示，他们在下船以后，当着民众的面向他们苦苦哀求，阿拉杜斯人目前处于狂热的情况，虽然希腊各地对于恳求者总是抱着关切的态度，他们完全不予理会，何况供奉的神明来自有亲属关系的城邦，他们一点都没有尊敬之心。他们将神像摔成碎片，带着恶意用脚在上面践踏，准备用石块将使者全部击毙。有几位尊长出面干预阻止激动的暴民，群众不得已只有听从长者的要求停止投掷石块，吩咐将使者押到监狱。

阿拉杜斯人升起狂热的情绪，对使者毫无尊重的意愿。不幸的使者诉诸恳求者的神圣权利提出抗议，确保他们的人身不会受到侵犯。蛮横的年轻人在暴怒之下向他们冲过去，很快结束这场邪恶的屠杀，凶手匆忙进入会场，向大家交代这场暴行，接着策划另外一种更卑劣的行动对付马拉朱斯人。他们取下死者手上所戴的戒指①，命人送一封信给马拉朱斯的人民，表面上看起来像是使者所写，通知当局阿拉杜斯人同意派出士兵给予援助，希望马拉朱斯人相信盟军已经在路上，允许他们的士兵进入城市。

不过，邪恶的图谋没有达成目标，由于一位敬神又正直的人同情他们遭到毁灭的命运。由于阿拉杜斯人控制所有的船只，没有人能向不幸的受害者透露他们的阴谋，一位海员对于马拉朱斯人一直有好感，他经常来往附近的水道熟悉当地的情况，夜间泅水通过海峡（因为他的三桅帆船已被征用），安全完成长达一里极其危险的渡越过程，通知马拉朱斯人用来对付他们的阴谋行动。阿拉杜斯当局得知有人通风报信，使得他们的计划暴露给对方，只有放弃原来的打算。

---

① 戒指当成印玺用来封住伪造的信函，使得收信者误以为真。

7 毕西迪亚(Pisidia)有一个人名叫摩尔西斯底(Molcestes)①是波波(Boubo)的土著，他在当地深受大家的尊敬，由于各方面都有优异的表现，经过推选成为将领(前145年)。他的权力日益高涨能够拥有卫队，于是公开宣布自己成为僭主。过了一段时间他的兄弟塞迈阿斯(Semias)受到重用，一心想要取而代之，杀害摩西尔底(Moceltes)接替他遗留的职位。受害者的儿子这时都只有十多岁，暗中被亲戚带到特米苏斯。他们在那里长大直到成人，起兵要为受到谋杀的父亲复仇雪恨，等到僭主报应临头以后，他们的选择是不为自己争取权力，城邦恢复原来的民主体制。

8 托勒密②是托勒密·斐洛米托的兄弟，后来登基成为国王(前145年)，他的施政违背法律以恶名昭彰著称于世。很多人受到不实指控的陷害，说他们犯下阴谋叛国的重罪，惨遭酷刑和非法的处决；其他人以莫须有的罪名被判处放逐和籍没财产。他激起全民的愤怒成为仇恨的目标。尽管如此他的统治仍有十五年之久。

9 狄奥多罗斯提到年轻的托勒密继承他的兄长成为国王，在位期间有十五年，犯下很多无法无天的罪行；他娶自己的姊妹克里奥帕特拉③

---

① 这个人的名字就是下面那个摩西尔底(Moceltes)，或许可以称为茅吉底(Moagetes)，波利比乌斯《历史》第21卷第34节提到西拜拉(Cibyra)的僭主是茅吉底(前189年)。茅吉底在安纳托利亚(Anatolia)地区是一个很普通的名字。斯特拉波《地理学》第13卷第4节，提到一个"四城之都"是由西拜拉、波波、巴波拉(Balboura)和厄诺安达(Oenoanda)这四个市镇所组成，只是它的年代不得而知。

② 这位是托勒密八世优儿吉底二世绰号菲斯康(意为"酒瓮肚皮")。这里提到"15年"，是指与他共治的兄弟托勒密六世在前145年亡故以后，他单独成为国王直到前131年受到放逐，实际上他的统治要到前116年，而且后期对国家的祸害更为严重。

③ 是指克里奥帕特拉二世，原先是托勒密六世的妻子，她与托勒密六世和托勒密八世的共治是前170—前163年。

为妻,不实指控很多人从事密谋,对他有叛逆的行动,有些人惨遭处决,还有人在他的指使之下受到放逐,财产全被掠夺。

10 维瑞阿朱斯运用武力支持自己的统治,看到为婚礼准备很多金银酒具和各种精美的服装,对于这方面的浪费没有加以称赞或是觉得惊奇,只是表示感到藐视而已,这种评论仅能证明他很有理性,然而他却经常在无意中对他的庇主说出很多忘恩负义的话,要是提到愚蠢命运带来并不牢靠的礼物使他感到扬扬得意:最重要的是他的岳父拥有过分招摇的财产,对于那些掌握武力的人而言成为垂涎不已的目标,不久以后就会落到他们的手里,再者他比其他人欠下更多的债务,还有让他感到冒犯之处在于对这个真正的主人,他们没有准备送给他个人的礼物。

这时他不愿沐浴也不愿用餐,虽然他们一再要求,等到一张餐桌上面摆满各种佳肴放置在他的面前,他拿起面包和肉类交给那些与他一起旅行的人;然后随意吃了几口食物,命令他们将新娘带来,奉献牺牲给神明以及举行伊比里亚传统的仪式以后,他将少女放在他的马背上面,立即疾驰来到山区已经准备好的地方。他为拥有巨额的财富感到无比的傲慢,要让自己的国家获得自由的权利,英勇的行为赢得显赫的地位,确保所有的产业可以安全无虞。他的谈吐非常坦诚直率是真情的流露,表示他的个性非常纯洁正直,完全未受外来的影响和引诱。

维瑞阿朱斯的婚礼陈列很多值钱的物品,他在巡视一番以后就对阿斯托帕斯(Astolpas)说道:"罗马人在你的宴会当中看到这些东西,虽然他们有权力可以从你那里夺走,为什么现在还不动手?"阿斯托帕斯的回答是知道有很多罗马人在场,没有人会产生抢夺或将这些物品据为己有的念头,他说道:"如果当局答应你可以获得赦免,给予保证能够享用这些东西,那么这个世界上为何还有像你这样的人,会将他们弃之若敝履,选择我们这些过着游牧生活而且地位卑下的人来结盟？"

其实维瑞阿朱斯这个人的谈吐非常坦诚直率，流露一种纯真和未受污染的特质。例如图卡（Tucca）①的人民过去没有坚持同样的态度，现在却提出议案要去投靠罗马人，于是他一再提到所以如此的动机，还说了一个带讽刺意味的寓言，用来谴责他们的三心二意。他说一位中年人娶了两个老婆，少艾的妻子很想丈夫像自己一样年轻，就拔掉他头上灰色的头发，这时年长的妻子则将他的黑发拔除，他处于两人之间很快变得童山濯濯。

他力言图卡的人民要面对同样的命运，因为罗马人要杀死那些与他们发生争执的对手，露西塔尼亚人则要消灭他们的仇敌，这座城市很快就会变得人烟断绝。据说他还讲了很多措辞很含蓄的话，虽然他没有受过正规的教育，经过长期的栽培了解实际的事务。一个人的说话所表达的特性与他的生活息息相关，成为追求德行的过程当中出现的副产品；陈述一件事情要简单扼要而且不咬文嚼字，讲话者抓住重点就会让人相信，使得听者容易记住。

11 人生处于弱势和低阶的位置，就会养成节俭和诚实的习性，庞大的产业就有自大和傲慢相随，对法律视若无物的根源来自肆意欺骗和毫无诚信。

12 德米特流斯停留在劳迪西亚（Laodiceia）那段时间（前 145/前 144 年）整日无所事事，靠着醇酒妇人打发时间。他展现在公众面前的行为举止没有任何改变，还是随心所欲对很多人施加迫害和暴行，后来陷入逆境要矫正以往的缺失为时已晚，没有获得多大好处。

---

① 可能与阿庇安《罗马史：西班牙战争》第 66 节提到的伊图卡（Itucca）是同一个人。

13 诺苏斯(Cnossos)的男子非常坚定地拥戴他们的大主教。激发他们担任领导者的伟大抱负,在于他们的城市拥有古老的声名,以及他们的祖先在英雄时代获得众所周知的荣誉。有些人提到宙斯的故事,就说是在他们当中受到抚育,还有海洋的领主迈诺斯也是诺苏斯人,受到宙斯的训练远比其他任何人更为勇敢。

14 提到与阿格曼侬有关的故事,何以他会诅咒留在克里特的士兵,当地居民仍旧流传古老的谚语,诗句当中预言即将发生出乎意料的灾难①:

啊!帕加穆斯的人民对毁灭毫不在意。

15 托勒密的统治极其暴虐而且行为荒谬违背法律的规范,埃及的民众对他满怀恨意。要是把他和斐洛米托放在一起加以比较,这两个人可以说是彼此趋向极端,一位国王为人公平正直,另外一位带有嗜血好杀的兽性。因此人民认为改变的时机已经成熟,等待大规模的叛乱即将来临。

16 托勒密遵照埃及的习惯要在孟菲斯的皇宫登上国王的宝座(前144年),克里奥帕特拉为他生了一个儿子。他极其高兴就为婴儿取孟菲底(Memphites)的小名,因为他在这座城市奉献牺牲以后,他的儿子才呱呱坠地来到世间。就在为皇子的诞生举行的节庆期间,还是随心所欲从事惯常的屠杀行动,下令处决那些陪伴他重返埃及的塞伦人,

---

① 维吉尔《埃涅伊德》第3卷第133行,提到克里特一个传说中的城市帕加穆斯(Pergamus),真正的位置不详。

因为他宠爱的侍妾伊里妮(Irene)①直言无讳对他们提出控诉。

17 色雷斯国王戴吉利斯(Diegylis)②即位以后,他的处境真是一帆风顺超过任何人的期待,他对臣民的统治不再将他们视为朋友和同志,高高在上摆出冷酷的态度,如同他们只是奴隶或成为俘虏的敌人。很多优秀和高贵的色雷斯人被他施以酷刑然后处死,不受任何约束的虐待和暴行造成大批受害者,这里没有美丽的妇女和英俊的少年能够摆脱他的染指,没有一个富室豪门的财产能够逃过他的掠夺:他所统治下的国土全都受到他非法的践踏。他带着部队前去洗劫位于边境的希腊城市,原来属于阿塔卢斯的城市黎西玛奇亚落到他手中以后,纵火将它化为一片焦土,从俘虏当中选出地位显赫的人物,施以手法奇特和令人发指的惩罚。例如他会砍下儿童的手脚和头颅,然后挂在父母的颈部,或者将丈夫和妻子的四肢切除下来加以交换,有时他将受害者的双手割下来,除去所有的掌骨和指骨,将它套在长矛的矛尖顶端。

由此可知他的残酷远胜费拉瑞斯和卡桑德里亚的僭主阿波罗多鲁斯③。历史的记载找不到像他这样一个嗜血的恶魔,从下面提到的案例可以判定他的残酷究竟可以到达何种程度。他在举行婚礼这段时间,按照色雷斯人古老的风俗,抓到来自阿塔卢斯王国的两位希腊籍旅客,这是一对兄弟,长得极其英俊,一位面颊上刚刚长出胡须,另外一位令人联想到青春

---

① 孟菲底的母亲是克里奥帕特拉二世,几年以后菲斯康也娶了她的女儿克里奥帕特拉三世(原来是斐洛米托的妻子)。约西法斯《控诉阿庇昂》(*Against Apion*)第2卷第3节,提到伊里妮,说是有些人称她伊色卡(Ithaca)。

② 戴吉利斯是色雷斯的西尼人(Caeni)酋长,俾西尼亚国王普禄西阿斯的女婿。他与阿塔卢斯二世的战争发生在前145年参阅汉森(E.V.Hansen)《帕加姆的阿塔卢斯王朝》(*The Attalids of Pergamon*)第131—132页。

③ 有关费拉瑞斯和阿波罗多鲁斯分别参阅本书第九章第18—19节和第二十二章第5节。

年华。两人被戴上花冠打扮成充当牺牲的受害人,带进来以后他吩咐随从将年轻的一位,四肢拉开到最大的程度,像是要把整个身体从中间砍为两半,他宣称无论是国王和平民没有权利使用同样两位受害者。这时年长的一位表现出手足的情谊,自己投身在巨斧之下,愿意牺牲自己拯救幼弟的性命,国王下令随从同样拉伸他的身体。他瞄准两兄弟分别施以致命的打击,让他们同时魂归天国。这时旁观者发起一片赞美声用来颂扬他的胜利。他还犯下林林总总不胜枚举的罪行。

18 阿塔卢斯①听到戴吉利斯由于贪婪和极度的酷虐受到臣民的痛恨,于是采用与他反其道而行的策略。于是他对待那些成为俘虏的色雷斯人非常仁慈,还让他们获得自由,使得大家异口同声赞誉他的宽大慷慨。戴吉利斯得知这种情况以后更为变本加厉,任何潜逃人员所留下的人质都被他施加酷刑泄愤,其中包括年龄幼小和体质柔弱的子女。他运用各种可能的刑具撕裂他们的四肢,或是砍掉他们的手脚和头颅。有些人被他用木桩施以刺刑,或者暴尸在树林里面。不少的妇女受到凌辱和侵犯更是罄竹难书,甚至连蛮族都自叹不如。这样一来激怒很多旁观者,他们天良未泯对于不幸的可怜虫抱着同情的心理。

19 努曼夏和特米苏斯(Termessus)派遣使者去与罗马当局讨论停止双方的敌对行为(前143年),对方就和平协议②的达成提出下述条件:每座城市要交给罗马三百名人质、九千件斗篷、三千块牛

---

① 这位是帕加姆国王阿塔卢斯二世,在位期间前159—前138年。

② 这不是利瓦伊《罗马史摘要》(Periochae)54所提到的"和平协议",参阅阿庇安《罗马史:西班牙战争》第79节,这里出现的特曼夏(Termantia)可能与本章的特米苏斯是同一人。

皮、八百匹战马和所有的武器;只要如实照办他们就是罗马人的"朋友和盟邦"。这些城市有一天的时间做出顺从的决定,他们按时履行协议所要求的条件。等到最后他们要交出所有的武器,群众激起一阵独立自主的狂热,爆发表现高贵情操的哀恸。他们相互抱怨认为这是过分藐视的羞辱,如果他们被剥夺携带武器的权利,就会沦落到与妇女相等的地位,悔恨他们做出的决定只有相互指责,父子、兄弟和夫妻之间都在吵闹不休。他们回归到原来坚持的立场,拒绝放弃他们拥有的武器,重新与罗马发起战争。

20 庞培乌斯①向着拉格尼(Lagni)这座城市进军,接着发起围攻作战(前140年),努曼夏人希望前去拯救自己的同胞,利用夜色的掩护派出四百名士兵。居民欢迎他们的到来,将他们称为"救星"赠送很多礼物。过了几天以后他们被恐惧制服,愿意献出城市用来确保本身的安全。庞培乌斯的答复是他不会与他们谈条件,除非他们愿意将盟军交到他手里,他们在开始的时候一直举棋不定,因为不愿亏待前来救援的恩人。等到情势变得毫无希望,他们重新协商为了确保自己的安全只有牺牲朋友。他们的决定没有逃过那些受害者的注意,得知双方的谈判正在进行中,准备保护自己不要被他们出卖,就在夜晚对居民发起攻击,使得整座城市血流成河。庞培乌斯听到传来哭喊的声音,架起云梯爬上城墙接着占领整座城市。所有的贵族被他屠杀殆尽,释放陷入险境的盟军一共有两百多人,一方面是同情他们的英勇竟然时运不佳成为忘恩负义的受害者,一方面是回报长期以来努曼夏人对罗马所表示的善意。这座城市被他夷为平地。

---

① 奎因都斯·庞培乌斯是前141年的执政官。

21 帕提亚国王阿萨西斯（Arsaces）[1]奉行施政作为在于慈善为怀，赢得四方归顺带来的利益，扩大王国的版图。他的权势甚至延伸到印度，无须经过一次会战所应尽的努力，使得过去波鲁斯统治的区域，现在都在他的支配之下。虽然他擢升到皇家最高的地位，没有涉及随权势而来的奢华和傲慢，却能自负于以平等对待接受他统治的臣民，以英勇制服反对他统治的敌人。总之，他使得自己成为很多民族的主人，还让帕提亚人养成最好的习性，能够一直奉行不渝。

22 维瑞阿朱斯请求会面交换意见，执政官波披留斯[2]决定一件一件提出罗马的需要，害怕全部一次提出会引起对方的失望和愤怒，迫得他们表达无法挽回的敌意。

23 阿萨玛尼亚（Athamania）已故国王阿米南德（Amynander）的儿子盖勒斯底（Galaestes），无论是家世、财富和名望在本国都占有最大的优势；他是托勒密·斐洛米托的朋友，在对抗德米特流斯的战争中担任亚历山德拉部队的指挥官。托勒密战败亡故以后针对他提出不实的指控，说他意图出卖埃及给敌人，托勒密[3]登上宝座立即剥夺他的家产，表现出充满恶意的举动，使得他在吃惊之余只有前往希腊。还有很多人因为与佣兵部队不和被赶出埃及，他对流亡人员表达欢迎之意。埃及国王托

---

① 米塞瑞达底一世阿萨西斯六世（Mithridates I Arsaces VI）是帕提亚帝国的创建者，亡故于前138年。这部分的残卷记载年轻的德米特流斯二世尼卡托，前140年对他发起的远征行动。早期的进展顺利后来战败成为俘虏，留在帕提亚人手里直到前129年。

② 马可斯·波披留斯·利纳斯（M.Popillius Laenas）是前139年的执政官，这部分的记载可以参阅笛欧·卡休斯《罗马史》第22卷第75节。

③ 这位是托勒密八世优儿吉底二世菲斯康。盖勒斯底是受到托勒密王朝重用的大臣，伊利安《历史文集》第1卷第30节记载他的传闻逸事。

勒密·斐洛米托将自己与克里奥帕特拉所生的儿子托付给他,受到他的抚养将来要继承王国,他让这位小孩戴上王冠,在一群流亡人员的拥护之下为复国大业而奋斗。

24 奥达斯(Audas)、迪塔尔西斯(Ditalces)和奈柯朗底(Nicorontes)①是奥索(Orso)的市民,这三位是近亲也是知心的朋友,看到维瑞阿朱斯的威望遭到罗马的重击,担心他们会遭池鱼之殃,决定提出一些主张能够讨好罗马,确保他们能够安全无虞(前 139 年)。得知维瑞阿朱斯急着要结束战争,如果他愿意派他们担任使者安排双方降低敌意,保证说服昔庇阿②进行和平协议。他们在获得同意以后赶着前去会见昔庇阿,提出承诺要刺杀维瑞阿朱斯换取他们的人身安全,这种做法当然会得到昔庇阿的认可。经过交换誓约他们返回营地,力言已经赢得罗马当局的同意,使得维瑞阿朱斯对和平充满希望,同时还尽力转移他的注意力到其他方面,不要对这件事的真实情况产生疑虑。他们靠着与维瑞阿朱斯的友谊获得信任,能够在夜间任意进入他的帐幕,拔出佩剑给予致命的一击,接着他们很快离开营地,使得这个无路可通的山地国家保持原来的安全,免予昔庇阿的征服。

25 他们③把维瑞阿朱斯的遗体放置在极其壮观的坟墓里面,为了表彰他所向无敌的声名举行葬礼竞技大会,有两百对角斗士参加。大家一致认同他是最为英勇的战士,也是预判情况掌握优势最有能

---

① 阿庇安《罗马史:西班牙战争》第74节提到这次暗杀行动,细节方面有不同,三个人的名字是奥达克斯(Audax)、笛塔科(Ditalco)和米努鲁斯(Minurus)。

② 这位是前140年的执政官奎因都斯·塞维留斯·昔庇阿。

③ 是指军队和那些忠诚的追随者。参阅阿庇安《罗马史:西班牙战争》第75节,还增加很多细节的描述。

力的将领;最关紧要之处在于他的一生当中,担任将领所指挥的部队,对他忠心耿耿的程度真是无人能及。分配战利品他的额度不会多于普通士兵,他会对有功的人员给予应得的奖赏,任何有急需的下属他都会伸出援手。他面对任何困难和危险都很稳定清醒,从不倦怠而且提高警觉;对于任何欢乐和欲望他绝不受诱惑。要想证明他的能力是很容易的事,七年当中露西塔尼亚人编成的部队在他指挥之下,总是精诚团结而且所向披靡,他亡故以后露西塔尼亚联盟失去他的领导,很快陷入瓦解和崩溃的处境。

26 托勒密由于他的暴虐和嗜杀,由于他寡廉鲜耻放纵最下流的欢乐以及他那过于畸形的身体(所以他得到"酒瓮肚皮"的绰号)。他的将领海拉克斯(Hierax)①对战争的艺术有过人的才华,处理群众的事务有独到的本领,除此以外慷慨的气量可以维持王国的团结。后来托勒密的财力不足无法支付士兵的薪饷②,大家酝酿要投奔盖勒斯底的阵营,是他用私人的钱袋解决军队所需,使得他们打消遗弃国王的念头。

27 埃及人对托勒密始终存有藐视之心,他们看到他处理国家大事过于幼稚,抛弃职责沉溺于最羞辱的娱乐,过度放纵使自己变得优柔寡断。

28 坎托布瑞斯(Contobris)这座城市派使者去见罗马当局(前139 年),奉到的指示是通知对方,罗马人接到的命令是在

---

① 可能与服务于亚历山大·巴拉斯的海拉克斯是同一个人,参阅本章第 3 节和本书第三十二章第 9 节。要是按照波赛多纽斯的说法,安提阿有一位海拉克斯受到斐洛米托的重用,后来被优儿吉底处死;提到这几位可能都是同一人,只是无法证实。

② 参阅本章第 23 节。

灾祸临头之前,尽量以最快速度离开这个地区。执政官的答复是露西塔尼亚人和塞尔特布里亚人给予更大的威胁,要发起更为严重的侵略行动,罗马人的对策是惩罚做坏事的人,对于恐吓的话置之不理;他们要展现实力在于行动不是说说而已,须知他们的英勇可以接受最严格的考验。

29 他认为奋战沙场马革裹尸要比苟且偷生接受奴役更有价值。

30 朱纽斯①教导他的士兵要有大无畏的气概(前 138/前 137 年),表示自己对过去的成就可以当之无愧。虽然如此,他们对这种说法不会产生怀疑,理直气壮拥有的力量远胜软弱怯懦的肉体。

　　罗马当局对于反对他们的城邦施以无情的报复,善待那些从命于他们的民族②,这种说法流传开来变得众所周知。

31 执政官伊米留斯③的身材硕大而且行动迟钝,那是因为身体超重和长满肥膘的关系,所以他深以战争的追逐厮杀为苦。

32 叙利亚发生的情况(前 138 年),绰号特里丰的戴奥多都斯谋杀亚历山大之子安蒂阿克斯,后者还是一个小孩受到抚养将

---

　　① 这位是前 138 年的执政官迪西穆斯·朱纽斯·布鲁特斯(D.Iunius Brutus),在远西班牙指挥军队镇压当地的蛮族。
　　② 这句话来自维吉尔《埃涅伊德》第 6 卷第 853 行。
　　③ 这位是前 137 年的执政官马可斯·伊米留斯·雷比达·波西纳(M.Aemilius Lepidus Porcina),他前往西班牙接替他的同僚曼西斯,负起军事指挥的责任。

来要继承王位①;现在戴奥多都斯戴上王冠登上宝座,宣称自己是统治者,对合法的国王②指派的省长和将领发起战争。这时其他的统治者在美索不达米亚有米堤亚人狄奥尼修斯,在内叙利亚有萨佩敦(Sarpedon)和帕拉米德(Palamedes),在靠海的塞琉西亚有伊司瑞昂(Aeschrion)以及他的王后克里奥帕特拉,后者过去是德米特流斯(现在成为阿萨西斯的俘虏)的妻子。

33 特里丰的发迹在于有庞大的家产,最后可以获得王室的尊荣,想要仗着元老院的敕令加强统治的地位。他准备一座价值一万金币的胜利女神黄金雕像,派遣使者送到罗马用来争取人民的好感。他认为罗马当局会接受这件礼物,一方面是价值的极其贵重,另一方面是表示最好的征兆,称呼他的时候会用国王的头衔。他发现元老院的议员比他更为精明,他们运用智慧的力量制服那些误导和欺骗他们的人。元老院表示愿意接受礼物并且确定这是对他们有利的吉兆,等到发现礼物的性质变成为贿赂,加上当事人没有公开自己的身份,雕像上面刻着遭到暗杀国王的名字。元老院对于这种行为公开谴责谋害孩童的凶手,拒绝接受邪恶小人呈送的礼物。

34 西庇阿·阿非利加努斯③和罗马派来的使者往亚历山德拉视察整个王国。托勒密摆出盛大和华丽的排场欢迎他们的来

---

① 特里丰在开始的时候与安蒂阿克斯六世伊庇法尼斯共同统治叙利亚,可能早在前142年就罢黜那位还是儿童的国王。

② 本文经过订正,这句话可能是"拥有皇家血统的国王",应该是德米特流斯二世,他的王后是下面要提到的克里奥帕特拉·瑟娅(Cleopatra Thea),后者前一次的婚姻是与亚历山大·巴拉斯,生下被谋杀的儿子安蒂阿克斯六世。至于篡夺王位的特里丰不是王室的后裔。有关萨佩敦参阅波赛多纽斯的资料,来自雅各比《希腊历史残卷》No.87。

③ 这位是巴布留斯·高乃留斯·西庇阿·阿非利加努斯·伊米利阿努斯(P.Cornelius Scipio Africanus Aemilianus)。使节团的派遣是重大事件,实际的时间引起争议,有的学者认为访问埃及是在前140年或公元前139年年初,盖勒斯底是陪同人员之一。

到，为他们举行费用惊人的宴会，带领他们前去参观皇宫和皇家金库。罗马的使者都是品格高尚的正人君子，他们的日常饮食都很简朴注重于健康的体魄，对于奢华的生活抱着轻蔑的态度，认为会损害到身体和心灵。举凡国王安排壮观的展出都被他们视为虚有其表，对于真正有用的事物，忙着了解有关的细节，诸如城市的现况和实力以及法罗斯的特色，然后溯河而上到孟菲利，土地的性质和尼罗河带来的利益，大量的城市和数以万计算不清的居民，埃及的位置有利于防务的加强，国土的一般优点和长处，对于一个帝国可以提供的安全保障和伟大发展。他们对于埃及居民的数量和地形造成的天然优势感到不可思议，非常担心这个王国只要有一个雄才大略的统治者，就会构建一个沛然莫之能御的强大力量。

使者视察埃及以后，乘船前往塞浦路斯接着再到叙利亚。总之他们横越居住世界的大部分地区，无论在各方面总要使得他们的巡视保持非常清醒，值得花费人力物力去了解所有独特的现象，他们在每个地方都接受热烈的欢迎，返国的行程还对沿途发生的情况感到极其兴奋。即使出现发生争论的部分，有的地方他们之间彼此的意见完全一致，有的地方他们受到说服对于提出的抱怨应该给予公正的处理，很多事务不容易做出决定，带回来呈报元老院听取最后的指示。他们不仅与国王来往也与民选的政府办理交涉，使得彼此的关系更加紧密，大家都对罗马的领导保持好感和善意。产生的结果是在赢得这些国家的友谊以后，他们派遣使者来到罗马，对于当局选出最具代表性的人物前来视察表示感激。

第三十四章和第三十五章
残　卷

1 狄奥多罗斯提到安蒂阿克斯王①正在围攻耶路撒冷（前 134 年），犹太人坚守一段时间，等到所有的生活必需品消耗殆尽，他们被迫要向对方提出请求，愿意停止敌对的行为。国王的朋友大多数都劝他发动一次突击夺取城市，然后完全绝灭犹太这个族群，因为只有他们不愿与其他民族来往，同时将所有的外人都看成他们的仇敌。这些朋友特别指出犹太人的祖先，神明憎恨他们犯下亵渎的恶行，

---

① 这位是安蒂阿克斯七世优儿吉底·西迪底（Antiochus VII Euergetes Sidetes），德米特流斯二世的兄弟。他在前 139 年他的兄长被帕提亚人俘虏以后登上王位。有关耶路撒冷的围攻参阅约西法斯《犹太古代史》第 13 卷第 236 节，谈到犹太人的起源可能来自波赛多纽斯的著作，参阅塔西陀《历史》第 5 卷第 3—5 节。对于《圣经：旧约出埃及记》的解释是麻风病在马尼索（Manetho）的流行，参阅约西法门斯《控诉阿庇昂》第 1 卷第 26 节。

受到驱逐被赶出埃及全境。他们为离开这片国土举行涤罪的仪式,因为诅咒使得他们的身上出现白色或麻风的疤痕,然后聚集起来越过边界;占领耶路撒冷周围的地区得到安全的庇护,组成犹太人的国家将对人类的仇恨视为他们的传统,他们引进极其奇特的法律,不与外族的人士分享面包,不对其他族群表示任何善意。

他的朋友还提醒安蒂阿克斯,说是他的祖先过去一直对这个民族怀有很深的敌意。拥有伊庇法尼斯称号的安蒂阿克斯击败犹太人①,进入神庙的内殿,按照法律只有祭司获得这种特权。看到一尊大理石的雕像,一个满面沉思的人坐在驴背上面,手里拿着一本书②,他认为这座雕像就是摩西,耶路撒冷的兴建者和国家的缔造者,规定犹太人要遵守憎恨人类和其他不可理喻的习性。伊庇法尼斯(Epiphanes)对于后天养成的恨意感到极其惊讶,下定决心废除犹太人传统的生活规定,他在奠基者的雕像和神的露天祭坛前面,用一只巨大的母猪献祭,将流出的血洒在雕像和祭坛上面(这是最大的侮辱)。然后他准备猪肉煮成汤汁,命令他们拿来记载所有仇外法律条文的圣经,就用肉汁涂满所有的书页;还有一直照耀内殿他们称为长明的灯,他下令将它吹熄;还有大祭司和其他的犹太人被迫食用猪肉。

详述所有这些事项,他的朋友力劝安蒂阿克斯要完全绝灭这个族群,要是办不到至少也要废除他们的法律和改变他们的生活方式。国王为人宽宏大量而且个性温和,要求提供人质然后撤销对犹太人所有的指控,等到征收定额的贡金以后拆除耶路撒冷的城墙。

---

① 发生在前 169 年。
② 约西法斯《控诉阿庇昂》第 2 卷第 7 节,把这种说法归于波赛多纽斯或波罗纽斯·摩隆(Apollonius Molon),还提到阿庇昂对这件事发表权威的言论,那座雕像是一个黄金制作的驴头。

2 西西里在迦太基的殖民地统治覆灭(前135年)以后,能够保持六十年的太平岁月,奴隶战争(Servile War)①的爆发出于下面的成因。希裔西西里人快速繁荣获得大量财富,开始购买数以万计的奴隶,等到从市场赶回主人的家中,立即在他们的身上标示记号或是打上烙印,用来识别他们的身份。年轻的奴隶通常担任牧牛人,其他人的工作要看当时的情况而定。运用高压的手段强迫他们不断地操劳,只能得到极其恶劣的照料,少量仅够糊口的食物和免予冻死的衣服。结果使得这些人多数要靠抢劫维生,加上盗匪和成群结队散布各地的士兵,使得整个区域发生流血不断的冲突。总督(罗马卸任的法务官)想要加以抑制,由于地主阶级的权力和威望,使得他们成为盗匪的靠山,所以不敢对他们施加惩罚,官员被迫默许行省的抢劫风气。因为大多数地主都是罗马的骑士阶层,这个阶层的人士都会担任法官②,行省的事务受到指控等于在反对总督,所以行政官员对他们忌惮三分。

苦难的奴隶过着艰辛的日子,经常因为种种事故受到虐待和殴打,根本无法忍耐只有死而后已的非人生活。他们获得机会聚集在一起讨论发动叛变的可能,最后决定要将计划付诸实行。英纳的安蒂吉尼斯(Antigenes)有一个叙利亚的奴隶,后者的出生地是阿帕米亚(Apamea),拥有魔法表演的技术和令人惊奇的工作。他说经由睡梦获得神明的指示可以预知未来,天赋的才能使得很多人受到他的欺骗。熟能生巧的情况继续发展下去,他甚至可以利用梦境获得神谶,很多即将发生的事件从他嘴里脱口而出。

---

① 奴隶战争发生的时间无法明确得知,这里提到60年也不过是取其成数而已。

② 骑士阶层控制法院不可能存在于前122年之前,那个时候还没有通过格拉齐的 in-diciaria 法。即使能从波赛多纽斯的偏见当中排除不合时宜的制度,还是会回溯到罗马的源头。

他靠着随机应变的能力加上经验丰富,很多次因为情节的凑巧让人信以为真,即使他失败没有人出面指责,要是成功会吸引大家的注意。他的声誉很快传播到各地变得名闻遐迩。最后,借着一些很巧妙的装置,他在神明附身的情况下,张嘴吐出火光熊熊的烈焰,口里还能念念有词装神弄鬼,对即将来临的事物发出难以分辨的谵语。所谓喷火这种魔术表演是利用中空的果核,两侧穿孔将液体燃料装在里面,然后含在嘴里用力吹气,燃料喷出来成雾状再用火花将它点燃,就会发出非常明亮的火光。

发生叛变之前他经常提到叙利亚女神①向他显灵,说他会成为国王,他一再对别人谈到这件事,甚至连他的主人都听他亲口说过。大家都把他那自抬身价的论调当成说笑话的胡言乱语,才会要优努斯(Eunus)(这就是那位行奇迹者的名字)在他的宴会做即兴演出,大家反复诘问他有关登基称王的始末,以及他如何对待在座的人员。他对每一件事情都毫不犹豫给予充分的说明,用非常谦卑的口气解释他会善待自己的主人,总之就是使得他的郎中疗法安上情节生动的故事,在座的宾客听到以后发出笑声,还有人从桌上拿一些美食递给他享用,他看到他们这样做还说他在成为国王以后,不会忘记他们给他的恩惠。谁知道这套江湖骗术竟然弄假成真,宴会当中开玩笑的好处带来拯救性命的回报。至于发生全面的叛变以及相关的情况有如下述。

英纳有位名叫达摩菲卢斯(Damophilus)的富翁性格非常粗暴,虐待奴隶到令人发指的程度,他的妻子麦加利斯(Megallis)在这方面与自己的丈夫不相上下,惩罚奴隶的凶狠真是惨无人道。不幸的人如同豢养的牲口过着水深火热的生活,暗中密谋要发起叛变杀死迫害他们的主人。派人去见

①　女神的名字叫作阿塔加蒂斯(Atargatis),主要圣地在叙利亚东北部的海拉波里斯(Hierapolis)[就是现在的美姆比治(Membij)],参阅卢西安(Lucian)《论叙利亚的女神》(On the Syrian Goddess)。

优努斯问他大家的决定是否得到神明的支持。他拿出常用的哑剧手法,给予的承诺是神明会保佑他们,很快说服大家要立即采取行动。于是他们马上聚集四百名奴隶,抓住机会全部武装起来,使得英纳这座城市落到他们的手里,优努斯领导发生很大的作用,尤其是喷火的绝技带来很大的好处。

他们的叛乱使得每个家庭都付出流血的代价,甚至连吃奶的婴儿全不放过,从母亲的怀中夺走活活摔死在地面,同时这些妇女当丈夫的面前饱受凌辱,他们的残酷和猥亵的暴行真是言语无法形容。现在城市里面有一大群奴隶参加起义的行动,开始先用冷酷无情的手段对付自己的主人,然后转过去屠杀其他的市民。优努斯和他的手下得知达摩菲卢斯和他的妻子正在城市附近的花园,马上派人将他们两人拖出来,戴上脚镣双手绑在背后,一路上不断给予恫吓和施暴。

目前只有这对夫妇的女儿受到大家的保护,完全在于她仁慈的天性,对于家中的奴隶只要在能力所及范围之内,一定给予同情或伸出援手。所以当前他们的恶行不是因为"奴隶的野蛮天性",只是要对所受的虐待和兽行给予报复。

这些人受领的任务是将达摩菲卢斯和麦加利斯拖进城市,带到大批叛徒聚集的剧院。达摩菲卢斯提出抗辩用来保障生命的安全,这番话赢得很多人的赞同,那些吃过苦头的奴隶还是不愿放过,赫密阿斯(Hermeias)和朱克西斯(Zeuxis)说他在欺骗大家,不等这次集会做出正式的判决,一位用剑刺进他的胸膛,另一位拿斧头砍下他的头颅。因此优努斯当选成为国王,不仅在于他有男子汉的大无畏精神和指挥官的领导统御能力,还有他那令人惊讶的本领和发动叛乱的决心,这时他的名字成为一个有利的征兆,可以为他们的事业带来光明的前途。

优努斯成为叛军最高指挥官召集一次大会,英纳所有的市民全部处死,只留下精通武器制造的人员,这些人戴着脚镣从事所负的工作。他将麦加利斯交给一群女奴让她们随心所欲地惩处,她们对她施以酷刑然后将她从悬崖绝壁上面投掷下去。他亲自动手杀死他的主人安蒂吉尼斯和皮同(Pytho)。他将王冠戴在头上,摆出皇家的全副排场和派头,同时宣布自己的妻子是皇后(她是叙利亚人,与他出生在同一座城市),指派一些见识卓越和学问渊博的人,加入枢密会议成为他的顾问,其中一位是阿奇乌斯(Achaeus)(因为他是亚该亚人所以得到这个名字),这个人无论是拟订计划或是展开行动都有优异的表现。

优努斯尽最大能力在三天之内让六千人获得装备,其他编到队伍的乌合之众,他们仅有斧头和手斧,或者是投石器,或者是镰刀,或者用火烤增加硬度的木棍,甚至厨房的烤肉铁叉;然后他开始蹂躏四周的乡间地区。源源不绝的奴隶加入起义的阵营,使得他敢与罗马的将领进行会战,靠着数量的优势一再击败对方,这时他拥有的实力已经超过一万名士兵。

还有一个名叫克里昂(Cleon)的希裔西西里人,带着其他的奴隶发起叛变。各地风起云涌出现很多革命的团体,他们抱着很高的希望要平息西西里的内斗,两个势力最大的组织要联合起来。克里昂愿意听命于优努斯,条件是让自己从事军队指挥的工作,优努斯解除将领的职位,全心全力服行国王的责任;他这一支非常特别的队伍数量达到五千人。这是叛变爆发以后三十天的进展和面对的情况。

很快就与罗马派来的将领卢契乌斯·海普西乌斯(Lucius Hypsaeus)[1]进行战斗,虽然他的西西里部队员额有八千名,叛军的兵力高达两万人,占有绝对优势最后获得胜利。他们的队伍达到二十万人之前,已经与罗马人发生很多次会战,总是胜多输少。有关这方面的消息传播开来,罗马的情势因为一百五十名奴隶的叛乱变得更加严峻,阿提卡聚集起来的队伍多达

---

① 就是卢契乌斯·普劳久斯·海普西乌斯。由于这时他的职位还是法务官,即使战败也不可能产生决定性的结局。

一千人,还有一些发生在提洛岛和其他的地方。这些地区的行政官员很快在情势变得严峻之前立即清除叛徒,任何人只要涉嫌犯下阴谋未遂的罪行都要重惩不贷。不过,西西里的局面变得愈来愈混乱。

很多城市连带所有的居民都落到叛徒的手里,派来的军队损失极其惨重,直到罗马的指挥官鲁披留斯(Rupilius)①光复陶罗米尼姆为止(前132年),他将这座城市围得水泄不通,叛徒陷入匮乏和饥荒到无法形容的恶劣情况:开始的时候以孩童为食物,接着是妇女,最后对于相互残杀用来维持生命都不加以禁止。在这种情况之下鲁披留斯抓到克里昂的兄弟科马努斯(Comanus),后者想要逃离受到围攻的城市。最后,一位叙利亚人萨拉皮昂(Sarapion)出卖城堡,将领抓住所有逃到城市的奴隶,接受酷刑的折磨,将尸体从悬崖上面抛掷下去。他从此地向着英纳进军,用同样的方式展开围攻作战,使得叛军陷入困境完全丧失希望。克里昂带着少数部队从城内冲杀出去,经过英勇战斗身负重伤阵亡在沙场。英纳的形势险要而且守备严密很难攻取,鲁披留斯得靠出卖的行为占领城市。

缺乏大丈夫气概的优努斯率领一千名身强力壮的卫队,逃到山势陡峭而又崎岖难行的地区。那些追随他的人知道无法避免可怕的命运,鲁披留斯这位将领即将进军前来征讨,他们相互用剑将头砍下的方式终结性命。这位行奇迹者和身为国王的优努斯,虽然因为性格怯懦藏身在山洞里面,最后还是被四个人将他拖了出来,他们的身份一位是厨子、一位是面包师、一位是按摩师,另外一位是他举行宴会负责娱乐节目的音乐家。他在押解到监狱以后,肉体开始分化成为无数的虱子②,遭遇到这种下场很适合奸

---

① 巴布留斯·鲁披留斯是前132年的执政官。

② 普鲁塔克《希腊罗马名人传》第12篇第2章"苏拉"第36节,提到一位出身寒微而又声名狼藉的人物,就是逃亡在外的优努斯,后来在西西里煽动奴隶暴动反抗主人,死于这种身上长着寄生虫的恶疾。可以参阅希罗多德《历史》第4卷第205节和卢西安《拟态》(Pseudomantis)第50节,都有类似的记载。

诈的恶行,最后在摩根提纳(Morgnatina)①毙命。鲁披留斯派出少数精锐的部队扫荡西西里全岛,很快将强盗的巢穴清除干净。

叛军的国王优努斯将自己称为安蒂阿克斯,他这一伙都是来自叙利亚的强徒。

奴隶的叛变行动从来没有像在西西里发生的事件(前135年)那样的声势浩大,很多城市遭遇极其悲惨的灾难,无数男女老幼经历最大的不幸,整个岛屿落到这群亡命之徒的奴隶手中,他们的所作所为在于展现报复的权力,要让生为自由人的市民身受荼毒和痛苦。动乱事件的发生对大多数人而言完全出乎意料,让他们大吃一惊,对于那些有能力判断当前局势的人士,认为发展到如此也是理所当然之事。这个面积庞大的岛屿物产丰富带来为数众多的暴发户,最早发生的影响就是要过奢华的生活,然后变得极其傲慢和蛮横无理。所有这些缺失所产生的结果,就是主人虐待奴隶以及奴隶对主人的疏远,而且两者的比例会愈拉愈大,最后只要提供适当的场合,产生的恨意就会爆发暴力的行为,数以万计的奴隶团结起来成为一股强大的力量,用来毁灭他们的主人,这不是用一句话说得清楚的。类似事件在同一时期发生在整个亚洲,亚里斯托尼库斯(Aristonicus)②非法篡夺王位,这些奴隶由于拥有他们的主人,并一直在虐待他们,所以才会加入亚里斯托尼库斯疯狂而又大胆的行动,就会给很多城市带来无法忍受的灾难和不幸。

每一个大地主都用同样的方式,要让整个奴隶市场的人力都能用在他的农田上面;有些人要受到脚镣的束缚没有行动的自由,还有人因为工作

---

① 摩根提纳的遗址在塞拉·奥兰多(Serra Orlando)进行长期的开挖,考古方面获得很大的成效。

② 阿塔卢斯在前133年逝世以后,亚里斯托尼库斯这个冒牌货登上帕加姆的宝座,自认是攸门尼斯二世的儿子,他用一个出于幻想的计划,要建立"太阳之城"赢得民众的支持,直到前130年被罗马军队打败,本人成为俘虏,参阅斯特拉波《地理学》第14卷第1节。

的繁重很快亡故；他们摆出傲慢的姿态要将所有的奴隶打上烙印。因此，数量极其庞大的奴隶在整个西西里已经泛滥成灾，要是听到确实的数字几乎没有人相信。希裔西西里人在获得更多的财富以后，可以与意大利人比个高下的就是倨傲、贪婪和邪恶。

意大利人拥有大量奴隶，所以会让他的牧牛人犯下同样的罪行，在于主人不给这些人提供食物，只是允许他们靠着抢劫自谋生活。这些人缺乏食物等于鼓励他们从事高风险的行动，很快增加各种不法的勾当，一直利用空闲的时间寻找机会，开始是在恶名昭彰的地区谋害单身或成双的旅客，然后是在夜间集结起来攻击缺乏保护的家庭，抢走所有的财产杀死抵抗的人。等到他们愈来愈胆大妄为，西西里的夜晚没有旅客敢在外面行走；那些居住在乡村地区的民众得不到安全的保障；暴力、抢劫和血腥的场面层出不穷。不过，牧牛人在野外生活，有丰富的经验，加上可以用于军事的配备，他们的性格自然会充满大无畏的精神和积极进取的胆识；由于他们携带木棍、长矛或坚硬的手杖，他们的身体用柔软的狼皮或野猪的皮革给予保护，对人表现一副凶狠的面容像是摆出搦战的姿态。

再者，每个人都要注意他们豢养成群狂暴的恶狗，主人提供丰盛的食物像是牛奶和肉类，使得这些畜生的脾气非常粗野而且体格非常健壮。全岛每个地区都有成群结队的士兵组成的匪帮，获得主人的同意那些行事莽撞的奴隶开始全副武装。法务官尽力防范狂暴的奴隶不得惹是生非，由于他们的主人拥有权势和影响力，所以不敢惩处他们，逼得只能对行省的掠夺风气装出视而不见的模样。因为大多数的地主是属于罗马骑士阶层，身居很高的地位，他们都会担任法官的职务①，会借着行省的事务对总督提出控诉，所以行政官员都对他们敬畏三分。

---

① 参阅本章的注释 5。

意大利人从事农业生产,购买大量奴隶,会在他们身上用烙铁做出记号,但是不会供应他们足够的粮食,难以忍受的辛劳使得他们精疲力竭、无比痛苦。

地位显赫的人士对于政治权力的运用应该考虑平民阶层的利益,家庭生活的范畴之内如果他们有见识的话更要善待他们的奴隶。过于自负形成的骄纵使得城邦出现倾轧和内斗,市民之间流行派系主义使得彼此离心离德,奴隶对付主人的阴谋在个别的家族之中很容易进行,恐怖的叛乱给整座城邦带来沦亡的结局。更多的权力滥用于残酷暴虐和不遵法纪,更多居于被统治阶层的人物拥有这些权力,具备的兽性和残酷可以说是毫无顾忌。社会的风气在于清寒的人家要屈从于豪门富室,如果弱势一方被剥夺应有的体贴和顾虑,就会将这些行为视为对他的作威作福,从而产生刻骨铭心的敌意。

英纳有位名叫达摩菲卢斯的土著①,家世极其富有,但是个性倨傲粗暴,拥有面积广大的可以耕种的田地,豢养成群的牛只,他在西西里过着奢华的生活,可以与意大利的地主一比高下,各方面都毫不逊色;虽然他拥有成群的奴隶,他对待他们极其严苛,特别在很多方面已经到达毫无人性的程度。他到四乡去巡视,坐着骏马拖曳的四轮马车,一群奴隶担任保镖,在他的随从当中有俊美的娈童和下流的食客②。无论是在市镇或者他的庄园,他的饮宴有佳肴美酒,为了排场使用刻有浮雕的银具,以及昂贵的红色桌巾,就铺张和浪费而言达到波斯人的标准,表现出傲慢的程度更是有过之而无不及。

---

① 下面的记载,除了叙述达摩菲卢斯的女儿没有受到牵连,反而获得奴隶的保护以外,所有的情节都是大同小异。

② 这部分的资料来自波赛多纽斯《历史》第 8 卷,参阅雅各比《希腊历史残卷》No.87。狄奥多罗斯对"奴隶战争"的叙述,波赛多纽斯的著作是主要的来源。

事实上他在拥有不负责任的权力和为所欲为的运道以后，就开始养成他那粗俗和冲动的习性，首先是对一切都有餍足生腻的感觉，然后是自视过高的傲慢，最后给自己带来彻底的毁灭和给城邦带来巨大的灾难。购买大批奴隶然后尽其所能虐待他们，那些在他们的家乡过着自由人生活的人，现在身体上面被烙铁打上标志，由于在战争中被敌人掳获，所以使他们落到成为奴隶的下场。有一些奴隶被戴上脚镣然后推进围栏；还有一些奴隶奉到指派成为他的牧牛人，但是并不供应他们足够的衣服和食物。

有次一群光着上身的奴仆走到他的面前要求给他们衣物，英纳的达摩菲卢斯毫无耐心不愿听取他们的陈情，他说道："有谁会让大家赤身裸体在四乡旅行？对于那些需要衣服的人难道他们没有事先做好准备?"等他说完以后，下令将他们绑在柱子上面再痛打一顿，摆出傲慢的神情要他们离开。

达摩菲卢斯的独断和专横使每一天都有奴隶受到他的荼毒。他的妻子梅塔利斯(Metallis)①同样喜欢这种表示自己高高在上的惩罚，对待她的侍女非常残忍，其他的奴隶只要落到她的手里下场都很凄惨。所有的奴隶接受恶意的摧残，对于他们的主人心中充满愤恨，认为以后无论遭遇任何情况，都不会比现在的不幸更加恶劣，开始组成阴谋团体发起叛乱的行动以及谋害他们的主人。他们去见住处不远的优努斯，询问他们的计划是否得到神明的批准。他装出神明附体那种心灵恍惚的模样，等他得知大家何以来此的目的，非常清楚表示神明赞同反叛的行动，他们应该立即发起不得延误；因为这是命运女神颁布的旨意，英纳这个全岛最重要的城堡，就会落到手中成为他们的领地。

大家听到以后相信上苍会对他们施加援手，下定决心毫不迟疑立即举

---

① 福久斯在前面提到她的名字是麦加利斯(Megallis)。

事。他们立即从拘禁当中脱身而出,将住在附近的人员聚集起来,大约有四百人在离英纳不远的地方会合。连夜向神明奉献牺牲立下同生共死的誓言,他们在情况允许之下尽可能将自己武装起来,大家都携带最好的武器就是狂怒的恨意,不顾一切要让傲慢的主人吞下毁灭的苦果。他们的领导者就是优努斯。他们发出鼓舞士气的呐喊,大约午夜的时候攻进城市,很多人死于刀剑之下。

达摩菲卢斯在西西里还有一个及笄年龄的女儿,性格纯朴而且心地善良,对于遭到双亲鞭打的奴隶,她总是给予安慰让他们感到舒适,任何人只要被囚禁起来,她会尽力维护可以得到妥当的照顾,她的仁慈和善行受到大家的爱戴和感激。现在来到这个可怕的时候,人性和恩情还是能够发挥最大的作用,没有人如此大胆会对这个女孩伸出施暴的双手,所有人都保护这位年轻的少女不受侵犯。他们从这些成员当中找到最适当的人选,还有对这件事最热心的勇士赫密阿斯,将她护送到卡塔纳的亲戚家中。

虽然反叛的奴隶对主人的全家充满愤怒和痛恨,就会诉诸绝不宽恕的虐待和报复,还是有人指出这不是来自野蛮的本质而是受到虐待的反应,他们现在要转过来对迫害者索取积欠的旧债,处于狂暴的情绪就会失去控制。

就是奴隶也有理性,他们对于报恩或报仇,自有公正的衡量不需要别人的教导和指点。

优努斯登基称王以后,所有的居民①都被他处决,除了过去与他有渊源的人可以幸免一死,因为他的主人一直对他都很纵容所以允许他参加他的宴会,一方面是他的预言受到大家的尊敬,一方面是在餐桌上面接受大家的款待;对于这些人他有心给他们脱罪然后释放。真实的情况实在令人

---

① 应该是拥有奴隶的主人。

感到不可思议:他们的命运竟然发生如此戏剧性的转变,琐碎小事的善意只要机会来到可以获得重大的恩惠作为回报。

阿奇乌斯是安蒂阿克斯王①的参赞,过去一直不愿对逃走的奴隶做出严厉的处置,只是谴责他们的大胆妄为,警告他们如果再犯会立即受到惩罚。优努斯因为他说话坦诚没有将他处死,不仅将房舍归还这位原来的主人,同时让他成为皇家的顾问。

此外,逃亡的奴隶结成人数众多的帮派,爆发另一次的叛乱事件。有一位西里西亚人名叫克里昂来自陶鲁斯的周边地区,从小就习惯于盗匪的生活,来到西西里成为牧马人,不断打劫旅客从事各种谋财害命的勾当。听到优努斯成功的消息,得知他的胜利出于逃亡人员对他鼎力相助,所以他要高举起义的旗帜,说服邻近的奴隶参加他的阵营,大家冒险犯难前去夺取阿克拉加斯和周边所有的地区。

他们有迫切的需要以及缺乏足够的力量,逼得反叛的奴隶只有接受投向他们的人员,根本没有择优挑选的余地。

他们可以理解何以很轻易夺取城市,并不需要上苍给他们任何征兆。就拿那些头脑最简单的人来说都可以找到明确的证据,因为长期的和平无事城墙都已崩塌没有整修,只要驻防的士兵大量遭到杀害,围攻作战很容易获得成功。

优努斯部署军队在弓箭的射程之外,嘲笑罗马人过于怯懦,竟然逃离战场不敢与他交锋。他还为城市的居民设置一个舞台可以上演哑剧,让他们知道奴隶所以要造反,在于主人的暴虐和傲慢会带来家破人亡的结局。

像是很少受到厄运的打击,即使如此还是有人确信上苍对这些事情漠

---

① 优努斯僭用王室的称号和姓名。

不关心,只要畏惧神明的观念深植在人民的内心,确定对于社会还是非常有利。公平正直的行为出于个人的品德和素养究竟是少数,大多数人不愿做坏事在于畏惧法律的惩处和神明的报应。

很多苦难落在希裔西西里人的头上,一般民众不仅毫无怜悯之心,还会幸灾乐祸看着他们陷入困境,所以如此在于地位和财富的差异和生活方式的悬殊。他们的嫉妒从一个令人痛苦万分的溃疡,发生转变为他带来难以言喻的快慰,如同看到享有好运的富豪竟然落到极其不堪的地步。叛徒会为未来的需要做出很审慎的准备,他们不会纵火烧掉乡间的产业,不会损毁仓库和储存的粮食,禁止伤害那些从事农业生产的人,最坏的情况是民众拿逃走的奴隶作为借口,带着恶意的嫉妒对乡村发起扫荡行动,不仅抢劫所有的财物还将所有的建筑物付之一炬。

3 亚细亚的阿塔卢斯王登基①(前 133 年)以后,摆出的姿态与前面几位国王大不相同。他们的慈悲为怀和乐善好施使得王国繁荣而且兴旺;然而他的个性极其残酷而且嗜血,使得很多臣民在他的统治之下,遭到无法挽回的灾难和死亡。怀疑他的父亲那些拥有权势的朋友会在暗中对他不利,他下定决心要将他们全部处死。他的选择是利用蛮族招募的佣兵进行最野蛮的谋杀,派出的凶手对于赏金的贪婪永不餍足,他们藏身在皇宫某些小室之内,要对那些受到猜忌的朋友痛下毒手。等到蛮族的佣兵现身,他们全部被杀。他的下属如同他一样残忍,遵奉命令连带被害者的妻儿子女一并不留活口。其他在军队负责指挥或在城市担任总督的朋友,同样难逃一死,还有一些遭到逮捕连同全家遭到处决。他的臣民和邻近的民族全都痛恨他的残

---

① 阿塔卢斯三世的登基是在前 138 年,目前的记载是在奴隶战争爆发之后,可能将他的死亡改在前 133 年。

酷,就会激发一场全面的革命行动。

4 大部分掳获的蛮族①受到驱赶走向奴隶市场的途中,不是自杀就是相互帮助获得解脱,因为他们无法忍受羞辱的奴役生活。有一个年轻的小伙子带着他的三个姊妹同行,乘着她们精疲力竭倒地熟睡,用刀割断她们的咽喉。他要自求了断受到阻止没有成功,俘虏他们的人问他为何要杀死自己的姊妹,他的答复是没有任何东西值得他们再活下去。他自己从此不吃不喝最后活活饿死。

这些俘虏抵达他们领土的边界,投身在地上大声痛哭,不断吻着他们的国土,甚至抓一把泥土放在衣服的折层里面,使得押解的军队都感到同情产生怜悯的心理。即使是蛮族还是具有人类共同的感情,野性的心灵仍旧对神明抱着敬畏之心,联系他们与故国的习惯从此以后荡然无存,他们不会忘记那片抚养他们的草地而且始终对它一往情深。

5 提比流斯·格拉齐②的父亲是两次出任执政官的提比流斯,后者拥有极其显赫的军事阅历,享有表现卓越的从政生涯。格拉齐因为母亲的家世使他成为巴布留斯·西庇阿的外孙,这位伟大的人物是汉尼拔和迦太基的征服者。所以他不论是父系还是母系都来自最高贵的家庭,就他个人拥有的才华和智慧而言,远超过与他同一辈分的人物,口若悬河的本领如同一位演说家,总之他是一位各方面都极其出众的人;特别是他具备的资格在任何场合都能放言高论,带着藐视的表情看待那些拥有权势

---

① 这一节可能与努曼夏的灭亡有关,参阅阿庇安《罗马史:西班牙战争》第96—98节。

② 提比流斯·森普罗纽斯·格拉齐是前133年著名的护民官,他的父亲与他同名,是前177年和前163年的执政官;他的母亲是高乃莉娅(Cornelia),生下两个命运乖戾的儿子提比流斯和盖尤斯。

的政敌。

6 群众从四乡拥往罗马如同河流注入容纳百川的大海。他们满怀获得拯救的希望，由于他们的领袖和盟友是罗马的法律，保卫他们的勇士既无所求也无所惧，这个人有崇高的目标是要将土地归还给人民，忍受再多的辛劳和危险在所不惜，直到最后一口气。

这时他①所拥有的资源，不是新近集结和来自许多区部的团体，还把最富政治性的警报和民众当中富裕的部分都包括在内。双方的实力可以达成势均力敌的局面，如同天平上面的砝码时升时降，两个党派正在聚集数以千计的支持者，发出强烈的撞击和呐喊的声音，使得公众的集会如同大海的波浪，出现群情汹涌和难以平息的态势。

7 屋大维乌斯②在受到罢黜以后，拒绝承认自己仅是一位普通市民，还是不敢像一位官员那样行使护民官的权力，只有安静留在家中闭门不出。格拉齐就屋大维乌斯失去官职一事，首次提议要进行公民投票，只要通过大会认可相同的议案③，使得格拉齐免予失去护民官的职位，当然就他目前所面对的情况，同样可以获得很好的机会。情势发展到这个地步，如果提案合法通过，他们两位都不会免职成为普通市民，要是提案经过审查违反法律的规定，那么他们两人还是保持原有的

_____

① 这位可能是格拉齐的政敌屋大维乌斯，普鲁塔克《希腊罗马名人传第 19 篇第 3 章：提比流斯·格拉齐》第 10 节，提到他受到众多权势人物的游说，不让提比流斯·格拉齐的法案通过，每天在元老院发表演说，彼此针锋相对，互不退让。

② 马可斯·屋大维乌斯是另外一位护民官，对于提比流斯·格拉齐的土地法案持反对的态度，他的职位受到罢黜。

③ 普鲁塔克《希腊罗马名人传》第 19 篇第 3 章"提比流斯·格拉齐"第 11 节，提到提比流斯对于法案受到否决表示不满，将原本条款温和的法案搁置一边，提出另外的法案让平民更加满意，而且对违法人员的处分更加严厉。

官职。

他①不顾一切朝着毁灭的路途前进,很快遭到无法避免的惩罚。西庇阿②拿起放在手边的木棍,冲天的怒气使得他不顾所有的困难。

格拉齐死亡的信息传到营地,阿非利加努斯③随口念出荷马的诗句:

死者已矣,前车之鉴;

来者可追,后事之师。

8 逃亡的"叙利亚帮"④奴隶只要抓到俘虏就砍掉他们的双手,有人并不以切除到手腕为满足,认为要将手臂包括在内变成名副其实的残废。

9 有人吃了神圣的鱼⑤,发现无法解除他们的痛苦。如果上苍的大能无法用实例阻止类似事件的发生,就会让所有留下的人做出疯狂的行动,遭到的不幸变得无药可治。神明的谴责就会降临在他们的头上,此外还要接受历史记载的谩骂,这些都是他们无法逃避的报应和酬庸。

---

① 是指提比流斯·格拉齐。

② 这位是担任祭司斯的巴布留斯·西庇阿·纳西卡·塞拉庇阿(P.Scipio Nasica Serapio),率领元老院的反对派赶到卡庇多神庙,用棍棒将提比流斯·格拉齐击毙。

③ 这位是巴布留斯·高乃留斯·西庇阿·阿非利加努斯·伊米利努斯(P.Cornelius Scipio Africanus Aemilianus),当时留在努米底亚,他引用的诗句来自荷马《奥德赛》第 1 卷第 47 行。

④ 是指优努斯的追随者。

⑤ 叙拉古的阿里苏萨(Arethusa)是供奉阿特米斯的圣地,那里的流泉当中放养的鱼群禁止捕捉和食用,参阅本书第五章第 3 节,违反规定的人员是到处抢劫的"叙利亚帮"奴隶。

10 元老院基于宗教方面的顾虑和重视，按照西比莱神谕集的指示派遣一个代表团前往西西里①。他们访问遍布整个岛屿的祭坛，只要上面祭祀的神明是伊特纳的宙斯，他们都会奉献牺牲，同时将这个地区筑起围栏，而后除非用传统的仪式举行献祭，否则任何人员一律禁止进入。

11 摩根提纳的戈尔古斯（Gorgus）有一个绰号叫作康巴拉斯（Cambalus），这个人家世富有而且有显赫的地位，在出猎的时候凑巧发现一个强盗窝，里面都是逃亡在外的奴隶，这时他只有靠着步行返回城市。他的父亲戈尔古斯骑在马背上正好在路上遇到他，就跳下将马匹交自己的儿子让他能尽快赶回城中。身为儿子不愿为救自己的性命牺牲父亲，父亲不愿逃脱危险让儿子为强盗杀死。就在他们流着眼泪不断恳求对方的时候，强盗赶到现场将他们两人全都杀死。

12 戴吉利斯（Diegylis）②之子柴贝缪斯（Zibelmius）要仿效他父亲嗜血的行为，特别是色雷斯人对于戴吉利斯的报复，都让他愤怒不已，从而使得他的残酷到无法无天的程度，任何冒犯他的人连带整个家庭都受到严厉的惩罚。即使是睚眦之怨他也会车裂对方的肢体，或是用磔刑将他们钉死在十字架上，或是用火将不幸的人活活烧死。他会当着父母的面或是在他们的怀中，将他们的儿女杀死，或是将他们身上的肉切割下来送给最亲近的家属，或是重演历史上特留斯（Tereus）和昔伊斯底

① 西塞罗《控诉维里斯：二审控词》第4卷第108节，提到代表团的派遣是在格拉齐遭到杀害以后的事，他们曾经前往英纳的西瑞斯神庙。

② 这位戴吉利斯参阅本书第三十三章第14节。儿子的名字在后面称为柴西穆斯，也就是华勒流斯·麦克西穆斯《言行录》第9卷第2节的柴西米斯（Zisemis）。

(Thyestes)举行宴会那一幕。最后色雷斯人抓住柴西缪斯(Ziselmius),虽然很不可能为了他个人的冒犯和触怒就对他施加报复,须知一个人犯下损害整个国家的暴力行为,即使将他锉骨扬灰又怎能让大家感到满意? 即使如此,他们还是尽可能在泄愤的范围之内,要将令人发指的酷虐和严惩施加在这个人的身上。

13 阿塔卢斯一世就某些事务求取神谶指点迷津,阿波罗女祭司出于自愿给予答复:

你有坚强的意志和力量安享国王的尊荣,
及身到第三代为止从而一切归之于虚空。①

14 绰号菲斯坎(Physcon)的托勒密发现克里奥帕特拉的刻意疏远(前131年),却没有能力对她造成伤害,只有靠着冷酷无情对她做出最邪恶的罪行,要仿效米狄亚的兽性谋杀,就在塞浦路斯杀死他们两人的亲生儿子,这个小孩的名字叫作孟菲底(Memphites)②。他对此还感到不够满意,还要想出更为穷凶极恶的伎俩。在将这个小孩的尸体肢解以后,装在一个木柜子里面,命令他的奴仆运到亚历山德拉;因为克里奥帕特拉的生日即将来到,诞辰的前夕柜子经过安排放在宫殿的前面。这件惨剧的真相大白以后,克里奥帕特拉装出伤心欲绝的样子,全国的人民激起狂暴的愤怒要推翻托勒密的统治。

---

① 这份神谶可以参阅《苏达辞书》和鲍萨尼阿斯《希腊风土志》第10卷第15节。主要的含义在于阿塔卢斯三世要将王国留给罗马,或者落到亚里斯托尼库斯的手里。

② 公元前133年托勒密八世优儿吉底二世即菲斯康,与他的姊妹克里奥帕特拉二世发生重大的争执,前者被迫离开亚历山德拉逃到塞浦路斯寻找庇护。有关孟菲底遭到谋害,贾士丁《菲利浦王朝史》第38卷第8章提到此事,认为发生在131年。

15 温暖的春天使得冰雪融化,作物经过漫长的结霜期,现在开始发芽成长,人类恢复原来的活动能力,阿萨西斯①想要试探敌人的动向(前129年),派遣使者前去讨论和平的条件。安蒂阿克斯的答复是同意签署和平协议,阿萨西斯必须先行完成承诺的事项:他要释放受到囚禁的德米特流斯,护送他的兄弟返回家园;他要从武力占领的行省撤回驻扎的军队;他只能维持古老的疆域并且支付贡金。阿萨西斯对答复的苛刻和傲慢感到不悦,派出军队要在战场上击败对方。

16 安蒂阿克斯的朋友劝他不要与人数众多的帕提亚游牧部落接战,因为对方聚集在山地成高屋建瓴之势可以获得安全的保障,崎岖的地形使得他占有优势的骑兵部队无用武之地。安蒂阿克斯根本不听他们的规劝,提到这些蛮族过去败在他的手下,要是不敢冒险对胜者而言是最大的侮辱,他要手下的人不必坚持己见,应该勇气百倍准备向蛮族发起猛烈的攻击。

17 安蒂阿克斯亡故的消息传到安提阿,全城公开举丧陷入哀伤之中,每个家庭都感到悲痛和失望。妇女的哭声更是笼罩消极低沉的气氛。特别是三十万人马的损失,加上随伴进军编制以外的人员,发现没有一个家庭能够幸免这次战败造成的不幸。有些人的哀悼在于失去兄弟,有些人是丈夫,有些人是儿子,很多男孩和女孩成为孤儿,大家都为伤恸之情饮泣哀号,只有时间女神这位悲怆的治疗者,可以使他们逐渐忘怀刻骨铭心的苦难。

---

① 这是帕提亚国王阿萨西斯七世弗拉阿底二世。公元前130年德米特流斯二世的兄弟安蒂阿克斯七世优儿吉底·西迪底,发起三次会战打败帕提亚人,光复巴比伦和米地亚。翌年春天他的军队分散开来进入冬营,安蒂阿克斯遭到突击因而丧命。

安蒂阿克斯的将领阿昔尼乌斯(Athenaeus)要士兵借居民宿犯下很多错误,接战不利领头向后逃走。他抛弃安蒂阿克斯得到应得的结局,流亡的途中来到一些村庄,由于他的手下虐待当地的居民,没有人允许他进入家中或是分享食物,只有在乡村地区四处游荡直到饿死。

18 帕提亚国王阿萨西斯击溃安蒂阿克斯的大军,一心一意要向叙利亚前进,认为这是易于到手的猎物。不过,他发现自己没有办法展开作战行动,更不要说是赢得胜利,命运女神让他的前途布满危险,带来的不幸要大多少倍都不止。我认为神明赐给一个人的福分不会不混合其他的东西,上苍的大能着眼于吉与凶、善与恶,彼此都会相续而来。命运女神在这方面不会遗忘所具备的特性,如同他将连续不断的好处授予同一个人已经感到烦闷,目前的规划是在整个对抗的过程当中,要发生翻天覆地的变化,挫败胜者的锐气让他们更为谦卑①。

19 帕提亚国王阿萨西斯对塞琉西亚②的人民非常恼怒,带着怨恨的心理对他们施加恶意的惩罚,因为他们也用这种方式对待他的将领伊纽斯(Enius)。他们派遣一个代表团前去见他,苦苦哀求原谅他们的行为务必给予回答,他领着使者来到一个地方,瞎眼彼蒂德(Pit-thides)坐在地上,他的双目已被剜去,这时他让使者回去告诉塞琉西亚的民众,他们会得到彼蒂德这样的下场。虽然大家全都胆战心惊,由于极其恐怖的情况提前出现,使得他们忘记过去的苦难,人们面临新的困境就会将往日的不幸掩盖在它的阴影之下。

---

① 在前129年或前128年弗拉阿底抵抗萨凯斯(Sacas)的入侵,在会战中阵亡。
② 塞琉西亚位于底格里斯河的西岸,弗拉阿底击败西迪底重新拥有这座城市。

20 年长的托勒密①指派赫吉洛克斯（Hegelochus）率领一支军队（前127/前126年），前去讨伐亚历山德拉的将领马西阿斯（Marsyas），他活捉马西阿斯还将对方的部队打得溃不成军。马西阿斯被押解到国王的面前，大家认为他会接受最严厉的惩罚，托勒密撤销对他的指控。因为他的内心开始有所改变，要用仁慈的行为化解民众对他的恨意。

21 帕提亚国王优赫门鲁斯（Euhemerus）②出身海卡尼亚的部族，从历史的记载得知他的残酷远胜所有的暴君，几乎没有一种惩罚的方式说是他未曾用过。他拿出微不足道的借口，很多巴比伦人连带他们的家庭全部成为奴隶，遭送到米地亚然后下令将他们当成战利品出售。他纵火烧掉巴比伦的大市场以及一些庙宇，城市的精华地区遭到摧毁变得残破不堪。

22 声名响亮的领导者安蒂佩特（Antipater）、克洛纽斯（Clonius）和伊罗帕斯（Aeropus），发起叛变行动夺取劳迪西亚（Laodiceia），亚历山大［绰号札比纳斯（Zabinas）③］顺利光复失去的城市（前128年）。仁慈的行为让这群叛徒获得赦免，他天性温和宽厚能够言行合一，使得他深受全国民众的爱戴。

---

① 这位是托勒密九世索尔特·拉昔鲁斯（Ptolemy IX Soter II Lathyrus），托勒密八世的长子，在位期间前116—前81年，所以这件事情的时间应该是前110年或前108年。

② 波赛多纽斯认为优赫门鲁斯是巴比伦和塞琉西亚的"僭主"，参阅雅各比《希腊历史残卷》No.87，贾士丁《菲利浦王朝史》第42卷第1节，说是弗拉阿底在最后一场会战失败之前，指派他为该地的总督。

③ 这位亚历山大二世自称是亚历山大·巴拉斯的儿子，两位都是篡夺王位的权臣，前者受到托勒密·菲斯康的重用，从前128年开始与德米特流斯二世共同统治埃及，一直到前123年。绰号札比纳斯在阿拉姆语（Aramaic）的意义是"买来者"。

23 色克久斯(Sextius)①是攻占高卢人的城市(前124年),居民当成战利品出售为奴,有一个人名叫克拉托(Crato),保持倾向罗马的立场,落在叛军也就是他的市民同胞手中,受到酷刑折磨吃了很多苦头,现在又与其他人员一样桎梏在身成为俘虏。他看到正在问案的执政官,提出陈情说他是罗马政策的支持者,为此做出很大的牺牲,仍旧未改初衷,经过平反,不仅他自己和亲人获得释放连带发还财产,由于他对罗马忠心耿耿,允许他可以让九百名同胞除去奴隶的身份。实在说执政官对他如此宽大,完全出乎他的预料,主要的着眼要让高卢人见识到罗马当局在各方面的做法,无论是接受所赐予的怜悯,或是施加最严厉的报复。

24 成群的民众围绕在他②的四周,不论他担任官职或者只是候选人,一向总是如此;他从萨丁尼亚返家(前123年)他们都去迎接,下船的时候大家高声致意而且赞不绝口;从而得知他的人缘极佳获得民意的高度支持。

25 格拉齐就摒弃贵族统治建立民主体制这个题材,公开发表长篇大论的演说,赢得各个阶层③的赞许和信任,对于他那极富胆识的计划,这些人不再只是支持者,现在已经成为赞助人。事实上未来的希望使每个人都受到收买,主要的着眼点在于谋求个人的利益,大家为

---

① 这位是前124年执政官盖尤斯·色克久斯·卡尔维努斯(C.Sextius Calvinus)。他在前122年返回罗马举行战胜高卢人的凯旋式,艾克斯-普罗旺斯(Aix-en)行省在他的手里建立。

② 这位是盖尤斯·森普罗纽斯·格拉齐(C.Sempronius Gracchus),是提比流斯·格拉齐的弟弟,年龄要小9岁,前者在前123年继承兄长的遗志成为护民官。上一年他在萨丁尼亚担任财务官。

③ 这里提到"各个阶层"并没有将元老院和权贵人士包括在内,只能说是那些支持他的团体。

了提出的法律获得通过愿意面对所有的危险。他要剥夺议员在法院服务以及推举骑士阶层人员担任陪审员的权利,从而使得下层社会的成员能有出头的日子;他要让元老院和骑士阶层的和谐关系发生破裂,从而促使一般民众用敌视的眼光看待两者;然后他利用当前的不和与争执,作为踏脚石可以攫取个人的权力;他要让不当的支出和承诺的好处耗尽国家的财源,从而使得每一个人只把他视为唯一的领导者;他牺牲行省让他们落在贪婪而又蛮横的租税承包商手里,从而激怒属地的民众应该痛恨统治者;他通过立法的程序减轻为维护军纪自古以来的严苛规定,运用这种方式讨好士兵,从而将不服从的态度和无政府的观念引进城邦:一个人只要藐视在上位者所拥有的权威,就是破坏法律的叛徒,社会风气的丕变带来致命的危险会颠覆整个国家①。

格拉齐到达权力和傲慢的巅峰,平民大会通过议案放逐屋大维乌斯②,是他给予赦免判决的处分,在向民众提到这件事的时候,他说他这样做是为了对自己的母亲有所交代,因为她出面为屋大维乌斯讲情。

26 法庭对巴布留斯③发布放逐的判决,流着眼泪的群众护送他离开城市。其实老百姓不是不知道他受到了不公正的处分,而且公行带来的腐化使他成为受害者,甚至剥夺大家谴责弊端和罪恶的自由。

---

① 狄奥多罗斯对盖尤斯·格拉齐有极其强烈的偏见,从全文的叙述当中可以明显看出。

② 盖尤斯支持一个法案(目标是要对付他兄长的政敌屋大维乌斯),禁止受到罢免的官员出任其他的职位,参阅普鲁塔克《希腊罗马名人传》第19篇第4章"盖尤斯·格拉齐"第4节。

③ 公元前132年的执政官巴布留斯·波披留斯·利纳斯(P.Popillius Laenas)对于提比流斯的支持者,严刑逼供,西塞罗《论友谊》第37节记述此事。

27 经过投票表决有十七个区部反对提出的法案,与赞成的区部达成势均力敌的局面①。就在成为十八个区部的投票正在计算当中,双方要靠着这唯一的多数给予最后的支持,民众的决定在结束的时候竟然会如此接近。格拉齐极其紧张像是在拼命战斗一样,等到他知道靠多了这个区部的同意赢得胜利,情不自禁大声叫道:"敌人已经朝不保夕! 不管命运女神的决定为何,都会让我们感到满意。"

28 大体而言亚历山大②毫无信心,因为他对兵凶战危缺乏经验,时局的变化更是无从准备,他决定带着皇家的财富加上窃占神明的宝藏,连夜发航前往希腊。他的打算是要洗劫宙斯的神庙③,为了达成目标要运用一些蛮族,等到他们的行动真相大白,这些做坏事的人在该地受到惩处。他只有带着少数人员溜走,想要逃到塞琉西亚。消息传播得非常迅速,塞琉西亚人听到神庙遭到抢劫,阻止他进入城市。他的企图破灭以后急着要在波塞迪姆(Posideium)寻找庇护,选择的逃亡路线沿着海岸前进。

亚历山大大掠神庙以后想要逃到波塞迪姆。我们只能臆测那些冥冥之中神明的报应,紧跟在后面一点都不放松,联合起来对他给予惩罚,逼得他愈来愈接近最后家破人亡的命运。其实他被追兵抓住送往安蒂阿克斯的营地,也不过是神庙遭到抢劫以后两天的事。从而得知邪恶小人过于鲁

---

① 全体罗马市民分属35个区部,区部与族群、职业、阶级无关,只是一种地域性的划分,就像"百人团"是一个投票单位,用多数决显示投票的结果,选举官员和通过法律要获得超过半数即18个区部的赞成票。所有的区部按照安排的次序投票,只要先获得18个区部的同意,就停止后续的作业,如果到34个区部投完打成平手,就等最后第35个区部的表决结果做出全案的裁定。

② 这位是亚历山大二世札比纳斯。

③ 按照贾士丁《菲利浦王朝史》第39卷第2节的记载,这件事发生在安提阿;札比纳斯被德米特流斯二世之子安蒂阿克斯八世斐洛米托打败,所以才会逃离叙利亚。

莽的行为无法逃脱公正的报复。啊！行事审慎的复仇女神追捕罪人，他们给予的打击极其快捷。昨天他还是国王，手下有四万名带甲之士，现在他落在敌人手里有如丧家之犬，面对应得的侮辱和处罚。

叙利亚国王亚历山大被铁链拴住带往营地，不仅是听说此事的人，就连那些目击者都不敢置信；等到真正证实所见不虚，他们对于当前形势的改变感到不可思议，有人赞誉神明的威严带来的影响真是无远勿届，还有人对反复无常的命运提出各式各样的评论，须知人事和社会的变动不居，局面和环境的突然迁移，加上人类生活无法保持长远的稳定，这些全都超过个人的预想和期待。

29 格拉齐手下有无数党羽可以进行持续的抵抗（前 121 年）；等到遭受不断的羞辱和加重的刺激，以及未曾预料的挫折和失望，他开始陷入一种狂热和疯癫的情况。他要所有的阴谋分子到他家里来开会，先与弗拉库斯（Flaccus）①进行商量，最后做出决定必须用武力制服对手，以及向执政官和元老院发起攻击。因此他嘱咐他们将佩剑藏在长袍里面，至于陪伴在他身边的人要注意听从他的命令。欧庇缪斯（Opimius）②在卡庇多（Capitol）讨论应该采取哪些行动，格拉齐和改革者开始向目的地前进，发现神庙被对方占领，大批贵族在里面聚集，他退到神庙后面的柱廊，如同最后挣扎和痛苦折磨的猎物，要在那里负隅顽抗。这时他还是处于极度兴奋的状态，奎因都斯③是与他很熟的朋友，跪在他的面前劝他不要使用暴力的行为，或是采取无法挽回的步骤对待他的祖国。

---

① 这是前 125 年的执政官马可斯·弗尔维斯·弗拉库斯，他在前 122 年出任护民官是拥护格拉齐最有力的人士，或许他在前 121 年与格拉齐同属一个委员会，奉派到迦太基这个殖民地处理相关的事务。

② 卢契乌斯·欧庇穆斯是前 121 年的执政官，他的当选在于反对格拉齐的计划。

③ 这位是奎因都斯·安特拉斯（Q.Antyllus）。有关这部分的叙述参阅普鲁塔克《希腊罗马名人传》第 19 篇第 4 章《盖尤斯·格拉齐》第 13 节。

从格拉齐公开的举动看来他就是一位暴君,因为他一脚将奎因都斯踢翻在地,吩咐他的随从将他赶走,开始采取报复的手段对付他们的政敌。吓得目瞪口呆的执政官向着元老院宣布,成为谋杀犯的格拉齐已经对他们发起攻击。

30 格拉齐死在自己的奴隶手里,他的朋友卢契乌斯·维提留斯(Lucius Vitellius)最先来到他的尸体旁边,对于死者落到这种下场并没有悲凄之感,砍下他的头颅带回家中,过分荒唐的贪婪和闻所未闻的无情,在世人面前展现非常特殊的机伶和智巧。执政官曾经当众悬赏,任何人将他的头颅带来,可以获得同等重量的黄金。因此卢契乌斯从头颅的底部钻一个洞,将脑浆倒出来再灌进去熔化的铅。然后他献出首级领取黄金,终其一生因为出卖朋友遭到所有人的排斥和藐视①。弗拉库斯家族如同格拉齐全部遭到杀害。

31 弗拉库斯因而暴露他的身份四处奔逃剥夺权利(或是籍没)期待这种无法无天的行为。

32 科迪西人(Cordisci)②获得大量战利品,导致很多其他的部族采用同样的策略,打算抢劫其他人的财产和掠夺男子汉英勇行为的标志;从而"弱肉强食"可以视为对自然规律的肯定。

---

① 普鲁塔克《希腊罗马名人传》第19篇第4章"盖尤斯·格拉齐"第17节提到这个故事,情节大致相符,只是当事人是欧庇穆斯的朋友塞普蒂穆留斯(Septimuleius)。

② 这个部族的名字有两种拼法,使用史科迪西人较为常见的用法。史科迪西人是一个凯尔特人部族,居住在上巴尔干半岛,从前119年开始经常与罗马人引起战争,前105年色克久斯·庞培乌斯在会战中被杀,这里提到的情况可能就在此时发生。

33 后来从史科迪西人(Scordisci)的拒不从命①可以明确了解这
种情况,就是罗马的优势并不靠着本身的实力,而且其他城邦
的软弱无力。

34 智慧女神成为所有事物的主宰,只有命运女神具有更强势的
力量。很多次他带着恶意在未曾预料之下,使得睿智而又精
明的人物(早已纳入计划)遭到毁灭。再者,那些让人感到失望的愚行,他
可以将它变成正确的方针,完全是出乎意外之举。结果使得有人发现他对
事物的了解真是无往不利,反倒是对个别的行动带来不应出现的失败,有
些人可以见到。

35 利比亚的情况是国王②在战场交锋(前112年),朱古达赢得
胜利杀死很多努米底亚人。他的兄弟埃德赫巴(Adherbal)
逃到色塔(Cirta)被围得水泄不通,于是派出使者前往罗马,请求当局对
一个有深厚友谊而且缔结联盟的国王,不能坐视他陷入危险让他自生自
灭。元老院派遣使节团前去解围,朱古达置之不理,于是第二次派出更
有分量的人物③。他们还是铩羽而归,朱古达绕着城市挖一道壕沟,居民
缺乏生存必需品只能坐以待毙。他的兄弟出城,手里持着哀求的树枝,表
示愿意禅位,只求保住性命。朱古达根本不顾亲情和哀求者的权利,立即

---

① 这部分的记载有关执政官盖尤斯·波修斯·加图在前114年的战败,参阅利瓦伊
《罗马史摘要》第63卷和笛欧·卡休斯《罗马史》第26卷第88节。

② 努米底亚国王迈西普撒在前118年逝世以后,王国划分为三部分,由他的两个儿子
埃德赫巴和海姆普萨(Hiempsal)以及他们的表兄朱古达各自继承一份,因为朱古达早已为迈
西普撒收养。没过多久海姆普萨被朱古达的亲信杀害,留下的统治者成为势不两立的国王。
埃德赫巴在色塔受到围攻为时多久不得而知,整个事件到了前112年变得更为轰轰烈烈。

③ 第二次代表团的首脑人物是马可斯·伊米留斯·斯考鲁斯(M. Aemilius Scaurus),
参阅萨禄斯特《朱古达战争》第25卷第4—11节。

将他处决。举凡参与他兄弟阵营一起战斗的意大利人①,全部遭到酷刑而且不留一个活口。

36 努米底亚国王朱古达对罗马人大无畏的勇气感到惊奇,赞誉他们建立伟大的功勋,向他的朋友宣称要与这些人横越整个利比亚②。

37 死亡的信息传入他们的耳中,还有人随着他一起丧生,城市充满悲伤的哭声和哀悼的气氛。很多孩童成为失去父母的孤儿,还有不少兄弟。

38 执政官纳西卡③是行事公正、家世高贵的显赫人物,他的家族产生名扬四海的后裔子孙,获得阿非利加努斯、亚细亚蒂库斯(Asiaticus)和希斯珀鲁斯(Hispanus)之类的名字;因为其中一位征服利比亚,另一位是亚洲,第三位是西班牙,每一位都为自己争得一个绰号,用来彰显极其伟大的成就。除了他的祖先英名远播,仅就他的父亲和祖父而言都是罗马家喻户晓的市民。两人都在元老院拥有领导者④或"首席发言

---

① 是指居住在色塔的意大利人。

② 正确的位置和日期以及下面的情况都不得而知。

③ 这位是巴布留斯·西庇阿·纳西卡、塞拉庇阿(P.Cornelius Nasica,Serapio),他在前111年当选执政官死于任内。从他的曾祖父开始,这个世系的子孙有辉煌的成就:纳西卡(Ⅰ)是前191年的执政官;纳西卡·科尔库隆(Nasica Corculum)(Ⅱ)是前162年和前155年的执政官;纳西卡·塞拉庇阿(Ⅲ)是前138年的执政官;纳西卡·塞拉庇阿(Ⅳ)是前111年的执政官。狄奥多罗斯竟然将(Ⅰ)和(Ⅱ)的历史合而为一。

④ 所谓元老院的领导者就是"第一元老"(Princeps Senatus),只有他的祖父纳西卡·科尔库隆(Ⅱ)拥有这个荣誉的位置,就是每5年由监察官授予一次。他出任"第一元老"是在前147年和前142年。

者"的位置,延续的时间直到过世为止,此外元老院颁布的敕令推崇他的祖父①是城邦的"善人"。

西比莱神谕集明文记载,罗马人应该为"大地之母"建立一座神庙,把他当成膜拜的对象从亚洲的佩西努斯(Pessinus)驾临此地(前 111 年),为了供奉,在罗马要大批群众倾城而出前去迎接,身份最高贵的男士和妇女,同样虔诚的妇女,他们必须在前面引导欢迎的行列,举行祭祀的仪式,接受女神极其神圣的雕像。元老院继续遵行神谶的指示,巴布留斯·纳西卡和华勒丽娅分别当选作为模范的善男信女。他对神明表现极其虔诚的态度,同时是一个政治家会在公众的争辩当中说出心中所想的话。

罗马在"汉尼拔战争"取得优势以后,马可斯·加图(得到笛摩昔尼斯这个称号)无论在任何场合,不管谈话的对象或讨论的主题,最后的结语总是毫不例外,陈述他在元老院发表的意见:"迦太基必须灭亡。"不过,纳西卡②通常会表示相反的看法:"迦太基应该存在。"元老院对于每一种观点都应该进行深思熟虑的讨论,对于那些智慧很高的成员而言,纳西卡远较其中最佳者更为优秀。罗马的实力需要加以正确的判定,他们认为不在于其他城邦的优柔怯弱,而是要表现出比强者更为强势的作为。

再者,只要迦太基存在于世间,忧患意识迫得罗马人要加强团结,平等对待受到统治的属地,还要赢得他们的信任和支持,这是最好的方法可以用来维持和扩张一个帝国;但是一旦敌对的城邦遭到毁灭,仅有的明确事故就是本身爆发内战,所有的盟邦都对统治的权力极其痛恨,在于罗马的行政官员的贪婪和视法律如无物的掠夺。迦太基灭亡以后内忧外患的现

---

① 事实上,他的曾祖父在这个时候(前 204 年)还很年轻。有关这个故事参阅利瓦伊《罗马史》第 29 卷第 10—11 节。华勒丽娅可能是马可斯·华勒流斯·利维努斯(M. Valerius Leavinus)的女儿,后者是代表团的负责人,奉命前往帕加姆接回女神。

② 加图的政敌不是纳西卡(Ⅰ)而是纳西卡·科尔库隆(Ⅱ)。

象都在罗马——浮出水面,随之产生的情况有如下叙述:操纵民意的煽动家造成的危险,土地的重新分配造成的混乱,联盟发生重大的反叛事件,内战的延长和带来的恐惧,以及其他为西庇阿所预测的事项。

这个人的儿子现在已是一个老人成为元老院的领导者①,提比流斯·格拉齐由于想要篡夺最高的权力,所以才会丧生在他的手里。群众对此极其愤怒,暴动漫延开来,声讨做出这种恶行的罪犯,护民官甚至将元老院议员一个接一个拖上讲坛,确实查明谁是真正的凶手。所有相关人士害怕群众的激情和暴力,都说对此事一无所知或是做出拐弯抹角和前后矛盾的回答。只有西庇阿承认是他下了毒手,还说城市其他的人都不知道格拉齐的目标是要成为僭主,只有他和元老院不会受到欺骗。群众对于这个受到敬重的贵族和坦诚的陈述,全都感到恼怒却又无可奈何,特别是西庇阿的儿子在该年逝世②,这个人的一生保持正直从未受到任何玷污和腐化,从事公职证明自己是一个真正的智者,不是靠文字的表达而是生活的方式,遗留给后代的武德和贵族的血统都能源远流长。

39 安蒂阿克斯·西兹昔努斯(Antiochus Cyzicenus)③登上宝座以后没有多久,沉溺于酗酒的恶习,极度任性和放纵,他的所作所为根本不够资格当一个国王。例如,他喜欢哑剧的演出和担任哑剧的角

---

① 纳西卡·塞拉庇阿(Ⅲ)在前133年是祭司长而不是"第一元老"。狄奥多罗斯所以会出现这个错误,在于提比流斯·格拉齐的动乱时期,西庇阿"领导元老院"的反对派赶到卡鹿多神庙,用棍棒将提比流斯击毙。

② 狄奥多罗斯偏离主题很长的篇幅以后,重新回到叙述的本文,当选执政官的西庇阿死于前111年的任内,参阅前文的注释58。

③ 这是安蒂阿克斯九世斐洛佩托·西兹昔努斯(Antiochus IX Philopator Cyzicenus),是安蒂阿克斯七世西迪底的儿子,也是安蒂阿克斯八世斐洛米托·格里帕斯的同父异母兄弟,这两人一辈子都是绝不妥协的敌人。西兹昔努斯击败格里帕斯,大约在前113年登上宝座,过了一年,格里帕斯带领军队重新复位,整个埃及的领土一分为二,一直保持敌对状态到前95年。

色,甚至对于所有表演人员都很亲切,愿意花很多时间学习他们的技术。他练习用手操纵木偶,还让五肘尺高一个包银镀金的动物模型,表现出栩栩如生的姿态,他的工匠为他制造很多相似的玩偶。在另一方面,他并不重视"攻城者"之类能够为他赢得盛名的作战机具。他还嗜好在极其奇特和非常不适的时间从事狩猎的活动,很多次在夜晚避开朋友溜出王宫,带着两三位奴仆到乡间去追捕狮子、黑豹和野猪。他的鲁莽和冲动使得他要与凶狠的野兽格斗,经常让自己的性命遭遇莫大的危险。

40 迈西普撒(Micipsa)是努米底亚国王马西尼撒之子,他自己也有几个儿子,最受宠爱的是长子埃迪赫巴以及伊安普萨穆斯(Iampsamus)①和迈西普萨。所有的努米底亚国王当中,迈西普撒拥有最高的文化水平,他的宫廷召集很多希腊的知名之士,陪伴他过着文雅而且悠闲的生活。他对文艺素养有很高的兴趣,特别是哲学的研究,使得他在权力的运用和智慧的追求这两方面,随着年龄的老去有更为卓越的表现。

41 不少皇室的家庭来到罗马(前110年),另外一位朱古达②是努米底亚王位的竞争者,由于他拥有非常深厚的民意基础,朱古达雇用凶手前去暗杀这个对手,可以排除获得王国的障碍和阻力。

42 高卢有一个名叫爱昂托拉(Iontora)的城市,当地的酋长坎托尼阿都斯(Contoniatus)③具备军事指挥的能力,是一位极其睿

---

① 就是海姆普萨。从前面得知迈西普撒只有两个儿子埃迪赫巴和海姆普萨。迈西普萨已在前118年逝世,很难了解为何又在此将他介绍一番。或许他还有一个名叫迈西普萨的儿子,这从埃迪赫巴的称呼可以看得出来。

② 这位朱古达另外有个名字是玛西瓦(Massiva)。

③ 或许与阿维尼国王毕图伊都斯(Butuitus)的儿子坎根尼蒂阿库斯(Congonnetiacus)是同一人,他的父亲在前121年战败以后被带到罗马关在阿尔巴。

智的有识之士,也是罗马人民的朋友和同盟。罗马的支持让他在高卢能够保有酋长的地位,所以他花很多时间留在罗马,可以分享他们的理念和生活方式,这样看来也是很自然的事。

43 马留虽然担任幕僚和副将①(前 109/前 108 年),由于他在这些副将当中没有名气,所以得不到将领的青睐。其他的副将所以地位显赫,在于他们过去担任的官职和贵族的出身,很多地方会受到将领的器重;据称马留曾经是一个租税承包商,仅仅当选位阶很低的官职②,很难擢升到拥有权势的高位。每个人在服行军队勤务的时候,都尽可能避开辛劳的工作,要让生活过得安逸和舒适,只有马留经常奉到派遣,带领手下人员进入激战的阵地,带着藐视一切的神色欢迎艰难的任务,不断出生入死获得丰富的作战经验。他对于用兵作战拥有天赋的才华,乐于让自己暴露于危险之中,很快因为他的英勇过人赢得声名,更能发挥他的影响力。

再者,他对待手下的士兵非常体恤,尽可能让他们在他的指挥之下,始终保持融洽的关系和愉悦的心情,无论是赏赐礼物,双方交谈或是日常的接触之中,他非常受到手下的拥护和爱戴。他们为了回报他无微不至的照应,只要在战场与他并肩作战就会奋不顾身,目的是为增大他的权势和提升他的地位;要是有其他的副将偶尔接替他的职位,他们会在关键的时刻装出怯战的模样,这种别有用心的企图和手法,使得军队在其他人员的指挥之下遭到挫折和失败,只要马留出现就会转危为安赢得胜利,这在罗马

---

① 马可斯·马留陪伴前 109 年的执政官奎因都斯·西昔留斯·梅提拉斯前往阿非利加。

② 马留是前 119 年的护民官,开始竞选市政官失利,经过一番努力竟然在前 115 年成为法务官的候选人。

人看来已经成为惯常的现象。

44 包克斯(Bocchus)①在利比亚统治一个王国,口出恶言责骂那些劝他起兵攻打罗马军队的人士,派遣使者去见马留为他过去冒犯的行为致歉(前105年),要求建立坚定的友谊,给予承诺要在各方面尽力帮助罗马人。马留告诉对方要他向元老院提出陈情,国王派出特使前往罗马,对于马留的处理方式表达不满,并且就他推卸责任提出控诉。不过,元老院的答复认为马留很识大体不会滥权,交代包克斯只要赢得马留的赞同,他们一定会在各方面让他感到满意。马留一直想要活捉朱古达王,包克斯为了助他实现愿望,派人前去邀请朱古达,借口要讨论一些事务可以达成共同的利益;抓住他以后戴上脚镣交给卢契乌斯·苏拉,这位法务官受指派将他押解回去。包克斯靠着牺牲朱古达可以确保本身的安全,逃过罗马当局原来要着手的报复行动。

45 年长的托勒密②囚禁在塞琉西亚的城市,有一个朋友暗中对他进行阴谋活动,他逮捕罪犯给予应有的惩罚,从此他再也不会毫无打算,就将他的人身安全托付给"朋友"。

---

① 包克斯是茅里塔尼亚的国王,他是朱古达的岳父。
② 这位是托勒密九世斐洛米托·索特尔,绰号拉昔鲁斯,由于他的母亲克里奥帕特拉三世宠爱幼子托勒密十世亚历山大,他在前107年逃离埃及,后来在派里亚(Pieria)的塞琉西亚找到栖身之所,很多年留在该地。

46 卡波(Carbo)和西拉努斯(Silanus)①。丧生的人数是如此众多,有些人为失去儿子悲伤不已,还有一些人的兄弟遭遇不幸,留下没有父亲的儿童,哀悼失去的亲人和荒废的意大利;很多妇女的良人命丧黄泉,成为嫠妇要过凄凉的一生。元老院面对灾难还是坚持刚毅的立场,限制群众陷入过分的哀痛之中,忍受悲伤的沉重负担却能丝毫不动声色。

---

① 格耐乌斯·帕皮流斯·卡波(Cn.Papirius Carbo)是前113年的执政官,在诺里亚附近被廷布里人打得溃不成军;马可斯·朱纽斯·西拉努斯(M.Iunius Silanus)前109年在高卢败于廷布里人的优势兵力。这是拿目前的情况与过去做一个比较,因为前105年的执政官格耐乌斯·马留斯·麦克西穆斯和前执政官奎因都斯·塞维留斯·昔庇阿都在高卢的阿劳西奥(Arausio)遭到惨败,给罗马带来临头大难,所以才有马留的紧急召回。

第三十六章
残　卷

1 马留在一场规模庞大的会战（前 104 年）当中，打败利比亚的国王包克斯和朱古达（Jugurtha），杀死数以万计的利比亚人，后来朱古达还成为俘虏（包克斯虽然发动战争冒犯罗马人，由于他出卖朱古达将他交给马留，能够获得当局的谅解）；就在这个时候罗马与廷布里人（Cimbri）之间爆发战争，高卢的形势逆转，使得大家为之胆战心惊；再加上有人从西西里带到罗马的信息，成千上万的奴隶暴动使得烽火四起，有关这方面我已经提过很多次①。最新的信息传

---

① 公元前 106 年的冬天，利比亚的国王在色塔附近发生一场决定性的会战，参阅萨禄斯特《朱古达战争》第 101 节，朱古达在前 105 年成为罗马的俘虏，参阅本书第三十四和三十五章第 39 节；前 105 年廷布里人在阿劳西奥（Arausio）击败罗马的大军，参阅本书第三十四和三十五章第 37 节。

米使得整个罗马面临最大的危机,联军部队①在高卢与廷布里人的作战当中损失高达六万人,已经没有现成的军团可以派遣出去。

2 甚至就在西西里出现新的奴隶动乱之前,意大利已经发生几起为时短暂和规模较小的叛变,虽然超自然的现象已经先行指出,声势浩大的西西里动乱迫在眉睫。最早出现在瑙西里亚(Nuceria),三十个奴隶组成叛逆团体很快被逮捕遭到处决,其次是在卡普亚,两百人发生暴动迅速加以镇压。

第三次的情况真是令人震惊不已。提图斯·米努修斯(Titus Minucius)②属于罗马骑士阶层,他的父亲极其富有。这位年轻人爱上非常美丽的侍女,虽然她是别人的奴隶,但由于他对她的迷恋到无法自拔的地步,愿意花费七阿提卡泰伦为她赎身,使她能够获得自由(虽然用去很大一笔款项,就这个女奴的主人来说,只是勉强同意而已),他要在规定的时间还清欠债,由于他的父亲拥有庞大的家产使他获得赊账的信用,等到讲好的日期来到他无力支付,经过安排获得展延三十天的最后期限。到那一天还是没有筹到卖主所要的款项,虽然他的热情难以抑制,始终无法达成必须遵守的协议。

他要从事一种完全超过他理解范围的冒险事业:就是先要杀害那些向他讨债的人,然后自己篡夺专制的权力。他用延后付款的方式购买五百副铠甲,获得以后暗中运到某个地方,煽动自己的奴隶大约有四百人,发起大

---

① 波利比乌斯《历史》第 6 卷第 26 节,提到盟军的步兵和骑兵以选锋(soci extraordinarii)最为出名,这部分的人数不会很多,盟军部队应以"协防军"为主,兵力大致与军团相当,所以才会损失惨重;至于军团则是罗马的建制部队。

② 这里提到的名字是提图斯·米努修斯,在下面同样内容的残卷中变成提图斯·维久斯,发生这种错误在于数据的运用不当。从叙述的内容判断发生的地方应该在卡普亚附近。

规模的叛乱活动。然后僭用王冠和紫色的斗篷,身边有扈从校尉和其他派任的官员,所有的奴隶全力配合,在他们的拥戴之下成为国王;对于那些向他催讨女郎身价的人,全部加以鞭笞和斩首。他的奴隶在武装以后向着邻近的农庄进行,对于愿意加入的人分发武器,任何人只要反对就被他杀死。很快他的手下就有七百多名士兵,将他们编成很多百人队,开始构建一道木栏,欢迎所有前来参加起义的人员。

暴动的消息已经报到罗马,元老院采取审慎的措施,要对目前的情况进行匡正和补救。他们指派城中现有法务官之一卢契乌斯·卢库拉斯(Lucius Lucullus)[①],前去捉拿这批亡命之徒。受命当天,他在罗马挑选六百名士兵,到达卡普亚以后集结四千名步兵和四百名骑兵。维久斯(Vettius)得知卢库拉斯正在赶路,用一支部队占领加强防务的小山,这时他的兵力已经达到三千五百人。两军发起交战,开始的时候这群亡命之徒居高临下占到优势;后来卢库拉斯买通维久斯的手下阿波罗纽斯(Apollonius),保证他获得赦免不会受到惩罚,说服他出卖与他一起举事的叛徒,现在他的部队与政府军联合起来攻打维久斯,后者害怕遭到活捉要面对严刑重惩[②],拔剑自裁身亡,所有参加叛乱的人员无一幸免,只有阿波罗纽斯保住性命。这些事件只能说是拉开序幕,主要的叛变行动是在西西里,起因有如下述。

3 发生很多新的奴隶暴动事件,第一次是在瑙西里亚,三十个奴隶组成叛逆团体很快被逮捕遭到处决,第二次是在卡普亚,两百人

---

① 卢契乌斯·黎西纽斯·卢库拉斯(L.Licinius Lucullus)在前104年担任市政法务官或侨民法务官。

② 通常是磔刑。克拉苏在前101年敉平意大利南部的奴隶叛变,6000名俘虏全部被钉死在十字架上,沿着大道的两边竖立示众,从卡普亚直到罗马,绵延300千米。

发生暴动迅速加以镇压。第三次的叛变非常特别,不同于常见的模式。提图斯·维久斯是罗马骑士阶层的成员,他的父亲是家财万贯的富翁。这个年轻人爱上一个美丽动人的侍女,然而她却是别人的奴隶。后来两人有了恋情甚至还生活在一起相当时间,对她的宠爱难以自拔已到疯狂的程度。他的极度迷恋要给这位少女赎身获得自由,开始的时候遭到主人的反对,后来因为提供很大的好处赢得主人的同意,他的花费是七阿提卡泰伦,讲好在规定的时间支付购买的款项。他的父亲家财万贯使他对高额的债务获得赊账的信用,他带着少女离开藏身在他父亲位居乡村的产业里面,享受共浴爱河的幸福生活。

付款的日期来到,有人上门催讨债务,他把时间延长三十天,到最后的期限,还是无法筹到所需的金额,他要从事一种完全超过自己承受能力的冒险事业。伴着无法支付债务带来刻骨铭心的痛苦和手头拮据的困境,他的想法变得极其幼稚和愚蠢。面对的情况是要与他的爱人分离已经迫在眉睫,他只有铤而走险用计谋来对付向他急着讨债的人。

4 马留负责对廷布里人发起作战行动这段时间,元老院同意他提出的要求,可以从海外的国家召来军队给予援助①。于是马留派人去见俾西尼亚国王奈柯米德(Nicomedes),商议出兵援助有关事项。国王的答复是大部分俾西尼亚人都被租税承包商抓走,目前都在罗马的行省成为可怜的奴隶。元老院颁布敕令,盟邦的市民不能当成奴隶卖到罗马的行省,法务官应该完成准备工作让他们获得解放。黎西纽斯·尼瓦(Licinius

---

① 马可斯·马留班师返回罗马,公元前 104 年 1 月 1 日庆祝战胜朱古达举行凯旋式,接着就职第二任的执政官,很快获得在高卢作战的指挥权。这个时候的俾西尼亚国王是奈柯米德二世伊庇法尼斯(前 149—前 94 年)。

Nerva)①当时担任西西里总督,遵奉敕令的指示办理探访和查证事宜,数日之内让八百名奴隶恢复自由之身。整个岛屿所有受到奴役的人全都渴望获得自由。当地的权贵和富有的人士聚集起来,恳求法务官停止执行释放奴隶的司法程序。他听从提出的意见在于接受他们的贿赂,或是他过分懦弱只有屈服,甚至还想讨好这些权贵;此后他在这些法庭当中对于类似的案件都表示不感兴趣,有些人想要接近他好获得自由,这时他就会斥责他们,同时命令他们回到主人那里。

这些奴隶结合成为紧密的队伍离开叙拉古,要在帕利西人(Palici)的圣地②寻找庇护,深入讨论发动革命的问题。就这一方面而言,可以明显看出他们在很多地方表现出大无畏的精神和胆识,最先致力于自由的争取是来自哈利赛伊(Halicyae)地区两位富有兄弟的三十个奴隶,这些人接受华流斯(Varius)的领导。他们首先在夜间谋杀已经入睡的主人,接着前往邻近的庄园召唤奴隶加入争取自由的行列,仅在这个夜晚就有一百二十人高举起义的旗帜。夺取一个天然形势险要的地方再予以加强防务,同时他们的人数增加到八百名武装的奴隶。行省的总督黎西纽斯·尼瓦急忙进军前去镇压,虽然加以包围最后还是没有效果,他看到这个坚固的要塞不可能用武力攻克,抱着其他的希望就是叛徒的出卖。

盖尤斯·泰特纽斯(Gaius Titinius)的绰号叫作盖迪乌斯(Gadaeus)成为他达成目标的工具,承诺赦免他的罪行才能得到他的帮助。他在两年之前受到死刑的判决,逃脱惩罚过着盗匪的生活,这个地区有很多自由人被他谋杀,没有任何奴隶遭到他的伤害。他带着一群忠心耿耿的奴隶接近叛

---

① 黎西纽斯·尼瓦在前104年是西西里的总督,以现任法务官或卸任法务官的身份出任这个职位。笛欧·卡休斯《罗马史》第27卷第93节对这件事有不同的看法。

② 有关这个圣地以及可以对奴隶发挥传统的保护作用,参阅本书第十一章第89节。这个地方就在现在靠近民内欧(Mineo)的拉格托·迪·纳夫夏(Laghetto di Naftia)风景区。

军的要塞,表示他的打算是加入他们的队伍共同与罗马人作战。他被大家当成朋友给予热烈的欢迎,由于他的英勇受到推举成为将领,这样一来要塞很容易被他出卖。这些叛军很多在战斗中阵亡,还有人害怕被俘以后的惩罚,就从悬崖上面纵身跳下摔死在深谷。第一次的奴隶暴动很快敉平。

5 士兵解散回到原来的住处以后,传来消息,有八十个奴隶造反,杀害身为罗马骑士阶层成员的巴布留斯·克洛纽斯(Publius Clonius),他们正要聚集成为一个实力强大的匪帮。法务官受到其他人①给予劝告使得他分心想要置身事外,事实上他的部队大多已经解散,无法采取迅速的行动等于提供给叛军很好的机会,可以巩固现在已经建立的地位。他出动手边现有的士兵,渡越阿尔巴河②以后,绕过位于卡普瑞阿努斯山(Mount Caprianus)的叛军,抵达赫拉克利这座城市。到处传播法务官是一个懦夫,因为他不敢攻击叛军,这群亡命之徒唆使大量奴隶起来造反,很多新来的人员如同潮水一样涌入,尽可能让他们以当时的标准参加战斗,结果能在七天之内武装八百多人,很快使得数量不少于两千之众。

这时法务官在赫拉克利(Heracleia)听到他们的人数增加极其迅速,指派马可斯·泰特纽斯担任指挥官,从英纳(Enna)的驻防军当中,调出六百人的部队交给他运用。泰特纽斯对叛军发起攻击,由于对方拥有兵力和地形之利,他和手下的人马败得溃不成军,很多人被杀,残余的士兵抛弃兵器逃走,仅能保住性命。叛军赢得胜利,变得更加大胆,立即从敌人那里获得大量装备用来维持不易到手的成果,每个地方都有奴隶受到鼓励起来造反。每天都发生许多起叛乱的行动,他们的人数突然增加到令人难以置信的程度,不过几天的工夫就有六千多人。

---

① 他的属下或者是部从。
② 可能就是阿拉瓦(Allava)河。

他们召开一次大会,首先要解决的问题是选出萨尔维斯(Salvius)担任国王,这个人精于占星术拥有很大的名气,也是水平很高的笛手,经常为妇女演奏狂热的音乐。他在成为国王以后就会避开城市,认为它是怠惰和放纵的根源,还将叛军分为三个集团,每个集团派出负责的指挥官,命令他们先行搜索乡村地区,然后在指定的时间和地方集中所有的部队。清乡行动能够获得大量马匹和其他的牲口,他们很快拥有两千多名骑兵以及两万名步兵,加强军事的演练能有很好的成效,他们突然袭击防务坚强的城市摩根提纳(Morgantina),勇敢而且持续不断地进攻直到将它夺取。法务官率领一万名意大利人和西西里人组成的部队,连夜开拔前去援救城市,到达以后得知叛军在围攻之下加以占领,于是他乘机攻击对方的营地,发现只有少数守备的人员,里面充满被俘的妇女和各式各样的战利品,所以很容易夺取。他在抢劫营地以后向着摩根提纳前进。

叛军发起突然的逆袭,拥有居高临下的位置,加上在夜间用主力发起攻击,立即占到上风,法务官的部队被打得溃不成军。国王宣称任何人不丢掉携带的武器就会被杀,大多数的士兵在两手空空的情况下逃走,他运用谋略制服敌人可以减少自己的损失。萨尔维斯夺回营地,轰动一时的胜利使他获得很多装备,大约有六百名意大利人和西西里人在作战中阵亡,归功于国王合乎人道的声明,捕获的俘虏就有四千多人。他的部队在大获成功以后,很多人蜂拥而来,整个实力增加一倍都不止。萨尔维斯现在成为广大乡间无可争辩的统治者,想要再对摩根提纳发起围攻。他宣称要让城市的奴隶获得自由,这时他们的主人提供同样的条件,只要他们愿意防守城市。他们的选择是参加主人的阵营,坚强的抵抗能够击退围攻的敌人。不过,后来法务官宣布主人的承诺无效,使得其中大部分奴隶投向叛军。

6 大量奴隶在塞吉斯塔(Segesta)和利列宾姆(Lilybaeum)地区和其他邻近城市激起叛乱的狂热。有一位西里西亚人阿瑟尼昂(Athenion),凭着骁勇无比的性格成为他们的领导者。他是两位富有兄弟的农场管理人,精于占星术各种技巧,首先赢得手下两百多位奴隶的听命,五天的时间他在郊区可以集结一千多人。他接受大家的推选戴上王冠成为国王,采取的姿态与所有其他的叛徒正好相反:他不容许任何人有反叛的行为,要让最好的人员成为士兵,其余的人从事过去的工作,让大家忙于各种农事和他指派的任务;因此阿瑟尼昂能够供应足够的粮食给他的士兵。

他装模作样用星辰作为神明给予的征兆,预言他会成为整个西西里的国王;他为了保全土地以及上面所有的牲口和作物,必须让这些易于遭到损毁之物成为他的产业。最后他能集结数量超过一万人的部队,敢于向难于夺取的城市利列宾姆进行围攻作战。等到一事无成只有离开,借口遵奉神明的命令,如果他们坚持围攻下去就会遭到不幸的厄运。就在他准备从城市撤走的时候,船只抵达港口带来茅里塔尼亚(Mauretania)的辅助部队,派到利列宾姆的援军是在果蒙(Gomon)的指挥之下。他和手下的人马利用夜色的掩护,对阿瑟尼昂正在行军途中的部队发起出其不意的攻击,给对方造成不少的伤亡才返回城市。结果使得叛军对于他观察星辰可以预知事件的发生都感到不可思议。

7 动乱以及正如《伊利亚特》描述的悲伤据有整个西西里。无论是奴隶还是赤贫的自由人都犯下掠夺和各种无法无天的罪孽,他们对于所遇到的人都用冷血的手段加以谋杀,没有受害者能活着告发狂暴的恶行。结果使得所有的城市居民都抱持这种看法,举凡那些在城墙之内的东西很难为他们所拥有,至于城外的一切都已损失殆尽,完全是弱肉强食的天下。西西里只有为非作歹大行其道,很多人都是作恶多端的罪犯。

8 不仅为数众多的奴隶发起叛乱的活动,蹂躏这片国土,还有那些无立锥之地的自由人从事掠夺和非法的行为。他们都在贫穷和非法的驱使之下,成群结队向着乡间蜂拥而来,赶走农场豢养的牛羊牲口,抢夺存在谷仓里面的粮食,轻而易举的谋杀从而大行其道,无论是奴隶或市民都如法炮制,对于他们这些疯狂和犯法的行为,没有人能将信息带回城市。罗马官员的施政不再遵守正义的原则,使得无政府的观念盛行一时,这些都是不负责任的放纵和目无法纪的狂妄,恶意破坏的行为蔓延各地,到处充满暴力和抢劫。过去拥有名望和财富的人能在城市里面位居前列,现在命运出乎意料发生转变,不仅他们的产业因为暴力的掠夺落到亡命之徒的手里,就是自由人出身的市民迫于现实的需要,用羞辱和无礼的态度对待他们。因此,大家全都抱持这种看法,举凡那些在城墙之内的东西很难为他们所拥有,至于城外的一切都已损失殆尽,完全是弱肉强食的天下。总之,城市陷入动乱之中,所有基于法律的公平正义都已混淆不清。造反的奴隶盘踞广大的乡间,使得旅客裹足不前,因为他们对主人怀着无法平息的恨意,从来没有像现在那样获得出乎意料的好运。这时那些在城市里面的奴隶,他们受到感染和煽动,对叛乱一直跃跃欲试,给他们的主人带来极大的恐惧和威胁。

9 萨尔维斯在围攻摩根提纳以后,侵占整片国土直到李昂蒂尼的平原,在那里集结全军,兵力不少于三万名精锐的先锋,他向英雄人物奉献牺牲,这时帕利西人为了祝贺他赢得一次大捷,送给他一袭镶着紫边①的长袍。就在这个时候他登上国王的宝座,从此叛军对他的称呼是特里丰(Tryphon)②这个名字。他的意图是要占领垂奥卡拉(Triocala),在那里兴建一座皇宫,就像国王召唤手下的将领一样,他派人通知阿瑟尼昂赶来见他。大家都认为阿瑟尼昂会与他就谁应居于首位发生争执,结果就在叛军之间发生内讧,两败俱伤的情况使得战争很容易宣告结束。命运女神的打算是要增加亡命之徒的实力,所以领导者能够同心协力。特里丰带着军队很快来到垂奥卡拉,接着阿瑟尼昂和他的三千人马赶来此地,听命于特里丰,如同将领服从他的国王;其余的军队奉到他的派遣前去保护乡村地区,煽动奴隶加入反叛的行列。后来,特里丰怀疑阿瑟尼昂会向他攻击,找到机会将后者拘禁起来。

　　这座城堡原来就很坚固,他还增建费用惊人的工事,加强防务到无法攻克的程度。垂奥卡拉③这个地方的得名在于它拥有三个优点:首先是它有一道水量充沛的流泉,饮入口中感到格外的甜美;其次是邻近的乡间有很多葡萄园和橄榄园,培养最好的品种产量极其丰富;第三是城堡的天然形势险要,位于宽阔的石岭上面使其易守难攻。这个地方围绕长达八斯塔德的城墙,外面还有一条深壕,他用来当成皇家的都城,在于看到它可以充分供应生活必需品。他还兴建一座皇宫和一个可以聚集大量群众的市场。再者,他选出一些文化水平较高的人士,指派他们担任顾问或者负责私人的事务。他在接受觐见的时候穿起镶有紫边的长袍和宽大的外衣,携带柱斧的扈从校尉在

---

① 称为 Toga Praetexta 或 Laticlaxia,这是高阶官员和自由人出身的儿童穿着的正式服装,可能抢自罗马人的家庭。

② 或许借用叙利亚王国的篡夺者戴奥多都斯(Diodotus)的名字,大家都称他特里丰。然而在第一次奴隶战争优努斯僭用皇室的称号安蒂阿克斯,参阅本书第三十四和三十五章第2节。

③ 垂奥卡拉可能与卡米库斯(Camicus)是同一个地方,这个堡垒靠近阿克拉加斯,参阅本书第四章第78节,就是现在的卡尔塔贝洛它(Caltabellota)。

前面引导；总之他采用各种章纹和饰物，用来装点和强化国王的尊严。

10 罗马元老院为了讨伐叛军（前 103 年），指派卢契乌斯·黎西纽斯·卢库拉斯（Lucius Licinius Lucullus）①率领一支大军，包括一万四千名罗马人和意大利人，八百名俾西尼亚人、帖沙利人和阿卡纳尼亚人，六百名卢卡尼亚人［指挥官克里普久斯（Cleptius）是一位精通兵法的将领，以英勇善战知名于世］，除此以外还有其他城邦派来的六百名士兵，总兵力达到一万七千人②。他运用这些部队可以占领整个西西里。特里丰撤销对阿瑟尼昂的指控，应付罗马迫在眉睫的战事要拟订妥善的计划。他的选择是要在垂奥卡拉与敌人进行战斗，阿瑟尼昂的建议是他们不应将对手关在城中实施围攻，要在开阔的原野发起大规模的会战。这个计划获得大家的赞同，他们靠近色尔昔亚（Scirthaea）设置营地，强大的兵力不少于四万人；罗马人的营地相距约十二斯塔德。开始的时候双方不断发生局部的冲突，然后两军面对面遭遇开始交锋。会战的情况一直在摇摆不定，双方处于势均力敌的局面。

阿瑟尼昂率领一支两百名骑兵的作战部队赢得胜利，他的四周布满倒毙在地的阵亡士兵；后来他的两膝受伤还遭到第三次的重击，使得他丧失战斗的能力，这时逃亡的奴隶斗志全无已经溃不成军。阿瑟尼昂倒在地上如同一具鲜血淋漓的死尸，幸好敌人没有逐一查验。假装毙命有利于他在当天夜晚逃走。罗马赢得一场非常光彩的大捷，特里丰的军队和他本人全都转身飞奔。很多人在作战当中阵亡，最后被杀的数目超过两万人。残余的人员在黑夜的掩护之下逃到垂奥卡拉，如果法务官紧追不放就会很轻易将对方全部歼灭。所有的奴隶士气是如此的沮丧，甚至打算回到主人的控

---

① 他可能挂着卸任法务官的头衔接替黎西纽斯·尼瓦的指挥权。
② 所有的数字加起来只有 16000 人。

制之下，一切只有听天由命。他们已经立誓要战到最后一人，即使面对优势的敌人绝不接受羞辱的屈服，基于这种情绪才会坚持下去。一直要到第九天，法务官率领部队抵达开始围攻垂奥卡拉，经历各种打击和遭受若干伤亡，只有在恶劣的情况下撤离该地，叛军再度变得扬扬得意。法务官不知是因为怠惰成性或是收受贿赂，完全没有任何作为可言，后来他被罗马人拖进法庭并且接受应得的惩罚。

11 盖尤斯·塞维留斯（Gaius Servilius）①奉派以卸任法务官的身份前去接替卢库拉斯的职位（前 102 年），同样没有值得记载的事迹。他如同卢库拉斯后来受到谴责和放逐的处分。特里丰逝世由阿瑟尼昂负起指挥的责任，由于塞维留斯无法阻止他的行动，使得他能够围攻城市，据有乡村地区不再实施报复的惩罚，从而很多地方愿意接受他的统治。

身为卸任法务官的卢库拉斯得知以同样身份的塞维留斯，奉命接替他的职位负起战事的全责，于是他渡过海峡解散军队，将营地和所有的建筑物付之一炬，他不希望继任者从事战争能够获得充分的资源。他一直想要扩大战事的范围，现在已经受到谴责，要是塞维留斯受到战败的羞辱，可以保证他不会受到控诉。

12 盖尤斯·马留在年终第五次当选罗马的执政官，盖尤斯·阿奎留斯（Gaius Aquillius）②成为他的同僚（前 101 年）。阿奎留

---

① 这位法务官可能与占卜官塞维留斯是同一个人，说是他在占卜官任内检举卢库拉斯使得后者受到惩罚，后来卢库拉斯的儿子为了报复对他提出指控，同样让他逃不掉定罪的处分，参阅普鲁塔克《希腊罗马名人传》第 13 篇第 2 章"卢库拉斯"第 1 节。

② 马留出任第五次执政官是在前 101 年。他的同僚是马纽斯·阿奎留斯（不是盖尤斯·阿奎留斯），早在前 100 年已卸任法务官的头衔派往西西里，当选执政官以后继续留在该地执行平定叛乱的任务。

斯奉派前去讨伐叛军,靠着他个人的英勇赢得压倒性的胜利。他与叛军的国王阿瑟尼昂面对面厮杀,结果对方被他砍翻在地,自己头部受伤,经过治疗后痊愈。接着他继续扫荡幸存的叛军,数量还有一万多人。他们并不在意他的接近,只是留在坚固的据点里面求得庇护,阿奎留斯一点都不放松,运用各种手段一直到占领他们的堡垒,全部落到他的控制之下为止。还有一千多人留下来,萨特鲁斯(Satyrus)出面领导,阿奎留斯最初的打算是用武力制服,后来经过交换使者进行商议,他们放下武器投降,没有立即将他们处死,押解到罗马让他们在斗兽场送掉性命。根据某些人士的报道,说是他们生命获得光荣的结局,为了避免与野兽搏斗,在公众的祭坛相互寻求了断,萨特鲁斯作为最后的执刑者,等到所有的人都毙命以后他自裁身亡。这是西西里奴隶战争戏剧化的结局,这场动乱延续四年之久。

13 护民官萨都尼努斯(Saturninus)①非常任性而且自以为是,后来担任法务官负责将谷物由奥斯夏(Ostia)运到罗马(前104年),由于他的轻浮和怠惰使他无法完成督导的任务,立即受到当局的谴责。元老院剥夺他担任这个职位所有的权责,把对他的指控转移到其他人的身上②。他改正以往松散的习性,过着更有节制的生活,人民还是畀以护民官的职位。

14 狄奥多罗斯提到巴塔西斯(Battaces)这个人是大地之母的祭司,从弗里基亚的佩西努斯(Pessinus)③抵达罗马(前102

---

① 卢契乌斯·阿蒲列乌斯·萨都尼努斯在前104年还是财务官,前103年和前100年都担任市政法务官。

② 实际上是指控"第一元老"马可斯·伊米留斯·斯考鲁斯(M.Aemilius Scaurus)。

③ 佩西努斯是一处重要的圣地,用来供奉大地之母西比莉。普鲁塔克《希腊罗马名人传》第11篇第2章"盖尤斯·马留"第17节,提到这件事有不同的叙述。贝塔西斯是如同阿蒂斯(Attis)是祭司的头衔,并不是普通的名字,参阅波利比乌斯《历史》第21卷第37节。

年）。公开宣称他的来到是遵奉女神的指使,获得谒见执政官和元老院的机会,陈诉女神的庙宇受到亵渎,应该在罗马用城邦的名义为他举行袚禊的仪式①。他的装束和其他的习惯充满异国风味并不见容于罗马的传统,特别是他戴着一顶巨大的金冠,还有一件发着闪闪金光的华丽披肩,完全是帝王阶级的排场和服饰。他在讲坛上面对群众致辞以后,大家情不自禁感受到宗教的敬畏之心,获得允许可以由城邦支付他住宿和接待的费用。

有一位名叫奥卢斯·庞培乌斯（Aulus Pompeius）的护民官,却禁止他戴上金冠。其他的护民官将他带上讲坛,询问他庙宇需要何种袚禊的仪式和程序,他的回答隐约之间表达对神明的怒意。庞培乌斯就用助长帮派风气为名,对他发起攻讦的言辞,并且用侮慢的态度将他带回住宿的地方,他开始拒绝在公众面前出现,还说这不仅是对他也是对女神极其恶劣的大不敬行为。庞培乌斯立即感染暴发性热症,受到咽喉炎的打击丧失声音,病发第三天亡故。就一般的老百姓来说他的逝世是冒犯女神和他的祭司,所以受到上苍的惩罚,绝大部分罗马人都对宗教的事务抱持谨慎恐惧的态度。从而巴塔西斯遵循的习俗获得特准,神圣的装束受到推崇成为最名贵的礼物,他从罗马开始返乡的旅程,大群善男信女组成庞大的护送队伍。

15 罗马士兵有一个习惯,他们的将领在一次会战中,赢得胜利杀死敌人六千人,他们会用"大将军"②的头衔向他欢呼,也就是

---

① 或许是另一种说法,就是女神用一块神圣的石头作为替身,要在前 204 年从佩西努斯护送到罗马。

② 华勒流斯·麦克西穆斯《言行录》第 2 卷第 8 节,说是法律规定在单一的作战行动杀死敌军 5000 人,才可以获得举行凯旋式的殊荣;当然这是指大凯旋式即 triumph,至于小凯旋式（ovatio）就没有这样高的标准。Imperator 意为"凯旋将军"或"大将军",士兵向会战获胜将领欢呼的荣誉称号,等到帝国时代,Imperator 成为皇帝的官式头衔。

将他称为"国王"。

16 米塞瑞达底王①的使者到达罗马(前 101 年),带着大量金钱用来贿赂元老院。萨都尼努斯认为这是给他一个打击元老院的机会,于是他对使者的态度极其无礼粗暴。愤怒的使者受到议员的教唆,答应给予全力的支持,控诉萨都尼努斯对他有侮辱的行为。公开的审判变得非常重要,因为使者拥有不可侵犯的权利,罗马人习惯上对任何涉及使者的犯罪行为都很憎恶,萨都尼努斯成为被告受到指控犯下重罪,检察官由现职的议员担任,等于是元老院在处理这个案子,使得他陷入极其恐惧和危险的处境。这时他只能靠着怜悯之心给他的不幸带来庇护,严重的情况只能赌一赌自己的命运,他脱下身上华丽的装束换穿褴褛的衣服,头发和胡须长得很长也不整理,前往郊区去与无产的普罗阶层拉关系;他对有些人下跪或是紧紧握住对方的手,流着眼泪乞求大家帮助他脱离苦难。他提到元老院的结党拉派和违背正义使他成牺牲者,特别指出他关心一般民众才会受到迫害,这批同时是原告和法官的人就是他的仇敌。他的诉求让大家深受感动,数以千计的群众聚集在审判的地方,出乎意料获得无罪开释。后来他获得人民的支持再度当选护民官。

17 梅提拉斯②在放逐两年以后他的案子又提到市民大会进行讨论(前 98 年)。他的儿子留着很长的头发和胡须,身穿褴褛的

---

① 这位是潘达斯国王米塞瑞达底六世优佩托·狄俄尼索斯(Mithridates VI Eupator Dionysus),在位期间前 120—前 63 年,他是罗马不共戴天的仇敌。

② 这位是奎因都斯·西昔留斯·梅提拉斯·努米迪库斯(Q.Caecilius metellus Numidicus),在前 102 当选监察官,引起萨都尼努斯的敌视,马留在前 100 年对他下禁止令,不得从任何人手里获得火种和饮水。他的儿子梅提拉斯·庇乌斯(Metellus Pius)是前 80 年的执政官。

服装前往罗马广场,他流着眼泪跪在地上——向市民乞求,同意他的父亲返回罗马。当局没有意愿让受到放逐处分的人能在罗马立足,允许他回来就已经违背法律的规定了,他们非常同情这个年轻人的处境,花费很大的力气为他的父亲到处奔走,就这件事给了他庇乌斯(Pius)的家姓①。

---

① 罗马市民的姓名通常由三个字构成,分别是 Praenomen(名)、Nomen(族姓)和 Cog-nomen(家姓)。常用的"名"约为 17 个,所以同名的人极多,尤其以马可斯、卢契乌斯和盖尤斯更为普通;家姓通常来自个人的别名或绰号。像是庇乌斯这个字的意义是"重视家庭、孝顺父母"。

第三十七章
残　卷

1 历史的记录在所有的时代用来传递人类的行为,让我们的后代子孙记得规模最大的"马西战争"(前 91 年),它的得名来自马西人①。这一次的冲突无论就领导人物英勇的勋业,或是作战双方场面的庞大,可以超越以前所有的战争。我们从特洛伊战争明确得知,由于那位最著名的诗人荷马,英雄盖世的功绩才会有如此戏剧化的描述,获得的荣誉可以说是前无古人后无来者;这场战争使得欧洲和亚洲紧紧结合起来,两个最大的大陆在那里争夺胜利,英勇的战士对于所有后续的世代,使得人类的舞台上

---

① 现在我们将"马西战争"或"马西人战争"称为"联盟战争",这个用语首次出现在公元前 2 世纪;马西人和萨姆奈人形成叛乱团体的核心分子。

面充满他们接受严酷考验的悲剧情节。

即使如此,伟大的英雄用十年的时间讨伐特罗德的城市,后来世代的罗马人征服安蒂阿克斯大帝只用一次会战,整个亚洲出现一位新的主人。特洛伊战争之后波斯国王率领大军前去攻打希腊,如此众多的蛮族使得水量充沛的溪流因饮用而枯竭。然而提米斯托克利的军事才华和希腊人的英勇无敌,击败波斯人使之铩羽而归。就在这个时候,迦太基人派出一支三十万人马的军队征服西西里,叙拉古的指挥官格隆运用计谋片刻之间烧掉他们两百艘船只,在一次决定性会战中歼灭十五万敌人,成为俘虏的为数更多。即使这些人建立伟大的功勋,他们的后裔还是被参加马西战争的罗马人所击败。接着是马其顿的亚历山大出现在历史的舞台,拥有无人能及的智慧和勇气推翻波斯帝国;然而近代的罗马运用武力使得马其顿成为战败的俘虏。

迦太基在西西里对罗马发起长达二十四年的战争,无论在陆地和海洋曾经很多次大规模的会战,最后还是罗马的军事力量更加坚实,使得对手只有退避三舍。不过,迦太基很快准备进行所谓的"汉尼拔战争",在于他们的将领汉尼拔是一位具备各方面能力的天才,给迦太基带来陆地和海上的胜利,无数的成就使得城邦的盛名远播,最后是罗马人和意大利人的尚武精神,以及西庇阿的统帅才能,给他带来万劫不复的失败。廷布里人以浩大的声势出现在边界,空有惊人的实力,虽然他们打败数支罗马大军,拥有四十万①人马摆出向意大利进攻的姿态,最后还是被英勇的罗马人歼灭殆尽。

这一切都基于实际的结局,对于罗马人和居住在意大利的民族,用大无畏的英勇精神参加战争,那么胜利就是他们应得的奖赏。命运女神蓄意

① 普鲁塔克《希腊罗马名人传》第11篇第2章"盖尤斯·马留"第11节,提到的数字是300000人。

要使两者发生争执,引燃的战火较之以前所有时期更为激烈和炽热。实在说等到意大利的城邦对罗马的统治高举起义的旗帜,他们从无法记忆的时代开始,得知这些最勇敢的战士已经有势不两立的倾向,发生战争只是这种状态达到最高点而已。由于马西人领导叛乱的行动,所以称为"马西战争"。

2 狄奥多罗斯提到进入他生活之中的"马西战争",认为比过去任何一次战争的规模要更加庞大,他说马西人将整个意大利联合起来,要对罗马发起反抗权威统治的战争;至于战争的主要成因,在于罗马人不再有崇高的理想,放弃节制、清廉和严谨的生活方式,一味追逐后患无穷和恶性重大的奢华和放纵。平民和元老院因不和而对立,造成的结局是情况更加恶化,后者呼吁意大利各个城邦给予支持,答应给当地的居民一直垂涎不已的罗马市民权,根据法律可以批准提出的申请①;后来所有的承诺全部落空,于是意大利的城邦与罗马之间突然爆发战争。这个时候正是奥林匹亚 172 会期,卢契乌斯·马修斯·菲利帕斯(Lucius Marcius Philippus)和色克都斯·朱留斯(Sextus Iulius)担任罗马的执政官②。这场冲突带来各式各样的苦难,包括城市的攻击和夺取,给两边带来严重的伤亡,胜利女神还是用这种方式扭转局势,一切都是有意而为,在无法让双方满意的情况下,虽然已经产生延误带来更多的灾难,最后克服所有的困难使得罗马的权力能够稳固地建立。

战争当中与罗马对阵的一方是萨姆奈人、阿斯库隆人、卢卡尼亚人、派西隆人、诺拉人,以及其他的城邦和民族。他们拥有最著名和最重要的城

---

① 特别要谈到护民官德鲁萨斯(Drusus)在前 91 年提出扩大授予市民权的建议,完全无法获得任何成效。

② 这两位是前 91 年的执政官,严格讲应该是奥林匹亚 172 会期第 3 年。

市是柯芬尼姆(Corfinium)①,新近建立作为意大利联盟的首都,城内有宽阔的广场和雄伟的议事厅,这是政治和权力中心的象征,储存大量的金钱、战争补给品和粮食。他们还创设一个联合元老院共有五百名成员,按照法律的规定每年要从这些议员当中,就他们治理城邦和提供安全的能力,选出两位执政官和十二位法务官,他们拥有全般战争的指导和采取行动的绝对权力②。

两位执政官分别是奎因都斯·庞皮狄斯·西洛(Quintus Pompaesiu Silo)和盖尤斯·阿波纽斯·摩提卢斯(Gaius Aponius Motylus)③,都有最高的声望和显赫的建树,前者是马西人也是他那个部族首位出任这个职位的人,后者拥有萨姆奈人的血统。他们将整个意大利划分为两个部分,成为执政官负责的行省和地区。指派给庞皮狄斯的区域从现在所知的色科拉(Cercola)④到亚得里亚海,位于意大利的西北部,有六个法务官成为他的下属;意大利位于东南部的其他区域,交给盖尤斯·摩提斯统治,同样有六个法务官从旁协助。他们所以能够处理事务和组织一个政府,大部分是仿效由来已久的罗马模式,他们用活力充沛的行动投身战争,还将联盟的城市取一个新的名字叫作伊塔利亚(Italia)⑤。

他们与罗马的斗争继续下去,格耐乌斯·庞培乌斯当选执政官负责指挥战事(前 89 年),大多数时间还是他们占有优势,后来他与苏拉担任另外一个执政官加图⑥的副将,对于意大利的城邦赢得重大的胜利,这种情况

---

① 柯芬尼姆是披利吉尼(Paeligni)地区的首府,参阅斯特拉波《地理学》第 5 卷第 4 节。

② 有关联盟的组织参阅《剑桥古代史》第 9 卷第 186 页。

③ 从其他的数据源得知他的名字应该是盖尤斯·帕庇乌斯·穆蒂拉斯(C.Papius Mutilus)。

④ 色科拉这个名字没人知道,应该是一道自然形成的边界,位置在马西人和萨姆奈人的疆域之间。

⑤ 有人说它的名字叫作伊塔利卡(Italica)。

⑥ 公元前 89 年的执政官是庞培大将的父亲格耐乌斯·庞培乌斯·斯特拉波和卢契乌斯·波修斯·加图。

不止一次而是一再发生,将对方能够团结起来的成因打得粉碎。然而他们还是继续战斗下去。盖尤斯·科斯科纽斯(Gaius Cosconius)①奉派来到伊阿披基亚(Iapygia)接下指挥权,意大利人接二连三吃了败仗。因此他们的实力开始衰退,仅有的余众都是最初的成员,由于马西人和所有邻近的部族,抵挡不住罗马的重大压力,经过大家的协商弃守联盟的首都柯芬尼姆。他们来到萨姆奈人的小镇伊色尼亚(Aesernia)获得安置,全部在五位法务官的指挥之下,其中一位最为特殊就是奎因都斯·庞皮狄斯·西洛,由于他的能力和名望,授予将领的职位和最高的权责。

他获得法务官一致的同意,编成实力强大的军队,包括原有的人员使得兵力达到三万人。此外,只要情况许可他让奴隶恢复自由,供应他们武器装备,所能集结的部队拥有两万人和一千名骑兵。他与玛默库斯(Mamercus)②指挥的罗马军队发生会战(前88年),只能杀死少数罗马人,自己的损失却高达六千人。就在同个时候梅提拉斯③在阿普利亚用围攻夺取维奴西亚(Venusia),这个重要的城市配置很多守军,结果他的俘虏超过三千人。罗马在兵力增加的情况下占到上风,意大利人派遣使者到潘达斯去见国王米塞瑞达底,这时他的军事实力和作战工具已经到达巅峰的情况,请求他率领一支军队前来意大利④,他们的部队会合起来只要齐心协力,可以轻易灭亡共同的敌人罗马。米塞瑞达底的答复是他刚刚完成亚洲的占领,只要他的统治稳定下来就会带着军队前往意大利。叛军在气馁之

---

① 阿庇安《内战记》第1卷第52节,提到他的名字是盖尤斯·科斯科纽斯(C.Cosconius),他在前89年的职位是副将而不是法务官。

② 这位是玛默库斯·伊米留斯·雷比达(Mam.Aemilius Lepidus)。利瓦伊《罗马史摘要》第76节,认为是他打败和杀死庞皮狄斯·西洛;阿庇安《内战记》第1卷第53节,将这个功劳归于梅提拉斯,同时玛默库斯在他的麾下担任副将。

③ 这位是奎因都斯·梅提拉斯·庞乌斯(Q.Metellus Pius),他在前88年是法务官。

④ 波赛多纽斯也提到意大利的城邦请求米塞瑞达底给予援助,参阅阿昔尼乌斯《知识的盛宴》第5卷213c,以及雅各比《希腊历史残卷》No.87。

余感到失望,他们在诺拉留下少数萨姆奈人和萨比利亚人,剩余的卢卡尼亚人都在兰波纽斯(Lamponius)和克里庇久斯(Clepitius)①的指挥之下。

马西战争实际上已经结束,罗马早先发生内部的争执,现在又死灰复燃,很多优秀的人员都在争夺指挥的职位,负责发起对米塞瑞达底的战争,那是因为胜利获得的奖赏过于丰富所致。盖尤斯·朱留斯②和盖尤斯·马留(曾经六次出任执政官)彼此针锋相对,民众基于感情分为两派互不退让。还有其他的动乱发生使得社会不得安宁。执政官苏拉③放弃罗马加入在诺拉集结的军队,威胁邻近的民族迫得他们交出人员和城市。

后来苏拉赶赴亚洲负责对米塞瑞达底的战事,罗马发生重大的暴动和流血的事件使得当局无暇外顾,马可斯·阿波纽斯④和提比流斯·克里庇久斯,以及意大利残余军队的将领庞皮乌斯⑤,他们在布鲁提姆花很多的时间,对一个守备坚强的城市艾希伊(Isiae)⑥进行围攻作战。他们没有夺取就留下一部继续攻城,强大的主力指向雷朱姆,一旦落到他们手里就可以轻易转用兵力到西西里,控制整个西方世界最富裕的岛屿。西西里总督盖尤斯·诺班努斯(Gaius Norbanus)⑦迅速运用庞大的军队和军事的资源,完成重大的准备工作和发起对雷朱姆的救援(前87年),给意大利人带来

① 这个名字应该是克里普久斯(Cleptius)才对,那么他就是第二次奴隶战争,率领卢卡尼亚部队在卢库拉斯麾下服务的克里普久斯。

② 盖尤斯·朱留斯·恺撒·斯特拉波(C.Iulius Caesar Strabo)没有担任过法务官,还想当选执政官的职位(或许他的着眼是东方的军事权力),前88年受到护民官的阻挠;巴布留斯·苏尔庇修斯·鲁弗斯(P.Sulpicius Rufus)是马留在政坛的盟友。

③ 卢契乌斯·高乃留斯·苏拉(L.Cornelius Sulla)是前88年的执政官。

④ 或许是为兰波纽斯(Lamponius)之误。

⑤ 有的学者认为这个人应该是潘久斯·特勒西努斯(Pontius Telesinus)才对,他是萨姆奈人的酋长前82年,经常与兰波纽斯在一起,还是意大利残余叛军的领导人物,参阅阿庇安《内战记》第1卷第90节。

⑥ 或许是位于布鲁提姆的特西亚(Tisia)。

⑦ 公元前88和前87年诺班努斯在西西里担任总督,参阅西塞罗《控诉维里斯:二审控词》第5卷8c,不过,西塞罗对他没有好感。

可畏的打击。然后,苏拉和小马留在罗马重新展开内斗(前82年),他们有的为苏拉而战,有的加入小马留的阵营。他们之中大多数在对抗和随后的整肃中牺牲,只有投靠胜利的苏拉才是幸存者。内战的战火熄灭的同时,伟大的马西战争终于画出休止符。

3 古代的罗马人遵奉最好的法律和习惯,逐渐拥有登峰造极的权势,创造历史迄今为止最伟大和最光辉的帝国。来到目前这个时代,大多数国家在侵略战争中受到征服,处于长期和平的局面,古老的传统和习俗在罗马要让步给有害的风气和趋势。各地的战事停息以后年轻人转向纸醉金迷的生活方式,拥有的财富可以满足他们的欲望[1]。整座城市是浪费远胜节俭,舒适的岁月远胜战时的磨炼,大家公认的幸福不在于人格的高尚和及身的名望,完全在于享受奢华的财富和欢乐的生活。精致和昂贵的饮宴开始流行,配合美妙发出芳香气味的膏油,摆设各种彩色的高价餐巾,餐厅的卧榻是手艺高超的名匠,使用象牙、白银和其他各种贵重材料制成。谈到饮用的葡萄酒,那些口感较为温和的种类都受到剔除,只有法勒纳、开俄斯和其他地区在风味上可以一比高下的佳酿,大家在消费的时候一点都不吝惜金钱,如同鱼类和特别选择的食材都是价格昂贵的山珍海味。年轻人要在罗马广场亮相,穿着质料最柔软和薄得几乎透明的衣服,他们依据的标准如同盛装打扮的贵妇人。

他们忙着获得有害欢乐和致命炫耀的附加物,很快使得这些品项的价格飙升到难以置信的顶峰。例如,一坛葡萄酒卖到一百德拉克马,一罐潘都斯的熏鱼要四百德拉克马,手艺精湛的厨师当成送人的礼物价值四泰伦,色艺双全的侍妾缠头之资更是惊人。虽然邪恶的欲念很难革除,行省

---

① 狄奥多罗斯叙述罗马的社会风气发生变化,这是在第三次马其顿战争以后出现的情况。

有一些官员想要矫正大家对这种生活的迷恋，要让自己的行为成为群众的表率，阶级和职位使他们成为众所瞩目的中心，追求高贵行动的方式为大家所仿效。

马可斯·加图是廉明公正的显赫人物，在罗马政坛享有极高的声誉，他经常在元老院发表演说，谴责穷奢极侈的风气，他说当一条鱼的价钱比一头牛还贵的时候，这座城市就很难再存在下去①。

4 我应该提到一些可以作为模范的人物，因为他们的功勋受到赞扬以及他们的善行为社会谋取福利，以便于历史女神的谴责可以导引恶徒的改邪归正，他的赞扬所赐予的荣耀能够提升善行到更高的道德标准。

5 奎因都斯·西伏拉(Quintus Scaevola)②本着个人的廉洁无私，尽最大努力用来矫正一般观念所造成的扭曲和偏差。他奉派到亚细亚担任总督，选择他的朋友当中最高贵的奎因都斯·鲁蒂留斯(Quintus Rutilius)出任副将，无论是提供意见、发布命令、讨论行省事务，总是在他身边给予襄赞。他决定无论是他本人或者幕僚所有的花费，都要出自己的钱袋。再者，由于他奉行俭省和简朴的生活，不允许他的诚恳和正直受到任何曲解，总要尽一切努力使得历经灾难的行省，能够恢复往日的繁荣和富裕。他那些在亚洲的前任总是与税吏沆瀣一气，须知后者在罗马参加民

---

① 从戴克里先的限价令知道海鱼的售价比肉类没高出多少，要是说一条鱼比一头牛还值钱，这是豪门贵族的奢侈和饮宴的风气所造成，硕大的海鱼活着运到罗马，进食之前还要称它的重量，记录下来让宾客可以四处夸耀。

② 奎因都斯·穆修斯·西伏拉用卸任法务官的头衔在前97年派到亚细亚担任总督；他的副将鲁蒂留斯出了一本拉丁文的自传，还用希腊文写出一部《罗马史》，被波赛多纽斯(参阅雅各比《希腊历史残卷》No.87)和其他史家所引用。

事案件的审判,使得行省充满无法无天的恶行。

西伏拉保持施政工作的正直和效率,使得所有的省民避免合法的奸诈伎俩,还要革除税吏的横征暴敛。他指派一丝不苟的法官听取所有人的冤屈,几乎每一件案子都能发现税吏的罪行,他逼使他们偿还原告因他们不当的行为所造成的财务损失,他对致人于死的被告要求在法庭给予重罪的控诉。其实有一个案子的主要成因在于税吏的关说;一位奴隶为了成为自由人付出大笔金额,同时已经获得主人的同意,他在这个人获得解放之前采取迅速的行动,发现这个奴隶已经犯下重罪立即施以磔刑。

他身为行省最高长官对税吏做出判决,将他们交给那些受害者,必须依法接受处分和给予赔偿。举凡那些按照自己的好恶,藐视法律的规定,任意罗致无辜者予以逮捕或下狱,他们犯下的恶行都应率先审判和定罪。总督和他的幕僚正常的花费都从他自己的腰包供应所需,使得盟邦很快恢复对罗马的信心和好意。

6 总督的智慧和德行可以帮助罗马做很大的贡献,用来平息过去对统治权力所激起的仇恨。他本人从那些受恩者当中受到的推崇,如同他是众所敬仰的神明,他的市民同胞承认他有伟大的成就,所以会从他们那里获得很多歌功颂德的赞词。

7 他对此非常在意。有如某些人的说法,由于他的着眼是要将大部分的财产留给另外一位儿子,这样一来几乎使他的财产丧失殆尽。这个年轻人极其鲁莽而且冲动,戴上王冠宣称自己是"马其顿的国王",呼吁民众用起义的行动反抗罗马,恢复传统的王国再度在马其顿人的统治之下。很多人聚集在他的旗帜之下,参加即将发生的掠夺行动。埃克昔斯都斯(Execestus)为此事深感苦恼,命人通知身为总督的森久斯(Senti-us)①,提到他的儿子既愚蠢又疯狂。他还派出使者去见色雷斯国王科特斯(Cotys),请求后者召回年轻人,劝他断绝这方面的念头。科特斯在与优斐尼斯(Euphenes)友善交谈以后,派人前去召唤他来相见,先扣押几天再把他交给他的父亲,接着撤销所有对他儿子提出的指控。

8 我们还要谈起其他的人物,开始的时候他们还没有名望,着眼的目标与前面提到的几位没有多大的差异。举凡阶层很高而又家境清寒的人士当中,出现哲者用同样的方式实践德行。

9 卢契乌斯·阿昔留斯(Lucius Asyllius)②的父亲出身骑士阶层,他本人奉派成为西西里的总督,发现行省已经残破不堪,运用极其卓越的施政作为,恢复岛屿的繁荣兴旺,大获成功。如同西伏拉他选择最优秀的朋友担任副将而且兼负参赞的工作,这位绰号隆古斯(Longus)的盖尤斯,奉行滴酒不沾的忠实信徒,过着老派人物的生活方式,还有一个人名叫巴布留斯与他在一起,骑士阶层当中最受尊敬的成员现在居住在叙拉古。后者是一个性格极其特别的人,只是他不受命运女神的眷顾。他的虔诚由奉献牺牲可以证实,还让神庙在各方面获得改进,用自己的名字提供祭品,他不饮酒保持清醒的头脑,所有的机能直到临死之前,正常运作未受任何损害,从他的思考方式和所表现的学识,可以知道他的文化素养和人

---

① 盖尤斯·森久斯用卸任法务官的头衔派到马其顿出任总督已经有很多年,在职期间是前93—前87年。崇高的德行赢得西塞罗(参阅《控诉维里斯:二审控词》第3卷217c)和瓦罗(普里尼《自然史》第14卷第96节)的赞誉。

② 这位阿昔留斯应该与下面的昔斯是同一人。从阿昔留斯凭持盖尤斯·森普罗纽斯·隆古斯(C.Sempronius Longus)给他的支持,后者很可能就是卢契乌斯·森普罗纽斯·阿西利奥(L.Sempronius Asellio),早在前96年已经出任总督的职位。

道精神；一般而言，对于从事艺术和专业工作的人员，他作为一位赞助者为了提供各方面的支持，从不吝于运用自己的财富和影响力。昔留斯（Syllius）对于这两位认为都值得信赖，为了供应食宿所需为他们兴建相邻的房屋，帮助他从事司法方面的细部工作，使得行省的重建得以顺利进行。

同一位人士渴望施政作为达成公平廉洁的目标，用来谋取大众的共同利益，要把阿谀之徒赶出市民大会，救助弱势团体是他最关心的事。鉴于其他的总督按照习惯要为孤儿和没有亲人的妇女指定监护人，他要亲自投身这方面的工作，仔细审查他们之间的任何争论，用极其谨慎的态度做决定，他提供受到压迫之下的牺牲者最为适当的援助。总之他奉献整个任期用来匡正私人的错误和革除公众的弊病，能让整个岛屿恢复往日备受赞誉的繁华局面。

10 元老院用战争威胁格拉齐，由于他将法庭转移到其他地方，这时他断然宣布：“即使我会被杀身亡还是不愿停止要将紧握在元老院议员手里的刀剑夺走。”[1]他的大声疾呼有如最为灵验的神谶，最后如他所说那样，何其傲慢自大的专制权力，使得格拉齐可以不经审判被处以死刑[2]。

11 马可斯·利维乌斯·德鲁萨斯（Marcus Livius Drusus）[3]年轻的时候具备很多优点，他的父亲有显赫的地位、高贵的出身和

---

① 类似的言辞都是出自盖尤斯·格拉齐之口，参阅本书第三十四和三十五章第27节，阿庇安《内战记》第1卷第22节和西塞罗《论法律》第3卷第20节。阿庇安评论：“格拉齐说他终究会打破元老院专权的局面。”

② 斐洛斯特拉都斯《泰阿纳的阿波罗纽斯》（*Apollonius of Tyana*）第4卷第42节，说是格拉齐并非死于“正义之剑”。普鲁塔克《希腊罗马名人传》第19篇第4章《盖尤斯·格拉齐》第17节，提到格拉齐逃出罗马城，被追兵赶上杀死。

③ 德鲁萨斯是前91年的护民官，他的父亲是前122年的护民官，在政坛上面是盖尤斯·格拉齐的对手。

公正的德行,使得他在市民同胞当中可以发挥很大的影响力。德鲁萨斯本人在同侪当中是最有才华的演说家,也是城市里面最富有的人士。他最受大家的信赖,只要做出任何承诺都是忠诚不渝;他从小受到灌输要有宽宏大量的胸襟。大家认为只有他注定要成为元老院居于首位的主导者①。

　　德鲁萨斯家族发挥很大的影响力在于成员的高贵,以及他们对市民同胞的仁慈和各方面的贡献。某项法律提出来表决获得同意的时候,一位市民给它增加一条近乎笑谑的旦书:"这条法律用来规范所有的市民,只有两位德鲁萨斯家族的成员不在此限。"

　　元老院宣告他制定的法律无效,德鲁萨斯发表声明举凡在他职责范围之内的法律,对于元老院颁布的敕令他有权予以否定;不过,他毫无意愿采取这种独断专行的方式,因为他非常清楚,只要有人②违反这方面的规定,任何情况下都会很快遭到报应。设若他所制定的法律受到无效的宣判,那么他认为凡是与法院相关的法律都会面临同样的处境;同时要想让这条法律发生效用,无论何人在公职生涯只要受到贿赂的玷辱,大家都有义务对犯者提出指控③,须知目前在行省大肆搜刮的官员,设置特别法庭以提起控诉之前,只能强迫他们交出一份账目而已;因而这些人原来出于嫉妒的心理想要破坏他的名誉,结果反而使他们的敕令受到毁弃。

12 "我面对尊号卡皮托利努斯的朱庇特、罗马的灶神、古老的战神马尔斯、种族的始祖索尔(Sol)④、动物和植物的保护女神特

---

　　① 西塞罗对马可斯·德鲁萨斯赞誉有加,参阅西塞罗《为米罗辩护》(*Pro Milone*)16c。
　　② 是指元老院反对派的领导人物。
　　③ 提出这条法律的目的是要将骑士阶层完全控制法院的权力夺走,特别是针对苟且公行订定检举的办法和严惩的条款。
　　④ 索尔·因迪吉斯(Sol Indiges)是本土的"太阳神",他的祭典在 8 月 28 日举行。

拉(Terra)、创建罗马的半神以及对帝国的扩张贡献良多的英雄立下誓言①;我会把德鲁萨斯的朋友和敌人当成我的朋友和敌人,我会为了德鲁萨斯的利益或是为了实践立下的誓言,可以牺牲自己的财产以及我本人和我的儿女和父母的性命。如果由于德鲁萨斯的法律使得我成为市民,我必定将罗马当成我的国家,德鲁萨斯成为我知恩图报的庇主。这份誓言我尽可能通知更多的市民。我只要忠实履行誓言就会过着幸福美满的生活,如果我违背誓言注定落入万劫不复的悲惨处境。"

13 发生这种情况是在举行节庆的时候,剧院里面坐满盛装而来的罗马人在参观演出;一位喜剧演员在舞台上面发泄他的愤怒,观众用私刑就在剧院将他处死,宣告他没有按照剧情的需要演好自己的角色。欢乐的节庆从而出现变化引发充满敌意和惊慌的事件,命运女神就在此刻要让一位非常滑稽有如萨特的人物出场。拉丁人梭尼奥(Saunio)是知名的丑角,只要一露面就给观众带来无穷的欢乐,无论是长篇的道白和插科打诨都会爆发哄堂大笑,即使是一举手一投足都会让人感到兴趣盎然,他的演出具有很大的吸引力。他在罗马人的剧院受到热烈的欢迎,派西隆人满怀恶意要剥夺罗马人在这方面的享受和嗜好,决定将他杀死。预先得知会有这种情况发生,就在喜剧演员遭到处决之后立即登上舞台,对大家说道:"各位亲爱的观众,恭祝万事如意,一帆风顺。大家都知道我不是罗马人,只是你们用权标统治之下的顺民,我漫游意大利遍及各个地区,兜售我的优雅风格为了得到娱乐和欢笑。宽恕而后食言是人类的通病,只有神明给大家建造巢穴的特权,无须冒险进入别人的房舍之内。

---

① 这份意大利人对德鲁萨斯立下的誓词,长久以后对于它的历史价值和真实性感到可疑,虽然有人为它大力辩护还是无济于事,至于原文的边注认为它就是"菲利帕斯的誓词",可以明显看出这是错误的说法。

须知要让你们为自己流出苦涩的眼泪是不公平的事。"这样继续说下去，终究还能表达一种安抚和幽默的心情，因为他的谈话具备说服的魅力，能用甜言蜜语驱走阴郁和报复的气氛，使得他逃过威胁生命的危险。

14 马西战争的领导人物庞皮狄斯(Pompaedius)①从事崇高而又奇特的冒险行动。集结一万人马来自害怕司法调查的阶层，他让他们将佩剑藏在平素穿着的衣服里面，然后带领他们前往罗马。他的打算是用武装人员包围元老院要求给予市民权，如果说服不能达成效果，就要用火与剑蹂躏帝国的都城。途中遇到盖尤斯·杜米久斯(Gaius Domitius)②问道："庞皮狄斯，你带着一大帮人到哪里去？"他回答道："护民官召唤我们前去罗马争取市民权。"③杜米久斯对他说话的语气不表赞同，特别交代他前往元老院不要摆出武力威胁的样子，这样会使市民权的获得不必冒险，反而能够增大成功的机会；他还说元老院乐于将惠而不费的恩典赐给盟邦，无须使用暴力而是提出陈情。庞皮狄斯听从这个人的劝告如同给他指点一条神圣的道路，受到说服以后就让大家返回家乡。杜米久斯凭着谨慎的言辞使得城邦避开重大的危险，证明这次交谈远比法务官塞维留斯④处理派西隆人的事务更为有效。后者与派西隆人的谈话并不将他们当成自由人和盟邦，用貌视的态度把对方视为奴隶，威胁的言辞提到可怕的惩罚，刺激盟邦要对他和其他的罗马人寻求报复。不过，杜米久斯温和的说辞，使得气焰高涨的叛军发生转变，抛弃不经思考的冲动表达带有感

---

① 手抄本上出现的名字是庞皮乌斯(Pompaeus)。

② 由于杜米久斯家族的成员没有用盖尤斯(Gaius)作为 Praenomen(名)，所以把它改为格耐乌斯(Gnaeus)。这个人可能是前 96 年的执政官格耐乌斯·杜米久斯·阿亨诺巴布斯(Gn.Domitius Ahenobarbus)。

③ 庞皮狄斯·西洛与德鲁萨斯的交谈非常友善，他有一次前去后者的家中拜访，参阅普鲁塔克《希腊罗马名人传》第 18 篇第 2 章"小加图"第 2 节。

④ 奎因都斯·塞维留斯在前 91 年带着法务官的头衔派到阿斯库隆(Asculum)。

情的善意。

15 他们与士兵分享战利品就能尝到战争带来的利益,一旦他们具备兵凶战危的经验,就会用坚强的意志去争取自由。

16 马留①率领军队进入萨姆奈人的疆域(前90年),设置营地以后就去攻打敌军。马西联军全部接受庞皮狄斯的指挥,他的部队前进迎击。两军接近形成冷酷的交战状态,竟然会带来和平的契机。等到他们抵达面容都能辨识的地方,双方的士兵看到当面有很多自己的朋友,回忆往事发现还有不少在军中的同志,认出一些亲戚和族人,也就是说法律认可的异族通婚会使原来的友情更加巩固。他们彼此用名字呼唤对方,相互交换规劝的问候,紧密的亲情关系禁止出现残杀的行为。他们将武器放在一边,处于完全守势的敌对状态,大家紧握双手表示诚挚的问候之意。马留在看到这一幕以后,离开战线走向前去,庞皮狄斯也如法炮制,他们就像亲人一样交谈起来。指挥官终于讨论和平的问题以及他们渴望的市民权,两军都抱着乐观的态度,一扫战争的阴郁气氛呈现节庆的欢乐面貌。士兵在私下的谈话中力言和平的好处,非常高兴可以免予落到相互杀戮的结局。

17 一个名叫阿格曼侬的西里西亚人,罗马当局将他押解到阿斯库隆关进监牢,经过审判突然获得平反,其余的从犯早已遭到

---

① 公元前90年马留在执政官鲁蒂留斯·卢朴斯(Rutilius Pulus)的麾下出任副将,后者过世以后他逐渐接替遗留的指挥权力。这里提到的事迹不见于其他数据,普鲁塔克《希腊罗马名人传》第11篇第2章"盖尤斯·马留"第33节,提到马留和庞皮狄斯(这里提到他的名字是巴布留斯·西洛,应该是)之间多次交锋,最后还是马留辞去指挥的职位。

处决①。后来派西隆人将他从狱中释放出来,他为了感激起见乐于加入军队为他们服务。他参加盗匪的活动获得很多经验,随着一帮士兵侵入敌人的国土到处无恶不作,给对方带来很大的伤害。

18 他缺少显赫的祖先,加上自己没有任何优点,可以引导他走上成功之路,后来能够抵达职位和名声的巅峰,完成出乎大家意料之外②。

命运女神通常转向于道德方面的言之有理,有些人图谋用不义的伎俩排除异己,就会发现自己面对同样的困难,亦即命运女神已经离他而去,或许他们现在尽量运用暴君的专制权力,以后就会为他们犯下独裁的罪行交出详细的记录。

19 一位克里特人来见执政官朱留斯③,愿意为他做出叛国的行为,说道:"假如我能帮你制服当面的敌人,请问你对我的服务可以给予哪些报酬?"将领说道:"我会把罗马的市民权赐给你,同时在我的面前你会受到赞扬和礼遇。"克里特人对这种表示不禁捧腹大笑,说道:"克里特人眼里所谓市民权只是唱高调的噱头。我们的目标是要获得好处,如同我们在陆地和海洋到处漫游,每射出一箭都是为着自己,要让金钱和财富落到手里。所以我现在才会来到这里。只有为市民权发生争吵的人会感激你送给他们这项礼物,至于那些连血亲都可以出卖的人,听到这番空话只有赶紧逃走。"朱留斯的同僚笑着对他说道:"只要事情顺利办

---

① 欧罗休斯《世界通史》第 5 卷第 18 节证实阿格曼侬是一位海盗头目,西里西亚是恶名昭彰的海盗巢穴。

② 不知提到这位是何许人物,即使是罗马人或意大利人也难以臆测。

③ 这位可能是前 90 年的执政官卢契乌斯·朱留斯·恺撒,应该不是翌年的执政官色克久斯·朱留斯·恺撒。

成,我会给你一千银币。"

20 伊色尼亚①的人民面临饥馑的压力,只有运用计谋将奴隶送到城市的外面。实在说处于罗掘俱穷的情况,他们即使牺牲别人还是无法获得安全。这些奴隶已经陷入奇特和可怕的困境,只有赶快撤离这个地区,发现唯有投向敌人的阵营,可以抵销主人对他们的冷酷行为。

伊色尼亚的人民竟然食用狗和其他的动物,迫于生理的需要使得他们只有将传统的规定置之不理,举凡那些不够洁净过去遭到严拒的食物,现在用来充饥渡过难关。

人类的灵魂有的竟然掺杂神性,在某些情况之下他们可以预知未来,能够看到而后会出现的形象,非常确凿的说法是发生在平纳(Pinna)②的妇人身上,她们事前就在悲叹往后会有灾难让大家苦不堪言。

意大利人将俘虏的孩童带到平纳的城墙前面,提出恐吓说是市民如果不参加起义的行动反抗罗马,那么他们的子女就会遭到杀身之祸。平纳的男子都是一副铁石心肠,他们的回答是后裔的夭折可以再生是很容易的事,不管面对任何困境不影响他们与罗马的联盟。

有些意大利人对于反叛的局势进展迟缓感到失望,他们的行为变得愈来愈残酷。他们将俘虏的孩童带到城墙的前面,摆出要将他们杀掉的样子,命令这些小孩恳求那些在城墙上面守备的人,要对自己所生的儿女产生怜悯之心,同时他们向上天伸出双手,祈祷观看人间万事万物的太阳,拯救无辜年幼孩童的性命。

---

① 伊色尼亚从前 263 年就是拉丁人的殖民地,有一条重要道路与外面连接,很快受到叛军的攻击,恺撒和苏拉想要解围都没有成功。

② 平纳是维斯蒂尼人(Vestini)的城市,深受内部倾轧的痛苦,仍旧对罗马忠心耿耿。平纳的土著与很多意大利人杂居在一起,才能解释他们能够将城里的儿童,掌握在手里当成威胁对方的工具。

21 平纳的人民陷入极其可怕的两难局面。他们如果要与罗马保持坚定而长久的联盟关系,就要舍弃亲情无动于衷地看着自己的亲生儿女死在眼前。

22 他们始终坚持绝望中奋斗的勇气,留下的后裔子孙在忍受恐惧方面不可能青出于蓝。虽然围攻者的兵力较之守军占有很多倍的优势,城市的居民靠着负隅顽抗的精神,能够弥补人员数量的不足。

23 意大利的城邦过去为了罗马帝国的利益,积极进取,在战场有惊人的表现,现在冒着生命的危险要来维护他们应有的权利,何况他们靠着英勇行为所建立的功勋,远超过过去获得胜利的盟邦。从另一方面来看,罗马要与隶属的城邦从事激烈的战斗,对于那些过去一直甘拜下风的土著,如果不能取胜将是最大的羞辱。

24 兰波纽斯毫不迟疑向着克拉苏①进击,认为这是针对当前情况做出最适当的行动,这不是群众为了首领的利益挺身而战,而是首领为了维护群众的利益做出孤注一掷的决定。

25 罗马和意大利的城邦抢着要收割作物。小规模的冲突和伏击使得双方没有停止残杀的行动。就在成熟的麦穗可以收割之前,他们为了获得最关紧要的粮食,下定决心为它流血亦在所不惜。没有一个人等待指挥官的催促,面临匮乏是毫无恻隐之心的必然结果,自然的需要就会激发奋斗的勇气。每个人都认为死于刀剑之下总比成为饿莩要好得多。

---

① 这位是巴布留斯·黎西纽斯·克拉苏(L.Licinius Crassus)在前 90 年,是执政官卢契乌斯·恺撒的副将,他在卢卡尼亚被联盟的军队击败。

26 苏拉推行政务充满活力而且成效卓越,在罗马获得好评更能提高他的声誉(前89年)。民众都认为他具备当选执政官的条件,特别是他的作战英勇和善于用兵,使得他的名字经常让大家朗朗上口。总之,可以明确得知他会擢升到更高的地位,完成更为光荣的事业。

27 米塞瑞达底在亚洲打败罗马人赢得重大的胜利(前88年),获得很多俘虏,后来加以遣返,供应在旅途所需的衣服和粮食,让他们安全回到自己的家园①。宽宏大量的行为使得他的声名传播四方,邻近的民族把他视为自己的国王,愿意归顺到他的统治之下。所有的城市都派遣使者带着诏书邀请他前去访问,并且称他为他们的"神明和救主"。无论国王出现在何处,全城的居民蜂拥而出前去迎接,他们穿上节庆的衣服满面喜气洋洋。

28 米塞瑞达底在亚洲获得支配的权力和绝对的优势,那些失去控制的城市高举反叛罗马的旗帜。列士波斯当局决定要与国王联盟,逮捕在米蒂勒尼获得庇护和治疗病痛的阿奎留斯(Aquillius)②,押解交到米塞瑞达底的手里。同时他们还选出最勇敢的年轻人,派到他那里提供所需的服务。他们派出一群士兵突击那个地方,逮捕阿奎留斯,给他戴上脚镣手铐,当成送给国王最有价值和最受欢迎的礼物。

---

① 阿庇安《罗马史:米塞瑞达底亚战争》第18—19节,在三个不同的场合提到米塞瑞达底的政策方针,至于俘虏大部分是当地的土著,或者是行省的希腊城市的居民。

② 马可斯·阿奎留斯是罗马使节团的领队,前89年奉命前往亚细亚,帮助俾西尼亚和卡帕多西亚的国王光复国土,赢得他们的合作,向米塞瑞达底发起攻击。米塞瑞达底在帕加姆用熔化的金液灌进他的喉咙,让他在痛苦中死去,用来谴责罗马人的贪婪,参阅阿庇安《罗马史:米塞瑞达底战争》第21节。

他①虽然还是一个年轻人,表现的行为就像英雄一样具备很大的勇气。预先知道对方派很多人前来抓他,他的选择是在饱受虐待和羞辱之前先行拔剑自我了断。血溅五步的行动让派来的凶手看得目瞪口呆,竟然不敢靠近他的身边。他毫无畏惧告别生命和即将来临的厄运,英勇的行为博得后人的赞誉。

29 罗得人在与敌人的海战②当中,除了数量以外通常在其他方面也占有很大的优势:诸如舵手驾驶船只有精湛的技术、战船排列队形和分进合击的熟练、划桨手的配合有丰富的经验、船长具备领导统御的能力,以及所有成员的英勇善战。不过,卡帕多西亚的这一边却缺乏经验、训练和纪律(所有灾难和不幸都与此有关)。国王亲自在场督战,他们的士气和热情一点都不输罗马人,急着采取行动为了表示对他忠心耿耿。由于他们仅在船只的数量上面较对方为多,所以才会不顾一切蜂拥而上,想要将敌人包围起来加以歼灭。

30 马留每天步行前往战神原野从事军事训练,勤奋而且持续参与各种运动,可以预防老年的衰弱和怠惰③。

盖尤斯·马留在年轻的时候就成为名闻遐迩的人物,激励自己从事高贵的事业,坚定个人的意志,避免贪婪的念头;他在利比亚和欧洲完成重大

---

① 这位人士从年龄上来看不应该是阿奎留斯,因为他是前 101 年的执政官,现在至少是个中年人;有的学者认为这个年轻人是他的儿子,都是没有证据的揣测之词。

② 这是米塞瑞达底进犯罗得岛引起的海战,参阅阿庇安《罗马史:米塞瑞达底战争》第24—26 节。

③ 普鲁塔克《希腊罗马名人传》第 11 篇第 2 章"盖尤斯·马留"第 34 节,提到这与马留的野心有关,他想前往东方负责对米塞瑞达底的战事,同时以卸任执政官的头衔担任行省的总督。

的建树,这个时候他的声望已经到达人生的巅峰。然而他到达乐天知命的晚年,完全基于个人的欲念才将米塞瑞达底王的金银和亚洲城市的财富全部掌握在自己手里,从而带来整个事业的灰飞烟灭,过去一直拥有很好的运道现在遭到玷辱变得暗淡无光,想用不合法的手段从高乃留斯·苏拉手里抢走指派给他的行省,却让自己陷入万劫不复的厄运之中①。

他不仅无法获得一直垂涎不已的财富,就连原来拥有的本钱都损失殆尽,由于他极度的贪婪,靠着籍没别人的家产当成敛财的手段。城邦的法庭宣布他死刑的判决,虽然逃脱大难临头的困境,在旷野靠狩猎维生过着流浪的生活,最后只有逃亡到利比亚②在努米底亚找到栖身之地,这时他没有随从、没有财产、没有朋友。后来,罗马陷入内部的倾轧和斗争(前87年),他竟然帮助城邦的敌人③,免予放逐的处分可以返回故土,仍旧无法让他感到满意,非要点燃战火才能平息他的怒气。等到他第七次出任执政官(前86年),再也不敢对命运女神抱有过分的奢望,气数的逆转使他深知女神的多变。他预判苏拉立即会对罗马发起攻击,出于不愿苟生的意志使他得以告别人世。

他留下的痕迹只是撒播大量战争的种子,给他的儿子和他的城邦带来最悲惨的祸害。他的儿子被迫要对优势的部队发起会战,地下坑道无法获得安全的庇护,只能带来悲惨的死亡④。罗马和意大利的城市陷入迫在眉睫而且为时甚久的战乱,遭遇的灾难早已为他们准备妥当,等候坐以待毙

---

① 这里的叙述与马留的亡故有关,可以参阅普鲁塔克《希腊罗马名人传》第11篇第2章"盖尤斯·马留"第40节和阿庇安《内战记》第1卷第55—75节。

② 这是指他以卸任执政官的头衔前往阿非利亚,招募旧部抱着东山再起的企图。

③ 这是指辛纳当选执政官受到罢黜被赶出罗马,马留立即率领招募的军队回到意大利给予支持。

④ 这是指前82年小马留在普里尼斯特(Praeneste)最后的结局,这一年他与卡波出任执政官,年仅26岁。

的他们自投罗网。例如罗马最有名望的人物西伏拉①和克拉苏②,没有经过审判就在元老院的大厅遭到残酷的谋杀,他们个人的不幸等于提出预告,要让意大利全境发出哀悼的哭声。苏拉和手下的党羽使得大多数元老院议员,还有那些地位显赫的人物遭到处决,在党派的倾轧和内战期间,作战阵亡和惨遭屠杀的士兵不少于十万人。所有这些落在人类头上的灾难起因在于马留对财富竟然是如此的贪婪。

31 财富是引起人类竞争的主要因素,有时对那些垂涎不已的角色而言,只会带来极其悲惨的祸害。它会鼓舞大家从事邪恶和犯罪的勾当,迎合每一种放纵淫逸的欢乐,引导数不尽粗暴可耻的行为,因此我们可以看到沉沦下去无法自拔的人士,就要陷入巨大的变故之中,同时会让不幸的结局落到城市的头上。财富的力量用来为非作歹是如此巨大,使人轻信可以凌驾所有事物之上!只要人们抱着炽热的情绪想要据有阿堵物,就会不断朗诵诗人的警语③:

啊!黄金!大家最喜爱的礼物,
一个母亲有这样的欢愉。

以及:

---

　　① 奎因都斯·穆修斯·西伏拉在前82年被杀,是奉到执政官小马留的命令,参阅本书第三十八和三十九章第17节;西伏拉这时出任祭司长。
　　② 或许是前97年的执政官巴布留斯·黎西纽斯·克拉苏,他与他的儿子在前87年的恐怖统治时期被害。
　　③ 引用自欧里庇德斯的悲剧《达妮》(*Danae*),参阅瑙克《希腊悲剧残本:欧里庇德斯篇》No.324。

只要让我得到如此庞大的财富，

就是被称为恶棍也会心满意足。①

以及充满抒情风格的诗句②：

黄金出自地下具备君王的大能，

贪图的念头会燃起世人的热情，

使你有力量来到沙场制服战神，

万事万物都感到它的魅力无穷。

如同奥斐乌斯动人心弦的歌声，

草木和野兽听到就会如影随形；

你会拖曳陆地和海洋跟着前进，

阿瑞斯这位神明同样俯首称臣。

　　好不容易从诗人的作品当中选出下面的诗句，却给大家带来完全相反
的信息③：

智慧夫人，请你让我感到欢愉，

举凡神明不愿赏赐给我的东西，

你让我得到比起智能更加快速，

专制以及闪闪发光的珠宝金器，

虽然站立的地方离开宙斯很远，

价值连城的宝藏却会来到近处。

----

①　参阅瑞克《希腊悲剧残本：作者不详篇》No.181。
②　参阅瑞克《希腊悲剧残本：作者不详篇》No.129。
③　参阅瑞克《希腊悲剧残本：作者不详篇》No.130。

第三十八章和第三十九章

残 卷

1 内战爆发是在罗马建城第六六二年①（前88年），接着很快罗马变得愈来愈痛恨米塞瑞达底。如同利瓦伊和狄奥多罗斯的叙述，迫近的灾难在开始的时候出现很多可以辨识的征兆；特别是万里无云的天空响起嘹亮的号角声音，蔓延一种尖锐而又哀伤的曲调。所有听到的人都会感到毛骨悚然，伊楚里亚的预言家宣称这是一种征候，预告群体的变迁和世界新的秩序。

---

① 内战的爆发在于苏拉和奎因都斯·庞培乌斯当选执政官，这一年是罗马建城第666年或奥林匹亚173会期第1年或前88年。这时苏拉获得亚细亚行省的统治权，负责讨伐米塞瑞达底，先决条件是要结束联盟战争，因此他离开罗马，前往康帕尼亚围攻诺拉（Nola）这个反叛的城市。所以会出现罗马建城前662年这个错误的时间，是来自优特罗庇乌斯（Eutropius）《罗马简史》第5卷第4节。

他们说人类有八个种族，彼此之间有不同的生活方式和风俗习惯。神明对每一个种族指定一个时代，完成的期限与大年的循环相互配合。每当旧时代走到尽头开始新时代，就会从地球或苍穹发出一些奇特的信号，立即可以使大家明确得知相关的事项，出现在地球的人类各有不同的发展途径和生活方式，对于神明较少关切甚至抱着不以为意的态度，是否果真如此抑或我疏于探究，然而经过一番争辩可以从事件的结局获得若干言之成理的论点。一个人就这方面对罗马的历史进行思考，得到的结论是政治实体的改变愈来愈不堪入目，人类社会的恶行愈来愈猖獗。

2 罗马人民派遣密使到辛纳①那里安排解决的办法（前 87 年）。他的答复是他被迫离开的时候担任执政官，现在不可能以平民的身份返回都城。

3 梅提拉斯②带着仍旧在他麾下的部队来到辛纳的营地，双方经过协商，承认辛纳还是罗马的执政官，梅提拉斯是第一位用这个头衔称呼对手的将领。两个人遭到弹劾就是出于这个原因。马留在遇到辛纳的时候当面告诉他，说他不应该毁弃神明赐给他们的权力，因为只有权力可以赢得他的合作，以及所有会战的胜利；这时梅提拉斯在返回都城以

---

① 从前 87 年到前 84 年当选执政官的卢契乌斯·高乃留斯·辛纳（L. Cornelius Cinna），开始的时候是苏拉的傀儡，等到他上任就要召回马留和受到放逐的人士，因而被他的同僚屋大维乌斯赶出罗马。他与马留的部队会合以后立即让都城陷入危险的处境。有关这方面的报道可以参阅阿庇安《内战记》第 1 卷第 69 节。

② 这位是昔西流斯·梅提拉斯·庇乌斯。他从萨尼姆回到罗马是为了对抗马留。第二次的协商无论在阿庇安《内战记》第 1 卷第 70 节和普鲁塔克《希腊罗马名人传》第 11 篇第 2 章"盖尤斯·马留"第 43 节，都有不同的记载。

后，对于屋大维乌斯①表示极度的不满，因为后者称他为执政官和城邦的叛徒。屋大维乌斯当众宣称他绝不会让自己和罗马这座城市，成为辛纳的俎上鱼肉任由宰割。甚至就是每个人都离他而去，他仍旧认为自己忠于所拥有的高位，以及那些人的心。如果他丧失所有的希望，就会在自己的家中纵火，让全部财产连带他本人都在烈焰当中化为灰烬，自愿赴死带来不受玷污的荣誉使他享有永生的自由。

4 麦鲁拉（Merula）②被选为执政官用来取代辛纳，认为这是作为一个好市民应有的行动，一旦达成协议他就不再拥有执政官的职位。他在元老院和市民大会发表谈话，必须采取对城邦最有利的措施和作为，让自己成为建立和谐关系的倡导者：因为要他担任执政官根本违反他的本意，现在他愿意将这个职位让与辛纳。这样一来他立即恢复平民生活。元老院派出密使前去缔结协议，护送辛纳摆出执政官的排场进入城市。

5 辛纳和马留与最显赫的领导人物举行会谈，商议如何在稳固的基础上面建立罗马的和平。他们达成最后的决定就是杀死敌手当中最杰出的将领，事实上只有这一位有能耐可以挑战他们拥有的权力。等到他们自己的党派和组织经过整肃和清理以后，两位领导者和他们的朋友对于所有的作为，无须畏惧或有任何忌惮，全部可以符合他们的利益。因此他们只有对提出保证的协议和在神前立下的誓约置之不理，选出处死的

---

① 格耐乌斯·屋大维乌斯是前87年的执政官，等到辛纳和马留返回罗马，他在职位上被杀。

② 卢契乌斯·高乃留斯·麦鲁拉（L.Cornelius Merula）是大燃火祭司（Flamen Dialis），即服侍主神朱庇特的祭司，前87年有段时间他成为代理执政官（Consul Suffectus），接替辛纳离开罗马以后留下的职位。等到马留的党羽要将他带上法庭，愤而自杀身亡。

人到处都是,行刑之前根本不加审问。奎因都斯·卢塔久斯·卡图拉斯（Quintus Lutatius Catulus）①打败廷布里人赢得大捷,使得他深受全体同胞的爱戴,发现自己在市民大会受到一位护民官的指控,说他犯下十恶不赦的罪行。害怕莫须有的诬告让他陷入危险的处境,转过来向马留要求给予协助。虽然过去马留是他的朋友,因为某些事故产生猜忌之心处于反对的立场,给予仅有的答复:"你非死不可。"卡图拉斯没有活命的机会,担心在临终之际受到无法避免的羞辱,于是采用一种极其特殊的方式,让自己保持体面告别人世。他将自己锁在新近粉刷过的房间里面,再用燃烧莱姆果实产生烟雾增加香气,最后有毒的气体造成窒息使他一命归西。

6 他们对市民的大肆屠杀犯下十恶不赦的罪行,神明指派尼米西斯（Nemesis）要让辛纳和马留得到报应②。他们唯一幸存于世的敌手苏拉,他在皮奥夏歼灭米塞瑞达底的军队以后,迫使雅典开城投降,再与米塞瑞达底缔结联盟关系,接收国王的舰队从东方返回意大利。顷刻之间击溃辛纳和马留的部队,整个罗马和意大利落入他的掌握之中。他让辛纳手下那些谋财害命的凶手无法幸免予刀剑的报复,马留的后裔全部被他清除干净。那些创建恐怖时代的人认为在执行上苍的工作,然而很多温和稳健的学者将这种惩罚归咎于胜利一方的滥权,使得最崇高的目标选用最邪恶的手段,遗赠给后代的教训是多少罪恶的遂行可以假借正义之名。

---

① 卡图拉斯是前 102 年的执政官成为马留的同僚,有关他的死亡参阅阿庇安《内战记》第 1 卷第 74 节。

② 狄奥多罗斯的叙述是马留的恐怖统治所产生的结局。这一段的文字是对未来的内战提出摘要的报告。米塞瑞达底在达达努斯（Dardanus）接受苏拉的条件是前 85 年的事,只是苏拉率领军队回到意大利是在前 83 年。这时马留和辛纳都已逝世:马留亡故在公元前 86 年 1 月 13 日,是他第七次执政官的任内;辛纳在前 84 年遭到谋杀。

7 苏拉需要金钱就向拥有巨额财富的三个圣地打主意:这些金银制成的物品奉献给德尔斐的阿波罗,伊庇道鲁斯的阿斯克勒庇斯和奥林匹亚的宙斯①。他在奥林匹亚的收获最为丰硕,因为圣地很多世代以来没有受到侵犯,至于存放在德尔斐的宝藏,大部分在所谓的"神圣战争"期间被福西斯人抢走。苏拉侵占大量金银和值钱的物品,获得极其丰硕的财源用于意大利的战争。虽然他摆出毫无忌惮的态度将神圣的宝藏据为己有,为了补救起见他还是将一些土地奉献给神明,让负责祭祀的人员每年能有相当的收益②。他带着开玩笑的口吻,说到他所以能在会战当中占到上风,因为神明将大量经费用在身上,当然非要帮助他不可,否则就会血本无归。

8 芬布里亚(Fimbria)的行军领先弗拉库斯(Flaccus)③有很大一段距离,发现有很好的机会发起掠夺财物的行动,他为了赢得部队的好感,纵容他们在盟邦的地区大肆抢劫,如同他们已经进入敌人的国度,对于任何遇到的人员,掳获以后当成奴隶出售。士兵非常高兴接受图利自己的任务,没有多少天就累积大量财富。那些家产遭到掠夺的人士谒见执政官诉说悲痛的情节。弗拉库斯听到以后非常难过,吩咐他们随着他一起前往,他亲自用威胁的口气命令芬布里亚,将抢走的财物归还受到损失的

---

① 参阅普鲁塔克《希腊罗马名人传》第12篇第2章《苏拉》第12节,还增加很多细部的叙述。掠夺的事件发生在苏拉围攻雅典期间,时间为前87年。

② 苏拉对底比斯始终保持难以平息的敌意,几乎有一半的领土被他拿走或是奉献给阿波罗和朱庇特,下令将岁入的金额支付给庙宇,赔偿他从神明那里挪用的财富,参阅鲍萨尼阿斯《希腊风土志》第9卷第7节。

③ 卢契乌斯·华勒流斯·弗拉库斯(L.Valerius Flaccus)在马留逝世以后,当选为代理执政官,奉派到东方指挥对米塞瑞达底的战事,他的副将盖尤斯·弗拉维斯·芬布里亚煽动一场叛变使得他被自己的部下所杀。目前的情况发生在从色雷斯向拜占庭进军的途中,时间是前86年的冬天。

民众。芬布里亚的打算是将这番谴责转嫁到部下的身上,说是他们的所作所为都没有获得他的允许,同时私下传话给他的部队,要他们对于下达的命令根本不予理会,何况他们的需要来自合乎战争规范的武力运用。等到弗拉库斯给予更急迫的命令归还窃取的物品,士兵还是表示毫不在意的样子,抗命和叛变的风气很快在军营当中蔓延开来。

一旦渡过海伦斯坡海峡,芬布里亚鼓动部队采取暴力和掠夺的行动,从城市强征金钱,获得的收益分给手下的人员。他们目前到达的位置是拥有随心所欲的权力,可以纵情于财富的攫取,对于芬布里亚百依百顺公开称他是大家的恩人。如果有任何城市敢不从命,他迫使他们开城投降然后纵兵大肆洗劫,例如奈柯米迪亚(Nicomedeia)①遭遇极其悲惨的下场。

等到芬布里亚进入西兹库斯(前85年)以后,表面上看起来像是朋友,市镇里面最富有的人士,受到控诉说他们犯下重大的罪行。为了让其他人感到恐怖和畏惧,找出两个犯人施以鞭笞和斩首的重惩。然后籍没他们的财产,恐吓其余人员会落到前两个受害者同样的命运,逼得这些被告交出全部现金用来换回自己的性命。

芬布里亚在任职期内,对于行省带来如此可怕的灾难,这是一个人在获得任意而为的权力以后,运用各种邪恶的伎俩所造成的结果。破坏弗里基亚如同一场强烈的飓风,他对于城市发起出乎意料的突击,颠覆所有在他行军路途当中遭遇的国家。最后他还是自取灭亡,就他犯下的罪行而言,真是百死不足以惩其恶②。

---

① 弗拉库斯在奈柯米迪亚被杀,军队现在接受芬布里亚的指挥,参阅阿庇安《罗马史:米塞瑞达底战争》第52节。

② 芬布里亚的军队被苏拉从他的手里夺走以后,就在帕加姆的阿斯克勒皮姆(Asclepieum)或昔阿提拉(Thyateira)自裁而死。芬布里亚最恶名昭彰的行动是毁灭伊利姆(Ilium),参阅阿庇安《罗马史:米塞瑞达底战争》第53节或笛欧·卡休斯《罗马史》第30卷第104节。

9 格耐乌斯·庞培投笔从戎以军旅为毕生的志业(前83年),日复一日不辞辛劳全力工作,很快在练兵和作战这两方面,都能赢得极高的声誉。拒绝所有的舒适和清闲,他让自己整天整夜忙个不停,目的是要成为顶天立地的勇士。他保持简单的饮食,不去浴场而且避开社交活动以免养成奢华的习性。他坐着用餐①,睡眠的时间比起自然的需求要少一些,白天面对的问题要靠夜间的工作来解决,多少不眠之夜用来钻研战略之类的著作,不断地演练和预习各种可能出现的意外事件,使得他精通战斗的技巧成为兵学大师。因此,完成准备的部队由他接替指挥,所需时间比起任何人要少得多,就能发挥最大的战斗能力;后来他亲自招募一支军队,供应所需的装备很快排出会战的队形②。等到他的成就在罗马流传开来,每个人在开始的时候抱着难以置信的态度,主要考虑在于他的年龄并非所具备的能力,或许带来信息的人用英雄的夸耀手法对所有的情节大肆吹嘘,然而发生的事件证明报告完全真实无虚,元老院派遣朱纽斯③前去应战,结果被打得溃不成军。

10 格耐乌斯,庞培的武德给他带来最丰硕的报酬,大无畏的精神更能赢得最高的荣誉④,建立特殊的风格可以完成更多成就,于是用信函通知苏拉他那日益茁壮成长的实力。苏拉在很多场合向这位

---

① 罗马的贵族和上流社会人士,都是躺在卧榻上面进食。

② 庞培的祖传产业都在派西隆地区,可以供应作战所需的金钱和人力,参阅普鲁塔克《希腊罗马名人传》第16篇第2章"庞培"第6节,以及维勒乌斯·佩特库卢斯《罗马史概论》第2卷第29节。庞培这个时候只有23岁。

③ 卢契乌斯·朱纽斯·布鲁特斯·达玛西帕斯(L.Iunius Brutus Damasippus)是马留麾下一位副将。有关这次作战的详情,参阅普鲁塔克《希腊罗马名人传》第16篇第2章"庞培"第7节。

④ 苏拉在第一次与庞培见面的时候,就用"凯旋将军"的称呼向他答礼,参阅普鲁塔克《希腊罗马名人传》第16篇第2章"庞培"第8节。

年轻人表达赞扬的心意，有次凑巧有一些议员阶层的人士与他见面，他借机对他们大加指责，认为训勉他们要具备庞培那样的热诚，这种羞辱真是让他无法开口。他说最令人感到惊讶的事，莫过于一位年轻人能够制服敌方如此庞大的军队；然而他们的年纪和阶层是庞培望尘莫及，却不能给他带来任何帮助，甚至连指挥自己的奴仆都有问题。

11 所有的手下接受贿赂使得纪律荡然，西庇阿①被军队抛弃已经失去生存的希望，苏拉派出骑兵将他安全送他到想要去的地方。西庇阿在这个时候处于不利的局面，为了保住性命被迫只有将职位的尊严放在一边，靠着苏拉的宽宏大量让他前往所选择的城市。因而他再度打起官员的旗号指挥一支颇具实力的军队②。

12 卸任法务官哈德瑞阿努斯（Hadrianus）③在乌提卡拥有军事指挥的权力（前82年），竟然被当地居民活活烧死。这种令人发指的行为由于被害人的邪恶与残暴，没有人加以谴责以及引起报复。

13 马留之子小马留成为执政官，不少人已经按照法律的规定完成兵役的期限，现在急着要与年轻人④一起赶赴战场；小马留

---

① 这位是前83年的执政官卢契乌斯·高乃留斯·西庇阿·亚细亚蒂库斯（L. Cornelius Scipio Asiaticus）。阿庇安《内战记》第1卷第85—86节，提到这件事发生在康帕尼亚的提亚诺（Teano），执政官西庇阿率领军队前来救援诺巴努斯，部队全部投向苏拉的阵营。

② 西庇阿再度投身战争，很快失败而且丧失所有的荣誉，参阅阿庇安《内战记》第1卷第95节。很可能普鲁塔克将苏拉的战功安置在庞培的头上，参阅普鲁塔克《希腊罗马名人传》第16篇第2章"庞培"第7节。

③ 盖尤斯·费比乌斯·哈德瑞阿努斯从前84年起担任阿非利加的总督。

④ 小马留这个时候只有26岁，他的父亲手下很多资深的老兵，再度入营给他有力的支持。

的年纪虽小却要向资深者表示,他经过长时期的军事训练可以发挥最大效果,同时熟悉战场的阵中勤务和战斗技巧,对于面临的危险甘之如饴。

14 城市与城市以及国家与国家之间,都要经过很严苛的测试,想要运用很多方法找出他们的倾向,以免发生失误①。人民需要用强制的手段改变并不牢靠的忠诚,装出要从这个阵营换到另一个阵营的样子,他们的选择是近在手边的党派。就相互对立的交战国而言,他们的代表负起的任务是让征召的新兵按时入营报到,因为他们一直努力想要超过对方,就会进行更为精确的调查,使得城市的好恶和所做的选择能够公开。

15 生活必需品的匮乏带来的结局,会使小马留遭受部队的遗弃。只有留在西西里的法务官马可斯·帕平纳(Marcus Perpenna),虽然得知苏拉向他进军,派人想要说服他改变心意,始终不愿从命,他不仅坚定自己对小马留忠心耿耿,甚至用极大的热诚率领部队渡海离开西西里,赶赴普里尼斯特(Praeneste)救援小马留②。

16 就在马西战争接近尾声,爆发规模极大的内战,一方的首领是苏拉,另一方是盖尤斯·马留,他的父亲马留曾经多次(事实上是七次)担任执政官。这场冲突使得数以万计的人员丧失性命,但是苏

---

① 苏拉和小马留是两位势均力敌的对手,即将进行最后的决斗,任何人只要选择投效的阵营发生闪失,就会带来家破人亡的结局。

② 帕平纳属于马留阵营,是西西里的总督,他去救援小马留无功而返,加强防务工作,收容很多流亡人员,庞培以法务官的头衔率领 6 个军团前去讨伐,帕平纳逃到西班牙投奔塞脱流斯。

拉赢得最后的胜利，成为狄克推多还冠上伊帕弗罗迪都斯（Epaphroditus）①的称呼，吹嘘他不负神明的厚望，在于他战无不胜以及寿终正寝。小马留使出全力对苏拉发起英勇的战斗，败北以后带着一万五千人马在普里尼斯特固守待援。他被敌人围得水泄不通，受到长期的攻击，所有人员离他而去再也找不到一条活路，只能靠一位忠诚的奴隶帮他解除所有的困难。这位奴隶同意给予主人致命的一击，然后自裁身亡。这样一来使得内战结束，虽然小马留一派的党徒仍旧有不少幸存者，他们继续在各地高举反抗的旗帜，直到全部被苏拉消灭为止。

17 恶意的告发造成的结局是罗马的领导人物受到冷血的谋杀②。甚至那个时候担任最高神职官的西伏拉，即使最受民众的景仰和推崇，高贵的人格还是难逃乖戾的命运。至少就另一方面来说，罗马的人民还是非常幸运，仅仅是最具权势的宗教领袖不能进入圣地中之圣地③而已；那些追捕他的人还是获得同意使用野蛮的手段，将他谋杀在内殿的祭坛上面，流下的鲜血可以熄灭他们的怒火；虽然有些老年人能保住性命，他们由于顾忌太多以致无法入睡。

18 赞扬正人君子和谴责邪恶小人，具备很大的力量可以引导人类献身高贵的行为。

---

① 苏拉认为他投身战争建立的功勋全部归于洪福齐天的运气，凭着美满的成就可以接受费利克斯的称号，还将自己的名字叫作伊帕弗罗迪都斯，前者的含义是"幸运"，后者是"维纳斯的宠儿"，他的战胜纪念碑还刻着卢契乌斯·高乃留斯·苏拉·伊帕弗罗迪都斯（L. Cornelius Sulla Epaphrodius）的全名。

② 小马留被围在普里尼斯特，知道已经没有希望，派人交代市政法务官朱纽斯·布鲁特斯·达玛西斯，对于留在罗马的反对党领导人物大开杀戒，包括祭司长西伏拉在内，所以普鲁塔克批评小马留极其残忍，参阅阿庇安《内战本记》第1卷第88节。

③ 就是位于罗马广场的灶神庙，这座圆形的庙宇面积很小。

人类有能力做出明智的决定并且贯彻执行。

19 "公敌宣告名单"①张贴在罗马广场,大量群众挤在那里观看,对于其中大部分在劫难逃的人士,都感到怜悯和同情。人群当中有个非常卑鄙而且傲慢的家伙,嘲笑那些不幸的受害者,使用很多羞辱的言辞谩骂他们,还说他们犯下的罪行应该接受这样的惩罚,很快神明施加的报应立即降临他的头上。等到发现自己的名字出现在名单的最后面,他立刻用衣服蒙住头部急着从人群当中离开,希望不要引起四周人员的注意,可以安全逃走。不过他被一位在他旁边的人认了出来,这时他已陷入非常悲惨的情况,遭到逮捕以后立即处决,大家对他的死亡都认为是罪有应得。

20 有鉴于西西里有很长一段时间没有设立法庭,庞培自己从事司法的工作②。有关公众事务的辩论和私人契约的项目,他用正确无误的技巧和廉洁公正的德行做出决定,没有人能够比他做得更好。通常年轻人在二十四岁的时候还沉溺于没有理性的欢愉之中,希裔西西里人对于他在岛上的生活,竟然是如此的朴素和节制无不极其惊讶,他所表现出的风格和气质更是令人感到不可思议。

---

① 苏拉采用"公敌宣告"的方式杀害反对派人士,后来的内战还继续沿用,举凡列在公敌宣告名单的人员,不再受到法律的保护,任何人可以将他杀死,不但无罪还可以领赏,据称在苏拉当政期间受到公敌宣告的人员共有4700人,其中元老院的议员约80人,以及1600多位骑士阶层的人士。

② 有关庞培在西西里的镇压行动,可以参阅普鲁塔克《希腊罗马名人传》第16篇第2章《庞培》第10节和西塞罗《为穆里纳辩护》(*Pro Murena*)61c。庞培到西西里是在前80年,他生于前106年,所以他这时是26岁。

21 蛮族出身的斯巴达库斯(Spartacus)①从某人那里获得恩惠,就会向对方表达他的感激。其实,性格的形成出于提升素养和律己严格,甚至有些蛮族出身的人士,对于给予帮助的人会用仁慈报答仁慈。

22 运用武力赢得胜利会给军官和士兵带来同样的礼遇和荣誉,经由将领的才华所能获得的成就只能归功他们对指挥官的信任。

蛮族所以背叛罗马在于兴起一股无法克制的冲动。

别人的苦难对于那些发现自己即将陷入同样危险的人而言,通常可以看成是一种警告。

23 塞脱流斯(Sertorius)②看到当地土著率性而为的行动无法阻止,就用粗暴的方式对待他的盟友(前 73/前 72 年):有些人受到控诉被处以死刑,还有一些人被他关进监牢,他对最有钱的人是夺走他们的产业。虽然他搜刮大量金银,没有存放在支持战争的钱柜当中,而是囤积起来供他自己花费;他不会拿来支付士兵的薪饷,也不会与其他领导人员分享。举凡重大的案件他从不开会讨论或者咨询顾问的意见,他让自己成为唯一的法官,在不公开的情况下听取证词和宣布判决。他举行宴会不让手下的指挥官参加,自己有任何想法从不让朋友知道。总之,他的地位处于日益恶化的情况使他感到无比的愤怒,就用专制的暴虐行为对待每一个人。他为民众所痛恨,他的朋友暗中的阴谋活动要取他的性命。他们用下面的方式成功

---

① 斯巴达库斯是色雷斯人,前 73 年在卡普亚领导一群角斗士发生叛变,整个意大利南部陷入动乱之中,直到前 71 年才完全平息,参阅阿庇安《内战记》第 1 卷第 116—120 节。

② 奎因都斯·塞脱流斯是前 83 年的法务官,原本要在总督任期完毕过退休的生活,受到民众的支持,苏拉进入罗马以后,在西班牙维持一个流亡政府直到前 72 年他被害毙命。有关他一生的兴衰起伏可以参阅普鲁塔克《希腊罗马名人传》第 15 篇第 1 章"塞脱流斯"第 25—27 节以及阿庇安《内战记》第 1 卷第 112—114 节。

达成日标。官阶最高的领导者帕平纳和塔奎久斯（Tarquitius）①取得共识，由于塞脱流斯的独裁，他们决定要将他杀死。帕平纳被选为阴谋集团的首领，举行宴会邀请塞脱流斯，其他宾客包括参加叛逆行动的成员。塞脱流斯抵达以后坐在塔奎久斯和安东纽斯（Antonius）之间，这两人拔出佩剑将他刺死。

24 米塞瑞达底面临一次阴谋事件，最后的结局是能幸免予难，没有落到西兹库斯人的手里。有一位罗马的百夫长参与对壕作业，很想达成所望的企图②。因为这个作业双方都在同时进行，所以有机会相遇和交谈，他们经常提到国王的手下，所以他对这些人有相当的认识。有一次他单独留下担任坑道的警卫，看到一位皇家派来的督导正走过来，相互交谈之中要他出卖城市，最后他装出要接受的模样。收买对手的提议马上报告国王，后者急着要夺取城市，答应赐给他高官厚爵作为报酬，安排时间见面讨论细部的事项。这时罗马人要求对承诺给予保证，对方派人告诉他这是国王亲口答应的，绝对不会打任何折扣，这个人坚持他无法接受除非誓言出于国王之口。国王感到非常作难，因为他不愿降尊纡贵进入坑道，叛徒说他不愿听取其他任何人的意见，由于米塞瑞达底对于拥有这座城市过于急切，逼不得已对他提出的要求只有让步。要不是出现一种可以迅速关闭的机具，国王肯定会落到对方手里，他的朋友当中没有一个具备机灵的头脑，能够臆测这个罗马人的意图，就在这个机具安装在地道里面以后，国王和他的朋友进入，百夫长这些人与他开始攻击国王，拔出佩剑冲向国王。国王使得机具的门及时关闭，安全逃脱致命的危险。

---

① 有关帕平纳参阅上面注释。盖尤斯·塔奎久斯·普里斯库斯是塞脱流斯手下一员副将，安东纽斯说他并不知道塔奎久斯是阴谋组织的成员。

② 米塞瑞达底围攻西兹库斯的时间有不同的说法，有人认为是前74年的冬天，也有人说是翌年的冬天。有关国王几乎落入敌人手中的故事，斯特拉波《地理学》第12卷第8节有简略的记载；阿庇安《罗马史：米塞瑞达底战争》第75—76节，提到双方的对壕作业。

第四十章
残　卷

1 马可斯·安东纽斯（Marcus Antonius）①与克里特人进行谈判（前71年），暂时使得他们遵守和平协议。后来发生问题，他们为了保障本身的利益，经过最审慎的长者集会讨论，派遣一个使节团前往罗马，就归咎于他们的罪行提出抗辩，打算用诚挚的言辞和合法的陈情，能对元老院产生安抚的作用。因此他们选出三十名最为显赫的人士担任使者（前69年）。这些人个别来到议员的家里，尽可能恳求谅解和宽恕，从而赢得大家

---

① 马可斯·安东纽斯·克里蒂库斯是前74年的法务官，授予全权在地中海水域对海盗进行清剿的行动。他在前72年和前71年被克里特海盗打得溃不成军，逼得签订屈辱的和平条约。克里特使节团确切的派遣时间不得而知，依据西塞罗《控诉维里斯：二审控词》第2卷76c，是在公元前69年2月，接着就在当年向对方下达最后通牒。

的支持。他们来到元老院就整个案件非常审慎地提出报告,详细列举他们对当局的统治做出最好的服务,对于军事的供需做出最大的贡献;他们还呼吁元老院议员仍旧对他们保持原有的好感,重新缔结早已存在的同盟关系。元老院对他们的说明和解释表示欢迎之意,想要通过一道敕令,赦免对克里特人指控的罪名,宣布他们是城邦的朋友和同盟;绰号司频则尔(Spinther)的伦图卢斯(Lentulus)①对提出的议案给予否决。克里特人只有离开罗马。

　　元老院经常得到消息,说是克里特人与海盗结伙犯案同时分享掠夺品,于是颁布敕令②:克里特人必须将所有船只派到罗马,就连四桨的小船都包括在内,必须提供三百名人质,这些人都有显赫的家世和地位,必须交出拉昔尼斯(Lasthenes)和帕纳里斯(Panares),必须支付三百泰伦银两作为赔偿的费用。克里特人得知元老院决定集会进行深思熟虑的讨论。行事谨慎的长者说他们应该听命提出的条件,拉昔尼斯和他的支持者对于指控和定罪要负起责任,害怕他们到罗马就会接受惩罚,于是用规劝的言辞煽动群众的情绪,要他们保有自古以来交给他们的自由权利。

2 安蒂阿奇尼斯(Antiochenes)鼓起勇气反对安蒂阿克斯王③(前67/前66年),失败以后带着受到煽动的民众追随他一起离开城市。这是一次规模很大的动乱,等到国王的镇压行动获得胜利,叛变的主

---

① 伦图卢斯·司频则尔的身份不详,可能是前70年或前69年的护民官。护民官在前70年恢复原有权力,苏拉当权时期他们的特权受到抑制。

② 反对的结果就是在前69年向克里特人宣战,梅提拉斯虽然是执政官,要到翌年才亲临战场负起指挥的责任。

③ 这位是安蒂阿克斯十世的儿子安蒂阿克斯十三世亚细亚蒂库斯(Asiatichus),从前69年到前64年他两次登上王位,时间都很短暂。

谋非常恐慌马上逃出叙利亚；他们聚集在西里西亚等待机会，提出的意见是拥护菲利浦①复位成为国王，这里提到的菲利浦与他的父亲同名，祖父则是安蒂阿克斯·格里帕斯（Antiochus Grypus）。菲利浦接纳提出的建议和安排，愿意与阿拉伯的阿济祖斯（Azizus）举行会议，后者用王冠为他加冕，再度恢复国王的身份。

3 安蒂阿克斯将所有的希望寄托在与桑普西昔拉穆斯（Sampsicera-mus）②的结盟上面，派人请后者带着军队一起前来。不过，桑普西昔拉穆斯已经与阿济祖斯达成协议，要除去这些国王，率领军队来到以后会与安蒂阿克斯相见。国王不知道他们的阴谋，答应要求与他见面，桑普西昔拉穆斯表面上像是一个朋友，接着将他逮捕，有一段时间让他戴着脚镣给予严密的看管，后来还是将他处死。他们按照协议瓜分叙利亚王国，阿济祖斯企图谋害菲利浦，后者得到不利的风声逃到安提阿。

4 庞培来到叙利亚停留在大马士革这段时期（前63年），犹太国王亚里斯托布拉斯（Aristobulus）和他的兄弟海卡努斯（Hyrcanus），对于拥有王国的继承权利发生争执③。基于同样的缘故还有两百多位领袖人物，聚集起来要与将领见面，特别提出解释说是他们的祖先在背叛德

---

① 这位是绰号巴里波斯（Barypous）意为"呆瓜"的菲利浦四世，在前67年及前66年进行短暂的统治。

② 桑普西昔拉穆斯是伊米莎（Emesa）的酋长。

③ 犹太的王后莎乐美·亚历山德拉（Salome Alexandra）在前67年逝世，海卡努斯虽然是长子，经过短暂的奋斗以后，被迫承认他的兄弟亚里斯托布拉斯是犹太国王和大祭司。双方的斗争很快爆发，安蒂佩特和那巴提亚人（Nabataeans）支持海卡努斯，庞培的部下斯考鲁斯在前65年进行干预。

米特流斯①以后，派遣一个使节团去向元老院陈情，获得同意接受犹太人的领导权，还加上民族的自由和自治的权利，所以他们的统治者称为大祭司而不是国王。这些人由于高高在上，刻意废除古老的律法，违背正义的原则要奴役市民；他们这样做靠着一大群佣兵当工具，暴行和不断发生邪恶的谋杀，他们使得自己拥有如同国王的权威。庞培延后处理直到后来获得适当的机会，可以一并解决两造相互竞争的主张、犹太人违背法律的行为②以及他们对罗马人所犯的罪行，他对海卡努斯的党派给予不假辞色的谴责。他说他们应该遭受严厉和立即的惩罚；不过，基于罗马传统的博爱精神，如果他们能够痛改前非，他愿意原谅他们的过失。

5 我们要叙述对犹太人发起的战争，比较适当的做法是先完成摘要的记载，从这个民族的起源直到国家的建立，以及他们之中有关的作为和经历的过程③。古代发生一场蔓延埃及全境的瘟疫④，有一位僧侣或神的代理人在他的作品上面记载民众的苦难；很多形形色色的异乡人在他们中间居住，无论是宗教活动和奉献牺牲全都奉行不同的仪式，他们用来崇拜神明的传统祭典全被摒除在外。当地的土著揣测除非他们要外来者迁移，否则面临的困难无法解决。因此，这些外国人⑤立即被赶出这

---

① 这是指叙利亚国王德米特流斯一世索特尔，时间是前161年。这是第一次有犹太的使节团前往罗马，参阅《圣经：旧约玛加伯上》第8章第17节，以及约西法斯《犹太古代史》第12卷417c。

② 有的学者对这句话另有解释，特别提到元老院一份敕令："这份敕令有关罗马与犹太民族建立友好和互助的盟约，罗马的人民和犹太民族的战争是不合法的行为。"

③ 阿布德拉的赫卡提乌斯有一本著作名叫《论埃及》(*Aegyptiaca*)（参阅雅各比《希腊历史残卷》No.264），成为本节文字的数据来源，这本书的写作地点是在托勒密一世的宫廷，里面提到犹太人的历史和发展，来自希腊最早的记载。

④ 有关埃及的瘟疫可以参阅《圣经：旧约出埃及记》第7—12章。

⑤ 本书第三十四和三十五章第1节，提到被逐出埃及不是外邦人而是麻风患者，参阅注释1。

片国土,他们之中最杰出和最积极的人团结起来,根据某些人的说法,来到希腊的海岸和其他地区;他们的领导人物都是知名之士,其中的首领是达劳斯和卡德穆斯。很多人被赶到现在称为犹太的地方,这里离埃及不远,当时没有人类居住。

这个殖民地为首的人是摩西,无论是智慧和英勇都有突出的表现。拥有这块土地以后建立很多城市,其中以耶路撒冷的名气最大。此外他建立庙宇可以维持主要的宗教活动,规定礼拜和祭典的形式,创制他们的法律和设立政治制度。摩西将整个民族分为十二个支派,因为十二是最完美的数字,可以比照每年所有的月份。他规定不得为神造像,依据的论点是神并非人的形象①,上帝是唯一的神如同围绕地球的苍穹,他统治整个宇宙②。有关奉献牺牲,他运用的方式与别的民族大不相同,从最早的年代开始就是活生生的动物,由于得到的结局是从埃及被驱逐出去,所以他们采用一种不合群和不宽容的生活方式。

摩西挑选最有教养而且能力最强可以位居整个民族最前列的人,指派他们担任祭司;规定他们忙着在庙宇里面崇拜神明和举行燔祭。他指派这些人同时担任法官负责解决重大的争端,托付他们保护法律和习惯。出于这个原因犹太人没有国王,通常将超越人民的权威授予在智慧和德行方面优于同侪的祭司。他们称呼这个人是大祭司,相信他的作为如同信差要将神的戒律传达给世人。据说他在人民大会和其他各种集会当中宣布规定的事项,犹太人对大祭司是如此的顺从,当他将圣诫授予大家进行详尽解释的时候,他们都会俯身在地面表示极度的尊敬。他们的律法在最后结束

---

① 参阅《圣经:旧约出埃及记》第20章第4节:"不可为自己雕刻偶像,也不可做什么形象仿佛上天、下地和地底、水中的百物。"

② 赫卡提乌斯误导大家用"天"来代表神,因为神的名字无法形容而且难以理解,可以参阅《圣经:旧约玛加伯上》第3章第18—19节和《圣经:旧约但以理书》第4章第23节,里面提到的"天"完全吻合希腊人的思想。

的部分,都会添加这样的字句:"这些都是上帝吩咐摩西与犹太人立约的话。"①

　　他们的立法者要很小心为战争做准备,培养年轻人坚忍不拔和大无畏的吃苦耐劳精神。摩西领导军事的远征行动前去攻打邻近的部落,吞并大量的土地可以使得人人有份,一般而言分配相等的额度给普通市民,祭司得到的部分面积要大一些,为了使他们不受外来的影响继续服侍神明,这得让他们得到更丰盛的田租。普通市民禁止出售个人拥有的小块土地,免得有些人为了图利自己购买下来,受到压迫的贫民阶层变得缺乏所需的人力。他有权要求居住在土地上面的人抚养他们的儿女,由于后裔子孙的照顾只花很少的费用,特别是犹太人从开始就是一个人口众多的民族。无论是婚姻和死者的葬礼,遵从的习俗看来与其他民族大不相同。等到后来接受外来的统治,结果他们与其他国家的人民混合起来(开始是波斯人的统治,接着是推翻波斯帝国的马其顿人),他们很多传统的习俗变得混乱不堪。这些都是阿布德拉的赫卡提乌斯对犹太人有关的记载。

6　　庞培刻在木板上面如同题词的记录(前 61 年),都是他在亚洲完成的丰功伟业②。下面是铭文的抄本:"格耐乌斯之子庞培大将拥有胜利将军的称号,发起征讨海盗的战争,解放人类居住世界的海岸地区和内海所有的岛屿,他率领的军队使得盖拉夏以及越过它的区域和行省、亚洲和俾西尼亚,解除他们受到亚里奥巴札尼斯(Ariobarzanes)③的王国所进行的围攻;他给予保护的对象是帕夫拉果尼亚和潘达斯、亚美尼亚

---

　　①　参阅《圣经:旧约申命记》第 29 章第 1 节。
　　②　这份铭文可以与盖尤斯·杜伊留斯的纪功柱(Columna Rostrata)上面所刻的铭文,以及奥古斯都的"功业录"(Res Gestae)做一比较,看来奥古斯都的"功业录"共有 35 节,资料极其丰富而详尽。
　　③　这位是卡帕多西亚国王亚里奥巴札尼斯一世。

和亚该亚①,还有伊比里亚、科尔契斯、美索不达米亚、索菲尼(Sophene)和戈尔迪尼(Gordyene);使得米堤亚人的国王大流士、伊比里亚人的国王阿托勒斯(Artoles)②、犹太人的国王亚里斯托布拉斯、那巴提亚·阿拉伯人(Nabataean Arabs)的国王阿里塔斯(Aretas)臣属罗马,还有与叙利亚为邻的西里西亚、犹太、阿拉伯、塞伦这个行省③、亚该亚人、爱奥齐吉人(Iozygi)、索阿尼人(Soani)、赫尼奥契人(Heniochi)以及沿着海岸位于科尔契斯和米奥蒂斯海之间的部落和他们的国王,数目是九个,以及所有位于潘达斯和红海④之间的国家;延伸帝国的边界直到地球的极限;确保并且增加罗马人民的岁入,他从敌人那里籍没雕塑、神明的画像和其他的珍贵物品,仅仅对女神⑤的还愿奉献品就是一万二千零六十个金币以及三百七十泰伦的银两。”

7 罗马有一个人名叫加蒂蓝(Catiline)无力偿还欠债,他和绰号叙拉(Sura)的伦图卢斯⑥聚集一群暴民,酝酿叛乱的行动用来反对元老院(前63年),发生的过程如同下述。在一个节庆⑦期间,按照习俗显赫世家的部从要向庇主奉上礼物,因此打开大门直到夜晚才关闭。阴谋分

---

① 这是指帕提亚的亚该亚,参阅阿庇安《罗马史:米塞瑞达底战争》第 102 节,以及斯特拉波《地理学》第 11 卷第 2 节。

② 或者称为阿托西斯(Artoces),参阅笛欧·卡休斯《罗马史》第 37 卷第 2 节。

③ 塞伦成为罗马的行省是在前 75 年。

④ 就是现在的波斯湾。

⑤ 普里尼《自然史》第 7 卷第 97—98 节,提到这些奉献品是呈送给密涅瓦(Minerva),他就是希腊神话的智慧女神阿西娜。

⑥ 这两位是卢契乌斯·塞吉乌斯·加蒂利纳(L.Sergius Catilina)和巴布留斯·高乃留斯·伦图卢斯·叙拉(P.Cornelius Lentulus Sura),前者与西塞罗竞选执政官失败,后者当时出任法务官。

⑦ 这是农神节(Saturnalia),当时的农神节只有一天就是 12 月 19 日,奥古斯都当政延长三天即 12 月 17—19 日。

子同意利用这种机会,进入受害人的家中,他们为了完成大业非要使用暴力不可。他们将佩剑藏在袍服里面获准进入没有引起怀疑,表面上借口送礼物,每一家都分配适当的人选,要在同一时间杀光元老院的议员。虽然阴谋经由很仔细的计划,靠着出现奇迹使得受害者逃过暗杀。

大约有四百人参加行动,其中一位①爱上一个少女,只是始终受到她的轻视,现在不止一次提到不过几天的工夫,她的所有包括性命都在他的权力掌握之下。这种说法让她感到迷惑,猜不出他为何会有威胁用语,年轻人还是坚持不愿改口。等到他们在一起饮酒的时候,她假装很高兴能有他做伴,要他告诉她说这种话到底是什么意思,他对少女极其迷恋,为了取悦她一五一十吐露所有的实情。她装出对他所说的话感到同情和很有兴趣的样子,只是保持沉默不讲一句话,翌日清晨去见执政官西塞罗的妻子,私下将年轻人所说的话和盘托出。这样一来阴谋事件已经昭然若揭,执政官时而用恐吓和威胁,时而用温和的口吻,最后明了整个计划的所有细节。

8 卢契乌斯·塞吉乌斯(Lucius Sergius)的绰号是加蒂蓝,欠下大笔债务无力偿还,暗中煽动一场叛乱,身为执政官的马可斯·西塞罗,针对不安的局势事先发表谈话(前 63 年)。加蒂蓝面对指名道姓的公开指控,他说没有经过审判他绝不认罪接受放逐的处分。西塞罗将这个问题推给元老院来处理,他们是否要把加蒂蓝赶出都城。大多数议员对于出席感到窘迫只有保持沉默,西塞罗为了证明他们有非常精确的情绪反应,转过来提出一个问题问在座的议员,是否他们会命令他将奎因都斯·卡图

---

① 这位是奎因都斯·库流斯(Q.Curius),爱上的少女是弗尔维娅(Fulvia)。对于她获得叛徒的消息有不同的说法,只有萨禄斯特认定她是西塞罗雇用的密探,参阅萨禄斯特《加蒂兰战争》第 26 节。

拉斯①赶出罗马。这时全场发出反对的叫声并且对这种说法表示不满,西塞罗再度提到加蒂蓝,说是他们对于放逐不表赞同就会高声叫嚣,那么现在不做任何表示就是默认他提出的处置办法。加蒂蓝私下提到这种做法太过分以后,急忙离开会场。

9 维吉尔、卢西安、格林、普鲁塔克和狄奥多罗斯都提到这位克里奥帕特拉,还有年代史家乔治。

10 [高卢战争的开始,我们这本历史著作当中会记载这场战争的结局。]

[人类居住世界这一部分,还有不列颠群岛四周以及北极地区,从此以后对这方面的认知,都会包容在一般常识和历史的范围之内。北方高纬度的邻近地区因为寒冷无人居住,我们只要写到盖尤斯·恺撒的事迹,会在适当的时机加以讨论;是他在这个方向将罗马帝国的疆域延伸到极远之处。]

[恺撒在我们这个时代凭着建立的丰功伟业赢得封神的头衔,是他首开纪录征服北方的岛屿,发起战争击败不列颠人迫使他们支付定额的贡金。我们会在适当的时机——记载有关的事迹。]

[恺撒发起讨伐不列颠人的战役,我们会对他们的习俗和其他特性加以详尽的记录。]

11 本书有些章节没有经过校订和最后的修饰,就发现有盗版和擅自出书的情况,我们对这样的作品当然觉得无法达到满意

---

① 奎因都斯·卢塔久斯·卡图拉斯是前 78 年的执政官和前 65 年的监察官,他是元老院最受尊敬的成员之一。

的程度。事到如今等于否认这是自己心血的成果。为了使这本书在出现在公众面前之前不会损害到写作的计划，认为有必要提出声明以免产生误解。全书的主要内容一共有四十章，最初六章记载特洛伊战争之前发生的事件和传说。在这里我们无法提出精确的时间，因为没有编年记录。

没有适当位置的残卷

1 ［这些灾难(地震和海啸)成为讨论的主题。自然科学家尽最大努力,不要将它的成因归之于神明的意愿,但是对于某些自然环境而言,需要的成因可以决定它所呈现的外貌,鉴于有些人对于神明的力量怀有敬意,所以会为发生的事件找出有几分可信的理由,力言灾难的发生在于某些人犯下亵渎神圣的罪行引起神明的愤怒。这个问题在本书相关的章节会做细部的叙述。］

2 ［杜西久斯兴建帕利斯和环绕一周的高大城墙,将邻近地区的土地分配给市民。这个城市由于肥沃的土壤和众多的居民发展极其快速。没有经历多长时期的繁荣就被夷为平地,直到我们的时代仍旧处于人烟绝灭的状态:有关这件惨剧的本末会在适当的时机和盘托出。]

3 希裔西西里人狄奥多罗斯曾经提过这位佐伊拉斯(Zoilus),对于我们谈起的《驳斥荷马》一文,他并没有增加任何数据。

4 普鲁塔克、狄奥尼修斯、狄奥多罗斯和笛欧,对于加图家族和西庇阿家族都有详尽的记述。

5 只有彼此对立互不兼容的人留了下来。

6 奉献自己像一个普通士兵那样过着卑微的生活。

7 有些人会因为他们的能力和地位、他们的霸气和胆识、他们的威严和气派,被国王用小心翼翼的态度将他们寻找出来。

8 行列的后面是八百名身穿华丽铠甲的勇士。

9 罗马人兴建防水的收容所,整个冬天都在里面栖身。

10 他让自己成为大家效法的模范,用来抑制那些想要成为士兵的人。

11 举凡对于重大工作有贡献的人,他都事先给予承诺。

12 国王面对某一个人所说的话,要是言不由衷就会变得非常懦弱,只有允许对方去做他乐于要做的事情。

13 蛮族受到鞭笞不会改变表情或神色,像是哑口无言的野兽默不作声忍受。

14 睿智之士更加强而有力。

15 罗马元老院鉴于内战再度发生,他们的打算是让苏拉拥有狄克推多的权力。所有骑士阶层的成员只要聚集在一起,都想统治别人而不是被人统治,由于他们一再抱有反对元老院的企图,出现这种情况对于政府当然没有宽容之心。苏拉再度得到这个职位,暗中与遍布意大利的人员达成协议,不让罗马有任何一个人知道,他命令这些人在罗马的民众庆祝雷亚祭典开始的第一天(就是每年的元旦),带着佩剑当武器进入城市,获得他们的帮助可以歼灭首都的骑士阶层成员。

意大利的乌合之众对士兵充满敌意,所以他们在指定的日期按时出现。获得民众的支持开始发生暴动,在他们的帮助之下杀死很多罗马的骑士。就在城市发生这些事件的时候,各个属地的民众所传送出来的消息已经抵达罗马,报道蛮族的入侵等于暗示罗马的执政官和法务官,应该尽最快的速度占领他们负责的领域。我从普鲁塔克的权威作品获得这些数据。不过,狄奥多罗斯的说法是没有这方面记载流传在世间,完全是出于苏拉的杜撰,用来分散民众的注意力,可以结束混乱的局面。他很快征召所有的军队,派出负责的指挥官,使得城市免予群众的操纵和挟制。

全书梗概 *

洛布古典文库(*Loeb Classical Library*)希英对照本共十二册,约为一百四十万字。

第一章　埃及

---

* 本部分为作者所做概述,原在各章前。

18　迈诺斯在赛克拉德群岛建立的殖民区。(84)

第六章—第十章　特洛伊战争至前 480 年

第六章　残卷

残卷(1—9)。

第七章

残卷(1—17)。

第八章

残卷(1—28)。

第九章

残卷(1—37)。

第十章

残卷(1—34)。

第十一章　波斯和希腊战争　前 480—前 451 年

1　泽尔西斯跨海入侵欧洲。(1—4)

2　色摩匹雷会战。(5—11)

3　泽尔西斯与希腊人的海战。(12—13)

4　提米斯托克利的将道胜过泽尔西斯,希腊人在萨拉密斯的海上会战中
　　击溃蛮族。(14—18)

5　泽尔西斯留下玛多纽斯指挥殿后的军队,自己率领主力退回亚洲。

（19）

6　迦太基人以强大武力在西西里从事战争。（20—21）

7　格隆制服蛮族，很多人被杀，其余成为俘虏。（22—23）

8　迦太基人要求讲和，格隆在获得赔款以后签署和平协定。（24—26）

9　希腊人通过考验，在战争中有突出的表现。（27）

10　希腊人和波斯人的普拉提亚会战，希腊人赢得最后胜利。（27—39）

11　罗马人对伊奎人和突斯库隆的居民所发起的战争。（40）

12　提米斯托克利营建派里犹斯。（41—50）

13　海罗王派遣援军帮助赛麦人。（51）

14　塔兰蒂尼和伊阿披基亚两个城邦之间的战争。（52）

15　瑟隆之子和阿克拉加斯的僭主色拉西迪乌斯被叙拉古人击败，丧失他的宗主权。（53）

16　提米斯托克利安全脱逃，向泽尔西斯寻求庇护，经过审判获得自由。（54—59）

17　雅典人让亚洲所有希腊的城市拥有自由。（60—62）

18　拉柯尼亚发生大地震。（63）

19　梅西尼人和希洛特农奴对斯巴达的叛变。（63—64）

20　亚哥斯人将迈森尼夷为平地，整座城市成为废墟。（65）

21　叙拉古人推翻杰洛建立的王朝。（66—68）

22　泽尔西斯被弑，阿塔泽尔西兹继位为王。（69）

23　埃及在波斯人统治下的叛乱行动。（71）

24　叙拉古人的内讧。（72—73）

25　雅典人与伊吉纳人和科林斯人的战争，最后雅典人大获全胜。（78—79）

26　福西斯人与多里斯人的战争。（79）

27　雅典人迈隆尼德率领少数人马击败皮奥夏人。（81—83）

第十三章　雅典和斯巴达的争雄　前 415—前 405 年

地。(8,11—12)

10 叙拉古人整备水师,决定进行海战。(13)

11 拉玛克斯阵亡以后,准备召唤亚西比德,雅典当局派遣优里米敦和笛摩昔尼斯取代,带来大批军队和金钱。(11)

12 拉斯地蒙人废止伯罗奔尼撒战争的和平协议,目的是对付雅典的侵略行动。(8)

13 叙拉古人和雅典人的海战,雅典人获得胜利;叙拉古人夺取堡垒,赢得陆战的大捷。(9)

14 双方出动所有的船只在大港发起会战,叙拉古人赢得胜利。(11—17)

15 笛摩昔尼斯和优里米敦率领一支强大兵力,从雅典起航抵达战地。(11)

16 伊庇波立周边地区的重大会战,叙拉古人获胜。(8)

17 雅典人的战斗以及全部成为俘虏。(18—19)

18 叙拉古人集会商议战俘如何处置的有关问题。(19)

19 提案就正反两面发言的情况。(20—32)

20 叙拉古人对于战俘问题获得决议。(33)

21 雅典人在西西里的惨败,导致盟国的背叛。(34)

22 雅典的市民组织完全丧失勇气,再度回归到民主政体,政府的主权落到四百人会议的手中。(34,36)

23 拉斯地蒙人在海战中击败雅典人。(34)

24 叙拉古人将名贵的礼物赐给在战时表现英勇的人士。(34)

25 戴奥克利被选为立法者,他为叙拉古人制定法律。(34—35)

26 叙拉古当局派出一支实力强大的部队,协助拉斯地蒙人。(34)

27 雅典人在海战中击溃拉斯地蒙水师,占领西兹库斯。(39—40)

28 拉斯地蒙从优卑亚派出五十艘船的舰队,前去增援新败的友军,结果

在阿索斯的外海遭遇风暴全军覆没。(41)

刑。(97—103)

47 雅典人在一次大规模海战中失利,被迫签订和平协定,伯罗奔尼撒战
争宣告结束。(104—107)

48 迦太基人受到瘟疫的打击,被迫与僭主狄奥尼修斯签订和平协议。
(114)

第十四章 迦太基的扩张 前404—前387年

1 雅典推翻民主制度以及三十僭主。(3—4)

2 三十僭主无法无天的行为。(5—6)

3 僭主狄奥尼修斯修建一座城堡以及城市的划分以及各区域的人口。
(7)

4 狄奥尼修斯的统治正在瓦解之际,又能重新恢复他的暴政,令所有人感
到惊奇。(8—9)

5 拉斯地蒙人掌控希腊的情势。(10)

6 亚西比德之死、刻里克斯的暴政、拉斯地蒙人在拜占庭的统治及其覆
灭。(11—12)

7 拉斯地蒙人赖山德着手推翻赫拉克勒斯家族的世袭统治,还是未能成
功。(13)

8 狄奥尼修斯将奴隶制度销入卡塔尼和纳克索斯,同时将李昂蒂尼的居
民迁移到叙拉古。(14—15)

9 西西里建立哈立萨城。(16)

10 拉斯地蒙人和伊里亚人的战争。(17)

11 狄奥尼修斯在伊庇波立构建城墙。(18)

12 居鲁士率领一支军队与他的兄长争夺王座被杀。(19—31)

13 拉斯地蒙人出兵援助亚细亚的希腊人。(35—36)

21 福西斯人欧诺玛克斯两次击败菲利浦,使他陷入极其危险的处境。(35)

22 欧诺玛克斯击败皮奥夏人,据有科罗尼亚。(35)

23 欧诺玛克斯在帖沙利与菲利浦和帖沙利人发起一场决定性的会战,结果尝到败北的苦果。(35)

24 欧诺玛克斯自缢身亡,他的党徒流闯海上成为抢劫寺庙的盗匪。(35)

25 菲拉斯接替指挥权,铸造大量金银币奉献给寺庙。(36)

26 菲拉斯用提高税赋的方式,聚集众多佣兵。(36)

27 福西斯人的否极泰来。(37)

28 菲拉斯用贿赂的手段获得很多的盟邦。(37)

29 菲里的僭主将菲里出卖给菲利浦以后,何以成为福西斯人的盟友。(37)

30 福西斯人和皮奥夏人在奥考麦努斯附近的会战,以及福西斯人的败北。(37)

31 上述两个城邦在西菲苏斯河的会战,皮奥夏人获得胜利。(37)

32 菲拉斯对洛克瑞斯的远征,占领很多城市。(38)

33 菲拉斯的患病和在痛苦中亡故。(38)

34 费勒库斯接替指挥,不利于战事的遂行,遭到放逐的处分。(38,59)

35 伯罗奔尼撒的人民因内战而分裂。(39)

36 被称为渥克斯的阿塔泽尔西兹再度拥有埃及、腓尼基和塞浦路斯。(40—52)

37 菲利浦将卡尔西斯的城市拉入他的阵营,其中最大一座城市被他夷为平地。(52—55)

38 有关神圣事务的支出和劫掠者的惩处的研究。(56—57)

39 阿波罗神庙的庇护,以及五百福西斯人被烧死。(58)

40 福西斯战争的结论。(59—60)

16 亚历山大送给希腊各城邦大批钱财以示好,以及他夺取和洗劫帕西波里斯。(69—71)

17 他在纵酒以后放火烧掉巴比伦的皇宫。(72)

18 贝苏斯谋害大流士。(73)

19 亚历山大远行海卡尼亚,记载很多奇特的植物。(75)

20 亚历山大与马迪人交锋并且击败对方。(76)

21 亚马孙皇后萨勒斯垂斯与亚历山大的亲密关系。(77)

22 亚历山大认为自己无敌于天下,现在要仿效波斯人的奢华生活。(77)

23 亚历山大进军要敉平亚里伊人的反叛;攻取"高岩"这个要点。(78)

24 破获叛逆事件以及对阴谋分子的惩罚,帕米尼奥和斐洛塔斯这些显赫人物都牵连在内。(79—80)

25 亚历山大在佩罗潘尼沙迪地区的作战行动,以及他的冒险犯难。(82)

26 亚历山大在亚里伊人地区的单人战斗,以及他们的归顺。(83)

27 贝苏斯犯下谋杀大流士的罪行遭到处死。(83)

28 亚历山大行军通过沙漠损失很多将士。(此节及以下各节都已散失)

29 波斯人很早以前将布兰契迪家族安置在边界地区,亚历山大认为他们是背叛希腊的卖国贼,全部屠杀殆尽。

30 国王亲率部队征讨粟特人和锡西厄人。

31 锡西厄的酋长在要遭到处决之际,获得不预期的赦免。

32 亚历山大击败叛变的粟特人,有十二万人遭到屠杀。

33 他对巴克特里亚人的惩处,以及第二次平定粟特人的叛乱,他在险要之处建立城市,用来维持内部的安全。

34 粟特人第三次叛变,他们占领"高岩"作为庇护之地。

35 巴西斯塔地区盛行狩猎活动。

36 亚历山大犯下酗酒的罪行以及醉后杀害克莱都斯。

37　凯利昔尼斯遭到处决的本末。

38　国王征服瑠塔西斯人,他的军队在深雪中损失惨重。

39　亚历山大爱上奥克西底的女儿罗克萨娜,交代他的友伴要与伊朗的名
　　门世家结亲,举行前所未有的盛大婚礼。

40　远征印度的准备工作。

41　入侵印度,绝灭第一个反抗的国家,以收杀一儆百之效。

42　他赦免名为奈西亚的城市,认为双方与酒神狄俄尼索斯有亲戚关系。

43　他在掠夺马萨卡这个坚强据点以后,对手那些作战英勇的佣兵全部遭
　　到屠杀。(84)

44　他用突击的方式攻占被称为奥努斯的要塞,大家将这个地方称为易守
　　难攻的金城汤池。(85)

45　他赢得印度国王塔克西勒斯的归顺;接着击败并俘虏波鲁斯,由于对
　　手英勇不屈的行为,亚历山大让他拥有原来的王国。(86—89)

46　叙述印度那些不可思议的蛇类以及生长在该地的水果。(90)

47　很多邻近的部落除了被击败的,全都加入他的阵营。(91)

48　他征服臣属于塞佩昔斯的国度。(91)

49　有关在印度对于城市最好的统治方式。(91)

50　有关赠送给亚历山大的名犬。(92)

51　有关印度国王所说的故事。(93)

52　亚历山大想要渡过恒河,进军攻打称为甘达瑞迪人的民族,结果造成
　　马其顿人的哗变。(93)

53　国王率领的军队到达最远的边界以后,开始游历印度尚未到达的地
　　区。(95)

54　他从印度河顺流而下抵达南方的大洋,中途受到箭伤几乎丧失性命。
　　(96—99)

居民自裁并且烧毁全城。(22)

第十九章　希腊的动荡　前317—前311年

锋。(21—31)

10 安蒂哥努斯的退兵,他的军队要在米地亚实施冬营。(32—34)

11 卡桑德入侵马其顿,将奥琳庇阿斯围困在皮德纳。(35—36)

12 安蒂哥努斯正在通过沙漠之际,攸门尼斯这时较对手占有优势。
    (37—38)

13 安蒂哥努斯通过沙漠向着敌人进军,乘着冬营期间攻击他们的战象。
    (39)

14 安蒂哥努斯经过一场决定性会战,使得对手的兵力全部落入他的手
    中。(40—43)

15 他将攸门尼斯和其他的将领当成敌人处死。(44)

16 区得岛的洪水泛滥成灾,整座城市瘟疫流行。(45)

17 培松死在安蒂哥努斯的手里,那些受到引诱在米地亚叛变的人士全部
    遭到处决。(46—48)

18 卡桑德逮捕奥琳庇阿斯,最后将她处死。(49—51)

19 卡桑德娶帖沙洛尼斯为妻,她是阿米塔斯之子菲利浦的女儿;他在帕
    勒尼建立一座城市,取上自己的名字。(52)

20 波利斯帕强感到毫无希望,只有放弃掌握在手的国王,自己逃到艾托
    利亚。(52)

21 底比斯被亚历山大夷为平地以后,卡桑德要重建这座城市。(53)

22 厄运经常落在底比斯人头上,他们的城市多次遭到摧毁。(53)

23 卡桑德在伯罗奔尼撒半岛的作战行动。(54)

24 安蒂哥努斯和他的军队在海上的进击,塞琉卡斯逃向埃及投靠托勒
    密。(55)

25 托勒密、塞琉卡斯、卡桑德和黎西玛克斯的结盟,他们与安蒂哥努斯之
    间爆发战争。(56—57)

26　安蒂哥努斯建造许多船只,派遣将领前往希腊和潘达斯。(58—60)

27　安蒂哥努斯与波利斯帕强之子亚历山大建立友谊,在他用围攻夺取泰尔以后,亚历山大转向卡桑德结成同盟。(61—64)

28　托勒密的水师提督波利克莱都斯,在海上和陆地击败安蒂哥努斯的将领。(64)

29　阿加索克利与梅西尼人之间的战事,在迦太基人的仲裁之下双方讲和。(65)

30　瑙西里亚背叛罗马。(65)

第二十章　地中海的战事　前310—前302年

1　阿加索克利渡海进军利比亚,在一次会战中击败迦太基人,成为很多城市的主子。(3—18)

2　卡桑德前去援助奥多利昂,竟然与安蒂哥努斯的将领托勒米乌斯结为盟友,穷途末路之际变成一个叛徒。(19)

3　托勒密在西里西亚攻占很多城市,安蒂哥努斯之子德米特流斯将它们一一光复。(19)

4　波利斯帕强打算带着巴西妮之子赫拉克勒斯回到古老的王国;托勒密杀死帕弗斯国王奈柯克里昂。(20—21)

5　国王在博斯波鲁斯的行动,以及罗马人和萨姆奈人在意大利的冲突。(22—26)

6　托勒密在西里西亚及相邻海岸的战役作为。(27)

7　波利斯帕强暗杀赫拉克利。(28)

8　叙拉古人俘虏迦太基的将领哈米尔卡尔。(29—30)

9　阿克拉加斯的市民想要让西西里人获得自由权利。(31)

10　捕获叙拉古人二十艘船只。(32)

47 托勒密据有内叙利亚所有的城市,塞琉卡斯对小亚细亚地区进行了一次远征行动,最远到达卡帕多西亚。(113)

48 全军分散开来进入冬营。(113)

第二十一章—第四十章　前301—前60年

第二十一章

残卷(1—20)。

第二十二章

残卷(1—13)。

第二十三章

残卷(1—21)。

第二十四章

残卷(1—14)。

第二十五章

残卷(1—19)。

第二十六章

残卷(1—24)。

第二十七章

残卷(1—18)。

第二十八章

残卷(1—15)。

第二十九章

残卷(1—34)。

第三十章

残卷(1—24)。

第三十一章

残卷(1—45)。

第三十二章

残卷(1—12)。

第三十三章

残卷(1—28)。

第三十四和三十五章

残卷(1—39)。

第三十六章

残卷(1—16)。

第三十七章

残卷(1—30)。

第三十八和三十九章

残卷(1—26)。

第四十章

残卷(1—8)。

.

索　引

1.仅列本文主要人名和地名,注释的译名没有包括在内。

2.译名繁多,无法罗列出处的章节或页。

A

Abacaena　阿巴西纳

Abacaenum　阿巴西隆

Abae　阿比

Abaris　阿贝里斯

Abdemon　阿布迪蒙

Abdera　阿布德拉

Abritae　阿布瑞提

Abrupolis　阿布禄波里斯

Abulites　阿布莱提斯

Abydus　阿布杜斯

Acacia　阿卡西亚

Academy　学院

Acamas　阿卡玛斯

Acanthus　阿康苏斯

Acarnania　阿卡纳尼亚

Acastus　阿卡斯都斯

Acathartus　阿卡萨都斯

Aca　阿卡

Acellum　阿西卢姆

Acesines　阿昔西尼斯

Acesinus　阿昔西努斯

Acestorides　阿昔斯托瑞德

Achaea　亚该亚

Achaemenes　阿契米尼斯

Achaeus　阿奇乌斯

Achelous　阿奇洛斯

Acherousia　阿奇罗西亚

Achilles　阿基里斯

Achradina　阿克拉迪纳

Acilius　阿西留斯

Acoris　阿科瑞斯

Acra　阿克拉

Acrae　阿克里

Acragas　阿克拉加斯

Acridophagi　阿克瑞多法吉

Acris　阿克瑞斯

Acrisius　阿克瑞休斯

Acrocorinth　阿克罗科林斯

Acropolis　卫城

Acroreia　阿克罗里亚

Acrotatus　阿克罗塔都斯

Actaeon　阿克提昂

Acte　阿克提

Acteon　阿克特昂

Actis　阿克蒂斯

Actisanes　阿克特萨尼斯

Actor　阿克托

Ada　阿达

Adeimantus　埃迪曼都斯

Adherbal　埃德赫巴

Admetus　埃德米都斯

Adramytium 埃德拉米屯

Adranitae 亚德拉隆人

Adranum 亚德拉隆

Adrastus 亚德拉斯都斯

Adrestians 亚德里斯提安人

Adriatic sea 亚得里亚海

Adys 亚代斯

Aeacides 伊阿赛德

Aeacus 伊阿库斯

Aebutius 伊布久斯

Aecli 伊克利

Aeculani 伊库拉尼

Aedui 爱杜伊人

Aeeropas 伊埃罗帕斯

Aeetes 伊埃底

Aegates 伊格特斯

Aegeae 埃吉伊

Aegean sea 爱琴海

Aegesta 伊吉斯塔

Aegeus 伊吉乌斯

Aegialeia 伊吉阿莉娅

Aegialeus 伊吉阿琉斯

Aegimius 伊吉缪斯

Aegina 伊吉纳

Aegine 伊吉尼

Aegiochus 伊吉欧克斯

Aegis 伊吉斯

Aegisthus 伊吉斯朱斯

Aegithallus 伊吉萨卢斯

Aegium 伊朱姆

Aegospotami 伊哥斯波塔米

Aegyptus 伊吉普都斯

Aeimnestus 伊因尼斯都斯

Aelius 伊留斯

Aella 伊拉

Aelymas 伊利玛斯

Aemilia 伊米利亚

Aemilianus Mamercinus 伊米利阿努斯

Aemilius 伊米留斯

Aemilius Censorinus 伊米留斯·森索瑞
努斯

Aemilius Lepidus 伊米留斯·雷比达

Aemilius Paulus 伊米留斯·包拉斯

Aemilius Paulus Macedonicus, L. 伊米留
斯·包拉斯·马其顿尼库斯

Aemilius Scaurus 伊米留斯·斯考鲁斯

Aemulius 伊慕留斯

Aeneas 埃涅阿斯

Aenianians 伊尼亚人

Aenus 伊努斯

Aeolides 伊奥利德

Aeolis 伊奥利斯

Aeolus 伊奥卢斯

Aeorpus 伊欧帕斯

Aepytidae 伊庇泰迪

Aepytus 伊庇都斯

Aequi 伊奎人

Aequicoli 伊奎柯利

Aeropus 伊罗帕斯

Aesarus 伊萨鲁斯

Aeschines 伊司契尼斯

Aeschrion 伊司瑞昂

Aeschylus 伊斯启卢斯

Aesernia 伊色尼亚

Aeson 伊森

Aesop 伊索

Aethaleia 伊萨利亚

Aethiopia 埃塞俄比亚

Aethra 伊什拉

Aetna 伊特纳

Aetolia　艾托利亚

Aetus　伊都斯

Africa　阿非利加

Africanus　阿非利加努斯

Agalasseis　阿加拉西斯

Agamemnon　阿格曼侬

Agarus　阿加鲁斯

Agassamenus　阿加萨米努斯

Agatharchides　阿加萨契德

Agatharchus　阿加萨克斯

Agathiadas　阿加昔达斯

Agathocles　阿加萨克利

Agathon　阿加丰

Agathyrnitis　阿加色奈蒂斯

Agathyrnus　阿加色努斯

Agave　阿加维

Agelas　亚杰拉斯

Agemon　亚杰蒙

Agenor　亚杰诺尔

Agesias　亚杰西阿斯

Agesias　亚杰西阿斯

Agesilaus　亚杰西劳斯

Agesipolis　亚杰西波里斯

Agiads　埃杰斯帝系

Agis　埃杰斯

Agis Ⅱ　埃杰斯二世

Agis Ⅲ　埃杰斯三世

Agis Ⅳ　埃杰斯四世

Aglaia　阿格拉伊娅

Agreus　阿格里乌斯

Agrianians　阿格里阿尼亚人

Agrigentum　阿格瑞坚屯

Agrii　阿格瑞伊

Agrinium　阿格瑞尼姆

Agrippa　阿格里帕

Agylla　阿捷拉

Agyris　阿捷瑞斯

Agyrium　阿捷里姆

Agyrius　阿捷流斯

Ahara　阿哈拉

Ajax　埃杰克斯

Aka　阿卡

Alabon　阿拉朋

Alalcomenia　阿拉柯米尼亚

Alalia　阿拉利亚

Alba　阿尔巴

Alban　阿尔班

Albinus, Postumius　阿比努斯, 波斯都
　缪斯

Alcadas　阿尔卡达斯

Alcaeus　阿尔西乌斯

Alcamenes　阿尔卡米尼斯

Alcathous　阿尔卡苏斯

Alcathus　阿尔卡朱斯

Alca　阿尔卡

Alcestis　阿塞蒂斯

Alcetas　阿尔西塔斯

Alcia　阿尔西亚

Alcibiades　亚西比德

Alcidas　亚西达斯

Alcidice　亚西迪丝

Alcimenes　亚西米尼斯

Alcimus　亚西穆斯

Alcinous　亚西诺斯

Alcippe　亚西庇

Alcisthenes　亚西昔尼斯

Alcmaeon　阿尔克米昂

Alcmaeonides　阿尔克米昂家族

Alcman　阿克曼

Alcmena　阿尔克曼娜

Alcmene　阿尔克米妮
Alcyona　阿尔西奥纳
Alector　阿勒克托
Alegenor　阿勒吉诺尔
Aleos　阿勒欧斯
Alesia　阿勒西亚
Aletes　阿勒底
Aleuadae　阿琉阿斯家族
Aleuas　阿琉阿斯
Aleus　阿琉斯
Alexander　亚历山大
Alexander the Great　亚历山大大帝
Alexandria　亚历山德拉
Alexias　亚历克西阿斯
Alexion　阿勒克赛昂
Alfaterna　阿尔法特纳
Algidus　阿吉杜斯
Alilaei　阿利拉伊
Allia　阿利亚
Allifae　阿利菲
Aloeus　阿勒乌斯
Alope　阿洛比
Alorus　阿洛鲁斯
Alpheius　阿尔菲乌斯
Alponus　阿尔波努斯
Alps　阿尔卑斯
Althaea　阿瑟伊
Althaemenes　阿瑟米尼斯
Amaltheia　阿玛昔娅
Amaltheias　阿玛昔亚斯
Amanus　阿玛努斯
Amasis　阿玛西斯
Amathus　阿玛苏斯
Amazoneum　亚马孙尼姆
Amazons　亚马孙

Ambicae　安贝凯
Ambracia　安布拉西亚
Ameinias　阿密尼阿斯
Amentinus　阿明蒂努斯
Ameselum　阿美西隆
Amestris　阿美斯特瑞斯
Amyntas　阿明塔斯
Amisus　阿米苏斯
Ammon　阿蒙
Ammonium　阿蒙尼姆
Ammonius　阿蒙纽斯
Amosis　阿摩西斯
Amphalces　安法西斯
Amphiaraus　安菲阿劳斯
Amphictyion　安斐克提昂
Amphilochia　安斐洛契亚
Amhpimachus　安菲玛克斯
Amphinoma　安菲诺玛
Amphion　安菲昂
Amphipolis　安斐波里斯
Amphissa　安斐沙
Amphitrite　安菲特瑞特
Amphitryon　安斐特里昂
Amulius　阿穆留斯
Amynander　阿米南德
Amyntas　阿明塔斯
Amythaon　阿米萨昂
Anacharsis　安纳查西斯
Anagnia　安纳吉尼亚
Ananias　安纳尼阿斯
Anaphase　安纳法斯
Anapus　安纳帕斯
Anaxagoras　安纳克萨哥拉斯
Anaxander　安纳山德
Anaxarchus　安纳萨尔克斯

Anaxibius　安纳克西拜阿斯

Anaxicrates　安纳克西克拉底

Anaxilas　安纳克西拉斯

Anaximenes　安纳克西米尼斯

Anaxis　安纳克斯

Anchises　安契西斯

Ancus Marcius　安库斯·马修斯

Andraemon　安德里蒙

Andreas　安德里阿斯

Andreus　安德里乌斯

Andriscus　安德瑞斯库斯

Androbazus　安德罗巴苏斯

Androcles　安德罗克利

Androgeos　安德罗吉欧斯

Andromachus　安德罗玛克斯

Andromeda　安德罗美达

Andromenes　安德罗米尼斯

Andronicus　安德罗尼库斯

Andros　安德罗斯

Ancius Gallus　安西乌斯·盖拉斯

Anion　安尼昂

Anius　阿纽斯

Antaeus　安提乌斯

Antalcidas　安塔赛达斯

Antander　安坦德

Antandrus　安坦德鲁斯

Anthemion　安塞米昂

Anthenion　安塞尼昂

Anthestius　安塞斯久斯

Anticles　安蒂克利

Antidotus　安蒂多都斯

Antigenes　安蒂吉尼斯

Antigona　安蒂哥娜

Antigone　安蒂哥妮

Antigoneia　安蒂哥尼亚

Antigonis　安蒂哥尼斯

Antigonus I "One-Eyed"　安蒂哥努斯一世"独眼龙"

Antigonus Ⅱ , Gonatas　安蒂哥努斯二世哥纳塔斯

Antimachus　安蒂玛克斯

Antioch　安提阿

Antiocheia　安蒂阿契亚

Antiochides　安蒂阿契德

Antiochis　安蒂阿契斯

Antiochus I Soter　安蒂阿克斯一世索特尔

Antiochus Ⅱ The Great　安蒂阿克斯大帝

Antiochus Ⅳ Epiphanes　安蒂阿克斯四世伊庇法尼斯

Antiochus Ⅶ Sidetes　安蒂阿克斯七世西德底

Antiochus Ⅷ Grypus　安蒂阿克斯八世"鹰钩鼻"

Antiochus Ⅸ Cyzicenus　安蒂阿克斯九世西兹昔努斯

Antiochus　安蒂阿克斯

Antiochus Hierax　安蒂阿克斯"神鹰"

Antiochus Philopappus　安蒂阿克斯·斐洛帕普斯

Antiochus　安蒂阿克斯

Antion　安蒂昂

Antiope　安蒂欧普

Antipater　安蒂佩特

Antiphates　安蒂法底

Antiphemus　安蒂菲穆斯

Antiphilus　安蒂菲卢斯

Antiphon　安蒂奉

Antiphus　安蒂弗斯

Antissa　安蒂莎

Antisthenes　安蒂昔尼斯

Antistius Labeo　安蒂斯久斯·拉比奥
Antixyes　安蒂克西斯
Antonius.Marcus　安东纽斯·马可斯
Antrones　安特罗尼斯
Antyllius　安蒂留斯
Anubis　阿纽比斯
Anxor　安克索
Anytus　安尼都斯
Aornus　阿奥努斯
Apamea　阿帕米亚
Apelles　阿皮勒斯
Apennines　阿平宁
Aphetae　阿菲提
Aphidna　阿菲德纳
Aphrices　阿弗瑞西斯
Aphrodisia　阿芙罗黛西亚
Aphrodisias　阿芙罗黛西阿斯
Aphrodite　阿芙罗狄忒
Apis　阿派斯
Apollo　阿波罗
Apollodorus　阿波罗多鲁斯
Apollonia　阿波罗尼亚
Apolloniades　阿波罗尼阿德
Apollonides　阿波罗奈德
Apollonius　阿波罗纽斯
Aponius　阿波纽斯
Appian　阿庇安
Appius Claudius Caecus　阿庇斯·克劳狄
　斯·昔库斯
Appius Claudius Pulcher　阿庇斯·克劳狄
　斯·普尔泽
Appuleius　阿蒲列乌斯
Apries　阿普里斯
Apseudes　阿普修德
Apsia　阿普西亚

Aptera　阿普提拉
Apulia　阿普利亚
Apulis　阿普利斯
Aquillius　阿奎留斯
Arabia the Blest　阿拉伯的至福之地
Arabia-Felix　阿拉伯·菲利克斯
Arachosia　阿拉考西亚
Aracus　阿拉库斯
Aradus　阿拉杜斯
Aramulius　阿拉慕留斯
Aras　阿拉斯
Aratus　阿拉都斯
Arausio　阿劳西奥
Araxes　阿拉克斯
Arbaces　阿巴西斯
Arbela　阿贝拉
Arbelitis　阿比利蒂斯
Arcadia　阿卡狄亚
Arcady　阿卡迪
Arcesilaus　阿昔西劳斯
Archaeanactidae　阿奇纳克蒂迪
Archagathus　阿查加朱斯
Archedemides　阿奇迪米德
Archelaus　阿奇劳斯
Archestratus　阿奇斯特拉都斯
Archias　阿基亚斯
Archidamus Ⅱ　阿契达穆斯二世
Archidamus Ⅲ　阿契达穆斯三世
Archilycus　阿契利库斯
Archimedes　阿基米德
Archippus　阿契帕斯
Architeles　阿契特勒斯
Archon　阿强
Archonides　阿考尼德
Archonidion　阿考尼迪昂

Archylus　阿克卢斯

Archytas　阿克塔斯

Arcturus　阿克都鲁斯　大角星　牧夫座

Ardea　阿迪亚

Ardoates　阿多阿底

Areia　阿里亚

Areopagite　阿里奥帕古斯会议成员

Areopagus　阿里奥帕古斯

Ares　阿瑞斯

Aretas　阿里塔斯

Aretes　阿里底

Arethusa　阿里苏萨

Areus I　阿里乌斯一世

Arevaci　阿里瓦西人

Argaeus　阿吉乌斯

Argeia　阿基娅

Argeius　阿杰乌斯

Arginusae　阿金纽西

Argiope　阿吉奥庇

Argolas　亚哥拉斯

Argolis　亚哥利斯

Argonauts　阿尔戈英雄号

Argoon　阿尔哥昂

Argos, Argives　亚哥斯

Argus　阿古斯

Argyrippa　阿金瑞帕

Aria　阿里亚

Ariadne　亚里德妮

Ariaeus　阿里伊乌斯

Ariamnes　亚里阿姆尼斯

Ariana　亚里阿纳

Arians　阿瑞安人

Ariaramnes　亚里阿拉姆尼斯

Ariarathes　亚里阿拉则斯

Aricia　阿里西亚

Aridaeus　亚里迪乌斯

Arimaspi　亚里玛斯庇

Arimnaeus　亚里姆尼乌斯

Arimnestus　亚里姆尼斯都斯

Ariobarzanes　亚里奥巴札尼斯

Aripharnes　亚里法尼斯

Ariphron　亚里弗朗

Arisba　亚里斯巴

Aristaeus　亚里斯特乌斯

Aristagoras　亚里斯塔哥拉斯

Aristander　亚里斯坦德

Aristarchus　亚里斯塔克斯

Aristazanes　亚里斯塔札尼斯

Aristeides　亚里斯泰德

Aristion　亚里逊

Aristippus　亚里斯蒂帕斯

Aristobulus　亚里斯托布拉斯

Aristocrates　亚里斯托克拉底

Aristodamis　亚里斯托达密斯

Aristodemus　亚里斯托迪穆斯

Aristogeiton　亚里斯托杰顿

Aristogenes　亚里斯托吉尼斯

Aristolochus　亚里斯托洛克斯

Aristomachus　亚里斯托玛克斯

Aristomache　亚里斯托玛琪

Aristomedes　亚里斯托米德

Aristomenes　亚里斯托米尼斯

Ariston　亚里斯顿

Aristonicus　亚斯托尼库斯

Aristonous　亚里斯托诺斯

Aristophanes　亚里斯托法尼斯

Aristophon　亚里斯托奉

Aristotle　亚里士多德

Aristus　亚里斯都斯

Armaeus　阿米乌斯

Armenia　亚美尼亚

Arna　阿娜

Arpinum　阿庇隆

Arretium　阿里提姆

Arrhidaeus　阿里迪乌斯

Arsaces　阿萨西斯

Arsamenes　阿萨米尼斯

Arsanes　阿萨尼斯

Arses　阿希斯

Arsinoe　阿西妮

Arsites　阿西提斯

Artabanus　阿塔巴努斯

Artabasus　阿塔巴苏斯

Artacoana　阿塔科亚纳

Artamnes　阿塔姆尼斯

Artaphernes　阿塔弗尼斯

Artaxerxes I, "Long Hand"　阿塔泽尔西兹
一世"通臂猿"

Artaxerxes Ⅱ, "Mnemon"　阿塔泽尔西兹
二世尼蒙

Artaxias　阿塔克赛阿斯

Artaxes　阿塔克西斯

Artemidorus　阿特米多鲁斯

Artemis　阿特米斯

Artemisia I　阿提米西亚一世

Artemisia Ⅱ　阿提米西亚二世

Artemisium　阿提米修姆

Artemon　阿特蒙

Artoles　阿托勒斯

Artycas　阿特卡斯

Artynes　阿特尼斯

Arverni　阿维尼人

Arymbus　阿里姆巴斯

Aryptaeus　阿里普提乌斯

Aryses　阿里西斯

Asa　阿莎

Asander　阿山德

Ascalon　阿斯卡隆

Ascanius　阿斯卡纽斯

Ascelus　阿斯西卢斯

Asclepiades　阿斯克勒皮阿德

Asclepiodorus　阿斯克勒皮奥多鲁斯

Asclepius　阿斯克勒庇斯

Asculum　阿斯库隆

Asia　亚细亚

Asia Minor　小亚细亚

Asiaticus　亚细亚蒂库斯

Asinarus　阿西纳鲁斯

Asine　阿西尼

Asopis　阿索庇斯

Asopus　阿索帕斯

Aspandas　阿斯潘达斯

Aspendus　阿斯朋杜斯

Asphodelodes　阿斯弗迪洛德

Aspisas　阿斯庇萨斯

Assaracus　阿萨拉库斯

Assorus　阿索鲁斯

Assyria　亚述

Astaba　阿斯塔巴

Astacenians　阿斯塔西尼亚人

Astacus　阿斯塔库斯

Astapus　阿斯塔帕斯

Astarte　阿斯塔提

Asteius　阿斯特乌斯

Asteria　阿斯特里亚

Asterius　阿斯提流斯

Asterusia　阿斯提鲁西亚

Astibaras　阿斯蒂巴拉斯

Astolpas　阿斯托帕斯

Asty　阿斯提

Azorius 阿佐流斯
Azotus 阿佐都斯

B

Baal 巴尔
Babylon 巴比伦
Babylonia 巴比伦尼亚
Bacchantes 巴强底酒神女信徒或女祭司
Baccheius 巴奇乌斯
Bacchic 巴契斯 酒神的
Bacchidae 巴契斯家族
Bacchis 巴契斯
Bactra 巴克特拉
Bactria 巴克特里亚
Bactriana 巴克特里阿纳
Bactriani 巴克特里阿尼
Badaca 巴达卡
Bagistana 巴吉斯塔纳
Bagoas 巴哥阿斯
Bagodaras 巴哥达拉斯
Balacrus 巴拉克鲁斯
Baliares 巴利阿里斯
Baliarides 巴利阿瑞德
Balius 巴留斯
Ballonymus 巴洛尼穆斯
Banizomenes 巴尼佐米尼斯
Barathra 巴拉什拉
Barca 巴卡
Bardylis 巴迪利斯
Barsabas 巴萨斯
Barsine 巴西妮
Barxaes 巴克扎伊尔斯
Barzanes 巴札尼斯
Basileia 巴西利亚
Bateia 贝特亚
Bathys 贝昔斯

Battaces 巴塔西斯
Battus I 巴都斯一世
Battus II 巴都斯二世
Battus III 巴都斯三世
Bedyndia 比敦狄亚
Begeda 比吉达
Belephantes 毕勒丰底
Belerium 贝勒里姆
Belesys 毕勒西斯
Bellerophon 贝勒罗丰
Belus 贝拉斯
Beracynthus 毕里辛朱斯
Berecynthian 毕里辛锡亚
Berenice 贝里妮丝
Bernon 柏侬
Beroea 贝里亚
Bessus 贝苏斯
Bias 毕阿斯
Bion, Borysthenites 拜昂
Bisaltia 贝萨夏
Bisaltica 贝萨蒂卡
Bithynia 俾西尼亚
Biton 毕顿
Blanno 布兰诺
Blauda 布劳达
Bocchoris 波考瑞斯
Bocchus 包克斯
Bodostor 波多斯托
Boeotarch 司令
Boeotia 皮奥夏
Boeotus 皮奥都斯
Boeum 皮乌姆
Boilum 波伊隆
Bola 波拉
Bolae 波立

Calaris　卡拉瑞斯

Calatia　卡拉夏

Cala Acta　卡拉·阿克塔:美好的海岸

Cales　卡勒斯

Callantia　卡朗夏

Callas　卡拉斯

Calleas　凯勒阿斯

Calliades　凯利阿德

Callias　凯利阿斯

Callibius　凯利拜阿斯

Callicarpus　凯利卡帕斯

Callicrates　凯利克拉底

Callicratidas　凯利克拉蒂达斯

Callimachus　凯利玛克斯

Callimedes　凯利米德

Callimenes　凯利米尼斯

Calliope　卡利奥披

Calliphon　凯利奉

Callippa　凯利帕

Callippus　凯利帕斯

Callisthenes　凯利昔尼斯

Callistratus　凯利斯特拉都斯

Callixenus　凯利克森努斯

Callo　凯洛

Calpetus　卡皮都斯

Calpurnius　卡普纽斯

Calvinius　卡尔维纽斯

Calydna　卡利纳

Calydon　卡利敦

Camarina　卡玛瑞纳

Cambalus　康巴拉斯

Cambyses　康贝西斯

Cameirus　卡麦鲁斯

Cameiria　卡麦里亚

Camicus　卡米库斯

Campania　康帕尼亚

Campa　康帕

Campus Martius　战神原野:战神教练场

Campylus　康庇拉斯

Canache　卡纳契

Candalus　坎达卢斯

Canes　卡尼斯

Canis　卡奈斯

Cannae　坎尼

Cantium　康提姆

Canusium　卡奴西姆

Capaneus　卡帕尼乌斯

Capheira　卡斐拉

Capitoline　卡庇多林

Cappadocia　卡帕多西亚

Caprianus　卡普瑞阿努斯

Caprima　卡普里玛

Capua　卡普亚

Capys　卡皮斯

Carae　卡里

Caranus　卡拉努斯

Carbae　卡贝

Carcinus　卡辛努斯

Cardia　卡狄亚

Carduchi　卡杜契

Caria　卡里亚

Carmania　卡玛尼亚

Carme　卡密

Carpasia　卡帕西亚

Carpathos　卡帕索斯

Carthage　迦太基

Carthalo　迦萨洛

Carutianus　卡鲁提阿努斯

Carystus　卡里斯都斯

Casium　卡西姆

Caspiana 卡斯庇阿纳

Casander 卡桑德

Cassandreia 卡桑德里亚

Cassiterides 卡西提瑞德

Cassopia 卡索披亚

Castabus 卡斯塔布斯

Castola 卡斯托拉

Castor 卡斯特

Catana 卡塔纳

Catania 卡塔尼亚

Cataracta 卡塔拉克塔

Cathaeans 卡萨亚人

Catiline 加蒂蓝

Catones 卡托尼斯

Catreus 卡特里乌斯

Caucasus 高加索

Caulonia 考洛尼亚

Caunus 高努斯

Cayster 凯斯特

Cebalinus 塞巴利努斯

Cecrops 昔克罗普斯

Cecryphaleia 昔克里法利亚

Cedon 西敦

Cedrosia 西德罗西亚

Celaenae 西利尼

Celaeno 西利诺

Celbanus 西巴努斯

Celer 西勒

Celery 西勒里

Celones 西洛尼斯

Celtiberians 塞尔特布里亚人

Celtica 塞尔特卡

Cemeletae 西米勒提

Cenaeum 塞尼姆

Cenchreae 森克里伊

Centaurs 马人

Centaurus 森陶鲁斯

Centoripans 森托里帕

Centrites 森垂底

Ceos 西奥斯

Cephallenia 西法勒尼亚

Cephaloedium 西法利迪姆

Cephalon 西法隆

Cephalus 西法卢斯

Cepheus 西斐乌斯

Cephision 西菲森

Cephisodorus 西菲索多鲁斯

Cephisodotus 西菲索多都斯

Cephisophon 西菲索奉

Cephisus 西菲苏斯

Cephren 西弗林

Cerasus 西拉苏斯

Cerata 西拉塔

Ceraunian Mountains 西劳尼安山脉

Ceraunilia 西劳尼利亚

Cerbenia 色贝尼亚

Cerberus 色贝鲁斯

Cercaphus 色卡法斯

Cercii 色西伊人

Cercina 色西纳

Cercola 色科拉

Cercopes 色柯皮斯

Cercyon 色西昂

Cercyra 科孚

Cerii 西里伊人

Cerna 色纳

Cersobleptes 色索布勒普底

Ceryces 西里西斯人

Ceryneia 西里尼亚

Cerynes 西里尼斯

Cetes　西特斯

Ceteus　西特乌斯

Ceyx　西伊克斯

Chabinus　查比努斯

Chabrias　查布瑞阿斯

Chabryes　查布里斯

Chaereas　奇里阿斯

Chaeroneia　奇罗尼亚

Chalcedon　卡尔西顿

Chalcidice　卡夕得西

Chalcis　卡尔西斯

Chaldeans　迦勒底人

Chalestrum　查尔斯特隆

Chaoi　查奥伊人

Chares　查里斯

Charicleides　查瑞克莱德

Charicles　查瑞克利

Chariclus　查瑞克卢斯

Charidemus　查瑞迪穆斯

Charinus　查瑞努斯

Charisander　查瑞山德

Charmus　查穆斯

Charmuthas　查穆萨斯

Charoeades　查里阿德

Charon　卡戎

Charondas　查朗达斯

Charondes　查朗德

Charops　查罗普斯

Cheirisophus　奇瑞索法斯

Cheiron　奇朗

Chelona　奇洛纳

Chelonophagi　奇洛诺法吉

Chemmis　奇美斯

Chemo　钦摩

Chenae　奇尼

Chenium　奇尼姆

Cherronesus　契罗尼苏斯

Chersonese　克森尼斯

Chilo　契洛

Chilon　契隆

Chimaera　契米拉

Chion　契昂

Chios　开俄斯

Chloris　克洛瑞斯

Choromnaei　乔隆尼伊人

Chortacana　科塔卡纳

Chremes　克雷密斯

Chrysaor　克里索尔

Chrysas　克里萨斯

Chrysopolis　克里索波里斯

Chrysothemis　克里索昔密斯

Chthonius　刻苏纽斯

Cianoi　西乌斯人

Cichorius　西考流斯

Cicones　西科尼斯

Cicurinus　西库瑞努斯

Cilicia　西里西亚

Cilix　西利克斯

Cilles　西勒斯

Cimbri　廷布里

Cimmerians　辛米里亚人

Cimolia　西摩利亚

Cimon　西蒙

Cineas　辛尼阿斯

Cinna　辛纳

Cios　西奥斯

Circaeum　色西姆

Circe　喀耳刻

Cirrha　色拉

Cirta　色塔

Cissides 赛西德

Cissius 赛休斯

Cithaeron 西第朗

Cition 西蒂昂

Citium 西蒂姆

Cius 西乌斯

Claudius 克劳狄斯

Clazomenae 克拉卓美尼

Clearchus 刻里克斯

Cleida 克莱达

Cleinias 克莱尼阿斯

Cleinippides 克莱尼庇德

Cleinius 克莱纽斯

Cleisthenes 克里斯提尼

Cleitarchus 克莱塔克斯

Cleitor 克莱托

Cleitus 克莱都斯

Cleocritus 克里奥克瑞都斯

Cleodaeus 克里奥迪乌斯

Cleomantis 克里奥曼蒂斯

Cleombrotus 克里奥布罗都斯

Cleomenes 克里奥米尼斯

Cleon 克里昂

Cleonae 克里奥尼

Cleona 克里奥纳

Cleonnis 克里昂尼斯

Cleonymus 克里奥尼穆斯

Cleopatra 克里奥帕特拉

Cleophis 克丽奥菲斯

Cleophon 克里奥奉

Cleopompus 克里奥庞帕斯

Cleptius 克里普久斯

Cleri 克里瑞

Clinon 克利侬

Clonius 克洛纽斯

Clusium 克禄西姆

Clytius 克利久斯

Cnemus 内谟斯

Cnidia 尼狄亚

Cnidinium 尼迪尼姆

Cnidus 尼多斯

Cnossus 诺苏斯

Cocalus 科卡卢斯

Cocytus 科赛都斯

Coele Syria 内叙利亚

Coelius 西留斯

Coenus 西努斯

Coeus 西乌斯

Colchi 科尔契

Colchis 科尔契斯

Collatia 科拉夏

Colon 科隆

Colonae 科洛尼

Colophon 科洛奉

Colossae 科洛西

Comanus 科玛努斯

Cominius 科米纽斯

Commagene 康玛吉尼

Companions 亲随

Comus 康穆斯

Conon 科农

Contobris 坎托布瑞斯

Contoniatus 坎托尼阿都斯

Coprates 科普拉底

Cora 科拉

Coragus 科拉古斯

Corcinas 科西纳斯

Corcyra 科孚

Cordisci 科迪西

Core 科里

Corfinium　科芳尼姆

Corinth　科林斯

Cornelius　高乃留斯

Cornissus　高尼苏斯

Coroebus　科里巴斯

Coroneia　科罗尼亚

Coronis　科罗尼斯

Coronus　科罗努斯

Corsiae　科昔伊

Corsica　科西嘉

Cortona　科托纳

Corybantes　科里巴斯信徒

Corybas　科里巴斯

Corydallus　科里达卢斯

Corynetes　科里尼底

Coryphasium　科里法西姆

Corythus　科里朱斯

Cos　考斯

Cosconius　科斯科纽斯

Cossaeans　科萨亚人

Cossus　科苏斯

Cothon　科松

Cotta　科塔

Cotyora　科特奥拉

Cotys　科特斯

Crannon　克朗侬

Crassus　克拉苏

Craterus　克拉提鲁斯

Crates　克拉底

Cratesipolis　克拉提西波里斯

Cratesippidas　克拉提西庇达斯

Cratevas　克拉提瓦斯

Crathis　克拉昔斯

Crato　克拉托

Craton　克拉顿

Cremera　克里米拉

Crenides　克里奈德

Creon　克里昂

Cres　克里斯

Cresphontes　克里斯丰底

Crete　克里特

Cretheus　克里修斯

Cretopolis　克里托波里斯

Creusa　克留萨

Crimise　克里米斯

Crimisus　克里米苏斯

Crinacus　克里纳库斯

Crinippus　克瑞尼帕斯

Crisaean　克瑞塞湾

Crison　克瑞逊

Critias　克瑞蒂阿斯

Critolaus　克瑞托劳斯

Crius　克流斯

Croesus　克里苏斯

Crommyon　克罗美昂

Cronion　克罗尼昂

Cronium　克罗尼姆

Cronius　克罗纽斯

Cronus　克罗努斯

Croton　克罗顿

Crotona　克罗托纳

Crustumerium　克鲁斯图密里姆

Crytidas　克里蒂达斯

Ctesias　帖西阿斯

Ctesicles　帖西克利

Ctesippus　帖西帕斯

Cumae　库米

Cunaxa　库纳克萨

Curetes　丘里底

Curiatius　库瑞阿久斯

Curibus 库瑞巴斯

Curitinus 库瑞蒂努斯

Curtius,Marcus 克尔久斯,马可斯

Cyane 赛阿妮

Cynean rocks 赛阿尼安岩

Cyaxares 赛阿克萨里斯

Cybele 西比莉

Cybelus 西比卢斯

Cychreus 西克里乌斯

Cyclades 赛克拉德

Cyclopes 赛克洛庇斯

Cycnus 赛克努斯

Cydippe 赛迪普

Cydonia 赛多尼亚

Cydrolaus 赛德多劳斯

Cyinda 赛因达

Cyllene 赛勒尼

Cylon 赛隆

Cyme 赛麦

Cynamolgi 赛纳摩吉

Cynegi 赛尼吉

Cynna 辛纳

Cynosarges 赛诺萨吉斯

Cynossema 赛诺西玛

Cyparissia 赛帕瑞西亚

Cyparissus 赛帕瑞苏斯

Cyprus 塞浦路斯

Cypselus 塞浦西卢斯

Cyrbe 色毕

Cyrbia 色比亚

Cyrene 塞伦

Cyrnus 色努斯

Cyrus the Great 居鲁士大帝

Cyrus the Younger 小居鲁士

Cythera 赛舍拉

Cytherea 赛舍里

Cythnos 赛什诺斯

Cytinium 赛蒂尼姆

Cytus 赛都斯

Cyzicenes 西兹昔尼斯

Cyzicenus 西兹昔努斯

Cyzicus 西兹库斯

D

Dactyli 达克特利

Dactyls 达克特尔

Daedaleia 迪达利亚

Daedalus 迪达卢斯

Daimenes 达米尼斯

Dalis 达利斯

Damarete 达玛里蒂

Damas 达玛斯

Damascus 大马士革

Damis 达米斯

Damon 达蒙

Damophilus 达摩菲卢斯

Damoteles 达摩特勒斯

Danae 达妮

Danaus 达劳斯

Dandes 丹德斯

Danube 多瑙河

Daphnaeus 达夫尼乌斯

Daphne 达夫妮

Daphnis 达弗尼斯

Dardanians 达达尼亚人

Dardanus 达达努斯

Dareius 大流士

Daric 达里克银币

Dascon 达斯康

Datames 达塔密斯

Datis 达蒂斯

Daunia　道尼亚

Debae　迪贝

Deballus　迪贝卢斯

Decelea　迪西利亚

Decius　迪修斯

Deianeira　笛阿妮拉

Deidameia　戴达米亚

Deinias　戴尼阿斯

Deinocrates　戴诺克拉底

Deinomenes　戴诺米尼斯

Deioces　戴奥西斯

Deiphobus　戴丰巴斯

Deiphontes　戴芳底

Deipyle　戴庇勒

Delia　迪利亚

Delian league　提洛同盟

Delium　迪利姆

Delos　提洛

Delphi　德尔斐

Delphinium　德尔斐尼姆

Demades　迪玛德斯

Demaratus　笛玛拉都斯

Demarchus　笛玛克斯

Demareta　笛玛里塔

Demeas　德米阿斯

Demeter　德米特

Demetrias　德米特瑞阿斯

Demetrius　德米特流斯

Democleides　德谟克莱德

Democritus　德谟克利特

Demogenes　笛摩吉尼斯

Demoleon　笛摩利昂

Demonax　笛摩纳克斯

Demophilus　笛摩菲卢斯

Demophon　笛摩奉

Demotion　笛摩蒂昂

Demosthenes　笛摩昔尼斯

Demostratus　笛摩斯特拉都斯

Demotion　笛摩蒂昂

Derbici　德比西人

Derceto　德西托

Dercylidas　德西利达斯

Derians　德瑞斯人

Deucalion　丢卡利翁

Dexamenus　德克萨米努斯

Dexippus　笛克西帕斯

Dexitheus　笛克西修斯

Dia　戴亚

Diadochi　戴多契

Diagoras　戴哥拉斯

Dicaearcheia　狄西阿契亚

Dicaearchus　狄西阿克斯

Dicaeopolis　狄西奥波里斯

Dicta　狄克塔

Dicton　狄克顿

Dictynna　狄克廷纳

Didyma　迪第玛

Diegylis　戴吉利斯

Dike　狄克；正义女神

Dimetor　狄米托

Dimnus　狄姆努斯

Dindyme　丁狄美

Dio　笛欧

Diocleides　戴奥克莱德

Diocles　戴奥克利

Diodorus Siculus　狄奥多罗斯·西库卢斯

Diodotus　戴奥多都斯

Diomedes　戴奥米德

Diomedon　戴奥米敦

Dion　狄昂

Dionysi　戴奥尼西

Dionysia　戴奥尼西亚

Dionysiadae　狄俄尼索斯家族

Dionysias　戴奥尼西阿斯

Dionysius　狄奥尼修斯

Dionysodorus　戴奥尼索多鲁斯

Dionysus　狄俄尼索斯

Diophantus　戴奥芳都斯

Dioscori　戴奥斯柯瑞

Dioscorides　戴奥斯柯瑞德

Dioscuri　戴奥斯库瑞

Dioscurias　戴奥斯库瑞阿斯

Diophantus　戴奥芳都斯

Diospolis　戴奥斯波里斯

Diotimus　戴奥蒂穆斯

Diotrephes　戴奥特里菲斯

Dioxippus　戴奥克赛帕斯

Diphilas　迪菲拉斯

Diphilus　迪菲卢斯

Dirce　德西

Ditalces　迪塔尔西斯

Dium　迪姆

Diyllus　迪卢斯

Docimus　多西穆斯

Dodona　多多纳

Doia　多伊亚

Dolopes　多洛庇斯

Domitius, Gnaeus Domitius Ahenobarbus
　耐格乌斯·杜米久斯·阿享诺巴布斯

Doricus　多瑞库斯

Dorieis　多里伊斯

Dorieus　多瑞乌斯

Dorimachus　多瑞玛克斯

Doris　多里斯

Doriscus　多瑞斯库斯

Doristhus　多瑞斯朱斯

Dorus　多鲁斯

Dorylaeum　多里利姆

Dosiades　多西阿德

Dotium　多提姆

Doupon　邓朋

Drabescus　德拉比斯库斯

Dracanum　德拉卡隆

Draco　德拉科

Dracon　德拉康

Drangi　德朗吉人

Drangina　德朗吉纳

Drepana　德里帕纳

Drepanum　德里帕隆

Drius　德流斯

Dromichaetes　德罗米契底

Dromocleides　德罗摩克莱德

Druids　德鲁伊教徒

Dryopes　德莱奥庇斯

Drypetis　德莉庇蒂斯

Ducetius　杜西久斯

Duillius　杜伊留斯

Duris　杜瑞斯

Dyme　狄麦

Dysnicetus　狄斯尼西都斯

E

Ecbatana　伊克巴塔纳

Echecrates　爱契克拉底

Echemus　爱奇穆斯

Echestratus　艾奇斯特拉都斯

Echetla　艾奇特拉

Echinades　爱契纳德

Ecnomus　伊克诺穆斯

Ecregma　伊克里格玛

Edessa　埃笛莎

Edones　伊多尼斯人

Egesta　伊吉斯塔

Egypt　埃及

Egyptus　埃吉普都斯

Eileithyia　艾利昔娅

Eion　爱昂

Eioneus　艾奥尼乌斯

Eiraphiotes　埃拉斐欧底

Eirene　艾里妮

Elateia　伊拉提亚

Elba　厄尔巴

Elea　伊里亚

Electra　伊里克特拉

Electryon　伊里克特里昂

Electryone　伊里克特里昂尼

Elephantine　埃里芳廷

Eleporus　埃里波鲁斯

Eleus　伊琉斯

Eleusis　伊琉西斯

Eleutherae　伊琉瑟里

Elimiotis　埃利米奥蒂斯

Elis　伊利斯

Elorium　伊洛瑞姆

Elpines　伊尔庇尼斯

Elpinice　艾尔普妮丝

Elymais　伊利迈斯

Elymi　伊利米

Elysian Fields　伊利西亚场

Emathion　伊玛昔昂

Embisarus　伊姆比萨鲁斯

Emodus　伊摩杜斯

Empedion　伊姆皮狄昂

Empedocles　伊姆皮多克利

Enattaros　伊纳塔罗斯

Encheleans　英奇利亚人

Endius　英狄斯

Engyum　英吉姆

Enius　伊纽斯

Enna　英纳

Entella　英提拉

Entimus　英蒂穆斯

Enyeus　伊尼乌斯

Eordaei　伊奥迪埃

Eos　伊奥斯

Epaenetus　伊庇尼都斯

Epameinon　伊巴明侬

Epameinondas　伊巴密浓达

Epaphroditus　伊帕弗罗迪都斯

Epeunactae　伊朴纳克提

Ephesus　以弗所

Ephialtes　伊斐阿底

Ephorus　埃弗鲁斯

Ephyra　伊菲拉

Epiclerus　伊庇克勒鲁斯

Epicles　伊庇克利

Epicurus　伊壁鸠鲁

Epidamnus　伊庇达努斯

Epidaurus　伊庇道鲁斯

Epidicazomenus　伊庇迪卡佐米努斯

Epigoni　伊庇果尼

Epimenides　伊庇米尼德

Epiphanes　伊庇法尼斯

Epipolae　伊庇波立

Epirus　伊庇鲁斯

Epistrophus　伊庇斯特罗法斯

Epitelidas　伊庇提利达斯

Epithersides　伊庇则西德

Epitimaeus　伊庇蒂米乌斯

Epitus　伊庇都斯

Epizephyrian　伊庇捷菲里亚人

Euphron　优弗朗

Eupolemus　优波勒穆斯

Eupolis　优波里斯

Euripides　欧里庇德斯

Euripus　优里帕斯

Europa　欧罗芭

Europe　欧罗普

Eurotas　优罗塔斯

Eurybia　优里拜亚

Eurybiades　优里拜阿德

Eurydice　优里迪丝

Euryelus　优里伊卢斯

Eurymedon　优里米敦

Eurymenae　优里米尼

Eurynomus　优里诺穆斯

Eurypontids　优里庞帝系

Eurystheus　优里斯修斯

Eurytion　优里蒂昂

Eurytus　优里都斯

Eusebius　优西拜乌斯

Euteles　优提勒斯

Euterpe　欧忒耳珀

Euthippus　优昔帕斯

Euthycrates　优特克拉底

Euthycritus　优特克瑞都斯

Euthydemus　优特迪穆斯

Euthydice　优特迪丝

Euthymenes　优特米尼斯

Euthynes　优特尼斯

Euxinus　优克森努斯

Euxenippus　优克森尼帕斯

Evaenetus　伊维尼都斯

Evager　伊凡杰

Evagoras　伊凡哥拉斯

Evander　伊凡德

Evenus　伊维努斯

Evetion　伊维提昂

Evitus　伊维都斯

Exaenetus　埃克西尼都斯

Execestides　埃克昔斯泰德

Execestus　埃克昔斯都斯

F

Fabius Fabricianus　费比乌斯·法布瑞西阿努斯

Fabius,Q.Fabius Maximus Cunctator　费比乌斯·麦克西穆斯

Fabius,Q.Fabius Maximus Gurges　费比乌斯·麦克西穆斯·古吉斯

Falerna　法勒纳

Falinius　法利纽斯

Falisci　法利西

Faliscus　法利斯库斯

Faunus　福努斯

Fayum　法尤姆

Ferentum　菲伦屯

Fidenae　菲迪尼

Fideniates　菲迪尼阿底

Fifron　菲弗朗

Fimbria　芳布里亚

Flaccus　弗拉库斯

Flamininus,Titus Quintius　弗拉米努斯,提图斯·奎因久斯

Flaminius,Gaius　弗拉米纽斯,盖尤斯

Flavius　弗拉维斯

Folius Flaccinator　弗留斯·弗拉西纳托

Fontinius　方蒂纽斯

Fregellae　弗里基立

Fregellani　弗里基拉尼

Frusino　弗鲁西诺

Fulvius　弗尔维斯

Fulvius Stellus　弗尔维斯·斯特拉斯

Fundanius Fundulus　方达纽斯·方杜卢斯

Furius, M. Furius Camillus　弗流斯·卡米拉斯

Fury　复仇女神

Fusus　福苏斯

G

Gabena　迦比纳

Gabii　加贝伊

Gadaeus　盖迪乌斯

Gadamala　盖达玛拉

Gadeira　盖迪拉

Gaia　盖娅

Gaius　盖尤斯

Galaestes　盖勒斯底

Galates　盖拉底

Galatia　盖拉夏

Galen　格林

Galepsus　伽勒普苏斯

Galeria　迦勒里亚

Gallus　盖拉斯

Gamarga　盖玛迦

Gandara　刚达拉

Gandaridae　刚达瑞迪

Ganges　恒河

Ganymedes　刚尼米德

Gargaza　加尔干札

Garindanes　格林达尼斯

Gasandi　盖桑迪

Gaul　高卢

Gaulus　高拉斯

Gaurium　高里姆

Gaza　加萨

Ge　齐

Gedrosia　基德罗西亚

Geganius　吉盖纽斯

Gela　杰拉

Gellius　杰留斯

Gelo　杰洛

Gelon　格隆

Gemini　杰米尼

Gentius　金久斯

Genucius　吉努修斯

Genycius　珍尼修斯

Geomori　乔摩瑞

Geraneia　杰拉尼亚

Germans　日耳曼人

Gerousia　吉罗西亚

Gerrhaeans　杰瑞安人

Geryones　杰罗尼斯

Gescon　杰斯康

Getae　杰提

Getion　杰蒂昂

Gisco　季斯科

Glauce　格劳斯

Glaucias　格劳西阿斯

Glaucides　格劳塞德

Glaucippus　格劳西帕斯

Glaucopis　格劳科庇斯

Glaucus　格劳库斯

Gleneus　格勒尼乌斯

Glos　格洛斯

Glycera　格利西拉

Glychatas　格利查塔斯

Gomon　果蒙

Gongylus　刚捷卢斯

Gordyene　戈尔迪尼

Gorgias　高吉阿斯

Gorgidas　高吉达斯

Gorgons　戈尔根人

Gorgus　戈尔古斯

Gracchus, Gaius　格拉古, 盖尤斯

Graces　美德三女神

Granicus　格拉尼库斯

Greece　希腊

Grylus　格里拉斯

Grynium　格里尼姆

Grypus　格里帕斯

Gulussa　古卢萨

Gurassium　古拉西姆

Gylippus　捷利帕斯

Gymnasia　捷纳西亚

Gymnesiae　捷尼西伊

Gytheium　捷昔乌姆

H

Hades　哈迪斯

Hadranon　哈德拉侬

Hadranum　哈德拉奴姆

Hadrianus　哈德瑞阿努斯

Hadrumetum　哈德鲁米屯

Haemus　赫穆斯

Hagnon　黑格侬

Halaesa　哈立萨

Halcyone　哈尔科尼

Halia　哈利亚

Haliartus　哈利阿都斯

Halicarnassus　哈利卡纳苏斯

Halicyae　哈利赛伊

Halieis　哈利伊斯

Helium　哈利姆

Halycus　阿利库斯

Halys　哈利斯

Hamaxitus　哈玛色克都斯

Hamilcar　哈米尔卡

Hannibal　汉尼拔

Hanno　汉诺

Harmatelia　哈玛特利亚

Harmodius　哈摩狄斯

Harmonia　哈摩尼亚

Harpagus　哈帕古斯

Harpalus　哈帕拉斯

Harpina　哈庇纳

Harpine　哈庇尼

Hasdrubal　哈斯德鲁巴

Hebe　赫柏

Hecabe　赫卡比

Hecataeus　赫卡提乌斯

Hecataeus　赫卡提乌斯

Hecate　赫克特

Hecatomnus　赫卡托姆努斯

Hecatompylon　赫卡托姆皮隆

Hecatompylus　赫卡托姆披卢斯

Hecatontapylus　赫卡顿塔披卢斯

Hecetorus　赫西托鲁斯

Hector　赫克托

Hecuba　赫库巴

Hegelochus　赫吉洛克斯

Hegesiles　赫吉西勒斯

Hegesippus　赫吉西帕斯

Hegetoria　赫吉托里亚

Helen　海伦

Helenus　赫勒努斯

Heliadae　赫利阿迪:赫留斯家族

Heliades　赫利阿德

Helica　赫利卡

Heliopolis　赫利欧波里斯

Helis　赫利斯

Helissus　赫利苏斯

Helius　赫留斯

Himicon　希米卡

Hindu Kush　兴都库什

Hipparlcimus　海帕西穆斯

Hipparchus　希帕克斯

Hipparinus　海帕瑞努斯

Hippeion　希皮昂

Hippias　希皮阿斯

Hippius　希皮乌斯

Hippo　希波

Hippocentaurs　希波森陶尔

Hippocoon　希波库恩

Hippocrates　希波克拉底

Hippodamas　希波达玛斯

Hippodameia　希波达美娅

Hippodrome　七里宫

Hippolyte　希波利特

Hippolytus　希波莱都斯

Hippomedon　希波米敦

Hippomenes　希波米尼斯

Hipponiatae　希波尼阿提

Hipponicus　希波尼库斯

Hipponium　希波尼姆

Hipponous　希波诺斯

Hippostratus　希波斯特拉都斯

Hippotes　希波底

Hippotion　希波提昂

Hippu　希朴

Hispanus　希斯帕努斯

Histiaea　希斯提亚

Hodites　荷迪底

Holophernes　荷洛菲尼斯

Homadus　贺马杜斯

Homer　荷马

Horatius　贺拉久斯

Horatius, M. Horatius Cocles　贺拉久斯·

柯克利

Horus　荷鲁斯

Hostilius, Tullus　贺斯蒂留斯·屠卢斯

Hya　海亚

Hyacinthus　海森朱斯

Hyampolis　海姆波里斯

Hyapates　海阿佩底

Hybla　海布拉

Hyblaeus　海布列乌斯

Hyccara　海卡拉

Hydaspes　海达斯披斯

Hyllus　海卢斯

Hylophagi　海洛法吉

Hymettus　海麦都斯

Hypanis　海帕尼斯

Hyperbius　海帕拜阿斯

Hyperboreans　海帕波里安:极北之地

Hypereides　海帕瑞德

Hyperion　海帕瑞昂

Hypermnestra　海帕姆尼斯特拉

Hyphasis　海发西斯

Hypsaeus　海普西乌斯

Hypseus　海普修斯

Hyracia　海拉西亚

Hyrcania　海卡尼亚

Hyrcanus　海卡努斯

Hysiae　海西伊

Hystaspes　海斯塔斯庇斯

I

Iaetia　埃伊夏

Ialysians　伊阿利西斯人

Ialysis　伊阿利西斯

Ialysus　伊阿利苏斯

Iamblichus　伊安布利克斯

Iambulus　伊安布卢斯

Ismenus 伊斯门努斯

Isocrates 伊索克拉底

Isodice 伊索迪西

Isoples 伊索普勒斯

Issa 伊萨

Issus 伊苏斯

Istanbul 伊斯坦堡

Ister 伊斯特

Isthmian 地峡运动会

Isthmus of Corinth 科林斯地峡

Istolatius 伊斯托拉久斯

Istrians 伊斯特里亚人

Italiote Greeks 希裔意大利人

Italia 伊塔利亚

Italium 伊塔利姆

Italy 意大利

Ithaca 伊色克

Ithome 伊索姆

Ithycles 埃提克利

Ithyphallus 埃提法卢斯

Itone 埃托尼

Itoni 埃托奈

Itonis 埃托尼斯

Itonus 埃托努斯

Iulius 朱留斯

Iulus 朱卢斯

Iunius 朱纽斯

Ixion 埃克赛昂

J

Jason 贾森

Jaxartes 雅克萨提斯河

Jerusalem 耶路撒冷

Jews 犹太人

Jocasta 约卡斯塔

Jocastus 约卡斯都斯

Joppa 约帕

Judaea 犹大

Jugurtha 朱古达

Julian 朱理安

Julius Gaius 尤利乌斯·盖尤斯

Julius Canus 尤利乌斯·卡努斯

Julius Proculus 尤利乌斯·普罗库卢斯

Junius 朱纽斯

Juno 朱诺

Jupiter 朱庇特

K

Keras 克拉斯

Koinos 柯伊诺斯

Kourotrophos 柯罗特罗弗斯

L

Labdalum 拉布达隆

Labici 拉比西人

Labotas 拉波塔斯

Labyrinth 拉拜林斯

Laccium 拉西姆

Lacedaemon 拉斯地蒙

Lachares 拉查里斯

Laches 拉奇斯

Lacinia 拉西尼亚

Lacinius 拉西纽斯

Laconia 拉柯尼亚

Lacrates 拉克拉底

Lactuca 拉克图卡

Lade 拉德

Ladon 拉敦

Laeanites 利阿奈底

Laelius 利留斯

Laenas 利纳斯

Laertes 利特斯

Lagni 拉格尼

Lagus　拉古斯

Laius　拉乌斯

Lamachus　拉玛克斯

Lamia　拉米亚

Lamius　拉缪斯

Lampeia　朗皮亚

Lampon　朗潘

Lamponius　兰波纽斯

Lampsacus　兰普萨库斯

Lamus　拉穆斯

Lanassa　拉纳莎

Lanuvium　拉奴维姆

Laocoon　劳侃

Laodiceia　劳迪西亚

Laomedon　劳美敦

Laosthenidas　劳昔尼达斯

Lapiths　拉佩兹

Lapithes　拉佩则斯

Lapithia　拉佩提亚

Lapithus　拉佩朱斯

Laranda　拉朗达

Larissa　拉立沙

Lesion　拉西昂

Lasthenes　拉昔尼斯

Lateranus　拉特拉努斯

Latin　拉丁

Latinus　拉蒂努斯

Latmia　拉特米亚

Latomiae　拉托米伊

Laurium　劳里姆

Laus　劳斯

Laustolae　劳斯托立

Lavinia　拉维妮娅

Lavinius　拉维纽斯

Leandrias　勒安德瑞阿斯

Lebadeia　勒贝迪

Lebanon　黎巴嫩

Lechaeum　李契姆

Leda　黎达

Leitus　利都斯

Lemnos　林诺斯

Lenaean festival　勒尼亚祭典

Lenaeus　黎尼乌斯

Lentulus　伦图卢斯

Leocrates　李奥克拉底

Leocritus　李奥克瑞都斯

Leonidas　李奥尼达斯

Leonides　李奥尼德

Leonnatus　李昂纳都斯

Leonteus　李昂提乌斯

Leontini　李昂蒂尼

Leos　李奥斯

Leosthenes　李奥昔尼斯

Leostratus　李奥斯特拉都斯

Leotrophides　李奥特罗斐德

Leotychides　李奥特契德

Leptines　列普廷 列普蒂尼斯

Lerna　勒纳

Lesbos　列士波斯

Lethe　列什

Leto　勒托

Letodorus　列托多鲁斯

Leuca　琉卡

Leucani　琉堪尼

Leucanians　琉卡尼亚人

Leucas　琉卡斯

Leucaspis　琉卡斯庇斯

Leucippus　琉西帕斯

Leucon　琉康

Leucophrys　琉科弗里斯

Leucothea 琉柯色

Leuctra 琉克特拉

Leuctrus 琉克特鲁斯

Liber 李柏

Libya 利比亚

Libyphoenicians 利比腓尼基人

Libys 利拜斯

Libyssa 利拜撒

Lichas 利查斯

Licinius,C.Licinius Sacerdos 黎西纽斯·萨色多斯

Licinius, C. Licinius Stolo 黎西纽斯·斯托洛

Licinius,L.Licinius Lucullus 黎西纽斯·卢库拉斯

Licinius,M.Licinius Crassus 黎西纽斯·克拉苏

Licinius,P.Licinius Crassus 黎西纽斯·克拉苏

Licymnius 黎西姆纽斯

Liguria 黎古里亚

Lilybaeum 利列宾姆

Lindus 林杜斯

Linus 黎努斯

Lipara 黎帕拉

Lipari 黎帕里

Liparus 黎珀鲁斯

Liphlus 黎弗卢斯

Liphoecua 黎菲考

Lissus 黎苏斯

Livius 利维乌斯

Locri 洛克里

Locris 洛克瑞斯

Loitanus 洛伊塔努斯

Lombards 伦巴底人

Longa 隆迦

Longon 隆冈

Longus 隆古斯

Loryma 洛里玛

Lucania 卢卡尼亚

Luceria 卢西里亚

Lucian 卢西安

Lucius 卢契乌斯

Lucretia 卢克理霞

Lucretius 卢克里久斯

Lucullus 卢库拉斯

Lusitania 露西塔尼亚

Lutatius Catulus 卢塔久斯·卡图拉斯

Lutatius,Q.Lutatius Catulus 卢塔久斯·卡图拉斯

Lycaonia 黎卡奥尼亚

Lycastus 黎卡斯都斯

Lychnitis 黎克奈蒂斯

Lycia 吕西亚

Lyciscus 吕西库斯

Lycius 吕修斯

Lycomedes 黎科米德

Lycon 黎坎

Lycopeus 莱柯披斯

Lycophron 莱柯弗朗

Lyctius 莱克久斯

Lyctus 莱克都斯

Lycurgus 莱克格斯

Lycus 黎库斯

Lydia 利底亚

Lyncestians 林西斯蒂斯家族

Lyrnessus 列尼苏斯

Lysander 赖山德

Lysanias 赖萨尼阿斯

Lysiades 黎昔阿德

Lysias 黎昔阿斯

Lysicles 黎昔克利

Lysicrates 黎西克拉底

Lysimacheia 黎西玛奇亚

Lysimachides 黎西玛契德

Lysimachus 黎西玛克斯

Lysis 黎昔斯

Lysistratus 黎昔斯特拉都斯

Lysitheides 黎西瑟德

Lysitheus 黎西修斯

M

Macae 马凯伊

Macar 马卡

Macareus 马卡流斯

Macaria 马卡里亚

Macedon 马其顿

Macedonicus 马其顿尼库斯

Macella 马西拉

Macellus 马西拉斯

Macerinus 马西瑞努斯

Machaon 马查昂

Macronians 马克罗西亚人

Madetes 马德底

Maea 密亚

Maelius 密留斯

Maedice 密迪斯

Maemacterion 密玛克特里昂

Maemilius 密米留斯

Maenads 密纳兹 酒神崇拜者

Maenalians 密纳利亚人

Maeonian 米奥尼亚人

Maeotis 米奥蒂斯

Magi 袄教祭司

Magnesia 马格尼西亚

Mago 玛果

Magus 玛古斯

Maia 马亚

Malacus 马拉库斯

Malea 马利亚

Malis 马利斯

Mallius 马留斯

Malus 玛卢斯

Mamercus 玛默库斯

Mamertina 玛默蒂纳

Mamertines 玛默廷人

Mamertinus 马默蒂努斯

Mamertos 玛默托斯

Mamilus 玛米拉斯

Mancinus 曼西努斯

Mandane 曼达妮

Manilius 马尼留斯

Manius 马纽斯

Manlius 曼留斯

Mantias 曼蒂阿斯

Mantineia 曼蒂尼

Mantitheus 曼蒂修斯

Manto 曼托

Maranitae 玛拉奈提

Marathon 马拉松

Marathus 马拉朱斯

Marcius, Ancus 马修斯·安库斯

Marcius, Cn. Marcius Coriolanus 马修斯·科瑞欧拉努斯

Marcus 马可斯

Mardi 马迪

Mardonius 玛多纽斯

Margana 马迦纳

Maria 马里亚

Marion 马里昂

Marium 马里姆

Marius, Gaius　马留, 盖尤斯

Marmares　玛马里斯

Maron　玛隆

Maroneia　玛罗尼亚

Marpe　玛普

Marrus　马鲁斯

Mars　马尔斯

Marsi　马西人

Marsyas　马西阿斯

Masinissa　马西尼撒

Massagetae　马撒吉提人

Massalia　马萨利亚

Massani　马萨尼

Matho　马索

Matris　马垂斯

Mauretania　茅里塔尼亚

Maurusa　毛鲁萨

Mausolus　毛索卢斯

Mazaeus　马舍乌斯

Mazara　马札拉

Mazarin　马札林

Mazarus　马札鲁斯

Meander　米安德

Mecyberna　麦西伯那

Medea　米狄亚

Medes　米堤亚人

Media　米地亚

Mediolanus　米地奥拉努斯

Medius　米狄斯

Medocus　麦多库斯

Medullia　梅度利亚

Medullinus　梅度利努斯

Medus　米杜斯

Medusa　美杜莎

Megabari　麦加巴里

Megabates　麦加巴底

Megabyzus　米嘉柏苏斯

Megacles　麦加克利

Megalepolis　麦加勒波里斯

Megallis　麦加利斯

Megalopolis　麦加洛波里斯

Megapenthes　麦加平则斯

Megara　麦加拉

Megaris　麦加瑞斯

Meion　密昂

Melaeus　密利乌斯

Melampus　米连帕斯

Melanchaetes　麦兰奇底

Melanippe　麦兰尼庇

Meleager　默利杰

Meletus　梅勒都斯

Melis　梅利斯

Melisseus　梅利修斯

Melissus　梅利苏斯

Melite　密利提

Melitene　梅利提尼

Melitia　梅利夏

Melkart　墨尔克特

Melos　米洛斯

Melpomene　墨尔波墨涅

Memmius　门缪斯

Memnon　门侬

Memphis　孟菲斯

Memphites　孟菲底

Menae　米尼

Menaenum　麦尼隆

Menander　米南德

Menas　麦内斯

Mencherinus　明奇瑞努斯

Mendes　门德

Mene 麦内

Menedemus 麦内迪穆斯

Menelaus 麦内劳斯

Menellaeus 麦内利乌斯

Menenius 麦内纽斯

Menes 麦尼斯

Menestheus 麦内昔乌斯

Menidas 明尼达斯

Menippus 明尼帕斯

Meniscus 明尼斯库斯

Menodotus 明诺多都斯

Monoeceus 明尼西乌斯

Menoetas 明尼塔斯

Menoetius 明尼久斯

Menon 米侬

Mentor 门托

Menyllus 麦尼拉斯

Meriones 默瑞欧尼斯

Meroe 麦里

Merope 麦罗普

Meropes 麦罗庇斯

Merops 麦罗普斯

Meros 米罗斯

Merula 麦鲁拉

Meschela 梅斯奇拉

Mesopotamia 美索不达米亚

Messana 墨撒纳

Messapian 梅撒庇安

Messena 美西纳

Messene 梅西尼

Messenia 麦西尼亚

Metallis 梅塔利斯

Metapontian 梅塔朋提安

Metapontum 梅塔朋屯

Metellus 梅提拉斯

Methana 梅桑纳

Methone 梅松尼

Methyma 梅提玛

Methymna 梅提姆纳

Metion 米森

Meton 米顿

Metope 米托庇

Metropolis 梅特罗波里斯

Micatani 密卡塔尼

Micinas 迈西纳斯

Micion 迈西昂

Micipsa 迈西普撒

Micythus 密昔朱斯

Midas 迈达斯

Miletus 米勒都斯

Milo 米洛

Miltiades 密提阿德

Miltine 密蒂尼

Mimas 密玛斯

Mindarus 明达鲁斯

Mindyrides 明迪瑞德

Minoa 迈诺亚

Minos 迈诺斯

Minotaur 迈诺陶尔

Minucius 米努修斯

Minyans 米尼安

Misenum 美西隆姆

Mithridates 米塞瑞达底

Mithrines 米塞瑞尼斯

Mithrobarzanes 米塞罗巴札尼斯

Mitrephorus 米特里弗鲁斯

Mitylene 米蒂勒尼

Mnaseas 纳西阿斯

Mnasicles 纳西克利

Mnasippus 纳西帕斯

Mnemosyne　奈摩昔妮

Mnesitheides　尼西昔德

Moceltes　摩西尔底

Moeris　米瑞斯

Molcestes　摩尔西斯底

Molion　摩利昂

Moloch　摩洛克

Molon　摩隆

Molossia　摩洛西亚

Molpadia　摩帕迪娅

Molus　摩卢斯

Molyccus　摩利库斯

Molycria　摩利克里亚

Momemphis　摩孟菲斯

Monimus　摩尼穆斯

Mophis　摩菲斯

Mopsus　摩普苏斯

Morgantina　摩根提纳

Morgantinum　摩根提隆

Moschion　摩斯契昂

Mosynoecians　慕昔尼西亚人

Motye　摩提伊

Motylus　摩提卢斯

Motyum　摩提姆

Moyses　摩伊西斯

Mucius,Gaius Mucius Scaevola　盖尤斯·穆
　修斯·西伏拉

Mugilanus　穆吉拉努斯

Mummius,Lucius　卢契乌斯·穆米乌斯

Munro　芒罗

Munychia　慕尼契亚

Musaeus　缪西乌斯

Muse　缪斯

Musegetes　缪西吉底

Musicanus　缪西卡努斯

Mutilius　缪蒂留斯

Mycale　迈卡里

Mycenae　迈锡尼

Mycerinus　迈西瑞努斯

Mygdon　迈格敦

Mylae　迈立

Mylinus　迈利努斯

Myndus　迈杜斯

Myonnessus　迈安尼苏斯

Myrcinus　墨西努斯

Myrichides　迈瑞契德

Myrina　迈里纳

Myrlea　迈尔立

Myrmidon　墨米敦

Myronides　迈隆尼德

Myrrhanus　迈拉努斯

Myrtilus　迈尔蒂拉斯

Myscellus　迈西卢斯

Mysia　迈西亚

Myson　迈森

Mystichides　迈斯蒂奇德

Mytilene　迈蒂勒尼

Mytistratus　迈蒂斯特拉都斯

Myus　迈乌斯

N

Nabarnes　纳巴尼斯

Nabataeans　那巴提亚人

Nabis　那比斯

Napae　纳帕伊

Napata　纳帕塔

Napes　纳庇斯

Naples　那不勒斯

Narbo　纳尔波

Naryx　纳里克斯

Nasamones　纳萨摩尼斯人

Naupactus　瑙帕克都斯

Nauplia　瑙普利亚

Nauplius　瑙普留斯

Nausicles　瑙西克利

Nausigenes　瑙西吉尼斯

Nausinicus　瑙西尼库斯

Nausus　瑙苏斯

Nautius　瑙久斯

Naxos　纳克索斯

Neandrus　尼安德鲁斯

Neapolis　尼阿波里斯

Nearchus　尼阿克斯

Necho　尼考

Nectanebos　尼克塔尼布斯

Necyia　尼亚阿

Neetum　尼伊屯

Neileus　奈琉斯

Neleus　尼琉斯

Nemea　尼米亚

Nemesis　尼米西斯

Neocles　尼奥克利

Neogenes　尼奥吉尼斯

Neon　尼昂

Neoptolemus　尼奥普托勒穆斯

Nephele　尼菲勒

Nephereus　尼菲流斯

Nepheris　尼菲瑞斯

Nerva　尼瓦

Nessus　尼苏斯

Nestor　尼斯特

Nestus　尼斯都斯

New Carthage　新迦太基

Nicaea　尼西亚

Nicander　尼康德

Nicandrus　尼康德鲁斯

Nicanor　尼卡诺尔

Nicator　尼卡托

Nicephorium　尼西弗里姆

Niceratus　尼西拉都斯

Nicias　尼西阿斯

Nicocles　奈柯克利

Nicocrates　奈柯克拉底

Nicocreon　奈柯克里昂

Nicodemus　奈柯迪穆斯

Nicodorus　奈柯多鲁斯

Nicolaus　奈柯劳斯

Nicomachus　奈柯玛克斯

Nicomedeia　奈柯米迪亚

Nicomedes　奈柯米德

Nicon　奈康

Nicophemus　奈柯费穆斯

Nicorontes　奈柯朗底

Nicostratus　奈柯斯特拉都斯

Nicoteles　奈柯特勒斯

Nile　尼罗河

Nileus　尼勒乌斯

Nineveh　尼尼微

Ninus　尼努斯

Niobe　尼欧比

Nireus　尼里乌斯

Nisa　奈萨

Nisaea　奈西亚

Nisus　奈苏斯

Nisyros　奈西罗斯

Nittus　奈都斯

Nola　诺拉

Nomads　诺玛兹

Nomae　诺米

Nomius　诺米乌斯

Nora　诺拉

Norbanus　诺班努斯
Notium　诺提姆
Nuceria　瑙西里亚
Numa Pompilius　努马·庞皮留斯
Numantia　努曼夏
Numerius　努麦流斯
Numicius　努米修斯
Numidia　努米底亚
Numitor　努米多
Numitorius　努米托流斯
Nymphe　宁斐
Nymphdorus　宁弗多鲁斯
Nymphs　宁芙
Nypsius　奈普休斯
Nysa　奈萨
Nysaean　奈西安
Nysaeus　奈萨乌斯
Nysium　奈西姆

O

Oceane　奥逊尼
Oceanis　奥逊尼斯
Oceanites　奥逊奈底
Oceanus　奥逊努斯
Ochimus　奥契穆斯
Ochus　渥克斯
Ocnus　奥克努斯
Ocranes　奥克拉尼斯
Octavius　屋大维乌斯
Odessus　奥笛苏斯
Odrysians　奥德瑞西亚人
Odysseus　奥德修斯
Oeagrus　厄阿格鲁斯
Oechalia　厄查利亚
Oecles　厄克利
Oedipus　厄迪帕斯

Oeneus　厄尼乌斯
Oeniadae　厄尼阿迪
Oenoe　厄尼
Oenomaus　厄诺茅斯
Oenoparas　厄诺帕拉斯
Oenophyta　厄诺菲塔
Oenopides　厄诺庇德
Oenopion　厄诺皮昂
Oeonus　厄奥努斯
Oesyme　厄西密
Oeta　厄塔
Olenus　渥勒努斯
Olympia　奥林匹亚
Olympiacus　奥林匹亚库斯
Olympiad　奥林匹亚会期
Olympias　奥琳庇阿斯
Olympieium　奥林皮伊姆
Olympius　奥林庇乌斯
Olympus　奥林帕斯
Olynthus　奥林苏斯
Omphale　欧斐利
Omphaleium　渥法利姆
Omphalus　渥法拉斯
Onchestus　安奇斯都斯
Onnes　昂尼斯
Onomarchus　欧诺玛克斯
Ophellas　欧菲拉斯
Ophiodes　欧法奥德
Opimius　欧庇缪斯
Opiter　欧匹特
Opus　欧庇斯
Orbelus　奥比卢斯
Orca　奥卡
Orchomenus　奥考麦努斯
Oreithyia　欧里昔娅

Oreius 奥留斯

Orestae 欧里斯提

Orestes 欧里斯底

Orestis 欧里斯蒂斯

Oreus 奥留斯

Orion 奥里昂：猎户星座

Orissi 奥瑞西

Ormenius 欧米纽斯

Orneae 欧尼伊

Ornia 欧尼亚

Oroetes 欧里底

Orontes 奥龙特斯

Orontobates 奥龙托巴底

Orophernes 奥罗夫尼斯

Oropus 奥罗帕斯

Orpheus 奥斐乌斯

Orsinome 奥西诺美

Orso 奥索

Orthon 欧松

Ortygia 奥特吉亚

Osiris 奥西里斯

Ostanes 奥斯塔尼斯

Osteodes 奥斯提欧德

Ostia 奥斯夏

Osymandyas 奥斯曼达斯

Otacilius 奥塔西流斯

Otus 奥都斯

Oufentina 欧芳蒂纳

Oxathras 渥克萨色拉斯

Oxathres 渥克萨色里斯

Oxus 奥克苏斯河

Oxyartes 奥克西阿底

Oxythemis 奥克西昔密斯

P

Paches 佩奇斯

Pachynus 佩契努斯

Pactye 佩克提

Pacuvius 佩库维乌斯

Padus 佩杜斯

Paeligni 披利吉尼人

Paeonia 皮欧尼亚

Paerisades 皮瑞山德

Pagasae 佩加西

Pagondas 佩冈达斯

Palamedes 帕拉米德

Palatine 帕拉廷

Palestine 巴勒斯坦

Palibothra 帕利波什拉

Palice 帕利斯

Palici 帕利西人

Paligni 帕利吉尼

Pallandium 帕兰丁姆

Pallas 帕拉斯

Pallene 帕勒尼

Palus 帕卢斯

Pammenes 庞米尼斯

Pamphylia 庞菲利亚

Pan 潘神

Panara 帕纳拉

Panares 帕纳里斯

Panchaea 潘奇亚

Panchaeitis 潘奇伊蒂斯

Pancratis 潘克拉蒂斯

Pancylus 潘西卢斯

Pandion 潘迪昂

Pandora 潘多拉

Pangaeus 潘吉乌斯

Panionia 潘爱奥尼亚

Panonpolis 潘隆波里斯

Panormus 潘诺穆斯

Panthoedas　潘昔达斯

Panthus　潘朱斯

Panticapaeum　潘蒂卡皮姆

Paphlagonia　帕夫拉果尼亚

Paphos　帕弗斯

Papiria　帕皮里娅

Papirius　帕皮流斯

Paraetacene　帕里塔西尼

Paraetonium　帕里托尼姆

Paralus　帕拉卢斯

Parium　帕里姆

Parmenides　巴门尼德

Parmenio　帕米尼奥

Parnasia　巴纳西亚

Parnassus　巴纳苏斯

Paron　佩朗

Paropanisadae　帕罗潘尼萨迪

Paros　帕罗斯

Parrhasians　帕拉西亚人

Parrhasius　帕拉休斯

Partheneia　巴昔尼亚

Partheniae　巴昔尼伊

Parthenium　巴昔尼姆

Parthenopaeus　帕昔诺披乌斯

Parthenos　帕昔诺斯

Parthia　帕提亚

Parthyaea　帕昔伊人

Parysades　帕里萨德

Parysatis　帕里萨蒂斯

Pasiphae　帕西菲

Pasiphilus　帕西菲拉斯

Pasitigris　帕西底格里斯

Patala　帕塔拉

Patrae　佩特里

Patrocles　佩特罗克利

Pausanias　鲍萨尼阿斯

Pediacrates　佩迪阿克拉底

Pedieus　佩迪乌斯

Peiraeus　派里犹斯

Peirene　派里尼

Peirithous　派瑞索斯

Peisander　派桑德

Peisarchus　派撒克斯

Peisistratus　庇西特拉图

Peitholaus　彼索劳斯

Pelagius　佩拉吉斯

Pelagonia　佩拉果尼亚

Pelasgians　佩拉斯基亚人

Pelasgiotis　佩拉斯吉奥蒂斯

Pelasgus　佩拉斯古斯

Peleus　佩琉斯

Peliades　珀利阿德

Pelias　珀利阿斯

Pelinnaeum　佩林尼姆

Pelion　佩利昂

Pella　佩拉

Pellene　佩勒尼

Pelopidas　佩洛披达斯

Peloponnesus　伯罗奔尼撒

Pelops　庇洛普斯

Pelorias　庇洛瑞阿斯

Peloris　庇洛瑞斯

Pelusium　佩卢西姆

Peneius　佩尼乌斯

Peneles　佩尼勒斯

Pentathlus　平塔什卢斯

Penthesileia　平瑟西丽娅

Pentheus　平修斯

Peparethos　佩帕里索斯

Peraea　佩里亚

Pherecydes 菲里赛德
Pherendates 菲伦达底
Pheres 菲里斯
Persephone 帕西丰尼
Phersis 帕西斯
Phialeia 菲阿利亚
Phila 斐拉
Philadelphus 费拉德法斯
Philae 菲莱
Philemon 斐勒蒙
Philia 菲利亚
Philinus 菲利努斯
Philip Ⅱ 菲利浦二世
Philip Ⅴ 菲利浦五世
Philip 菲利浦
Philippi 腓力比
Philippis 菲利庇斯
Philippopolis 菲利浦波里斯
Philiscus 菲利斯库斯
Philistus 菲利斯都斯
Philocles 斐洛克利
Philoctetes 斐洛克特底
Philodocus 斐洛多库斯
Philomelus 斐洛米卢斯
Philon 斐隆
Philonides 斐洛尼德
Phlophron 斐洛弗朗
Philopoemen 斐洛坡门
Philostratus 斐洛斯特拉都斯
Philota 斐洛塔
Philotas 斐洛塔斯
Philoxenos 斐洛克森努斯
Phineus 菲纽斯
Phintias 芬特阿斯
Phlegon 弗勒冈

Phlegraean 弗勒格瑞安
Phlius 弗留斯
Phocae 福凯伊
Phocaea 福西亚
Phocides 福赛德
Phocion 福西昂
Phocis 福西斯
Phocus 福库斯
Phoebe 菲比
Phoebidas 菲比达斯
Phoebus 菲巴斯
Phoenice 腓尼斯
Phoenicia 腓尼基
Phoenicodes 腓尼科德
Phoenix 斐尼克斯
Pholoe 福洛伊
Pholus 福卢斯
Phorbas 福巴斯
Phormia 福米亚
Phormion 福米昂
Phoroneus 福罗尼乌斯
Phrasicleides 弗拉西克利德
Phrataphernes 弗拉塔菲尼斯
Phrixus 弗里克苏斯
Phrygia 弗里基亚
Phrynichus 弗里尼克斯
Phthia 菲昔亚
Phthiotis 弗昔奥蒂斯
Phylas 菲拉斯
Phyle 菲勒
Phyleus 菲勒乌斯
Phyromachus 菲罗玛克斯
Physcon 菲斯坎
Physcus 菲斯库斯
Phyton 菲顿

Picenum　派西隆

Picus　皮卡斯

Pinarii　派纳流斯家族

Pinarius　派纳流斯

Pindar　品达

Pinna　平纳

Piraeus　派里犹斯

Pisa　比萨

Pisidia　毕西迪亚

Pisinus　毕西努斯

Pissuthnes　毕苏什尼斯

Pitana　披塔纳

Pitane　披塔尼

Pithecusa　披西库撒

Pithon　皮松

Pittacus　彼塔库斯

Pittheus　彼修斯

Pittides　彼蒂德

Pityussa　彼图萨

Pius　庇乌斯

Pizodarus　皮佐达鲁斯

Plataea　普拉提亚

Platius　普拉久斯

Plato　柏拉图

Plautius　普劳久斯

Pleiades　普莱阿德:金牛宫七星;昂星团

Pleistarchus　普莱斯塔克斯

Pleistias　普莱斯蒂阿斯

Pleistonax　普莱斯托纳克斯

Pleminius　普勒米纽斯

Plemmyrium　普莱迈里姆

Plestica　并里斯蒂卡

Pleurias　普禄里阿斯

Plotius　普洛久斯

Pluto 或 Pluton　普禄托

Plutus　普禄都斯

Pnytagoras　普尼塔哥拉斯

Podaleirius　波达利流斯

Poeas　珀阿斯

Poetelius　珀特留斯

Polemon　波勒蒙

Polichna　波利克纳

Poliorcetes　波利奥西底

Pollis　波利斯

Pollitium　波利提姆

Polyaenetus　波利厄尼都斯

Polyarchus　波利阿克斯

Polybiadas　波利拜阿达斯

Polybius　波利比乌斯

Polyboea　波利比亚

Polybus　波利巴斯

Polychares　波里查里斯

Polycleitus　波利克莱都斯

Polycles　波利克利

Polycrates　波利克拉底

Polydamas　波利达马斯

Polydeuces　波利丢西斯

Polydorus　波利多鲁斯

Polyeidus　波利伊杜斯

Polyhymnia　波吕许谟尼亚　缪斯:颂歌

Polymnastus　波利姆纳斯都斯

Polymnastus　波利姆纳斯都斯

Polyneices　波利尼西斯

Polysperchon　波利斯帕强

Polypoetes　波利庇底

Polytropus　波利特罗帕斯

Polyxenus　波利克森努斯

Polyzelus　波利捷卢斯

Pometia　波米夏

Pompaedius, Q. Pompaedius Silo　庞皮狄

斯·西洛

Pompeius, Quintus　庞培乌斯·奎因都斯

Pompilius　庞皮留斯

Pomponius　庞坡纽斯

Pontia　潘提亚

Pontica　潘蒂卡

Pontifex Maximus　祭司长,最高神只官

Pontius　潘久斯

Pontus　潘达斯

Popilius　波披留斯

Popillius, C.Popillius Laenas　波披留斯·利纳斯

Popillius Castus　波披留斯·卡斯都斯

Poplius　波普留斯

Poplonium　波普洛尼姆

Porcius, M.Porcius Cato　波修斯·加图

Porcius, M.Porcius Cato, the Younger　波修斯·加图;小加图

Porcius, M.Porcius Cato Licianus　波修斯

Porticanus　波蒂卡努斯

Porus　波鲁斯

Poseideion　波塞迪昂

Poseidium　波塞迪姆

Poseidon　波塞冬

Poseidonia　波塞多尼亚

Posidonia　波塞多尼亚

Postumius, Aulus Postumius Albinus　波斯都缪斯·阿比努斯

Postumius Agrippa　波斯都缪斯·阿格里帕

Potami　波塔米

Potana　波塔纳

Potidaea　波蒂迪亚

Praeneste　普里尼斯特

Praetextatus　普里特克塔都斯

Praxibulus　普拉克西布拉斯

Praxiergus　普拉克色古斯

Praxippus　普拉克西帕斯

Praxiteles　普拉克色特勒斯

Prepelaus　普里披劳斯

Priam　普瑞安

Priapus　普里阿帕斯

Priene　普里恩

Pritanis　普里塔尼斯

Proca Silvius　普罗卡·希尔维乌斯

Procles　普罗克利

Proconneus　普罗康尼苏斯

Procrustes　普罗克鲁斯底

Proculus　普罗库卢斯

Proetus　普里都斯

Promachus　普罗玛克斯

Prometheus　普罗米修斯

Promontories　普罗蒙托里斯

Pronaea　普罗尼亚

Pronapides　普罗讷庇德

Pronoe　普罗妮

Prophthaseia　普罗弗萨西亚

Propontis　普罗潘提斯

Propylaea　普罗庇利亚

Prorus　普罗鲁斯

Prosopitis　普罗索皮特斯

Proteus　普罗提乌斯

Prothoe　普罗松

Prothoenor　普罗昔诺尔

Protomachus　普罗托玛克斯

Proxenus　普罗克森努斯

Prusias　普禄西阿斯

Prymnis　普里姆尼斯

Prytaneum　大会堂

Prytanis　普里塔尼斯

Psammetichus　桑米蒂克斯

Psaon　索昂

Psebaean　西毕安

Pseudostomon　苏多斯托蒙

Psoancaetice　索安西蒂斯

Pteleum　特利姆

Ptolemacus　托勒玛库斯

Ptolemaeus　托勒密乌斯

Ptolemais　托勒迈斯

Ptolemy I Soter　托勒密一世索特尔

Ptolemy II Phladelphus　托勒密二世弗拉
　迪法斯

Ptolemy IV Philopator　托勒密四世斐洛
　佩托

Ptolemy V Epiphanes　托勒密五世伊庇法
　尼斯

Ptolemy VI Philometor　托勒密六世斐洛
　米托

Ptolemy VIII Physcon　托勒密八世菲斯康

Ptolemy Ceraunus　托勒密·西劳努斯

Ptolemy　托勒密

Publilius　巴布利留斯

Publius　巴布留斯

Pulvillus　普维拉斯

Puteoli　普提奥利

Pydna　皮德纳

Pygmalion　皮格玛利昂

Pylae　皮立

Pylos　皮洛斯

Pylus　皮卢斯

Pyrenees　庇里牛斯

Pyrgi　派吉

Pyrgion　派吉昂

Pyrigenes　皮瑞吉尼斯

Pyrrha　派拉

Pyrrhus　皮洛斯

Pythaeus　皮昔乌斯

Pythagoras　毕达哥拉斯

Pythes　皮昔斯

Pythian priestess　阿波罗女祭司

Pythias　皮提阿斯

Pythius　皮提乌斯

Pytho　皮索

Pythodorus　皮索多鲁斯

Pythodotus　皮索多都斯

Python　皮同

Pythonice　皮索妮斯

Pythostratus　皮索斯特拉都斯

Pyxus　皮克苏斯

Q

Quinctilius　奎因克蒂久斯

Quinctius　奎因克久斯

R

Rabuleius　拉布列乌斯

Ramses　拉姆西斯

Raphia　拉菲亚

Regillus　雷吉拉斯

Regillanus　雷吉拉努斯

Remphis　伦菲斯

Remus　雷摩斯

Rhadamanthys　拉达曼苏斯

Rhagae　拉吉

Rhea　雷亚

Rhegina　雷吉纳

Rhegion　雷吉昂

Rhegium　雷朱姆

Rhena　雷娜

Rheneia　雷尼亚

Rheomithres　雷奥米塞里斯

Rhinocolura　犀牛城

Rhium　莱姆

Rhizophagi　莱佐法吉

Rhodes　罗得

Rhodopis　罗多庇斯

Rhodos　罗多斯

Rhodus　罗杜斯

Rhoecus　里库斯

Rhoeo　里欧

Rhoeteium　里提姆

Rhone　隆河

Rhosaces　罗撒西斯

Rhype　里庇

Rome　罗马

Romilius　罗米留斯

Romulus　罗慕拉斯

Roxana　罗克萨娜

Rufus　鲁弗斯

Rupilius　鲁披留斯

Rutilius　鲁蒂留斯

Rutilus　鲁蒂拉斯

S

Sabaco　萨贝柯

Sabae　萨比

Sabaeans　萨比安

Sabazius　萨巴朱斯

Sabellians　萨比利亚人

Sacae　萨凯伊

Sacred Band　神机营

Saguntum　萨冈屯

Sais　塞埃斯

Salaminia　萨拉米尼亚

Salamis　萨拉密斯

Salganeus　萨刚尼乌斯

Sallentians　萨伦提亚人

Salmoneus　萨非摩尼乌斯

Salmonia　萨尔摩尼亚

Salmus　萨尔穆斯

Salmydessus　萨尔迈迪苏斯

Salonia　萨洛尼亚

Salvius　萨尔维斯

Samaria　萨玛里亚

Sambana　桑巴纳

Sambastae　桑巴斯提

Sambus　桑巴斯

Samiader　萨米阿德

Samnites　萨姆奈人

Samnium　萨尼姆

Samos　萨摩斯

Samothrace　萨摩色雷斯

Sampsiceramus　桑普西昔拉穆斯

Samus　萨穆斯

Saon　萨昂

Saonnesus　萨奥尼苏斯

Sarapion　萨拉皮昂

Sarapis　萨拉庇斯

Sardanapalus　萨达纳帕拉斯

Sardes　萨德斯

Sardinia　萨丁尼亚

Sardis　萨迪斯

Sargentius　萨金久斯

Sarmatians　萨玛提亚人

Sarpedon　萨佩敦

Sarpedorius　萨佩多流斯

Sasanda　萨桑达

Sasibisares　萨西比莎里斯

Sasychis　萨西契斯

Satibazanes　萨蒂巴札尼斯

Saticula　萨蒂库拉

Satricum　萨特里孔

Saturn　农神·萨顿

Saturnalia　农神节

Saturninus　萨都尼努斯

Saturnus　萨都努斯

Satyrion　萨特里昂

Satyrs　萨特

Satyrus　萨特鲁斯

Saunio　梭尼奥

Sauria　梭里亚

Sauromatae　梭罗玛提

Scaevola　西伏拉

Scamander　斯坎曼德

Scamandrius　斯坎曼德流斯

Scamandrus　斯坎曼德鲁斯

Scaptia　斯坎普夏

Scedasus　西达苏斯

Sceiron　锡昔隆

Schedius　司奇狄斯

Schoene　司科伊尼

Sciathos　赛阿索斯

Scione　赛翁尼

Scipio, Lucius Cornelius Scipio Asiaticus
　卢契乌斯·高乃留斯·西庇阿·亚细
　亚蒂库斯

Scipio, Publius Cornelius Scipio Africanus
　Maior　巴布留斯·高乃留斯·西庇
　阿·阿非利加努斯

Scipio, Publius Cornelius Scipio Aemilianus
　Africanus Numantinus　巴布留斯·高乃
　留斯·西庇阿·伊米利阿努斯·阿非
　利加努斯·纽曼蒂努斯

Scipio, Publius Cornelius Scipio Nasica　巴
　布留斯·高乃留斯·西庇阿·纳西卡

Sciritae　西瑞提

Sciritis　西瑞蒂斯

Scirophorion　西罗弗瑞昂

Scirthaea　色尔昔亚

Scordisci　史科迪西

Scorpion　天蝎座

Scotussa　斯科图萨

Scylletium　辛勒屯

Scyros　西罗斯

Scyrus　西鲁斯

Scythes　西瑟斯

Scythia　锡西厄

Scytini　西蒂尼

Segesta　塞吉斯塔

Seilenus　塞勒努斯

Selene　塞勒尼

Seleucia　塞琉西亚

Seleucus I Nicator　塞琉卡斯一世尼卡托

Seleucus II Callinicus　塞琉卡斯二世凯
　利尼库斯

Seleucus　塞琉卡斯

Selinus　塞利努斯

Sellasia　塞拉西亚

Selymbria　塞莱布里亚

Semele　塞梅勒

Semias　塞迈阿斯

Semiramis　塞美拉米斯

Sempronius, Publius Sempronius Sophus　巴
　布留斯·森普罗纽斯·索法斯

Sennones　森诺尼斯

Sentinum　森蒂隆

Sentius　森久斯

Sepias　塞皮阿斯

Serbonis　色波尼斯

Serennia　塞伦尼亚

Sergius　塞吉乌斯

Sertorius, Quintus　塞脱流斯, 奎因都斯

Servile　塞维勒

Servilius，Publius Servilius Vatia Isauricus
巴布留斯·塞维留斯·瓦蒂亚·埃索
瑞库斯

Servilius，Quintus Servilius Caepio　奎因都
斯·塞维留斯·昔庇阿

Servius　塞维乌斯

Servius Tullius　塞维乌斯·屠留斯一

Sesoosis　塞索西斯

Sestius　塞斯久斯

Sestus　塞斯都斯

Seuthes　修则斯

Sextilius　色克蒂留斯

Sextius，Quintus　色克久斯

Sextus　色克都斯

Sibians　西比亚人

Sibylla　西比拉

Sibyline Books　西比莱神谕集

Sibyrtius　西拜久斯

Sicani　西堪尼人

Sicania　西堪尼亚

Sicanus　西卡努斯

Siceli　西西利人

Siceliatae　希裔西西里人

Sicelus　西西卢斯

Sicily　西西里

Sicyon，Sicyonians　西赛昂

Sidero　西迪罗

Sidon　西顿

Sigeium　西格姆

Silanus　西拉努斯

Silla　西拉

Silva　希尔瓦

Silvia　希尔维亚

Silvium　希尔维姆

Silvius　希尔维乌斯

Simi　西密

Simmas　森玛斯

Simmias　西迈阿斯

Simonides　西摩尼德斯

Sindice　辛迪西

Sinnis　辛尼斯

Sinope　夕诺庇

Siphnos　夕弗诺斯

Sipylus　夕庇卢斯

Siraces　希拉西斯

Sirens　西伦斯

Siris　希里斯

Sirius　希流斯

Sisyngambris　西辛刚比瑞斯

Sisyphium　西昔菲姆

Sisyphus　西昔浮斯

Sitalces　昔塔西斯

Sittacine　西塔辛尼

Sittana　西塔纳

Siwah　西瓦

Six Hundred Noblest　六百人团

Smerdis　斯默迪斯

Smerdius　司默狄乌斯

Smyrna　西麦那

Soani　索阿尼

Social war　联盟战争

Socrates　苏格拉底

Socratides　苏格拉泰德

Sodrae　索德里

Sogdiana　粟特

Sogdianus　粟格狄阿努斯

Sol　索尔

Soli　索利

Solmissus　索尔米苏斯

Solon　梭伦

Solus　梭卢斯

Sopeithes　索皮则斯

Sophanes　索芬尼斯

Sophene　索菲尼

Sophilus　索菲卢斯

Sophocles　索福克勒斯

Sophonba　索丰巴

Sophonides　索福尼德

Sophron　索弗朗

Sora　索拉

Sosicrates　索西克拉底

Sosigenes　索西吉尼斯

Sosippus　索西帕斯

Sosistratus　索西斯特拉都斯

Sosthenes　索斯昔尼斯

Sostratus　索斯特拉都斯

Sosylus　索西卢斯

Soteria　索特里亚

Spain　西班牙

Spartacus　斯巴达卡斯

Spartaeus　斯巴达乌斯

Spartiate　斯巴达人

Spartoi　斯巴托伊

Spartolus　斯巴托拉斯

Spercheius　史帕契乌斯

Spermatophagi　史朴马托法吉

Sphacteria　史法克特里亚

Sphettus　司菲都斯

Sphinx　司芬克斯

Sphodriades　司福德瑞阿德

Spinther　司频则尔

Spithrobates　司皮斯罗巴底

Spondius　司潘狄斯

Stabrobates　史塔布罗贝底

Stageira, Stagirites　史塔吉拉人

Staphylus　史塔菲拉斯

Stasander　斯塔桑德

Stasanor　斯塔萨诺尔

Stasioecus　史塔西伊库斯

Stateira　史塔蒂拉

Sterope　斯特罗普

Stertinius　斯特蒂纽斯

Stesagoras　司提萨哥拉斯

Stiboetes　司蒂比特斯

Stilbe　司蒂比

Stilpo, stilpon　司蒂坡

Stiria　斯蒂里亚

Stoa, Stoic, Stoicism　斯多葛学派

Strabo　斯特拉波

Stratocles　斯特拉托克利

Straton　斯特拉顿

Stratonice　斯特拉托尼斯

Stratus　斯特拉都斯

Strombichus　斯特罗毕克斯

Strongyle　斯特朗捷勒

Structor　斯特鲁克托

Structus　斯特鲁克都斯

Struthas　斯特鲁萨斯

Struthophagi　斯特鲁索法吉

Strymon　斯特里蒙

Stymphaeum　斯廷法姆

Stymphalia　斯廷法利亚

Stymphalus　斯廷法拉斯

Suessa　苏萨

Sulpicius, Gaius Sulpicius Gallus　盖尤斯·苏尔庇修斯·盖拉斯

Sulpicius, Gaius Sulpicius Peticus　盖尤斯·苏尔庇修斯·佩蒂库斯

Sunium　苏尼姆

Superbus　苏帕巴斯

Sura 叙拉

Suas 苏萨

Surrentum 苏伦屯

Susian 苏西安

Susiana 苏西亚纳

Sutrium 苏特里姆

Sybaris 西巴瑞斯

Sydracae 悉德拉凯伊

Syene 悉尼

Syennesis 悉尼西斯

Syleus 叙琉斯

Syllius 叙留斯

Syme 叙米

Symmachus 森玛克斯

Synetus 叙尼都斯

Synnada 辛纳达

Synod 悉诺德

Syphax 叙费克斯

Syracosium 叙拉科西姆

Syracuse 叙拉古

Syria 叙利亚

Syrtis 叙蒂斯

Syrus 叙鲁斯

T

Tabraesians 塔布里西亚人

Tachos 塔乔斯

Taenarum 提纳朗

Talium 塔利姆

Talos 塔洛斯

Tamos 塔摩斯

Tanagra 坦纳格拉

Tanais 塔内斯

Tantalus 坦塔卢斯

Tapyri 塔派里人

Taras 塔拉斯

Tarentum 塔伦屯

Tarpeius 塔皮乌斯

Tarquin 塔昆

Tarquinii 塔昆纽斯家族,塔昆纽斯帝系

Tarquinius 塔昆纽斯

Tarquinius Priscus 塔昆纽斯·普里斯库斯

Tarquinius Superbus 塔昆纽斯·苏帕巴斯

Tarquitius 塔奎久斯

Tarracine 塔拉森尼

Tarsus 塔苏斯

Tartessus 塔提苏斯

Tasiaces 塔昔阿西斯

Tauchira 陶契拉

Tauri 陶里

Tauris 陶瑞斯

Tauromenium 陶罗米尼姆

Tauropolus 陶罗波卢斯

Taurus 陶鲁斯

Tautamus 陶塔穆斯

Taxiles 塔克西勒斯

Taygete 台吉特

Taygetus 台吉都斯

Teans 提奥斯人

Tecmessa 特克美莎

Tectamus 特克塔穆斯

Tegea 特基亚

Tegyra 特基拉

Teians 提安斯

Teiresias 提里西阿斯

Telamon 特拉蒙

Telchines 特奇尼斯

Telecles 特勒克利

Teleclus 特勒克卢斯

Telemachus　特勒玛克斯

Telephus　特勒法斯

Telesphorus　特勒斯弗鲁斯

Telestes　特勒斯底

Telestus　特勒斯都斯

Teleutias　特琉蒂阿斯

Tellenae　特勒尼

Tellias　特利阿斯

Telphusa　特尔弗沙

Telys　特勒斯

Temenus　提米努斯

Tempe　田佩

Tenages　特纳吉斯

Tenedos　特内多斯

Tennes　吞尼斯

Teos　提奥斯

Terentius　特伦久斯

Teres　特里斯

Tereus　特留斯

Teria　特里亚

Terias　特里阿斯

Terina　特瑞纳

Terires　特瑞里斯

Termessus　特米苏斯

Terpander　特潘德

Terpsichore　特耳西可瑞

Terra　特拉

Tethys　特齐斯

Teucer　图瑟

Teucrus　图克鲁斯

Teutamus　图塔穆斯

Teuthras　图什拉斯

Thais　泰绮思

Thalatta　萨拉塔

Thales　萨里斯

Thalia　塔利亚

Thallestris　萨勒斯特瑞斯

Thallus　萨卢斯

Thamudeni　萨穆狄尼

Thamyras　萨迈拉斯

Thapsacus　萨普沙库斯

Thapsus　萨普苏斯

Thasos　萨索斯

Thates　萨特斯

Theageneides　瑟吉奈德

Thearides　瑟瑞德

Thebae　提贝

Thebagenes　提巴吉尼斯

Thebaid　蒂巴德

Thebe　娣布

Thebes　底比斯

Thellus　底卢斯

Themis　底米斯

Themiscyra　提米西拉

Themison　提米森

Themistocles　提米斯托克利

Theodorus　狄奥多鲁斯

Theodotus　狄奥多都斯

Theophilus　狄奥菲拉斯

Theophrastus　狄奥弗拉斯都斯

Theopompus　狄奥庞帕斯

Theos　瑟奥斯

Thera　瑟拉

Theramenes　瑟拉米尼斯

Theren　瑟伦

Thereus　瑟里乌斯

Thericles　色瑞克利

Therimachus　色瑞玛克斯

Theripides　色瑞庇德

Therma　瑟玛

Thermae　瑟米

Thermodon　瑟摩敦

Thermopylae　色摩匹雷

Theron　瑟隆

Thersander　瑟山德

Thersandrus　瑟山德鲁斯

Thersites　瑟西底

Theseum　帖修姆

Theseus　帖修斯

Thesmophoros　帖斯摩弗罗斯

Thesmophorus　帖斯摩弗鲁斯

Thespeia　帖司庇亚

Thespiadae　帖司庇亚迪

Thespiae　帖司庇伊

Thespius　帖司庇乌斯

Thesprotians　帖司普罗提安人

Thessalonica　提萨洛尼卡

Thessalonice　提萨洛妮丝

Thessalus　帖沙卢斯

Thessaly　帖沙利

Thestius　帖斯久斯

Thestor　帖斯托

Thetis　帖蒂斯

Thettaleon　帖塔利昂

Thettalus　帖塔拉斯

Thibron　瑟比隆

Thoas　苏阿斯

Thoenon　锡侬

Thonis　苏尼斯

Thorax　苏拉克斯

Thrace　色雷斯

Thracidae　色雷斯家族

Thraestus　色里斯都斯

Thrasius　色拉休斯

Thrasondas　色拉森达斯

Thrasybulus　色拉西布卢斯

Thrasydaeus　色拉西迪乌斯

Thrasyllus　色拉西卢斯

Thrasymedes　色拉西米德

Thriambus　色瑞安巴斯

Thronion　特罗尼昂

Thronium　特罗尼姆

Thucydides　修昔底德

Thudemus　修迪穆斯

Thuone　休欧尼

Thuria　休里亚

Thurii　休里埃

Thurina　休里纳

Thybarnae　昔巴尼

Thyestes　昔伊斯底

Thymoetes　昔米底

Thyone　昔奥尼

Thyreae　昔里伊

Tibarene　提贝里尼

Tiber　台伯河

Tiberius　提比流斯

Tiberius Caesar　提比流斯·恺撒

Tibur　提布

Tigris　底格里斯

Tilphossacum　泰尔丰萨孔

Tilphosium　泰尔弗西姆

Timaenetus　泰密都斯

Timaeus　泰密乌斯

Timarchides　泰玛契德

Timarchus　泰玛克斯

Timasitheus　泰玛西修斯

Timocles　泰摩克利

Timocrates　泰摩克拉底

Timoleon　泰摩利昂

Timoleonteium　泰摩利昂提姆

Timophanes　泰摩法尼斯

Timosthenes　泰摩昔尼斯

Timotheus　泰摩修斯

Tiribazus　泰瑞巴苏斯

Tiridates　泰摩达底

Tirimmus　泰瑞穆斯

Tiryns　泰伦斯

Tisander　泰桑德

Tisandrus　泰桑德鲁斯

Tisiphonus　泰西弗鲁斯

Tissaphernes　泰萨菲尼斯

Titaea　泰提娅

Titan　泰坦

Tithonus　泰索努斯

Tithraustes　泰什劳斯底

Titinius　泰特纽斯

Tius　泰乌斯

Tlepolemus　特利波勒穆斯

Tnephachthus　特尼法克苏斯

Tocae　托凯

Tolmides　托尔迈德

Torgium　托尔朱姆

Torone　托罗尼

Torquatus　托奎都斯

Toryllas　托里拉斯

Toxeus　托克西乌斯

Toxotides　托克索泰德

Trachea　特拉契斯人

Trachinia　特拉契尼亚

Trachis　特拉契斯

Trais　特拉伊斯

Tralles　特拉勒斯

Trapezus　特拉庇苏斯

Trebonius　特里朋纽斯

Tretus　特里都斯

Triballians　特瑞巴利亚人

Tribonius　特瑞朋纽斯

Tricca　特里卡

Tricorythus　垂科里朱斯

Tricostus　垂柯斯都斯

Trigeminus　垂吉米努斯

Trinacie　垂纳西

Trinacria　垂纳克里亚

Triocala　垂奥卡拉

Triopas　垂奥帕斯

Triopium　垂欧庇姆

Triops　垂奥普斯

Triparadeisus　垂帕拉迪苏斯

Triphyllians　垂菲利亚人

Triphylius　垂菲留斯

Tripolis　垂波里斯

Tripolus　垂波卢斯

Triptolemus　特里普托勒摩斯

Tritogeneia　特瑞托吉尼亚

Triton　特瑞顿

Tritonis　特瑞托尼斯

Troad　特罗德

Troezen　特里真

Trogodytes　特罗格迪底

Trophonius　特罗弗纽斯

Tros　特罗斯

Troy　特洛伊

Tryphon　特里丰

Tucca　图卡

Tullus　屠卢斯

Tunis　突尼斯

Turpinus　特皮努斯

Tuscans　突斯康人

Tusculum　突斯库隆

Tycha　泰查

Tychon　泰乔

Tydeus　泰迪乌斯

Tyndareus　坦达里乌斯

Tyndarides　坦达瑞德

Tyndarion　坦达瑞昂

Tyndaris　坦达瑞斯

Tyndaritae　坦达瑞提

Tynes　泰尼斯

Typhon　提丰

Tyrcaeus　特西乌斯

Tyre　泰尔

Tyrittus　泰瑞都斯

Tyro　泰罗

Tyrrhastiadas　第拉斯蒂阿达斯

Tyrrhenians　第勒尼亚人

Tyrtaeus　特提乌斯

U

Uchoreus　乌考流斯

Urania　乌拉妮娅

Ulecus　乌勒库斯

Umbria　翁布里亚

Uranium　乌拉尼姆

Uranus　乌拉努斯

Utica　乌提卡

Uxiana　攸克西纳

Uxians　攸克西亚人

V

Vaccaei　瓦凯伊

Valeria　华勒里亚

Valerius　华勒流斯

Valerius,Lucius Valerius Flaccus　卢契乌
斯·华勒流斯·弗拉库斯

Valerius,Publius Valerius Laevinus　巴布
留斯·华勒流斯·利维努斯

Valerius Antias　华勒流斯·安蒂阿斯

Valerius Conatus　华勒流斯·科纳都斯

Valerius Gestius　华勒流斯·杰斯久斯

Valerius Soranus　华勒流斯·索拉努斯

Valerius Torquatus　华勒流斯·托奎都斯

Valerius,Publius Valerius Publicola　巴布
留斯·华勒流斯·巴布利科拉

Varius　华流斯

Vaso　瓦索

Vaticanus　瓦蒂卡努斯

Veascium　魏昔姆

Velitrae　维利特里

Venusia　维奴西亚

Veii　维爱

Verginia　维吉妮娅

Verginius　维吉纽斯

Verrugo　维鲁果

Vesta　灶神

Vesuvius　维苏威

Vetilius　维蒂留斯

Vettius　维久斯

Veturius　维图流斯

Vibulanus　维布拉努斯

Victomela　维克托米拉

Viriathus　维瑞阿朱斯

Vitellius　维提留斯

Vodostor　浮多斯托

Volsci　弗尔西

Volumnius　浮隆纽斯

Vulcan　乌尔康

X

Xandrames　詹德拉米斯

Xanthicus　詹第库斯

Xanthippus　詹第帕斯

Xanthus　詹苏斯

Xenetus　色尼都斯

Xenios　色尼奥斯

Xenocles　色诺克利

Xenocritus　色诺克瑞都斯

Xenodicus　色诺迪库斯

Xenodocus　色诺多库斯

Xenopeithes　色诺庇则斯

Xenophilus　色诺菲卢斯

Xenophon　色诺芬

Xermodigestus　泽摩迪吉斯都斯

Xerxes　泽尔西斯

Xiphonia　赛克夫尼亚

Xuthia　祖昔亚

Xuthus　祖苏斯

Z

Zabinas　札比纳斯

Zabirna　札伯纳

Zacantha　札康萨

Zacynthus　札辛苏斯

Zaleucus　札琉库斯

Zalmoxis　查摩克西斯

Zancle　占克利

Zanclus　占克卢斯

Zarcaeus　察西乌斯

Zathraustes　札什劳底

Zen　道

Zeno　季诺

Zenon　季侬

Zenophanes　季诺法尼斯

Zephyrium　齐菲里姆

Zereia　齐里亚

Zethus　齐苏斯

Zeugma　朱格玛

Zeus　宙斯

Zeuxippe　朱克西庇

Zeuxis　朱克西斯

Zibelmius　柴贝缪斯

Zibytes　柴拜底

Zoilus　佐伊拉斯

Zopyrus　佐庇鲁斯

Zoroaster　琐罗亚斯德

Zuphones　祖弗尼斯

图书在版编目（CIP）数据

希腊史纲 ：全五卷／（古希腊）狄奥多罗斯著；席代岳译
. — 北京 ：文化发展出版社有限公司，2019.4
ISBN 978-7-5142-2610-2

Ⅰ．①希… Ⅱ．①狄… ②席… Ⅲ．①古希腊－历
史 Ⅳ．① K125

中国版本图书馆 CIP 数据核字 (2019) 第 057075 号

希腊史纲（全五卷）

著　　者：（古希腊）狄奥多罗斯
译　　者：席代岳
出 版 人：武　赫
责任编辑：范　炜　刘淑婧
责任校对：岳智勇
责任设计：周伟伟
责任印刷：杨　骏

出版发行：文化发展出版社（北京市翠微路 2 号　邮编：100036）
网　　址：www.wenhuafazhan.com
经　　销：各地新华书店
印　　刷：北京印匠彩色印刷有限公司
规　　格：710mm×1000mm　1/16
印　　张：134.5
字　　数：1479 千字
印　　次：2019 年 5 月第 1 版　2019 年 5 月第 1 次印刷
定　　价：598.00 元
Ｉ Ｓ Ｂ Ｎ：978-7-5142-2610-2